先秦诸子

毛泽东品先秦诸子

董志新 著

Mao Zedong
Pin Hanfeizi Ji Qita

毛泽东品

韩非子

及其他

北方联合出版传媒（集团）股份有限公司

万卷出版公司

2021年·沈阳

ⓒ 董志新 2015

图书在版编目（CIP）数据

毛泽东品《韩非子》及其他 / 董志新著. —沈阳：万卷出版公司，2015. 2
（2021. 9重印）

（毛泽东品先秦诸子）

ISBN 978-7-5470-3389-0

Ⅰ. ①毛… Ⅱ. ①董… Ⅲ. ①毛泽东思想研究②《韩
非子》—研究 Ⅳ. ①A841.63②B226.55

中国版本图书馆CIP数据核字（2014）第246287号

出 品 人：王维良
出版发行：北方联合出版传媒（集团）股份有限公司
　　　　　万卷出版公司
　　　　　（地址：沈阳市和平区十一纬路25号　邮编：110003）
印 刷 者：辽宁新华印务有限公司
经 销 者：全国新华书店
幅面尺寸：170mm×240mm
字　　数：400千字
印　　张：20
出版时间：2015年2月第1版
印刷时间：2021年9月第2次印刷
责任编辑：朱婷婷
责任校对：高　辉
装帧设计：范　娇
ISBN 978-7-5470-3389-0
定　　价：56.00元

联系电话：024-23284090
邮购热线：024-23284050
传　　真：024-23284521

法家卷

附录卷

争鸣是诸子百家

——毛泽东谈春秋战国"百家争鸣"与先秦子学

放眼三千年思想文化波澜壮阔的历史长河，毛泽东特别钟情于春秋战国之时诸子百家自由讨论热烈争鸣所涌起的波光浪彩……

先秦诸子是春秋战国时代思想界"百家争鸣"的主体，"百家争鸣"是先秦诸子创立和传播学说的广阔平台。

儒家、道家、墨家、法家、兵家、农家、名家、杂家、阴阳家、纵横家、小说家，《论语》《孟子》《老子》《庄子》《列子》《孙子兵法》《墨子》《管子》《商君书》《鬼谷子》《荀子》《韩非子》《吕氏春秋》……先秦子学开辟了中国思想文化史上的"黄金时代"。

先秦子学在年深日久的流传中，渐渐形成了中华民族根深蒂固、约定俗成的文化心理。

哲人常讲：儒家拿得起，道家放得下，墨家挺得住，法家做得彻，兵家干得成！

人们常说：入世则孔孟，出世则老庄；儒家重修身，道家讲炼养；儒家治世，道家济世……

一生中从先秦子学中不断汲取精神营养的毛泽东，评论"百家争鸣"和先秦子学也是他口中笔下的经常话题。

春秋战国时代"百家争鸣"

两千四百余年前"百家争鸣"的学术运动与新中国成立之初制定的"百家

争鸣"学术方针，有一种血缘式的内在联系。

1956年夏初，中共中央提出"百花齐放，百家争鸣"（史称"双百"方针）这一繁荣和发展我国文化和科学事业的基本方针，这个方针所以能够提出，其前提包括总结了春秋战国时代诸子百家学术争鸣的历史经验。

"双百"方针的提出有个历史过程。

1951年，毛泽东为中国戏曲研究院成立题词"百花齐放，推陈出新"。

1953年，毛泽东提出，历史研究工作的方针是"百家争鸣"。

1956年4月25日至28日，中共中央召开了有省、市、自治区党委书记参加的政治局扩大会议。4月28日，毛泽东在会议上做总结讲话，正式提出把"百花齐放，百家争鸣"作为繁荣和发展我国文化和科学事业的一项基本方针。他讲道：

> 百花齐放、百家争鸣问题。艺术问题上的百花齐放，学术问题上的百家争鸣，我看应该成为我们的方针。……"百家争鸣"，这是两千年以前就有的事，春秋战国时代，百家争鸣。讲学术，这种学术也可以讲，那种学术也可以讲，不要拿一种学术压倒一切。你讲的如果是真理，信的人势必就会越来越多。（《毛泽东文艺论集》，中央文献出版社2002年版，第143页）

5月2日，毛泽东在最高国务会议第七次会议总结讲话中又说：

> 在艺术方面的百花齐放的方针，学术方面的百家争鸣的方针，是有必要的。这个问题曾经谈过。百花齐放是文艺界提出的，后来有人要我写几个字，我就写了"百花齐放，推陈出新"。……百家争鸣，是说春秋战国时代，两千年以前那个时候，有许多学派，诸子百家，大家自由争论。现在我们也需要这个。（《毛泽东文艺论集》，中央文献出版社2002年版，第144页）

作为提出"双百"方针，尤其是提出"百家争鸣"的历史借鉴，毛泽东在五天的两次讲话中，都特别提到春秋战国时代的诸子百家的学术争鸣，这是为"百家争鸣"方针的提出寻求历史根据。换句话说，春秋战国时代先秦诸子的"百家争鸣"的学术活动，为当今提出"百家争鸣"方针的正确性提供了历史佐证。

毛泽东谈历史上的"百家争鸣"，讲清了三方面内容：

一、"百家争鸣"发生在春秋战国时代

这是两千年以前就有的事情。关于"百家争鸣"发生的历史时期和社会背景，有两种提法：一种说发生在春秋战国时代，一种说发生在战国初期到西汉中期汉武帝时。这两种提法，只是后一种说法比前一种说法在时间上后延了八十年（秦统一到汉武帝继位，前221—前140），"百家争鸣"结束于秦焚书坑儒，还是结束于汉"独尊儒术"，二者并没有本质上的区别。笔者的意见是"百家争鸣"经历了三个阶段：

春秋末战国初为发轫期。随着老子、孔子、孙武子在此时期的出现，随着《老子》《论语》《孙子兵法》的编撰流行，儒家、道家、兵家开始创立成型，这一时期各家主要是创立学说，互相辩驳的情况并不明显。

战国之时为兴盛期。此期儒家的孔子诸弟子、子思、孟子和荀子，道家的庄子和列子，墨家的墨翟，法家的商鞅、申不害和韩非子，兵家的吴起、孙膑和尉缭子，以及名、农、杂、阴阳、小说、纵横家的各类代表人物纷纷登场，各家争相授徒讲学，著书立说，辩驳攻讦，激浊扬清，高潮迭起，持续不断。秦、齐、楚等大国发动一统天下的争霸战争，使鬼谷子、苏秦、张仪、鲁仲连等纵横家登上历史舞台，纵横之术左右学术历史几十年。齐国"稷下学宫"的出现，使文化精英东移，会聚齐鲁，形成了"百家争鸣"的文化中心和鼎盛时期。

秦统一到西汉中为衰落期。秦始皇焚书坑儒，儒家遭到重创，百家萧疏，法学独秀是凭借专制的力量而得以短暂的独尊。汉初与民休息，用黄老之术，实际上是道家崛起，成为学术领袖。汉武帝用董仲舒之策"罢黜百家，独尊儒术"，儒学独领风骚成为"在朝"学派，其他各家被打入冷宫成为"在野"学派。

春秋战国时代是中国历史上的重要过渡时期，由于封建主义经济和私有制的发展，复杂多变的政治斗争的演变，以及士阶层的形成，在思想文化战线出现了"诸子百家"和"百家争鸣"的灿烂时代。这个时期新旧阶级之间、各诸侯国之间、各阶层之间的斗争复杂而激烈，代表各阶层、各派政治力量的学者或思想家，都企图按照本阶层或本集团的利益和要求，对社会对万事万物做出解释或提出主张，于是出现了一个文化思想领域里的"百家争鸣"的局面。

二、"百家争鸣"有许多学派，史称"诸子百家"

参加"百家争鸣"的各种学派，史称"诸子百家"。其言"百家"，形容学派之多、著作之众，并非实数。"鸣"指有所抒发或表达。"争鸣"指自由论辩，各抒己见。"百家争鸣"指我国古代春秋末至西汉初儒、道、墨、法、兵、名、杂、农、阴阳、纵横等各家在政治上、学术上展开各种争论，形成诸子蜂起、学派并作、学术繁荣、自由论辩、相互争鸣的盛况和局面。

战国和秦汉时期的思想家评述过"百家争鸣"：

庄子探讨了诸子百家的成因和特点，有论述为："百家之学，时或称而道之。天下大乱，圣贤不明，道德不一，天下多得一察焉以自好。譬如耳目鼻口，皆有所明，不能相通，犹百家众技也，皆有所长，时有所用。"(《庄子·天下》)

荀子亦言："今诸侯异政，百家异说。"(《荀子·解蔽》)是说"百家异说"的出现，实则因为"诸侯异政"的现实需要。

庄子和荀子只说"百家"，并没有区分哪一家。《庄子·天下》和《荀子·非十二子》对其所论及的学派，都是只举人作为代表，而未标家名。若以后来所分家数核之，二者所论皆不外儒、道、墨、法、名五家。

直至西汉太史令司马谈在《论六家要旨》中，将百家概括为六家，即阴阳家、儒家、墨家、名家、法家、道家，并对各家学说之短长进行了剖析。(《史记·太史公自序》)

班固在《汉书·艺文志》中据刘歆《七略》，又将百家分为十家九流，除六家外，增加纵横家、杂家、农家、小说家。除小说家外实为九流。班固说："凡诸子百八十九家……皆起于王道既微，诸侯力政，时君世主，好恶殊方，是以九家之术蜂出并作，各引一端，崇其所善，以此驰说，取合诸侯。其言虽殊，辟犹水火，相灭亦相生也。"(《汉书·艺文志》)班固并就十家的起源及其学说的优劣短长问题进行了探讨。

诸子学说的主要代表人物有孔子、老子、墨子、庄子、孟子、宋钘、彭蒙、田骈、慎到、杨朱、孙武、孙膑、惠施、商鞅、兒说、许行、公孙衍、张仪、邹衍、韩非子、荀子等。

诸子履历，简述如下：

孔子（前551—前479），鲁国人，儒家创立者，春秋末期教育家、思想家。曾经周游列国，推行政治主张，不被接受。晚年归鲁，专门授徒讲学，整理典籍。他的主要思想是"仁者爱人"的学说，主张"重民""教民""富民"。在政治上，主张"为政以德"，以礼治国，维护君臣、上下、贫富之间的等级秩序。提倡"中庸之德"，认为不偏不倚、无过无不及是最好的道德和方法。一生"弟子三千，贤人七十二"。孔子及其弟子言论被门人后学编辑为《论语》。孔子逝世，儒家分为八派，有子张、子思、颜氏、孟氏、漆雕氏、仲良氏、孙氏、乐正氏之儒。

老子（约前580—约前500），姓李名耳，一说姓老氏，名聃。道家创始人。只当过周朝"守藏室之史"，孔子向他问过礼。他提出"道"的范畴，"道"是虚无，它产生天地万物。阐发了"反者道之动"和"贵柔守雌"的辩证法思想，蕴藏着无比精湛的智慧。政治上主张"无为"，憧憬"小国寡民"的理想社会。

其著作为《老子》。

孙武（约前535—前480），齐国人，兵家创立者，所著的《孙子兵法》十三篇，是我国最早的兵法。提出"兵者，国之大事""知彼知己者，百战不殆"（《孙子兵法》）等军事思想。曾参战西破强楚，北威齐晋，南服越人。

墨子（前478—前392），墨家创始人，鲁国人，出身于小生产者的士。他博通古书，创立墨家团体。有十大主张：兼爱、非攻、尚贤、尚同、节用、节葬、非乐、非命、天志、明鬼。中心思想是"兼爱"，主张"爱无差等"，不分轻重厚薄，一视同仁地爱人。兼爱还要利人，有力量帮助别人，有财物分给别人，有道德学说教化别人。墨子相信老天爷有意志（"天志"）和小鬼赏善罚恶（"明鬼"），这是墨子思想的局限性。其著作为《墨子》。

孙膑（约前378—前302），齐国著名军事家，是孙武的后裔，因受庞涓的忌害，被处以膑刑（去膝盖骨），故称孙膑。马陵之战，他协助田忌统率齐军，大败魏军。于是，庞涓自杀，太子申被俘，十万魏军被歼。1972年4月，山东临沂银雀山出土的汉墓发现竹简本《孙膑兵法》。

孟子（约前372—前289），鲁国贵族孟孙氏的后裔，曾受业于孔子的孙子子思的门人，为战国时代儒家学派的代表人物。他的政治思想主要继承孔子的"仁"，并且在主张性善论的基础上，发展成为"仁政"学说。其具体内容就是要求当权者注意改善劳动者的生活处境，使"民有恒产"，即不失去土地，实际上就是要巩固耕织结合的小农经济。他的"仁政"学说以重民思想为基础，认为民、社稷、君三者相比，民最重要，因此他特别强调统治者得民心的重要性。他与万章之徒整理编辑成自己的著作《孟子》七篇。

庄子（约前369—前286），名周，道家思想的集大成者。提出"道"是"自本自根，未有天地。自古以固存"（《庄子·大宗师》）的精神本体。论证了万物齐一和区分事物不可能的相对主义认识论。主张"不谴是非，以与世俗处"（《庄子·天下》）的人生观。庄子传世著作为《庄子》一书。

杨朱（约前395—前335），魏国人。其学说的中心思想是"为我"，即"贵己"。《孟子·尽心上》说他"拔一毛而利天下，不为也"。《韩非子·显学》也说他"不以天下大利，易其胫一毛"。他重视生命，即"贵生"，要求适当地满足人的欲望要求，反对过分纵欲。认为"侵物"即掠夺别人的财物是下贱的事。

慎到（约前395—前315），赵国人，以区区布衣，在齐湣王时游说于齐之稷下，后世多道其学。（《史记·孟子荀卿列传》）在稷下学宫讲学时提出"以道变法"（《慎子》佚文）和"事断于法""势位足恃"（《韩非子·难势》）的思想，属法家重势派。慎子亦学黄老道德之术，曾发明序其指意，著十二论

（《史记》之《田敬仲完世家》《孟子荀卿列传》）。至其学术，则有属于道家者（《庄子·天下》），亦有属于法家者（《荀子》之《非十二子》《解蔽》）。

许行（约前390—前315），楚国人，是农家的代表人物。滕文公执政时，许行从楚国来到滕国居住，弟子有数十人，儒家门徒陈相及其弟陈辛弃儒拜许行为师。他们靠自己种地吃饭，打草鞋穿，织席子铺用，过着自食其力的生活。主张贤人应与农民共同耕种，解决吃饭问题。提倡人人平等劳动，物物等量交换，以实现其改革理想。

申不害（约前385—前337），郑国人，治黄老刑名之学。为韩昭侯之相十五年，"内修政教，外应诸侯"，致使七雄最弱者之韩，亦"国治兵强"，"终申子之身"而"无侵韩者"。（《史记·老庄申韩列传》）《史记》说他"著书二篇，号曰《申子》"。

惠施（约前370—前310），宋国人，名家的著名代表，曾任魏惠王相，博学善辩，学富五车，为庄子好友。他是名家的"合同异"派，论证"万物毕同毕异"，提出"至大无外，谓之大一；至小无内，谓之小一"。又引申出"泛爱万物，天地一体"的思想。（《庄子·天下》）

兒（倪）说，宋国人，是名家"白马非马"论的首倡者。曾在稷下学宫以善辩知名，说他"善辩者也，操白马非马也，服稷下之辩者"（《韩非子·外储说左上》）。

田骈，战国时代齐国人。他本学黄老，借道明法，与慎到齐名。曾讲学稷下学宫，雄于辩才。从彭蒙之师学到"贵齐"要领，主张"齐万物以为首"，认为万物的同一是首要的。认识到"万物皆有所可，有所不可"（《庄子·天下》）。要求人们放弃一切是非，摆脱各自的是非利害，回到"明分""立公"的自然之理，从"不齐"中实现"齐"。《汉书·艺文志》著录《田子》二十五篇，列入道家。已佚。

宋钘，宋国人。齐宣王时与尹文同游稷下学宫，他认为"虚而无形"的是"道"（《管子·心术上》），它是宇宙的本体。提倡"见侮不辱""使人不斗""以禁攻寝兵为外，以情欲寡浅为内"（《庄子·天下》）。其思想主流，为道墨两家"忘我"精神的结合。他周游天下，上说下教，宣讲内容着重联系生活常情，使人们易于了解。《汉书·艺文志》著录《宋子》十八篇，早佚。

公孙衍，战国时代魏国人，纵横家中的合纵派代表，主张联合诸侯以抗秦。公元前333年，他赴秦游说，任大良造，后来张仪为大良造，于公元前323年返回魏国，魏惠王任为将，他联合赵、燕、韩、魏、中山五国互相为王，合纵抵抗齐、楚、秦。公元前319年，魏国驱逐张仪回秦，公孙衍为相。第二年，公孙衍联合赵、韩、燕、魏、楚，挂五国相印，推楚怀王为纵长，由三晋出兵攻秦，秦大败联军，合纵以失败而告终。

张仪（？—前 310），魏国人，战国时代纵横家中的连横派代表，主张联合诸侯事秦。他游说入秦，秦惠王任为相。公元前 322 年他去魏劝说魏惠王实行联秦韩以攻齐楚的政策。当时惠施为魏相，主张联合齐楚抗秦。魏惠王听信了张仪的游说，罢惠施相，任张仪为相，这是连横说的胜利。秦要求魏事秦，魏不从，即出兵攻占曲沃、平周两地。秦的东进政策，使东方各国生畏，遭到了公孙衍的联合诸侯抗秦政策的排斥。公元前 319 年，魏驱逐张仪回秦，接受了公孙衍的合纵政策，说明连横又破产了。公元前 313 年，张仪入楚，收买了楚旧贵族，并以献出商於之地六百里为诱饵，使楚同齐断绝关系。楚怀王不听屈原的劝阻，遂与齐断交。当楚派人向秦索地时，张仪以六里相许为由，拒不承认六百里，公元前 312 年，楚发兵攻秦，遭到了失败。

鲁仲连，战国时代齐国人。常为人排难解纷，不受酬报。长平战后，秦军围赵邯郸，魏使游士新垣衍间道入城，劝赵尊秦为帝，以纾急患。鲁仲连面折辩者，反复诘难，坚持义不帝秦，稳定了士气民心。平原君要封他，他再三不受。后田单反攻聊城，燕将死守不下。他写信给守将，晓以利害，使城不战而下。田单欲赏以爵位，他逃隐海上。《汉书·艺文志》著录《鲁仲连子》十四篇，今佚，清人有辑本。

邹衍（约前 324—前 250），齐国人，战国后期阴阳家的代表，是稷下学宫的辩者。公元前 257 年，齐王派他使赵与公孙龙辩论。他善谈天，齐人称他"谈天衍"。提出"五行相生""五行相胜"说，以及"五德终始"的历史观。

荀子（约前 325—前 235），名卿，赵国人，十五岁到稷下学习，齐襄王在位（前 283—前 265）时，荀子第二次回到齐国，"荀卿最为老师"，他三次被推为德高望重的"祭酒"。他提出"天人相分"和"制天命而用之"的天道观，"知道察，知道行"和"虚壹而静"的认识论，"制名以指实"的名实论，主张"性恶"的人性论，阐发了"隆礼至法"的政治论，还写下了音乐理论《乐论》。他是战国末期著名的儒家大师和先秦思想的批判总结者。

韩非子（约前 280—约前 233），原是韩国公族，战国末期思想家，法家代表人物。一生不得志，然其学说，"切事情，明是非"（《史记·老子韩非列传》），"采其意而校其事，持久历远遏奸劝善，韩氏未必非，孔氏未必得也"（《孔丛子·韩非非圣人辨》）。故谋杀韩非之李斯亦不得不称其言为"圣人之论""圣人之术"（《史记·李斯列传》）。法家之理论、实绩卓著，不仅促成强秦之一统，且亦支撑我国封建帝制达两千余年。

三、"百家争鸣"是说大家自由争论

先秦诸子的"百家争鸣",主要围绕"古今""礼法"之争和"天人""名实"之辩展开,内容涉及政治、经济、军事、伦理道德以及哲学本体论、认识论、逻辑学等各个领域。

战国早期法家商鞅就反对儒家《诗》《书》《礼》《乐》文化。商鞅反对儒书与儒术是很突出的。《韩非子·和氏》说:"商鞅教孝公……燔《诗》《书》而明法令。"显然,商鞅变法时就烧过《诗》《书》。至于反对儒书与儒术的实例,《商君书》中不胜枚举。如《商君书·农战》说:"农战之民千人,而有《诗》《书》辩慧者一人焉,千人者皆怠于农战矣。""虽有《诗》《书》,乡一束,家一员,犹无益于治也。"这是说儒家的《诗经》和《书经》都有害于重农、重战两个政策,不利于法治。《诗》《书》《礼》《乐》,都是儒家的教材。商鞅为了贯彻他的农战政策,决意反对这些。战国末期法家韩非子也反对儒书儒术。《韩非子·五蠹》说"明主之国,无书简之文,以法为教;无先王之语,以吏为师",正是继承商鞅反对儒书儒术的主张。

法家以儒家为对手,道家也是如此。《史记·老子韩非列传》载:"世之学老子者则绌儒学,儒学亦绌老子。'道不同不相为谋',岂谓是邪?"道家书《庄子·杂篇》有庄子后学所作《盗跖》一文,专攻儒家鼻祖孔子。这则寓言故事是以义军的领袖盗跖与孔子的对话为纲目,在往返对话中,盗跖慷慨陈词,痛斥孔子的虚伪和尧、舜、汤、武的罪行,其主旨则在于抨击儒家所推崇的古代圣贤的作为,批评儒家提倡的礼教规范,讽刺世俗儒士对荣华富贵的追逐,反衬道家尊重人的自然本性,提倡顺天之理、轻利全生思想的正确性。

墨家与儒家争鸣毫不含糊,痛快亮出旗帜,《墨子》中设《非儒》上下篇。墨子借晏婴丑诋孔子的话说:"孔某深虑同谋以奉贼,劳思尽知以行邪。劝下乱上,教臣杀君。"又说:"孔丘盛容修饰以蛊世,弦歌鼓舞以聚徒,繁登降之礼以示仪,务趋翔之节以观众。博学不可使议世,劳思不可以补民。"由于儒者"繁饰礼乐以淫人,久丧伪哀以谩亲,立命缓贫而高浩居,倍本弃事而安怠傲;贪于饮食,惰于作务",就会不可回避地"陷于饥寒,危于冻馁"(《墨子·非儒下》)。因此,"儒之道足以丧天下"(《墨子·公孟》)。

战国中后期,齐国的稷下学宫是"百家争鸣"的重要场所,都城临淄成为学术中心。由于齐国经济发达,政治开明,以及拥有良好的文化政策,齐国君王给予士人优厚的物质待遇,吸引了当时几乎所有的著名学派代表人物汇集稷下。齐国稷下学宫的建立,又为"百家争鸣"繁荣文化创造了有利的客观条件。稷下学宫创建于齐威王(前356—前321)初年,学宫规模宏大,"为开第康庄

之衢，高门大屋"，天下贤士荟萃于此。（《史记·孟子荀卿列传》）到齐宣王时，"喜文学游说之士，自如邹衍、淳于髡、田骈、接予、慎到、环渊之徒七十六人，皆赐列第，为上大夫，不治而议论，是以齐稷下学士复盛，且数百千人"（《史记·田敬仲完世家》）。到齐湣王、齐襄王时期，荀况"三为祭酒"，"最为老师"。学宫之终结，大约在齐王建时期，前后绵延近150年，最盛时竟聚集数千人。

稷下学宫广招人才，各家各派兼收并蓄。战国诸子之主要学派都有重要代表人物出入学宫。如儒家前有孟轲，后有荀卿，另有颜斶、王斗、田过、公孙固等；道家及黄老学派有环渊、接予、季真、慎到、田骈、彭蒙等；墨家有宋钘、告子等；名家有尹文、田巴、兒说等；慎到、田骈等亦属法家，或称道法家；阴阳家有邹衍、邹奭；纵横家有淳于髡、鲁仲连等。

学宫诸子荟萃，各展其说，论辩自由。《史记正义》引《鲁连子》曰："齐辩士田巴，服狙丘，议稷下，毁五帝，罪三王，服五伯，离坚白，合同异，一日服千人。"此论辩之盛可以想见。而徐劫弟子、年仅十二岁的鲁仲连以田巴之言空洞无济于实事，斥之曰："先生之言有似枭鸣，出城而人恶之"，竟使田巴叹服而"终身不谈"。

孟子是天下知名的雄辩学者。齐威王、齐宣王在位时期，孟子两次入齐住十余年时间，在稷下学宫讲学，都曾受到重视，被授予"客卿"的礼遇。"百家争鸣"，孟子之所以好辩善辩，也是出于捍卫儒家学说的需要。孟子认识到"圣王不作，诸侯放恣，处士横议，杨朱、墨翟之言盈天下。天下之言不归杨，则归墨"，"杨墨之道不息，孔子之道不著"。杨朱和墨家学说的兴盛，严重威胁到儒学的命运和生存。孟子批判杨墨"为我"与"兼爱"的学说："杨氏为我，是无君也；墨氏兼爱，是无父也。无父无君，是禽兽也。"孟子拒杨墨，同时也批评其他学派的思想。他关于"性善论"的思想，许多就是在对告子"性恶论"思想的批评中阐明的。孟子批评兵家说："善战者服上刑。"（《孟子·离娄上》）这显然是反对兵家重战、备战、善战学说以及法家"奖励军功"和农战政策，从而确立儒家非兵休战的思想。孟子批评农家许行"贤者与民并耕而食"的主张，鼓吹"劳心者治人，劳力者治于人；治于人者食人，治人者食于人"。（《孟子·滕文公上》）说明社会发展必须有分工，治国者不能兼事生产，其思想反映了社会分工的现实。许行主张无分贵贱君民并耕的理想是好的，却不合乎当时社会发展的现实，只能流于空想。孟子在与不同意见的辩难中阐述自己的思想，他的批评争鸣可以看出当时的学术风气。

"百家争鸣"既表现为诸子的分歧，也表现为诸子的融合。"百家争鸣"的自由论辩所形成的学术思想发展的必然趋势，就是各家思想学说的相互汲取与融合。各家对于先秦的学术都有所损益，因而都有所创新，同时也有所继承。诸子百家互相发难批驳，欲证明对方错自己对，就要认真探明、辨清对方的弱点，以图击中要害；又要看准对方的长处，经过汲取加工，为己所用。因此，当时的思想界虽然分为各种学派，但又始终存在着"道为一体"的观念，走向融合。

战国晚期儒家代表荀况，长期熏陶于稷下学宫，其时社会发展明显趋向于政治统一的历史趋势，与稷下学宫各家思想相互撞击、汲取、交融的学术环境，在荀况的思想学说中留下深深的烙印。荀况并不偏激，他注意分析各家学说的短长，以儒家思想学说为主体，兼取道家、法家、名家之长，从而形成了独具特色的荀学思想体系。

墨子虽然尽力非儒，但墨儒毕竟有着大致相同的时代背景和同源共生的文化根基，这使两家在一些基本问题的看法上渐渐趋同。如墨子主张"兼爱""爱无差等"，并以之批判儒家的宗法道德观念。然而，在不少方面，墨家的价值取向几乎与儒家如出一辙，墨家把父慈子孝的伦理道德遭到破坏作为天下丧乱的原因。在《尚贤中》里，墨子认为："入则不孝慈父母，出则不长弟乡里，居处无节，出入无度，男女无别，使治官府则盗窃。"由此可以看出，墨家与儒家虽然对立，但他们仍有不少相通之处。

稷下学宫的各派学者利用齐国提供的良好环境与条件，潜心研讨，互相争鸣，取长补短，丰富和发展了各自学派的学说，促进了思想文化的大融合。这种融合在杂家著作《管子》中有充分体现。根据现有资料判断，《管子》中的某些篇章反映了管仲的事迹和思想。战国初年，"田氏代齐"，夺取了齐国政权，继承和发扬了管仲的思想，实行变法，形成了管仲学派。《管子》其书绝大部分是管仲学派的文集，也掺杂了其他稷下学者的论述。《管子》其书内容异常丰富，近人罗根泽《管子探源》说："《管子》……在先秦诸子，袞为巨帙，远非他书所及。《心术》《白心》诠释道体，老庄之书未能远过；《法法》《明法》究论法理，韩非《定法》《难势》未敢多让；《牧民》《形势》《正世》《治国》多政治之言；《轻重》诸篇又为理财之语；阴阳则有《宙合》《侈靡》《四时》《五行》；用兵则有《七法》《兵法》《制分》；地理则有《地员》；《弟子职》言礼；《水地》言医；其他诸篇亦皆率有孤诣。各家学说，保存最夥，诠发甚精，诚战国秦汉学术之宝藏也。"可以说，《管子》吸纳先秦诸子的精华，兼有道、法两家之长而无其短，又掺以儒、兵、农、阴阳各家学说，竟是中国历史上最早最大的杂家，任何一家的思想均不足以涵盖此书的丰富内容。任继愈认为，管仲学派是战国时代齐人继承和发展管仲的思想而形成的一个学派，它介乎儒家学派和法家学派二者之间，对宗法制采取半保留、半否定的态度，主张把宗法制和中央集权制有机地结合起来，把礼治和法治有机地结合起来，既强调以法律来加强王权，又重视用宗法道德来巩固封建统治。说到底，它是"百家争鸣""诸子融合"的产物。

"百家争鸣"是中国学术文化史上的"黄金时代"，反映了当时的社会矛盾和社会变革。这个时期的文化思想，奠定了整个封建时代文化的基础，对其后中国历史和文化的纵向延续和横向发展都产生了深远影响。

焚书坑儒挫折了"百家争鸣"的生动局面

毛泽东也分析过先秦诸子"百家争鸣"走向衰落的原因。

1958年11月20日，毛泽东召集柯庆施、李井泉、王任重和陶鲁笳四人，到他在武汉东湖畔的住所开座谈会。

在这次座谈会上，毛泽东详细地谈了自己对商纣王、秦始皇、曹操这三位历史人物的评价。谈到秦始皇，毛泽东说：

> 人们从书中得知，秦始皇有焚书坑儒的恶行，因此把他看作是大暴君、大坏人。焚书坑儒当然是坏事，它把蓬蓬勃勃发展起来的百家争鸣的生动局面给挫折了。但我们对什么事都应当有分析，秦始皇并不是不问什么书都焚，也不是不问什么儒都坑。他焚的是"以古非今"的书，坑的是孟子一派的儒，其实只有460人。孟子主张"法先王"，所以孟子一派的书是"以古非今"的。而荀子一派则相反，主张"法后王"，推行法家一派的学说。秦始皇是主张"法后王"，反对"法先王"的。所以，他并不坑荀子一派的儒，也不焚荀子一派的书。秦始皇"以古非今者族"的主张值得赞赏，当然，我并不赞成秦始皇的滥杀人。当时，要由奴隶制国家转变为封建制国家，不实行专政是不行的。但对孟子一派采取焚书坑儒的办法，太过火了。政治上要实行专政，文化上要提倡百家争鸣、百花齐放，我们现在就是这样。这一条秦始皇是办不到的。（陶鲁笳：《毛主席教我们当省委书记》，中央文献出版社1996年版，第104页）

毛泽东此次谈话的主旨，是为秦始皇翻案，是为秦始皇焚书坑儒的恶行辩护。他认为秦始皇的焚书坑儒不是肆意妄为，而是有所限制：并不是不问什么书都焚，也不是不问什么儒都坑；焚的是"以古非今"的书，坑的是"法先王"孟子一派的儒；目的是维护中央集权的封建专制国家。这是毛泽东从政治上看问题的结论。

即使这样，毛泽东仍然深刻指出了焚书坑儒对"百家争鸣"的负面作用：

负面作用之一："焚书坑儒当然是坏事，它把蓬蓬勃勃发展起来的百家争鸣的生动局面给挫折了。"请注意，人们将焚书坑儒定位为"恶行"，毛泽东将其定位为"当然是坏事"。所谓焚书坑儒，是秦始皇统一六国后发生的两大事件，是秦始皇为巩固中央集权而实行的文化专制措施。"焚书"事件发生于秦始皇三十四年（前213）。始皇置酒咸阳宫，大宴群臣，儒学博士淳于越对于当面肉麻吹捧秦始皇的仆射周青臣不以为然，并就分封、郡县问题向秦始皇提出了不同意见。丞相李斯抓住淳于越主张"师古"的言论大做文章，指斥读书人"不师今而学古，以非当世，惑乱黔首"，如不加以严禁，必将使"主势降乎上，党与成乎下"（《史记·秦始皇本纪》），因此建议秦始皇下令焚书。秦始皇采纳了李斯提出的建议和办法，遂下令焚书：除《秦记》、医、农、卜筮之书外，凡六国史书、民间收藏的《诗》《书》、诸子等书籍，一律限期三十天内交官府烧掉，逾期不交者，黥为城旦。此后若再有"偶语《诗》《书》者"弃市，以古非今者灭族。严禁私学，有愿习法令者，以吏为师。"焚书"事件使儒生们大为不满，产生诽议。第二年，当秦始皇搜寻欺骗了他的方士侯生、卢生时，意外地发现咸阳的儒生对他进行所谓的"诽谤"，"或为妖言以乱黔首"。始皇大怒，"于是使御史悉察问诸生，诸生转相告引，乃自除。犯禁者四百六十余人，皆坑之咸阳"（《史记·秦始皇本纪》）。这就是历史上的"坑儒"事件。儒家、道家、兵家都是以对《诗》《书》《易》《礼》的文化反思来建构自己的思想体系，关东六国的士子大都在思想上反对暴秦，所以烧《诗》《书》、杀儒生的焚书坑儒事件，是以强权政治宣告文化上"百家争鸣"局面的被迫结束。毛泽东在"百家争鸣"前面加上"蓬蓬勃勃"的形容词，又指出焚书坑儒"挫折了"这个局面，可见内心里他对"百家争鸣"局面的夭折是多么惋惜。

负面作用之二："对孟子一派采取焚书坑儒的办法，太过火了。"毛泽东指出史实，秦始皇"焚的是'以古非今'的书，坑的是孟子一派的儒"。毛泽东说："不赞成秦始皇的滥杀人。"虽然秦始皇巩固刚刚建立起来的全国统一的、中央集权的封建国家，需要专制手段，但是毛泽东仍然认为，对以孟子为代表的儒生儒书采取焚书坑儒的办法是"太过火了"。从传统哲学上说是"过犹不及"；用现代语言说，这是谴责秦始皇文化政策太"左"，以消灭思想载体的办法实现思想一统，是不可取的危险的文化政策。

负面作用之三："文化上要提倡百家争鸣，百花齐放"，"这一条秦始皇是办不到的"。毛泽东把政治问题与文化问题做了区分，他说，"政治上要实行专政，文化上要提倡百家争鸣、百花齐放，我们现在就是这样"。这是对比"我们"的政策与秦始皇的政策，指出其不同点。"百家争鸣"，极权的、专制的秦始皇是不能办的，也是根本"办不到"的。

毛泽东这些批判是深刻有力的，点到了问题的实质。解读毛泽东谈论"百家争鸣"的思想观点时，在注意到毛泽东为秦始皇焚书坑儒辩护的一面时，千万不要忽略了毛泽东对焚书坑儒另一面的严厉谴责。毛泽东后一种思想更为重要，对今后的文化建设更有意义。历史现象是复杂的，毛泽东的思维是辩证的。我们不能把毛泽东对焚书坑儒的辩证性评论理解得片面了。

孔子是后来汉朝的董仲舒捧起来的

秦朝的焚书坑儒是极权专制文化政策的恶果。各地儒生并没有完全屈服于高压，采取各种办法暗中抵制。著名的"鲁壁藏书"事件是其典型代表。秦始皇下焚书令，追令天下交出儒家书籍，否则雁罪。孔子九世孙孔鲋将一些儒家书籍藏于室内壁中，然后持礼器投奔陈胜起义军，进行武装抗争。百余年后，西汉初封到曲阜的鲁恭王刘馀为了扩建宫室，在拆毁孔子旧宅时，发现这批古籍，被称作"古文经"。不久，王莽新政用它与西汉立于学官的"今文经"抗衡，推衍出古文经学。

焚书坑儒之时，朝廷内博士手中的诸子书并未焚掉。秦朝博士有七十人，其中既有"五经"博士，也有诸子传记以及方技数术博士。据《史记·秦始皇本纪》和《汉书·艺文志》所载，伏生为治《尚书》博士，黄疵为秦博士，则在名家，又有占梦博士。汉承秦制，初仍有博士七十人，但"备员弗用"。这个时期，文化政策还允许诸子百家之术存在，只是限制在朝廷博士圈子之内。私人授徒讲学，自由进行学术争鸣的局面已荡然无存。

真正使"百家争鸣"局面彻底消失的是汉武帝时期的"罢黜百家，独尊儒术"事件。

汉初推行"与民休息"的政策，社会经济得到恢复，出现了"文景之治"，但同时社会矛盾已开始暴露，至武帝时不仅外部匈奴为患日趋严重，内部矛盾也更加激化，并不断发生农民起义。汉初"无为而治"的黄老思想已不能适应新形势的需要。

汉武帝即位，建元元年（前140）丞相卫绾奏："所举贤良，或治申、商、韩非、苏秦、张仪之言，乱国政，请皆罢。奏可。"（《史记·武帝本纪》）建元五年（前136）"置'五经'博士"。因窦太后好黄老言，受其干扰，当时未果。建元六年，窦太后卒。元光元年（前134），汉武帝就如何加强中央集权、巩固封建统治等治国大计，三次策问儒生董仲舒。董仲舒是《春秋》公羊派大师，今文经学创始人，他上"天人三策"，极力推荐《春秋》"大一统"的理论，指出："《春秋》大一统者，天地之常经，古今之通谊也。今师异道，人异论，百家殊方，指意不同，是以上无以持一统，法度数变，下不知所守。臣愚以为诸不在六艺之科孔子之术者，皆绝其道，勿使并进。邪辟之说灭息，然后统纪可一而法度可明，民知所从矣。"（《汉书·董仲舒传》）武帝采纳这一建议，罢黜百家博士，只立"五经"博士，从而确立了儒学和儒家经典的权威性的统治地位。而儒家以外的诸子学，由于无进身之路，日益衰微。《汉书·武帝纪赞》："罢黜百家，表章'六经'。"《汉书·董仲舒传》亦云："推明孔氏，抑黜百家。"从此儒家思想定于一尊。后世将汉武帝采纳董仲舒的建言实行这一文化政策概括为"罢黜百家，独尊儒术"。

"罢黜百家，独尊儒术"事件对于"百家争鸣"学术局面的最后摧毁，毛泽东似乎没有正面评论。但是，1954年到1958年他在评说"孔学"（儒学）的历史命运时，明确指出儒术独尊是董仲舒"捧起来的"：

> 对孔夫子，自董仲舒以来就说不得了，"非圣诬法，大乱之殃"。（《毛泽东文集》第六卷，人民出版社1999年版，第346—347页）

> 孔子是后来汉朝的董仲舒捧起来的，以后不大灵了。到了唐朝又好一点，特别是宋朝的朱熹以后，圣人就定了。到了明清两代才登上"大成至圣文宣王之位"。（许全兴：《为毛泽东辩护》，当代中国出版社1996年版，第335—336页）

毛泽东讲清了两点：董仲舒在"罢黜百家，独尊儒术"上起了重要作用；这种"儒术独尊"从汉朝延续到清代。

"百家争鸣"学术活动，肇始于春秋末期，衰落于西汉中期，经诸子创说、稷下学宫、合纵连横、焚书坑儒、信奉黄老、独尊儒术等重大学术事件，前后历时三百余年（从孔子卒年即公元前479年到汉武帝元光元年即公元前134年）。其兴盛期约有二百年——以战国初庄周《庄子·天下》到战国末荀况《荀子·非十二子》所记载评述诸子学术活动和学术纷争为标志，是确确实实的诸子百家"争鸣"期。

"百家争鸣"是辩证法

对春秋战国时代诸子蜂起、"百家争鸣"的学术局面，毛泽东是向往的。他曾经长期思考过这个中国思想史最为重大的学术运动，从中得出一个十分新鲜的结论：战国时代的"百家争鸣"，这是辩证法。

辩证法中的否定之否定规律，可以表达为肯定——否定——否定之否定（肯定）这样三段式表达事物发展过程的公式。毛泽东也喜欢用三段式来表达事物发展过程，如：团结——批评——团结；再如：平衡——不平衡——平衡。

1958年5月8日，毛泽东在中共八大二次会议的讲话提纲中，正是用三段式表达事物发展过程公式，来肯定"百家争鸣"是充满辩证精神的学术运动。毛泽东写道：

> 先进的东方，落后的欧洲
>
> 十五年后走向反面，尾巴一定翘起来，如果不注意的话。不要紧，再来一个否定，又生动活泼了。
>
> 你看：希腊的辩证法—中世纪的形而上学—文艺复兴
>
> 你看：战国时代的百家争鸣—封建时代的形而上学—现代的辩证法
>
> 客观存在的，不是吗？
>
> 设置对立面，十分必要
>
> 如何设置？客观存在的（《建国以来毛泽东文稿》第七册，中央文献出版社1992年版，第195—196页）

研究毛泽东的专家许全兴先生在《毛泽东晚年的理论与实践》一书中，引证了毛泽东这段讲话的记录稿：

> 事物总是要走向自己的反面。希腊辩证法，中世纪形而上学，文艺复兴。这是否定之否定。中国也是如此，战国时代的百家争鸣，这是辩证法，封建时代的经学——形而上学，现在又讲辩证法。（许全兴：《毛泽东晚年的理论与实践》，中国大百科全书出版

毛泽东在这里是用表达事物发展过程的三段式公式，来讲欧洲和中国两千四百余年的思想大趋势的特点。战国时代的"百家争鸣"，活跃着对立和对峙的各种学派，思想的长河波翻浪涌，辩驳争鸣精彩纷呈，充满学术生气和思想活力，在矛盾和碰撞中各家学派都得到了长足发展。所以，这个时期的思想界充满辩证精神。这是个需要大思想家并且产生了众多大思想家的时代，"百家争鸣"成了产生大思想家的平台和推动力。这个时期出现的众多学派学说，奠定了中华民族两三千年的思想理论基本框架，活力四射的时代也注定是魅力无穷的时代。

毛泽东把春秋战国时代的"百家争鸣"定位为"这是辩证法"，高屋建瓴，一语中的，把握住了这个时代思想文化发展的本质、内涵和特征。两千年整个封建时代，儒术独尊，经学称霸，一直是统治阶级的意识形态和主流文化，形成了一个自我发展、自我繁殖的封闭文化圈，减弱了、僵化了甚至丧失了儒家学派创立和兴盛时期所表现出的既独树一帜又兼收并蓄的创造性和开放性，体现的是形而上学文化模式。最终将自己退化为文化变革的冲击对象。这就是五四运动"反孔"的深层原因之一。

毛泽东这样分析、评价中国三千年的思想文化史，显然出于对学术自由的十分看重，是提出和推行"百家争鸣"学术发展方针的需要，也就是需要"现代的辩证法"。他的这种追求，发生很早，可以上溯到五四运动时期。1919 年 7 月 21 日，他在《健学会之成立及进行》一文中说：

> 自由讨论学术，很合思想自由、言论自由的原则。人类最可宝贵，最堪自乐的一点，即在于此。学术的研究，最忌演绎式的独断态度。中国什么"师严而后道尊"，"师说"，"道说"，"宗派"，都是害了"独断态度"的大病，都是思想界的强权，不可不竭力打破。像我们反对孔子，有很多别的理由。单就这独霸中国，使我们思想界不能自由，郁郁做二千年偶像的奴隶，也是不能不反对的。（《毛泽东早期文稿》，湖南出版社 1995 年第 2 版，第 368 页）

显然，毛泽东很早就已经发现儒术的"独霸中国"，没有学术自由，没有思想自由，没有学界内部的对垒冲突，争辩争鸣，就没有学术进步和思想进步，并终将导致民族文化的萎败倾向和国民心理的奴化痼习。所谓"演绎式的独断态度"，也就是思想文化领域的形而上学。因此，毛泽东十分赞赏和珍爱春秋战国时代的"百家争鸣"自由讨论的学术局面，并将它加以改造利用，制定了"百花齐放，百家争鸣"的"双百"方针，用以指导中国艺术和学术的发展。

二十二种子书与先秦子学中的"人民性"

毛泽东如此评价春秋战国时代的"百家争鸣"学术活动和文化现象，源于他从启蒙时代就开始了的对先秦诸子学说的学习和思考。

毛泽东最早阅读的先秦子书是儒家的《论语》和《孟子》。这个情况，毛泽东在延安时有回忆。

1936年10月，美国记者埃德加·斯诺到陕北采访，毛泽东一连几夜，叙述了他自幼年以来的半生经历。其中他说：

> 我八岁那年开始在本地一个小学里读书，一直在那里读到十三岁。清早和晚上我在地里劳动。白天我读儒家的《论语》等"四书"。(《毛泽东一九三六年同斯诺的谈话》，人民出版社1979年版，第5—6页)

"四书"包括《论语》《孟子》《大学》《中庸》。毛泽东少年时代读过的《论语》，现存下册，系宋朱熹所辑《论语集注》本，石刻线装，封面有毛泽东用毛笔书写的"论语下 咏芝"——"咏芝"是毛润之的另一种读音和写法。内容包括"《论语》卷之六至卷之十"。这半部《论语》现在收藏于韶山纪念馆。

少年毛泽东先后在韶山冲南岸、关公桥、桥头湾、钟家湾、井湾里、乌龟井、东茅塘七处私塾读书，上了六年学，他所读的主要是儒家经典——"四书五经"。对这六年的私塾读书经历，毛泽东后来形象地概括为"读了六年孔夫子"。他追忆道：

> 我过去读过孔夫子的书，读了"四书五经"，读了六年。背得，可是不懂。那时候很相信孔夫子，还写过文章。(1964年8月18日，毛泽东在北戴河《关于哲学问题的谈话》)

毛泽东读了六年私塾，读《论语》《孟子》《左传》这些书，背诵如流。后来他说起自己的幼年，学的是"子曰：学而时习之，不亦说乎"(《论语》首篇首句）这一套，这种学习的内容虽然陈旧了，但是对他识字学文化大有好处。

毛泽东探索先秦子学之路就是从韶山冲的私塾开始的，他最初读到的是儒家孔子、孟子两位大师的著作。

进入青年期，毛泽东有五年在湖南省立第一师范读书。此时，他已经能从研究国学的视角有计划地读先秦子书。1916 年 2 月 29 日，毛泽东致信同学萧子升谈"中国应读之书"。其信前半部分已亡佚，后半部分是：

> 右经之类十三种，史之类十六种，子之类二十二种，集之类二十六种，合七十有七种。据现在眼光观之，以为中国应读之书止乎此。苟有志于学问，此实为必读而不可缺……惟此种根本问题，不可以不研究。故书之以质左右，冀教其所未明，而削其所不当，则幸甚也。（《毛泽东早期文稿》，湖南出版社 1995 年第 2 版，第 37 页）

毛泽东选出应读书七十七种，可注意的是"子之类二十二种"。可惜的是，信的前半部分遗失了。从行文看，毛泽东在上引的信文前面，似开列了经、史、子、集七十七种书目，但现存手稿部分缺失，就不能下断语了。

尽管如此，我们的判断仍然可以找到依据。

我国古代子书创作第一个高峰期即在春秋战国"百家争鸣"时期。汉代史学家班固即在《汉书·艺文志》中设了《诸子略》《兵书略》等类目，著录当时诸子类著作情况。为了更好地提高研读实效，古代学者尝试在卷帙浩繁的子书中选编精华。清代光绪元年（1875）至光绪三年（1877），浙江书局分册辑刊而成的诸子丛书《二十二子》较有特色，也最为引人注意。《二十二子》所收子书具有较高的代表性。以中国古代哲学为主，兼及中国历史、文学、政治学、社会学、天文学、军事学、医学等。研读子书，应该从先秦子书入手，方能理清诸多学派的各自源头。《二十二子》所收先秦子书，如《老子》《庄子》《管子》《列子》《墨子》《荀子》《尸子》《孙子（兵法）》《晏子春秋》《吕氏春秋》《商君书》《韩非子》等，均为先秦诸子百家的代表作（《尸子》较弱一些）。儒家的代表人物孔子、孟子的《论语》和《孟子》，因为属于经学范围，《二十二子》丛书没有收入。但是，毛泽东所列书目有"经之类十三种"，"十三经"是个固化了的概念，其中必定包括《论语》和《孟子》。这样，毛泽东所列国学七十七种书目，先秦子书占十四种。这些著作奠定了中国古代思想文化的基本内容与主要范畴，可以大致了解我国子书开创期的主要线索及其发展脉络，有助于人们从较广的学术视野观察中国古代文化。

毛泽东与萧子升商讨"中国应读之书"，其中"子之类二十二种"与《二十二子》仅仅是偶然巧合呢，还是毛泽东把《二十二子》作为了选书参考呢？看毛泽东从儒家《十三经》中确定"经之类十三种"的思路脉络，毛泽东极有可能受《二十二子》的启发，确定了"子之类二十二种"。《二十二子》风行于清末民初，正在湖南省立第一师范学校读书的毛泽东，很有可能在学校图书馆接触到这套丛书，作为自己选书的蓝本。

过了二十年，毛泽东已是政党领袖。此时，他从中国革命的实际需要出发，指出了要用马克思主义观点总结包括先秦子学在内的中国历史经验。1938年10月14日，在党的六届六中全会上，毛泽东郑重提出：

> 今天的中国是历史的中国的一个发展；我们是马克思主义的历史主义者，我们不应当割断历史。从孔夫子到孙中山，我们应当给以总结，承继这一份珍贵的遗产。这对于指导当前的伟大的运动，是有重要的帮助的。（《毛泽东选集》第二卷，人民出版社1991年第2版，第534页）

在这里，毛泽东把儒家的开山祖师孔夫子作为"历史的中国"的标志性人物，与近代伟大的资产阶级革命家孙中山相提并举，可见毛泽东对儒家学派、对先秦诸子在中国思想文化发展中的作用是十分看重的。中国的思想文化史，乃至中国的全部历史，不从孔夫子理起，不从先秦子学理起，是茫无头绪的，也说不清来龙去脉。毛泽东这个判断，是最有历史洞察力的。

正是在毛泽东这个指示的引导下，曾经在北平大学里开过先秦诸子课的陈伯达，于1939年春天，一连写了《老子的哲学》《孔子的哲学思想》《墨子哲学思想》等总结先秦诸子哲学思想的学术论文。毛泽东在审读这些文章时，写下六七千字的修改意见，对孔子和墨子哲学中不少具体观点做出了新颖独到的评论。指出孔子的功绩不只在教育普及一点，孔子在认识论与社会论上"有它的辩证法的许多因素，例如孔子对名与事、文与质、言与行等等关系的说明"；指出墨子是"中国的赫拉克利特"（古希腊唯物主义哲学家），是"古代辩证唯物论大家"。（《毛泽东文集》第二卷，人民出版社1993年版，第156—165页）

此期前后，毛泽东又在下力气讨论先秦兵家代表人物孙武子的《孙子兵法》。那时他正在总结研究中央苏区反"围剿"革命战争和抗日战争的经验教训和战略问题。毛泽东多次写信给在西安做统一战线工作的叶剑英和刘鼎，要他们购买一批军事书籍来。1936年9月26日给刘鼎写信，告诉他："不要买普通战术书，只要买战略书，买大兵团作战、战役学书。中国古时兵法书如《孙子》等也买一点。写信到南京国府路军学研究社，请他们代办。"（夏征难：《毛泽东与中外军事遗产》，大连出版社1997年版，第65页）同年10月22日，毛泽东又致信叶剑英、刘鼎："我们要的是战役指挥与战略的，请按此标准选买若干。买一部《孙子兵法》来。"（《毛泽东文集》第一卷，人民出版社1993年版，第453页）毛泽东在上述两封信中，都明确提到《孙子兵法》，从中反映出他对《孙子兵法》的重视之程度和要求之迫切。他认为《孙子兵法》是"战略书"，认为孙武子是"中国古代大军事学家"（《毛泽东选集》第一卷，人民出版社1991年第2版，第201页）。1938年5月26日至6月3日，毛泽东在延安抗日战争研究会上作《论持久战》的讲演，强调"知彼知己"对认识战争现象的重要，他说："孙子的规律，'知彼知己，百战不殆'，仍是科学的真理。"（《毛泽东选集》第二卷，人民出版社1991年第2版，第490页）

抗日战争初期，毛泽东对先秦子学的研究进入了一种新的境界。

毛泽东历来主张对历史遗产，对传统文化，要汲取精华，剔除糟粕。他自己也做这方面的工作，对先秦子学采取批判继承的态度。1958年他在审订中宣部部长陆定一的《教育必须与生产劳动相结合》一文时，加写了一段话，其中说道：

> 中国教育史有人民性的一面。孔子的有教无类，孟子的民贵君轻，荀子的人定胜天……诸人情况不同，许多人并无教育专著，然而上举那些，不能不影响对人民的教育，谈中国教育史，应当提到他们。（《毛泽东文艺论集》，中央文献出版社2002年版，第191页）

这里虽然是从教育史的层面切入，但是毛泽东事实上指出了儒家三位巨子即孔、孟、荀三人的学说中"有人民性的一面"，"影响对人民的教育"。我们所看重的不仅是毛泽东所举的例证，还有这个评价所包含的评价先秦子学的方法论意义：毛泽东所肯定的正是儒家三位巨子学说中的平民教育思想、民本思想和古代唯物论观点，这显然是儒家学派的思想精华。这种唯物史观的研究方法，完全适用于对先秦子学全部学派和全部著作的研究。

毛泽东是思想巨人，但是他很服膺先秦子学的博大精深，建构自己的思想体系时，常常将先秦子书带在身边，随时参考。1959年10月23日，毛泽东从北京出发到南方视察，外出前他列了一个很长的书单。在他指名要带走的书籍中，先秦诸子和涉及研究先秦子学的著作主要有：

《荀子》《韩非子》《论衡》《张氏全书》(张载)，关于《老子》的书十几种。

标点本《史记》《资治通鉴》。

冯友兰：《中国哲学史》。

范文澜：《中国通史简编》。

吕振羽：《中国政治史》。

郭沫若：《十批判书》《青铜时代》《金文丛考》。（龚育之、逄先知、石仲泉著：《毛泽东的读书生活》，三联书店 1986 年版，第18—19 页）

从这个书单摘要中可以看出，毛泽东所带的先秦子书，有儒家的《荀子》，有法家的《韩非子》，有道家的《老子》——而且有"十几种"之多。有司马迁的《史记》，有先秦诸子的传记和学术活动史料。

冯友兰、范文澜、吕振羽和郭沫若四人，或是哲学史家，或是政治史家，或是历史学家，都是现当代中国治史的顶级人物，他们的著作《中国哲学史》《中国通史简编》《中国政治史》《十批判书》等，大都对先秦诸子的学说做过系统的梳理和透彻的分析。这些史学哲学著作对晚年毛泽东的子学观影响甚大。

1959 年 12 月 10 日至 1960 年 2 月 9 日，毛泽东着眼检讨我国和苏联在社会主义经济建设中的经验教训，先后在杭州、上海和广州，组织读书小组研读苏联《政治经济学（教科书）》（下册）第三版。在研读时的谈话中，毛泽东评价儒家鼻祖孔子："孔子也因为在许多国家受了挫折，才转过来决心搞学问。他团结了一批'失业者'，想到处出卖劳动力，可是人家不要，一直不得志，没有办法了，只好搜集民歌（《诗经》），整理史料（《春秋》）。"毛泽东评价法家政治家李斯说："李斯的《谏逐客书》，有很大的说服力，那时候各国内部的关系，看起来是领主和农奴的关系，每个家族都有自己的战车、武士，一个国家统一的程度很差。李斯是拥护秦始皇的，属于荀子一派的，主张法后王。"（《瞭望》1991 年第 35 期，转引自盛巽昌等：《毛泽东这样学习历史，这样评点历史》，人民出版社 2005 年版，第 234—235 页）毛泽东引用《老子》中的名言"千里之行，始于足下"来说明社会主义的分配原则眼前利益要服从长远利益；引用《孟子·滕文公上》的名言"物之不齐，物之情也"来说明社会主义计划经济活动中平衡与不平衡的关系。这里涉及儒道法三家的老子、孔子、孟子、李斯和他们的著作（子书）。（《读苏联〈政治经济学教科书〉的谈话（节选）》，《毛

法家厚今薄古，儒家厚古薄今

毛泽东晚年于十年内乱的"文革"中，对先秦子学，主要是对儒法两家的评价陷入一种极端：他从政治需要出发，在"文革"动乱难于掌控的情况下，又错误地发起了"评法批儒""批林批孔"运动，绝对肯定法家，绝对否定儒家，使其儒法观完全倾斜，脱离了学术轨道。

"文革"之初的毛泽东就开始否定孔子的"圣人"地位。1966 年 11 月 20 日，毛泽东在会见参加武汉地区座谈会的曾思玉、王六生、刘建勋等人时说：

> 我劝同志们看看鲁迅的杂文。鲁迅是中国的第一个圣人。中国第一个圣人不是孔夫子，也不是我。我算贤人，是圣人的学生。(《毛泽东同参加武汉地区座谈会人员谈话记录》，逄先知、金冲及：《毛泽东传（1949—1976）》下卷，中央文献出版社 2003 年版，第 1609 页）

1968 年 10 月 13 日，毛泽东在中共八届十二中全会开幕式上的讲话中，提到范文澜的《中国通史简编》和郭沫若的《十批判书》，就当代几位学者"崇儒反法"史学观点散论漫谈起来。毛泽东认为范文澜对儒家、法家都给予了地位：

> 范老基本上也是有点崇孔啰，因为你那个书上有孔夫子的像哪。……但是，在范老的书上，对于法家是给了地位的，就是申不害、韩非这一派，还有商鞅、李斯、荀卿传下来的。(许全兴：《毛泽东晚年的理论与实践》，中国大百科全书出版社 1993 年版，第 450—451 页）

这次谈话，只是随便提到先秦思想史儒法两家，毛泽东并未想号召人们去钻进故纸堆，研究老古董，展开批判。

但是，"九一三"林彪事件之后，出于"文革"形势难以掌控，毛泽东扬法批儒倾向急剧升温。1973 年 5 月的一天，江青看望毛泽东，见毛泽东那里放着大字本的郭沫若《十批判书》。毛泽东给了江青一本，并说："我的目的是为了批判用的。"他还把自己写的一首诗念给江青听：

郭老从柳退，不及柳宗元；

名曰共产党，崇拜孔二先。（许全兴：《毛泽东晚年的理论与实践》，中国大百科全书出版社1993年版，第448页）

毛泽东的四句诗，批评郭沫若的《十批判书》崇儒抑法贬秦，肯定柳宗元的《封建论》赞郡县制废分封制。从思想史的角度说，毛泽东明确亮出了褒法贬儒的思想旗帜。

1973年5月20日到31日，中共中央召开工作会议，主要议题是为召开中共十大做准备。在会上，毛泽东要求政治局的同志，当然也包括中央委员和候补委员在内，都要认真看书学习，不要光抓生产，还要注意路线、意识形态、上层建筑，要懂得历史，学点哲学，看些小说。5月25日晚，毛泽东在中央政治局会议上讲话。他说：

郭老的《十批判书》有尊孔思想，要批判；但郭老功大过小，他在中国历史的分期上，为殷纣王、曹操翻案，为李白籍贯作考证，是有贡献的。对中国的历史要进行研究，从孔夫子到孙中山，从乌龟壳（甲骨文）到现在，都要进行研究、总结，要有知识。（《周恩来年谱(1949—1976)》（下卷），中央文献出版社1997年版，第595页）

此处，毛泽东一方面说要批判"尊孔思想"，另一方面又说"从孔夫子到孙中山，从乌龟壳（甲骨文）到现在，都要进行研究、总结"，这与1938年他在中共六届六次会议上的提议"从孔夫子到孙中山，我们应当给以总结，承继这一份珍贵的遗产"（见本节前面的述评），思想观点完全一致。

7月4日，毛泽东在中南海游泳池住处召见了王洪文、张春桥两名"文革"新贵。毛泽东谈话中有一段说：

什么郭老、范老、任继愈、杨柳桥之类的争论。郭老又说孔子是奴隶主义的圣人。郭老在《十批判书》里头自称是人本主义，即人民本位主义。孔夫子也是人本主义，跟他一样。郭老不仅是尊孔，而且还反法，尊孔反法，国民党也是一样啊！林彪也是啊！（《毛泽东年谱（1949—1976)》第六卷，人民出版社2013年版，第485页）

毛泽东把"尊孔反法"与政治运作扭结到一起。8月5日，毛泽东召见江青，对她说：

> 历代政治家有成就的，在封建社会前期有建树的，都是法家。这些人都主张法治，犯了法就杀头，主张厚今薄古。儒家满口仁义道德，一肚子男盗女娼，都是主张厚古薄今的。（《毛泽东年谱（1949—1976）》第六卷，人民出版社2013年版，第490页）

这次谈话中，毛泽东的扬法贬儒已达极点。"九一三"事件中，林彪一伙攻击他是"当代的秦始皇"。对手的比附和攻击，激起了他的愤慨。这使他的评法批儒论始皇，不少为争辩与批驳的激愤之语，很难说是深思熟虑后的准绳之言。这些话语在1973年产生了令人遗憾的后果。

1974年1月18日，毛泽东批准下发了本年第一号中共中央文件，就是由江青直接指挥编辑的材料《林彪与孔孟之道》（之一）。中央通知说："林彪是一个地地道道的孔老二的信徒，他和历代行将灭亡的反动派一样，尊孔反法，攻击秦始皇，把孔孟之道作为阴谋篡党夺权、复辟资本主义的反动思想武器。"于是，一场比"评法批儒"更为荒谬的"批林批孔"运动在全国蔓延开来，这里的儒法之辩已经毫无学术味道。

从上述引语中可以看出，毛泽东"评法批儒"好强调儒家"法先王"，厚古薄今，复古倒退；法家"法后王"，厚今薄古，改革进步。这里藏着隐忧，即担心否定"文革"。当时的思维定式是：拥护维护"文革"的即是思想激进的左派，是革新派；抵制反对"文革"的即是观念保守的右派，是复辟派。这个评批目的，这个政治功利，这个价值取向，使"评法批儒"一开始就不是在争论学术是非，而是一种政治运作，是在较量政治短长。"四人帮"借题发挥的"影射史学"乘机甚嚣尘上。现在回头看，毛泽东晚年那一场评批运动虽然声势浩大，但是并未给毛泽东增加新的荣誉，实事求是地讲，那是他先秦子学品读史上的"滑铁卢"。

"文革"中带有浓烈政治色彩的"评法批儒""批林批孔"运动，不可能正确评价儒家、法家思想，不可能批判地继承儒法两家思想的精华，并给予其在我国思想文化史上弥足珍贵的一席之地。今天，它们的阴影早已渐去渐远。整体扫描毛泽东品读先秦子学的"全息"图像，仍然可以使我们在拂去灰尘后看到耀眼的光芒。

晚年毛泽东读先秦子书的情况，还有一种记载。毛泽东的图书管理员徐中远先生编制的《毛泽东晚年读过的新印大字线装书目录》，提供了较为全面的信息。从1972年7月8日到1976年8月31日，给毛泽东特别印制的大字本线装书，涉及先秦各家子书的有如下之著作：

道家有研究老子的著作：《老子简注》，高亨注译，1册；《老子校诂》，马叙伦校，1函5册。

儒家有批判孔孟的著作：《四书评》，（明）李贽著，1函4册；《从银雀山竹简看秦始皇焚书》，卫今著，1册；《鲁迅批判孔孟之道的言论摘录》，上、下册；《鲁迅批孔反儒文辑》，上、下册；《关于孔子杀少正卯问题》，赵纪彬著，1函5册；《孔丘教育思想批判》，冯天瑜著，1函6册；《批林批孔文章汇编》（一）（二），上、下册。与此相关的还有两种书籍，大约当时是供"批判参考"之用：《十批判书》，郭沫若著，1函8册；《五四以来反动派、地主资产阶级学者尊孔复古言论辑录》，1册。

法家有商鞅和韩非的著作：《商君书注释》，高亨注译，1函6册；《商君书·更法》，（战国）商鞅著，1册；《论商鞅的历史功绩》，陕西师大师生著，1册；《论商鞅》，梁效著，1册；《韩非子》，1函6册；《韩非子·孤愤》，1册。

兵家有孙武和孙膑的著作：《孙子兵法》，1函1册；《孙膑兵法》，1函1册；银雀山汉墓竹简（《孙子兵法》《孙膑兵法》），1函10册。

杂家有吕不韦的著作：《吕氏春秋集释》，许维遹，1函10册。
（徐中远：《毛泽东晚年读过的新印大字线装书目录》，《毛泽东晚年读书纪实》，中央文献出版社2012年版，第496—500页）

丛书自序

这些特制的大字线装书，涉及先秦道、儒、法、兵、杂五家。其中没有印制儒家诸子的著作，只有研究或批判儒家（主要是孔子）的著作，研究的如郭沫若的《十批判书》，批判的如《孔丘教育思想批判》——这是"评法批儒""批林批孔"特殊政治生活衍生的畸形文化现象。其他四家则是原著或注释类、研究类的著作同时印制，供毛泽东和中央高层领导阅读使用。尽管其间抹上了政治运作色彩的阴影，从中我们还是可以看出毛泽东终身不忘地关注先秦子学的浓厚情趣。

毛泽东一生品读先秦子书的实践活动，构成了"毛泽东品先秦诸子"丛书写作的对象和材料。据初步梳理统计，毛泽东品评引用先秦诸子代表性著作数量相当可观：

儒家孔子的《论语》达 180 次，其中肯定性评价引用 160 次，否定批评性引用只有不到 16 次，还不到十分之一（毛泽东评论孔子生平数十次不在本书之列）。

儒家孟子生平事迹和《孟子》达 108 次，其中肯定性评价引用达 105 次，否定批评性引用只有 3 次。

儒家荀况生平事迹和《荀子》5 次。

道家老子生平事迹和《老子》达 55 次，其中肯定性评价引用 51 次，否定批评性引用只有 4 次。

道家庄子生平事迹和《庄子》达 50 次，其中肯定性评价引用 48 次，否定批评性引用只有 2 次。

道家列子著作《列子》达 18 次，全部是正面肯定性的。

墨家墨子生平事迹和《墨子》8 次，7 次是正面肯定性的。

兵家孙武子生平事迹和《孙子兵法》达 99 次（包括品评引用战国兵家、孙武后代孙膑生平事迹 7 次），其中肯定性评价引用 97 次，否定批评性引用只有 2 次。

法家商鞅生平事迹和《商君书》3 次。

法家申不害生平事迹 3 次。

法家韩非生平事迹和《韩非子》17 次。

法家李斯生平事迹和《谏逐客书》3 次。

杂家管仲生平事迹和《管子》11 次。

纵横家鬼谷子、苏秦、张仪、子贡、鲁仲连、叔孙通生平事迹 7 次。

毛泽东对先秦儒、道、兵、法、墨、杂、纵横家诸子代表性人物 20 人生平事迹和著作，品评引用共达 567 次之多。其中肯定性评价引用 539 次，否定批评性引用只有 28 次。

这组数据说明，毛泽东在品读先秦子学著作中，真正贯彻了汲取精华、剔除糟粕的批判继承性原则，做到了旧籍新解、古为今用。有人因为毛泽东在五四运动和"文革"中说过一些"批孔"的话，就判定毛泽东是全面"反孔派"；还有人因为毛泽东在著作和谈话中引用不少孔孟语录，就判定这是把马克思主义"儒家化"。其实，这两种说法都偏离了历史事实。如何继承传统文化遗产，如何借鉴旧时代思想家的思维成果，毛泽东可谓深思熟虑。他紧密联系中国革命和建设的实际，运用唯物史观，艰辛开拓，不懈努力，进行理论创立和文化整合，真正弘扬中华民族的优秀思想文化传统，使先秦子学得到现代阐释和现代转换，作为马克思主义中国化的养分和沃土，寻求到中国风格和中国气派。

Mao Zedong Pin Hanfeizi Ji Qita

品韩 卷

毛泽东品

韩非子及其他

韩非子是讲法治的

——毛泽东品《韩非子》

毛泽东与《韩非子》的关系如何？笔者最初的印象是，他生平较少谈到韩非，较少引用《韩非子》的观点和语句，也很少提到法家——这是相对于他谈论和引用儒家孔孟、道家老庄、兵家孙武较多而言的。

可是，当我整理多年积累的资料文献时，则发现在他的晚年，即他逝世的前两三年，由于他发动了一场"评法批儒"的运动，倒提到韩非、申不害、商鞅、李斯、荀况诸人，赞扬起法家。

毛泽东品读《韩非子》的"量"虽然较之其他先秦巨子为少，但其"质"可说并不差。只是我担心手中这支笨笔是否能如愿地把它表达出来。

圈点《史记·老子韩非列传》

毛泽东对法家的集大成者韩非的生平是熟悉的。新中国成立后，他读过《史记·老子韩非列传》，并对《韩非列传》的重点做了圈画：

> 在毛泽东阅读过的《史记》第六十三卷《韩非列传》中，明显地记有毛泽东亲笔圈阅过的墨迹，如"与李斯俱事荀卿"、"斯自以为不如非"、"治国不务修明其法制"、"以为儒者用文乱法"等文字下方，毛泽东都画了着重符号，说明毛泽东是很重视这几段文字的。（邸延生：《毛泽东评述诸子百家》，人民出版社2013年版，第75—76页）

我们先来看《史记·老子韩非列传》，其文删去司马迁所录韩非《说难》原文，篇幅并不长：

> 韩非者，韩之诸公子也。喜刑名法术之学，而其归本于黄老。非为人口吃，不能道说，而善著书。与李斯俱事荀卿，斯自以为不如非。

> 非见韩之削弱，数以书谏韩王，韩王不能用。于是韩非疾治国不务修明其法制，执势以御其臣下，富国强兵而以求人任贤，反举浮淫之蠹而加之于功实之上。以为儒者用文乱法，而侠者以武犯禁。宽则宠名誉之人，急则用介胄之士。今者所养非所用，所用非所养。悲廉直不容于邪枉之臣，观往者得失之变，故作《孤愤》《五蠹》《内外储》《说林》《说难》十余万言。

> 然韩非知说之难，为《说难》书甚具，终死于秦，不能自脱。（此处删去司马迁所录韩非《说难》原文——引者注）

> 人或传其书至秦。秦王见《孤愤》《五蠹》之书，曰："嗟乎，寡人得见此人与之游，死不恨矣！"李斯曰："此韩非之所著书也。"秦因急攻韩。韩王始不用非，及急，乃遣非使秦。秦王悦之，未信用。李斯、姚贾害之，毁之曰："韩非，韩之诸公子也。今王欲并诸侯，非终为韩不为秦，此人之情也。今王不用，久留而归之，此自遗患也，不如以过法诛之。"秦王以为然，下吏治非。李斯使人遗非药，使自杀。韩非欲自陈，不得见。秦王后悔之，使人赦之，非已死矣。

毛泽东圈画《史记·老子韩非列传》，表明有四点引起他的注意：（1）韩非与李斯都以荀子（荀况、荀卿）为老师。荀子是战国晚期最后一位大儒，也就是韩非曾学儒者之业。（2）韩非与李斯的关系，李斯忌妒韩非。（3）韩非的学说主要强调治国"修明法制"。（4）韩非对儒家持批判态度，指责其"乱法"。

把《史记·老子韩非列传》和《韩非子》一书的相关记载论述结合起来，大体上可以勾画出韩非生平的整体面貌。

韩非（约公元前280—前233年）是战国末期朴素唯物主义哲学家、法家思想集大成者，他出身韩国贵族，为人口吃，不能说道而善于著书。与李斯一同师事荀卿，李斯自以为不如他。韩非见韩国国势日益削弱，曾向韩王建议变法，主张为治者当以富国强兵为务，未被采纳。他观察过去政治的得失变化，著有《孤愤》《五蠹》《内外储》《说林》《说难》等十余万言。书传至秦国，正合秦国统一六国建立中央集权制的需要，受到秦王（即秦始皇）的赏识。于是，秦国发兵攻打韩国，韩王即派遣韩非出使秦国。秦王留他，尚未重用，即遭李斯、姚贾的忌妒谗毁，下狱治罪，被毒死狱中。

《韩非子》一书是法家的重要著作。全书五十五篇，大部分为韩非自著，但有极少篇数，如《初见秦》《存韩》，出于后人增附或由他书窜入。韩非学术以阐明法术刑名之旨为主，因而他的文章风格廉悍峻削，明切犀利，体现了法家的特点。

韩非的学术思想是批判地吸收了儒道墨各家的思想，又汲取了诸子百家之所长，综合了吴起、商鞅的法治，申不害的术治，慎到的势治，建立了他的刑名法术之学的理论体系，有"法家学说大全"之称。其基本内容，包括法治、术治两大主张。法治就是君主可以不守法，别人都要守君主所定的法；术治就是君主用权术愚弄臣民。在他看来，治国的措施应随着时代的变化而变化，即"世异则事异""事异则备变"。荀子的"性恶论"是韩非子实行法治的理论根据。他主张严刑峻法，崇尚功利，奖励耕战，用中央集权的专制制度来统治国家。他还提出重赏、重罚、重农、重战四项政策，并且反对儒家和墨家的"法先王"和"复古"，反对贵族把持政权。他的学说为君主建立专制主义的封建国家提供了有力的、可靠的思想武器。这反映了新兴地主阶级的政治要求，在当时社会条件下有一定的积极作用。

韩非发展了荀子的"性恶"主张，认为所有的人都是恶人，因而对人抱不信任态度。他之所以主张严刑峻法，主张权术驾驭，都是由这种思想作为出发点的。韩非主张一切权势归君主一人掌握，实成为极端专制主义的政治理论，大为秦汉以后专制帝王所利用，第一个实践他的这种学说来完成专制统治的，便是秦始皇。

这种君权至上的极权统治思想，支配了中国封建社会达两千年之久，其中包含以高压手段镇压人民及奴役剥削人民的反动因素。随着封建制度的发展与巩固，这种极端王权论，这种赤裸裸地用暴力统治和镇压人民，毫不掩饰地讲驾驭群臣、搞阴谋诡计的观点逐渐走向反动。

司马迁就曾经批评韩非说："韩子引绳墨，切事情，明是非，其极惨礉少恩。"意思是：韩非强调用法律作为判断事情、辨别是非的标准，到了极端，便是惨急苛刻，残酷无情。韩非法、术、势思想的"负能量"是很大的。

一品韩卷

韩非子是讲法治的

1958 年 8 月 19 日和 21 日，毛泽东在协作区主任会议上讲话，其中讲到"破除资产阶级法权"，毛泽东说："要破除资产阶级法权。例如争地位，争级别，要加班费，脑力劳动者工资多，体力劳动者工资少等，都是资产阶级思想的残余。'各取所值'是法律规定的，也是资产阶级的东西。将来坐汽车要不要分等级？不一定要有专车，对老年人、体弱者，可以照顾一下，其余的就不要分等级了。"

他还说："所有制解决以后，资产阶级的法权制度还存在，如等级制度，领导与群众的关系……要考虑取消薪水制、恢复供给制的问题。过去搞军队，没有薪水，没有星期天，没有八小时工作制，上下一致，官兵一致，军民打成一片，成千上万地调动起来，这种共产主义精神很好。过去实行供给制，过共产主义生活，二十二年战争都打胜了，为什么建设共产主义不行呢？我们已相当地破坏了资产阶级的法权制度，但还不彻底，要继续搞。不要马上提倡废除工资制度，但是将来要取消。恢复供给制好像'倒退'。'倒退'就是进步，因为我们进城后后退了。现在要恢复进步，我们要把六亿人民带成共产主义作风。人民公社大协作，自带工具、粮食，工人敲锣打鼓，不要计件工资，这些都是共产主义的萌芽，是资产阶级法权的破坏。希望大家对这些问题的看法吹一下，把实际中的共产主义道德因素在增长的情况也吹一下。"

进行社会主义建设，"资产阶级法权"是继续存在还是马上破除，这涉及经济制度和分配制度，涉及广大群众的直接利益，是政治经济学中较为复杂、较为深奥的理论问题和实践问题。毛泽东根据二十二年战争时期实行供给制的经验，甚至要废除工薪制。这样做是否符合实际，是否会得到干部和群众的理解支持，当时还不得而知，也算是"摸着石头过河"吧。毛泽东由此进而连"法律这个东西"也疑惑起来，他用漫谈的方式和语气继续说道：

> 公安、法院也在整风。法律这个东西，没有也不行，但我们有我们这一套，还是马青天（指评剧《刘巧儿》中的马专员——引者注）那一套好，调查、研究、就地解决，调解为主……不能靠法律治多数人，多数人要靠养成习惯。……民法刑法那样多条

谁记得了？宪法是我参加制定的，我也记不得。韩非子是讲法治的，儒家是讲人治的。我们每个决议案都是法，开个会也是法，治安条例也是靠成了习惯才能遵守；成为社会舆论，都自觉了，就可以到共产主义了。我们各种规章制度，大多数，90%是司局搞的，我们基本上不靠那些，主要靠决议、开会，一年搞四次，不靠民法刑法来维持秩序，人民代表大会，国务院开会有他们那一套，我们还是靠我们那一套。（李锐:《大跃进亲历记》下册，南方出版社 1999 年版，第 113 页）

关于"破除资产阶级法权"，1958 年也有人响应，做文章，鼓噪一时，如张春桥就写有《论破除资产阶级法权》的长文在《人民日报》上发表。但是，因为它太脱离实际，很快不被人们提起，我们此处也可以存而不论，只讨论毛泽东谈话与韩非有关的内容。

毛泽东此次谈话，涉及韩非与儒家一个理论命题，就是："韩非子是讲法治的，后来儒家是讲人治的。"

所谓法治，是"以法治国"的简称。"法治"是法家思想的基本特征，同儒家的"礼治""德治""人治"思想展开论争。韩非集法家学说之大成，提出了较完整的法治理论。他重视法的作用，但并不把法看成唯一的治国之道，而是把"法""术""势"三者结合起来，认为"法"指的是君主所制定而严令臣民遵守的法令，"术"指的是任免、考核、赏罚各级官吏的方法和手段，"势"指的是君主的地位和权力。其中以法治为核心，术治和势治则是保证法治的必不可少的条件。他除明确提出"以法治国"的主张外，还曾提出"法不阿贵""刑过不避大臣，赏善不遗匹夫"的法律上人人平等的萌芽思想，以及"以法为教""以吏为师"，使"境内之民，其言谈者必轨于法"的要求。中国古代的法治主张，都是以实现君主集权为目的的。

儒家"人治"的政治思想，不同的环境和情况下也表述为仁治、德治和礼治。"人治"与"法治"相对立。儒家认为当政者的贤明为治理国家的关键。孔子提倡人治，认为："政者，正也。子帅以正，孰敢不正？"（《论语·颜渊》）当政者做到以身作则、贤明端正，就能使国家政治清明，社会得到治理。由此，孔子主张"举贤才"和"学而优则仕"，以期实现贤人为邦的仁德之治。《礼记·中庸》："文武之政，布在方策。其人存，则其政举；其人亡，则其政息。"认为国家政治的兴衰，取决于统治者是否贤明。人治的主张重在强调统治者应以身作则，以及修身、任贤的必要，突出政治中的个体道德人格的作用，以为其具有决定意义。

儒家的"人治"从伦理的层面讲衍化为德治。儒家要求统治阶级以道德教化而非严刑峻法来维持统治，服慑人心。《论语·为政》："道之以政，齐之以刑，民免而无耻；道之以德，齐之以礼，有耻且格。"认为政与刑只能使人不敢犯罪，而德与礼则能使人知耻归心。《孟子·尽心上》："善政不如善教之得民也。善政民畏之，善教民爱之；善政得民财，善教得民心。"认为得民心者得天下，失民心者失天下。要求统治者修己爱人，使民以时，使人民得以休养生息。并施之以孝悌礼义教化，从而使家齐国治天下平。

儒家的"人治"从制度的层面讲衍化为礼治。儒家自孔子起即提倡礼治，认为用政和刑治国不如用德和礼治国。要求天子、诸侯、卿、大夫、士及民众都要遵守贵族等级制度的社会规范和道德规范。统治者以"礼"节治人的情欲，约束人的行为，使人安于名位，维护贵族等级秩序。各司其位，不得僭越。孔子面对当时"礼乐崩坏"的社会政治局势，大力倡言"礼治"，认为："克己复礼为仁。一日克己复礼，天下归仁焉。"（《论语·颜渊》）要求人们对自己的思想和行为"约之以礼"（《论语·雍也》），"非礼勿视，非礼勿听，非礼勿言，非礼勿动"（《论语·颜渊》）。儒家后学认为："夫礼者，所以定亲疏，决嫌疑，别同异，明是非也。"（《礼记·曲礼》）主张用礼来调节人的情欲，"过之者俯而就之，不至焉者？跂而及之"（《礼记·檀弓》），使之合于中道。"礼治"是儒家政治哲学的基本内容。儒家强调"礼治"，但也兼采"法治"。孔子主张"政宽则民慢，慢则纠之以猛。猛则民残，残则施之以宽。宽以济猛，猛以济宽，政是以和"（《左传·昭公二十年》）。所谓宽猛相济，实即礼法并用。礼法结合，"外儒内法"成为历代统治阶级的一贯统治方法。

韩非囚秦，《说难》《孤愤》

韩非的悲剧经历，可以给人以许多启示，颇能说明人在受到挫折、受到打击后如何面对现实，实现自我。

1949 年 12 月，毛泽东离京北上，访问苏联。在列车上同翻译师哲谈话，师哲是陕西韩城人，是大史学家司马迁的同乡。毛泽东对司马迁被汉武帝施以宫刑，表现出无限的惋惜和同情。

师哲说："司马迁也确实称得上一代人杰，身心蒙受了那么大的屈辱，居然能潜心著书，写出了'无韵之离骚，千古之绝唱'的《史记》！"

经典古籍烂熟于胸的毛泽东连连点头，随口背诵出了司马迁《报任安书》中的一段话：

> "文王拘而演《周易》；仲尼厄而作《春秋》；屈原放逐，乃赋《离骚》；左丘失明，厥有《国语》；孙子膑脚，《兵法》修列；不韦迁蜀，世传《吕览》；韩非囚秦，《说难》《孤愤》。《诗》三百篇，大底贤圣发愤之所为作也。"在这里，与其说司马迁是在感叹厄运对人精神世界的砥砺，不如说是在抒发自己的一种情怀，一腔抱负！
> （盛巽昌等：《毛泽东这样学习历史，这样评点历史》，人民出版社2005年版，第91页）

毛泽东背诵司马迁《报任安书》中这段话，就包括"韩非囚秦，《说难》《孤愤》"的典故。相传《韩非子》是他囚禁于秦国监狱时所撰著，毛泽东对此颇有感触。

1962年1月30日，在扩大的中央工作会议即著名的"七千人大会"上，毛泽东所做的报告中，讲到干部应当如何对待错误处理时，再次援引了司马迁在《报任安书》中关于"发愤著书"的一段话。他说：

> 降到下级机关去做工作，或者调到别的地方去做工作，那又有什么不可以呢？一个人为什么只能上升不能下降呢？为什么只能做这个地方的工作不能调到别的地方去呢？我认为这种下降和调动，不论正确与否，都是有益处的，可以锻炼革命意志，可以调查和研究许多新鲜情况，增加有益的知识，我自己就有这一方面的经验，得到很大的益处。不信，你们不妨试试看。司马迁说过："文王拘而演周易，仲尼厄而作春秋。屈原放逐，乃赋离骚。左丘失明，厥有国语。孙子膑足，兵法修列。不韦迁蜀，世传吕览。韩非囚秦，说难孤愤。诗三百篇，大抵圣贤发愤之所为作也。"这几句话当中，所谓文王演周易，孔子作春秋，究竟有无此事，近人已有怀疑，我们可以不去理它，让专家们去解决吧，但司马迁是相信有其事的。文王拘仲尼厄，则确有其事。司马迁讲的这些事情，除左丘失明一例以外，都是当时上级领导者对他们做了错误处理的。我们过去也错误地处理过一些干部，对这些人不论是全部处理错了的。或者是部分处理错了的，都应当按照具

品
韩
卷

体情况，加以甄别和平反。但是，一般地说，这种错误处理，让他们下降，或者调动他们的工作，对他们的革命意志总是一种锻炼，而且可以从人民群众中吸取许多新知识。我在这里申明，我不是提倡对干部，对同志，对任何人，可以不分青红皂白，作出错误处理，像古代人拘文王，厄仲尼，放逐屈原，去掉孙膑的膝盖骨那样。我不是提倡这样做，而是反对这样做的。我是说，人类社会的各个历史阶段，总是有这样错误处理的事实。在阶级社会，这样的事实多得很。在社会主义社会，也在所难免。不论在正确路线领导的时期，还是在错误路线领导的时期，都在所难免。不过有一个区别。在正确路线领导的时期，一经发现有错误处理的，就能甄别、平反，向他们赔礼道歉，使他们心情舒畅，重新抬起头来。（《在扩大的中央工作会议上的讲话》，《毛泽东著作选读》下册，人民出版社1986年版，第816—817页。）

《说难》《孤愤》是韩非的代表作。司马迁在《史记·老子韩非列传》中，仅举《说难》作为韩非的代表作。

《说难》为《韩非子》第四卷第十二篇。

"说（shuì）难"，意思是讲游说的艰难不易。我国战国时代，诸侯争霸，侯国君主争相罗致人才。于是，有一种学者专门用自己的言辞，劝说别人接受自己的政治主张和见解，这种工作就叫作"说"；从事这种工作的人，便被称为"说客"；游说的对象便是各国君主。此一时期游说之风盛行。一旦游说成功，这些说客便飞黄腾达，富贵至极，如苏秦以连横说秦而成为秦国宰相，张仪以合纵游说天下，身披六国相印，便是最突出的例子。

《说难》是韩非入秦以前在韩国撰著的。此文思想是当时韩国内部尖锐复杂的政治斗争的产物。"（韩）非见韩之削弱，数次书谏韩王，韩王不能用。"（《史记·老子韩非列传》）韩非屡次上书进说韩王，而韩王不用。《说难》即韩非根据谋臣策士的游说教训和自身的体会所写成的游说总结。《说难》反映了韩非为了达到"听用而振世"的目的，针对韩国谏说情况，详细分析了法术之士陈述意见的困难，提出要根据不同的情况采用不同的陈述方法。韩非认为，在艰险的环境下，法术之士要研究谏说的策略。《说难》就是韩非给法术之士提供的谏说艺术，是从法术之士立场上对韩国乃至更广大政治集团政治斗争经验的一个总结。

这种游说工作确实不容易，韩非的《说难》就是论述游说不易的。文中列举游说人君的种种困难、种种危险，想出对付这些困难的手段，在于了解人君的心理，迎合人主的意旨，取得对自己的信任。取得信任之前，不惜卑躬屈节；取得信任之后，便可实现自己的政治主张。这是法术之士和游说之士在当时历史条件下所揣摩出来的一套进身术，既积极进取又卑鄙幸进。从道德本质上来看，同当时的"重人""奸臣"很相似。这代表当时法家的积极进取而又卑鄙幸进的两面作风。

《说难》在写法上，前半篇意思表达得相当曲折，措辞闪烁，文意隐晦，比较难懂。但全篇能切中要害，锋芒犀利，尤其对人主内心世界的揣摩和揭示，使文章阐述精湛，辟肌入理，代表着韩非写作风格的重要方面。

司马迁说："然韩非知说之难，为《说难》书甚具，终死于秦，不能自脱。"又说："余独悲韩子为《说难》而不能自脱耳。"（《史记·老子韩非列传》）司马迁说韩非明知游说之难之险，而终被害于游说，悲夫！悲哉！

《孤愤》为《韩非子》第四卷第十一篇，是韩非的另一篇重要著作。司马迁《史记·老子韩非列传》中说："人或传其书至秦。秦王见《孤愤》《五蠹》之书，曰：'嗟乎，寡人得见此人与之游，死不恨矣！'李斯曰：'此韩非之所著书也。'秦因急攻韩，韩王始不用非，及急，乃遣非使秦。秦王悦之，未信用。"《孤愤》等文章改变了韩非的人生轨迹，这位韩国公子、思想家因此受到威震华夏的秦王（即后来之秦始皇）的重视和青睐，被迫成为韩国"使秦"外交官，实际秦王要利用他为兼并统一战争服务。

司马迁在《史记·老子韩非列传》中说出了《孤愤》等文章的写作动机："（韩非）悲廉直不容于邪枉之臣，观往者得失之变，故作《孤愤》《五蠹》《内外储》《说林》《说难》十余万言。"司马贞《史记索引》则说："孤愤，愤孤直不容于时也。"所以，"孤愤"就是孤独与愤慨，是因孤高嫉俗而产生的一种愤慨之情。

韩非子此文的主旨，是抒发作者对"重人"即奴隶主贵族擅权的愤怒。在文章中韩非怀着孤独之感，抒发了自己对现实的愤慨之情，反映了当时严重的政治现实与法术之士的艰难生存环境。文章无情地揭露了奴隶主贵族专横跋扈、结党营私，大肆培植私门势力的种种罪行，强烈地抗议当权者对"智术之士""能法之士"即法家人士采取公开镇压和阴谋暗杀的血腥政策，申诉了法家在极端不利的情况下进行抗争的艰难处境。

该文的后半篇，强调了中央集权的地主阶级专政的必要性，指出如果让钻进封建国家政权中的奴隶主贵族窃取了权力，那就必然会造成"主上卑而大臣重""国家危削，主上劳辱"，其结果便会亡国。由于韩非看不到劳动人民的力量，他总是感到势孤力薄。但是韩非并不气馁，他以"不可两存之仇"的气概坚持斗争，对斗争的前景充满必胜的信心。

《孤愤》在最后从君臣之间的利害关系入手，提醒君主"臣主之利相与异者也"。所以君主不可不防臣下"谲主便私"，以避免"主失势而臣得国"的结局。这种告诫，语重心长，因此秦王嬴政（后之秦始皇）读了之后，赞叹不绝。就先秦政论文章来说，《孤愤》和《说难》是一流的，秦始皇也算衡文有术，颇有眼光。

司马迁《报任安书》中关于"发愤著书"的这段话，一连举了七件事来证明他的论点，"韩非囚秦，《说难》《孤愤》"也在其中，这说明司马迁也认为《说难》《孤愤》是韩非的代表作，至少是《韩非子》中的两篇重要著作。

司马迁认为包括韩非在内的许多著作家都是由于遭遇不幸，受到社会的迫害和压抑，有"道"难通，有志难申，为了表达意见，化解郁结，抒发怨愤，才著书立说，以留传后世的。"意有所郁结，不得通其道"，深刻揭露了封建社会对人的迫害，而发愤著书正是对迫害的不满与反抗。正因为如此，其著作必然强烈表现出不满现实、批判现实的精神，在不同程度上揭露了社会政治的黑暗。"发愤著书"的人心中满怀郁愤，由郁愤而产生无穷力量，这力量激励他们不辞艰辛地坚持著述，从而写出不朽的著作。司马迁的"发愤著书"思想，对封建社会中进步作家具有重要的启示和鼓舞作用，对后代文学理论产生深刻的影响。

毛泽东将这个思想借用过来，在这里谈的是"错误处理干部"也会让他们受到锻炼，学到知识，也有相通之处。从1949年和1962年的两次引述当中，可以看出毛泽东对韩非等人不幸遭遇的深切同情，以及对他们饱经磨难仍然创作了不朽的传世之作的赞许。

当然，毛泽东引述韩非等古人的事迹，不是简单地为了发思古之幽情，而是为了解决现实问题。20世纪50年代后期以来，反右派、"大跃进"、反右倾等各种运动，不少人确实是"上级领导者对他们作了错误处理"。而党中央决心召开这次"七千人大会"，其中一个目的就是要纠正这些错误。毛泽东称"七千人大会"为"出气会"，而且率先作自我批评，承担责任，诚恳纠正中央的一些错误做法。在这样庄重的会议上，引古论今，现身说法，并上升到理论高度，从社会历史发展的角度论述这种错误处理的事实，"在阶级社会"中"多得很"，即使"在社会主义社会，也在所难免"。就这样，毛泽东以领袖人物的负责态度和哲学家聪明睿智的思考，阐明了受到错误处理，可以锻炼意志，既使受到错误处理的同志"出出气"，又教育了广大干部群众。以后，毛泽东在不同场合，又多次表述了他的这个见解。"七千人大会"的目的之一，就是发扬民主，让"孤愤"者"说"之不难也！

封建君主统治术对后世影响很大

韩非是先秦法家思想之集大成者。晚年，毛泽东读《史记·老子韩非列传》后，对韩非评点道：

> 韩非师从于荀子，战国时期法家的代表人物，他提出的法治、术治、势治三者合一的封建君主统治术，对后世影响很大。（唐汉：《毛泽东历史笔记解析》，红旗出版社 1993 年，第 57 页）

盛巽昌等编著的《毛泽东这样学习历史，这样评点历史》（人民出版社 2005 年版）一书第 316 页，将此事排列在 1976 年 1 月。

法家在自身发展历史中，逐渐形成了法治、术治、势治三个分派。韩非的"法治"思想，是在其师荀子"性恶论"学理的基础上，吸收战国时代发展起来的黄老学说，又加入了法家商鞅、申不害和慎到的思想内容，以及东周以来郑国传统的法家名家学说，构成了具有集大成色彩的法、术、势三合一的法治思想，即韩非的刑名法术之学。

法家法、术、势三个分派有个历史的发展过程。

李悝、商鞅一派专主用法，是"法治"派，着重讲究法律条文的制定和赏罚的执行。李悝著《法经》六篇，商鞅著有《商君书》二十六篇。李悝相魏文侯，变法图强。商鞅定秦法，国富兵强。他们所主张的法是君主制定法令，全国臣民无不遵守，有功必赏，有罪必罚。君主一人所说出的话是最高贵的话，说出来就成为令，所要做的事是最适当的事，定出来就成为法。

申不害、尹文一派专主用术，是"术治"派，着重讲究对官吏的选拔任用，监督考核，奖赏处罚及驾驭的方法手段。申不害著有《申子》，大部分失传，今传有《大体》一篇和几十条佚文。尹文著有《尹文子》，今传《大道上》与《大道下》两篇。术是君主驾驭臣下的方法，形名是术的一种。所谓形名，就是"循名以责实"，要臣下名（言）实（行）相符。

慎到一派专主用势，是"势治"派，着重讲究保持和运用国君的权势地位。慎到著有《慎子》，现存七篇。势是凭借权位，有重权高位便能治天下，用不着要等待贤智。

韩非提倡"以法为本"的思想体系，是法、术、势的结合，他主要继承了商鞅的"法"（成文的国法），申不害的"术"（君主驾驭臣下的手段），慎到的"势"（权力和地位形成的权势）。克服了各家片面和不足之处，提出了以"法"为核心的完整系统的法治理论。在他看来，法、术、势缺一不可。君主当乘势执术，臣下当守法奉令，不可偏废。

韩非注意总结法家内部各个学派在理论上的经验教训。他指出，商鞅在秦国行"法"，"然而无术以知奸，则以其富强也资人臣而已矣"（《定法》）。因为没有"术"，变法的果实落到了权臣的手里。秦昭王时穰侯魏冉攻齐胜利就取得陶邑作为私封，应侯范雎攻韩胜利就取得汝南（即应）作为私封，"自是以来，诸用秦者，皆应、穰之类也"。因而秦强盛数十年而"不至于帝王"。他说："申不害不擅其法，不一其宪令，则奸多。"韩昭侯用申不害的"术"，因为法令不统一，前后矛盾，仍使奸臣有机可乘，因而申不害执政十七年，而"不至于霸王"，不能使韩国成"霸王"之业（《定法》）。只讲"术"而没有"法"，弊病也很多。慎到只讲已有的"自然之势"，而不知有可造的人为之势（"人之所得设"）。他们的主张都不完善。所以他主张把法、术、势有机地结合起来，指出"君无术则弊于上，臣无法则乱于下，此不可一无"（《定法》），"抱法处势则治。背法去势则乱"（《难势》）。法和势都关系到法治的成败问题。

同时，韩非注意"观往者得失之变"（《史记·老子韩非列传》），把秦国和东方六国统治经验中的成败得失作了比较，得出法、术、势的必须兼用并举的结论。他认为：秦由于"法明""罚必"，使得"忠臣劝""邪臣止"，因而"地广主尊"；东方六国与此相反，由于"群臣朋党比周以隐正道，行私曲，而地削主卑"（《韩非子·饰邪》）。还认为三晋魏、赵、韩三国由于"慕仁义而弱乱"，秦由于"不慕而治强"，秦之所以还没有能够完成统一的帝业，是由于"治未毕也"（《韩非子·外储说左上》）。

韩非阐述"法治"说："法者，编著之图籍，设之于官府，而布之于百姓者也。"（《难三》）他又说："法者，宪令著于官府，刑罚必于民心，赏存乎慎法，而罚加乎奸令者也。"（《定法》）韩非的意思是说，法是编写成文，设置在官府里，是公开颁布的，要使老百姓普遍知道，赏罚制度深入人心，对于谨慎守法的人给予奖赏，对于触犯法令的人给予处罚。韩非还说："释法术而任心治，尧不能正一国，去规矩而妄意度，奚仲不能成一轮。"（《用人》)意思是说，"法"是准绳规矩，不能离开，不能任意行事，像工匠不能离开他的工具一样。他还主张大力宣传"法"，"法莫如显"，连"卑贱"的人也都要知道"法"。韩非特别强调制定了"法"，就要执行，任何人也不能例外，他说"法不阿贵""刑过不避大臣，赏善不遗匹夫"（《有度》）。他还说："言行而不轨于法令者必禁。"（《问辩》）为了行"法"，不惜设重刑，"上设重刑而奸尽止"（《六反》）。这是为了镇压贵族的反抗。在用人和奖赏上要贯彻有利于执行"法"的原则，"使法择人，不自举也，使法量功，不自度也"（《有度》）。

韩非阐述"术治"说："术者，因任而授官，循名而责实，操杀生之柄，课群臣之能者也，此人主之所执也。"（《定法》）韩非认为，所谓术就是按照需要来给予他们所胜任的官职，按照所具有的名义责任来要求工作达到的实绩，君主掌握着生杀大权，考察群臣的才能和业绩。这是君主必须掌控的东西。他认为"术"很重要，说商鞅行法"数十年而不至于帝王者，法不勤饰于官，主无术于上之患也"（《定法》）。在韩非看来，没有掌握"术"，"法"也无效。韩非认为统御术有很强的私密性："术者，藏之于胸中，以偶（遇）众端，而潜御群臣者也。"（《有度》）这里说"术"是国君驾驭群臣的手段，暗自运用的一种权术。"术不欲见"（《有度》），"术"是不能让人知道的。韩非等法家的"术治"，后来为统治阶级继承，成为使用阴谋权术的手段。

韩非阐述"势治"说："势者，胜众之资也。"（《八以》）意思是：所谓"势"者，就是使众人臣服的资本和力量。这等于说，势就是势力和威势，或者叫作权威。他又说："主之所以尊者，权也。"（《心度》）这话说得很明白：君主所以尊贵，所凭借的就是权力。韩非举社会现象证明："万乘之主，千乘之君，所以制天下而征诸侯者，以其威势也。"（《人主》）又说："桀为天子，能制天下，非贤也，势重也。尧为匹夫，不能正三家，非不肖也，位卑也。"（《功名》）韩非认为，要治理天下，就要有权力地位，处于"威势"。韩非说："善任势者国安，不知因其势者国危。"（《奸劫弑臣》）他认为对于"势"运用得如何，关系国家的安危。

韩非讲"法治""术治"和"势治"，是联系在一起的，他认为三者缺少了哪一个都不行。韩非说，"人主之大物，非法则术也"（《难三》）。也就是说，君主之所以了不起，有尊贵的权势，是由于手中掌握了法和术的缘故。同样，"君无术，则弊于上；臣无法，则乱于下。此不可一无，皆帝王之具也"（《定法》）。而只有这两个工具，没有高高在上令人生畏的势，这两个工具也不会产生正确的功效。用他的话说，叫作"抱法处势则治，背法去势则乱"（《难势》）。

韩非法、术、势三位一体学说的出现，说明封建中央集权制度的理论基础已经完全成熟。这个理论一直以"外儒内法"的形式，成为封建统治阶级推行封建专制主义的工具和思想武装。所以毛泽东说韩非提出的"法治、术治、势治三者合一的封建君主统治术，对后世影响很大"。人们口头常提到的"封建帝王统御术"，其主要内容正是韩非法、术、势三位一体的学说和思想。

他讲的"气力"其实就是"权力"

也是在 1976 年 1 月，毛泽东与侄子毛远新有一次谈话，再次评论到韩非与《韩非子》一书。

当毛远新谈到已看完了《二十四史》和《资治通鉴》，并正在看李斯的《论统一书》和韩非的《韩非子》时，毛泽东说：

> 这些书你都应该看，只看一遍不行，至少要看五遍，一部《资治通鉴》我就看了五遍。你说的《韩非子》我年轻时就看过几遍，其中的《说难》《孤愤》《五蠹》都能背得下来。这个韩非和李斯都是荀况的学生，也都是中国历史上有名的大法家。后来，李斯做了秦始皇的宰相，怕韩非夺权，就在公元前 233 年把他杀了。所以韩非感叹说："上古竞于道德，中世逐于智谋，当今争于气力。"他讲的这个"气力"，其实就是"权力"。韩非为什么被李斯杀了，就是因为李斯的权力比他大。"力多则人朝，力寡则朝于人，故明君务力。"高明的皇帝一定要控制权力，秦始皇听了韩非的劝告，搞了个中央集权制。我们共产党也学秦始皇，搞"一党治天下"，就是要掌握住国家领导权。（盛巽昌等：《毛泽东这样学习历史，这样评点历史》，人民出版社 2005 年版，第 316 页）

毛泽东晚年的这个评论，可看作是他读《韩非子》的一个总结。对韩非其人，既讲生平，又论学术；对韩非其著，既论全部，又说重点；讨论问题，既看历史，又着眼现实。

谈话中的引语，一条出自《韩非子·五蠹》篇，一条出自《韩非子·显学》篇。所表达的思想无疑是韩非子刑名之学的主干和精粹部分。

韩非说："上古竞于道德，中世逐于智谋，当今争于气力。"(《五蠹》)这是说时代不同，一个时代有一个时代的时代特征和发展趋势，体现了历史进化的思想。这是继承《商君书》的历史观，把人类的历史分为三个时期，即"上古""中世"和"当今"。"上古"之世指传说中有巢氏构木为巢，燧人氏钻木取火的时代。"中世"之世指鲧、禹治水的时代，延至汤、武征伐的殷、周之世。"当今"之世，指自己所处的战国时代。韩非关于历史三阶段的划分，尽管是粗线条的、表层的、片面真理的，但是他承认历史进化、承认以"当今"之世为重的思想显然可取，有利于推动历史前进。这是他比同时代别的学派思想家的高明之处。

韩非认为，人类社会的发展进化要求治国者变法易道。如果守成不变一味"向后看"，就要闹笑话出乱子。他说："今有构木钻燧于夏后氏之世者，必为鲧、禹笑矣；有决渎于殷、周之世者，必为汤、武笑矣；然则今有美尧、舜、汤、武之道于当今之世者，必为新圣笑矣。"他以为时代变了，治国的方法也要随之而改变，以适应时代的要求。如果在当今之世，仍"欲以先王之政，治当世之民"，那就是"守株待兔"式的蠢人。因此，他得出结论是："圣人不期修古，不法常可，论世之事，因为之备。"(《五蠹》)"故治民无常，唯治为法。法与时转则治，治与世宜则有功。"反之，"时移而治不易者乱"(《心度》)。

"当今争于气力"，这是韩非对他所处战国末期时代特征的认识和概括。别的学派却不是这样认识的，他们对于历史的发展有各种不同的看法。墨子因为主张兼爱、尚同，认为乱的起因是人们自爱不相爱，"古者民始生未有刑政之时"，"大乱如禽兽然"(《墨子·尚同》上篇)。孟子因为主张恢复古代的制度，把历史的发展看成是倒退的，例如说："五霸者，三王之罪人也；今之诸侯，五霸之罪人也。"(《孟子·告子下》)而荀子为了要维护封建的等级制度，把历史看成永恒不变的，认为"古今一度也，类不悖，虽久同理"(《荀子·非相》)。墨家为兼爱之说，儒家倡仁义之道，欲以道德说教匡救时弊，止列国之兼并，正社会之秩序。然而，儒墨之徒不绝于世而世益乱，此盖"仁义用于古而不用于今也"，"欲以宽缓之政，治急世之民，犹无辔策而御驿马"(《五蠹》)，必然无济于事。在韩非看来，战国之世"争于气力"，兼并战争很剧烈，诸侯要立稳，要统一，就是要有力量。这就要富国强兵，就要实行法治，就要反对儒家的仁义道德。他认为："道先王仁义而不能正国。"(《外储说左上》)"奉法者强则国强，奉法者弱则国弱。……故当今之时，能去私曲就公法者，民安而国治；能去私行行公法者，则兵强而敌弱。"（《有度》）韩非对所处时代特征的明晰透视，乃其法治思想的现实基础。韩非思想对于战国之世、对于强秦统一现实政治之影响所以巨大，正在于此；其刑名之学历千载而不废，亦在于此。

战国争于"气力"，国家积累实力，国君掌控权力，这是韩非法治理论的核心。这即是用中央集权制来保障兼并统一战争的胜利，保障地主阶级的根本利益，保障最高统治集团的既得利益。韩非强调权力要集中，不能分散。"事在四方，要在中央；圣人执要，四方来效。"（《物权》）"要"指的是中央集权，国君要紧紧掌握这种权力。他强调国君掌控权力的必要性，说："力多则人朝，力寡则朝于人，故明君务力。"（《显学》）他着眼于"力"，即是富国强兵的国力，也是国君手中的权力。

集一切权力于君主一人，是韩非学说的宗旨。但君主一人绝不能有这种无限的智力，照韩非说：国君一人力不敌众人，智不胜万事，与其靠自己，不如靠一国。用一国的眼睛看，看得最清楚；用一国的耳朵听，听得最明白。所以下君用尽自己的智能，中君能用众人的力，上君能用众人的智。用众人的方法是"听其言必责（检查）其用（实用），观其行必求其功（效果）"（《六反》）。这可以说是在封建专制主义制度下可怜的地主阶级"民主"。

毛泽东所处之世争于社会主义建设，"四化"问题也提出来了。但是他本人认为阶级斗争还存在，所以他要争的"气力"包含晚年的错误部分。但是，他认为执政党要"掌握住国家领导权"，这是没错的。

当今之世与韩非的战国之世大不相同了。是争于民主与科学，争于改革与开放，争于和平与发展；当然也争于气力、智谋和道德，不过对其具体内容要做出全新的解释。《韩非子》至少有一点是可取的，就是立足"当今"社会现实，用新的方法措施推动社会发展进步的精神。

读大字本《韩非子》及其选篇

在毛泽东晚年，《韩非子》一书有些受宠被偏爱，原因是它的某些方面的思想与毛泽东契合。毛泽东认为它有"古为今用"的价值。

毛泽东向周围的人推荐这本书。

20世纪70年代初，毛泽东曾指示中央的工作人员阅读《荀

子》和《韩非子》。（邸延生：《毛泽东评述诸子百家》，人民出版社 2013 年版，第 75—76 页）

即使是"中央的工作人员"，也不是研究古籍的，不是热心于先秦诸子的，不一定对充满专制味道和权术思想的《韩非子》感兴趣。毛泽东"指示阅读"，首先反映的是他自己的阅读需求和阅读兴趣，也反映了他思维的注意力和兴奋点。

毛泽东还布置相关人员注释印刷《韩非子》单篇大字本。据刘修明等人主编的《毛泽东晚年过眼诗文录》（花山文艺出版社，1993 年版）一书介绍，《韩非子》单篇大字本有六种：

《韩非子·五蠹》（见该书第 432—453 页）
《韩非子·说难》（见该书第 532—541 页）
《韩非子·孤愤》（见该书第 542—552 页）
《韩非子·忠孝》（见该书第 572—582 页）
《韩非子·说疑》（见该书第 583—605 页）
《韩非子·定法》（见该书第 627—632 页）

这六篇文章，布置注释到印刷完毕的时间跨度是 1973 年 10 月到 1974 年 8 月，近一年时间。从中可看出毛泽东读韩非这些著述时的社会背景。1973 年年底，已经开始"评法批儒"，这六篇文章是韩非法家思想的代表作或重要著作，重印重读是为进一步熟悉和评价法家思想，并用法家的"法后王"、变法等思想主张来回击所谓的"右倾回潮"，这构成了毛泽东晚年错误，被"四人帮"利用搞内乱的组成部分。

六篇文章，其中《说难》《孤愤》《五蠹》和《定法》，本章前面有较多引用和扼要介绍，不再赘言。下面再把《忠孝》和《说疑》两篇大字本注释者当时的"前言"移录过来，可从中了解当时的思潮，也可以折射出毛泽东的思想轨迹。另外，再移录上 1993 年版《毛泽东晚年过眼诗文录》删改后的"前言"，则进一步清楚了人们在新时期怎样理解韩非的思想。

《忠孝》的注释者当时的"前言"：

《忠孝》是韩非上韩王的意见书，是一篇尖锐地批判了儒家为代表的奴隶主阶级意识形态的战斗文章。文章用形式逻辑的方法揭露和批判了孔丘所鼓吹的尧、舜、汤、武之道，号称孝悌忠顺之道而实际上并不合乎孝悌忠顺之道；相反地，它是妨碍封建统治秩序建立的"天下之乱术"。他站在新兴地主阶级立场上，用"法治"观点对忠孝作了新的解释，严厉地抨击了儒家崇古非今的反动实质。文章还批判了道家的"恍惚之言"和纵横家"不言国法而言从（纵）横"，认为必须加强"法治"，建立地主阶级专政的中央集权体制，在搞好内政的基础上才能对付外部的敌人。文章在反对奴隶主阶级意识形态时也反对奴隶起义领袖跖，表明了法家的阶级性。

《忠孝》的注释者 1993 年删改后的"前言"：

　　《忠孝》是韩非上韩王的意见书。文章用形式逻辑的方法批驳了孔子所宣传的尧、舜、汤、武之道，号称孝悌忠顺之道而实际上并不合乎孝悌忠顺之道，而是妨碍封建统治秩序建立的"天下之乱术"。他用"法治"观点对忠孝作了新的解释。文章还批判了道家的"恍惚之言"和纵横家"不言国法而言纵横"，认为必须加强"法治"，建立中央集权体制，在搞好内政的基础上才能对付外部的敌人。

《说疑》的注释者当时的"前言"：

　　《说疑》是反映韩非政治思想的代表作之一，说的是如何透过种种假象，识破以伪装面目出现的奴隶主贵族的阴谋家、野心家。作者根据当时尖锐复杂的阶级斗争和儒法斗争，运用大量历史材料，指出必须任用虽然出身"卑贱"，但是"可以明法，便国利民"的法家政治家。作者无情地揭露了窃据政权的奴隶主贵族表面上伪装贤臣，实际上"内构党与，外接巷族"的反革命两面派手法，批判了他们的结党营私、阴谋复辟的罪恶活动。同时尖锐地批判了儒家鼓吹的"尊主安国者，必以仁义智能"的复辟理论，把对儒家的批判提高到反对奴隶主复辟的首要地位。

《说疑》的注释者 1993 年删改后的"前言"：

《说疑》是反映韩非政治思想的代表作之一。作者根据当时尖锐复杂的政治情况，运用大量历史材料，指出必须任用虽然出身"卑贱"，但是"可以明法，便国利民"的政治家。作者揭露了旧贵族表面上伪装贤臣，实际上"内构党与，外接巷族"的手法，同时尖锐地批判了"尊主安国者，必以仁义智能"的理论。

对比前后两种"前言"，删掉的部分也就是品韩运用时搞错了的部分。按照当时"评法批儒""儒法斗争"、批"右倾回潮"等统一的舆论口径，错误联系现实政治生活实际，染上了"影射史学"的毒素。删改也说明经过实践的检验，人们的认识有了明显的提高。这在思想史也是允许的。

毛泽东晚年还要求印刷过大字本《韩非子》全书。为毛泽东管理图书的徐中远先生在其著作《毛泽东晚年读书纪实》（中央文献出版社 2012 年版）中，编辑了《毛泽东晚年读过的新印大字线装书目录》（1972 年 7 月 8 日至 1976 年 8 月 31 日），其中有：

《韩非子》，一函六册。
《韩非子·孤愤》，一册。（见该书第 496—500 页）

笔者没有见到新印大字线装书《韩非子》的实物，不知道它的具体情况。从徐先生的著录看，像是影印本。

毛泽东晚年，推荐阅读《韩非子》，新印线装《韩非子》，又选出单篇文章印大字本，而且一连印了六篇……用今天的话说，似乎形成一股"读韩热"。不是对这部书偏爱，是不会如此热心做这些事情的。1974 年 7 月，上海人民出版社重印陈奇猷上下两卷本六十余万字的《韩非子集释》。《重印说明》中明讲"集释者没有用马克思主义的观点进行注释"，但是又承认集释者"对韩非的原著进行了整理，并提供了一些材料"，意思是很需要，所以"现予以重印，供读者参考"。说到底"重印"是"急就章"，以呼应毛泽东的"读韩热"。

这就叫"兵不厌诈"

——毛泽东品《韩非子》记载的一条用兵原则

先秦诸子多数谈兵，《韩非子》中也有论兵之作。虽然没有专论，但五十五篇文章几近半数夹杂着兵学论述。韩非是思想家，没有军事斗争实践经验。他谈兵较多是谈富国强兵、以法治军、将帅选拔等国防建设问题，对战争指导的战略战术偶有涉及。

韩非有一条用兵作战的指导原则深深地影响了毛泽东，那就是"兵不厌诈"。

"兵不厌诈"出自《韩非子·难一》：

晋文公将与楚人战，召舅犯问之，曰："吾将与楚人战，彼众我寡，为之奈何？"舅犯曰："臣闻之：繁礼君子，不厌忠信；战阵之间，不厌诈伪。君其诈之而已矣。"

文公辞舅犯，因召雍季而问之，曰："我将与楚人战，彼众我寡，为之奈何？"雍季对曰："焚林而田，偷取多兽，后必无兽；以诈遇民，偷取一时，后必无复。"文公曰："善。"辞雍季，以舅犯之谋与楚人战以败之。

归而行爵，先雍季而后舅犯。群臣曰："城濮之事，舅犯谋也，夫用其言而后其身，可乎？"文公曰："此非君所知也。夫舅犯言，一时之权也；雍季言，万世之利也。"

仲尼闻之，曰："文公之霸也宜哉！既知一时之权，又知万世之利。"

把这段古文译成白话就是：

晋文公将要和楚国打仗，召请舅父狐偃来，问道："我将要和楚国打仗。楚国兵多，我们兵少，怎么办？"狐偃说："我听说过：懂礼的人不厌烦忠信，在战场上指挥作战的人不厌烦诈伪，请您用诈伪的办法吧。"

文公辞退狐偃，又召来雍季问道："我准备和楚军作战，敌众我寡，怎么办？"雍季回答说："焚烧树林来打猎，能暂且多猎取些野兽，以后必定再猎不到野兽；用欺诈的手段对待民众，暂且能得到一时的利益，以后民众就不会再上当了。"文公说："好。"辞退了雍季。文公用狐偃的谋略和楚军作战，结果打败了敌人。

回来后封爵行赏，先赏雍季而后赏狐偃。群臣说："城濮的胜仗，靠的是狐偃的计谋。采用了他的计谋，却把他摆在后面，行吗？"文公说："这不是你们能理解的。狐偃的主张是权宜之计，雍季的主张才是符合长远利益的。"

孔子听到后说："晋文公称霸是完全应该的啊！他既懂得权宜之计，又懂得长远利益。"

成语典故"兵不厌诈"就是后人根据故事中的"战阵之间，不厌诈伪"一语演变来的。意思是说：善于用兵打仗的人，是不厌烦使用"诈伪"欺敌计谋的。

韩非子这个记载，反映了春秋时代晋国领导集团在城濮大战前，有一场关于战阵之间是"不厌忠信"还是"不厌诈伪"的争论：雍季主张前者，狐偃（舅犯）主张后者。

记载中孔子的评论，极可重视。一个"宜"字，说尽了晋文公争霸战争的进步性与合理性。孔子已初步懂得了事物的辩证法，认为晋文公把握了"一时之权"（不厌诈伪）和"万世之利"（不厌忠信）两个方面，即把战争中用诈术和政治上讲信用统一起来，临敌用诈施谋略，治国尊贤行德政，这样足以称霸。这就从更深刻的意义上揭示了文公城濮争霸成功的军略和政略方面的原因。

"战阵之间，不厌诈伪"的命题，是建立在对晋文公争霸战争经验正确认识基础上的新的军事理论思维成果。《左传》记载的晋军与楚军的城濮之战，晋国君臣"用诈"的地方确实不少：比如进攻曹国和卫国，以牵动围攻宋国的楚军；暗中允许曹、卫复国，促使两国与楚绝交；扣押楚军使节宛春以激怒楚将子玉，使其急躁冒进；借口"报施"，主动退避三舍，诱使楚军进入自己的伏兵阵地；战斗中用虎皮蒙着驾车辕马，以惊恐楚军；等等。应该说，"临难用诈，足以却敌"（即兵不厌诈）的军事原则，正是这些军事实践的产物。因此，它在军事思想史上具有开创性意义。

从军事思想史上看，三代以来的战争指导观念是尊礼行仁，守信不欺，所谓"以礼为固，以仁为胜"，所谓"成列而鼓，所以明其信也"（《司马法·仁本》），如《汉书·艺文志·兵书略》指出的那样："汤武受命，以师克乱而济百姓，动之以仁义，行之以礼让。"到了争霸战争如火如荼的春秋时代，传统的战争指导观念已大部分不适应兼并战争和争霸战争的需要。因此，无情地受到了挑战。这导致了军事领导者、战争指导者之间的思想斗争。公元前638年，宋楚泓水之战，宋国大司马子鱼主张待楚军"半渡而击"，宋襄公则主张"不以阻隘也""不鼓不成列"。保守僵化的军事思想导致"宋师败绩"。子鱼批判了宋襄公保守的军事观念，他说："君未知战。勍敌之人隘而不列，天赞我也。阻而鼓之不亦可乎？"又说："三军以利用也，金鼓以声气也，利而用之，阻隘可也，声盛致志，鼓儳可也。"（《左传·僖公二十二年》）子鱼主张利用险隘地理条件或地形环境打击敌人，主张攻击没有列阵的敌军，无疑是军事思想的新收获。六年后，公元前632年城濮之战前，又发生了狐偃与雍季的争论。在新旧军事思想杂陈时期，晋文公的高明之处就在于没有像宋襄公那样犯教条主义的错误，而是适应新形势，区分平时与战时、治国与用兵的不同情况，在战时"用舅犯之言"以诈术胜楚。

狐偃"战阵之间，不厌诈伪"的军事谋略，启发了其后近百年出现的大兵学家孙武子的军事思想（孙武约与孔子同时）。《孙子兵法·计篇》说："兵者，诡道也。"《军争篇》又说："兵以诈立。"唐代李筌注解："军不厌诈。"《北齐书·司马子如传》也有："事贵应机，兵不厌诈。"长期以来，"兵不厌诈"成为用兵打仗、迷惑敌人的基本方法，为历代军事家所信奉和运用。

毛泽东让"兵不厌诈"这条形成于春秋时代、被韩非记载流传下来的用兵指导原则，在革命战争和民族自卫战争中发挥了诡诈胜敌的作用。

"兵不厌诈"就是指这件事情

毛泽东在《论持久战》一文里引用了"兵不厌诈"这一成语典故，他说：

在优越的民众条件具备，足以封锁消息时，采用各种欺骗敌人的方法，常能有效地陷敌于判断错误和行动错误的苦境，因而丧失其优势和主动。"兵不厌诈"，就是指的这件事情。(《论持久战》，《毛泽东选集》第二卷，人民出版社1991年版，第492页)

抗战期间的1938年，毛泽东在撰写的《论持久战》中，借用并发挥了韩非记载的"兵不厌诈"的战争指导原则，并做了具体的阐释。为了取得对敌作战的胜利，我们可以有计划地采取变化多端的计谋迷惑和欺骗敌人，造成敌人的判断错误和行动错误。用自己聪明而有效的动作，在有组织的民众掩护之下，调动敌人就我范围，给予出其不意的攻击，从而造成优势和夺取主动，使敌陷于失败。

进而，毛泽东指出不必对敌人使"诈"过分担忧，因为"我们不是宋襄公，不要那种蠢猪式的仁义道德。我们要把敌人的眼睛和耳朵尽可能地封住，使他们变成疯子，用以争取自己的胜利"。

正是在毛泽东"兵不厌诈"军事谋略的指引下，根据地抗日军民和敌后游击队，创造了地雷战、地道战、麻雀战、破袭战、夜袭战、攻心战等渗透着诡诈精神的游击战法。

这是建立在现代战争基础上对"兵不厌诈"军事谋略的科学阐释和有效运用，这对指挥今天的新型战争仍具有借鉴意义和参考价值。

兵不厌诈，这不是诈

1958年上半年，台海局势处于紧张状态。解放台湾、统一祖国本是中国内政，但是美国乘机插手台湾问题，想把势力挤进台湾。毛泽东面对复杂而微妙的多角关系，决定炮击金门，表面上打蒋军，实际上是给美帝国主义者一点颜色看。

1958年7月，毛泽东直接拍板命令叶飞指挥前线炮击。

8月23日，炮击金门的战斗打响了。我前线部队五百多门大炮同时开火，火力密集猛烈，霎时，整个金门岛都笼罩在硝烟烈焰之中。蒋军官兵猝不及防，死伤惨重。

8月底，叶飞又遵照毛泽东的指示打打停停，停停打打，大规模的炮击一直持续到9月中旬。

这次炮击金门，吸引了全世界的注意力，调动了美国的军事力量，支援了中东人民的反侵略斗争，同时，也粉碎了美帝国主义企图侵占台湾的阴谋。毛泽东非常满意。

10月份，毛泽东起草了《告台湾同胞书》《致福建前线解放军官兵书》《再告台湾同胞书》等三份文告，以国防部长彭德怀的名义发至福建前线。三份文告从不同角度充分阐述了我炮击金门的指导思想、战略意义，引起强烈的国际反响。

此后不久的一次最高国务会议上，毛泽东说："……8月23日这二天，我们打了一万九千发（炮弹），他们讲打了四五万发，那是夸大其词，没那么多，时间只十几分钟，没有什么'很久很久'。……这一仗打下去之后，现在台湾海峡风平浪静，通行无阻，所有的船只不干涉了。"

后来，毛泽东又几次在中央会议上提到炮击金门，并曾一言中的地说："炮击金门，就是要帮助蒋介石守好金门。"意思是防止美国变"半占领"为"全面占领"，继续插手台湾；解决台湾问题是中国的内政，大陆方面大炮一响，美国为蒋军"护航"的军舰躲得远远的，不敢干涉太深，蒋军还是独立"守好金门"。毛泽东的战略真乃奥妙无穷，神乎其神！

1958年10月13日，毛泽东起草了准备以国防部长彭德怀名义发表的《再告台湾同胞书》稿，后来改变主意没有公开发表，只发表了中华人民共和国国防部部长给福建前线人民解放军的命令。

毛泽东起草了以中华人民共和国国防部部长彭德怀名义发布的给福建前线人民解放军的命令。1958年10月13日《人民日报》发表时，题为《有益于台澎金马中国人，有益于全民族，不利于美国人——国防部命令对金门炮击再停两星期》。

毛泽东起草的《中华人民共和国国防部命令》全文是：

福建前线人民解放军同志们：

金门炮击，从本日起，再停两星期，借以观察敌方动态，并使金门军民同胞得到充分补给，包括粮食和军事装备在内，以利他们固守。兵不厌诈，这不是诈。这是为了对付美国人的。这是民族大义，必须把中美界限分得清清楚楚。我们这样做，就全局说来，无损于己，有益于人。有益于什么人呢？有益于台、澎、金、马一千万中国人，有益于全民族六亿五千万人，就是不利于美国人。有些共产党人可能暂时还不理解这个道理。怎么打出这样一个主意呢？不懂，不懂！同志们，过一会儿，你们会懂的。待在台湾和台湾海峡的美国人，必须滚回去。他们赖在这里是没有理由的，不走是不行的。台、澎、金、马的中国人中，爱国的多，卖国的少。因此要做政治工作，使那里大多数的中国人逐步觉悟过来，孤立少数卖国贼。积以时日，成效自见。在台湾国民党没有同我们举行和平谈判并且获得合理解决以前，内战依然存在。台湾的发言人说：停停打打，打打停停，不过是共产党的一条诡计。停停打打，确是如此，但非诡计。你们不要和谈，打是免不了的。在你们采取现在这种顽固态度期间，我们是有自由权的，要打就打，要停就停。美国人想在我国的内战问题上插进一只手来，他们叫作停火，令人忍俊不禁。美国人有什么资格谈这个问题呢？请问他们代表什么人？什么也不代表。他们代表美国人吗？中美两国没有开战，无火可停。他们代表台湾人吗？台湾当局没有发给他们委任状，国民党领袖根本反对中美会谈。美国民族是一个伟大的民族，其人民是善良的。他们不要战争，欢迎和平。但是美国政府的工作人员，有一部分，例如杜勒斯之流，实在不大高明。即如所谓停火一说，岂非缺乏常识？台、澎、金、马整个地收复回来，完成祖国统一，这是我们六亿五千万人民的神圣任务。这是中国内政，外人无权过问，联合国也无权过问。世界上一切侵略者及其走狗，通通都要被埋葬掉，为期不会很远。他们一定逃不掉的。他们想躲到月球里去也不行。寇能往，我亦能往，总是可以抓回来的。一句话，胜利是全世界人民的。金门海域，美国人不得护航。如有护航，立即开炮。切切此令！

国防部长彭德怀
一九五八年十月十三日上午一时

（《建国以来毛泽东军事文稿》中卷，军事科学出版社、中央文献出版社 2010 年版，第 440—441 页）

毛泽东起草的这个国防部命令，是军事史上军事文书的奇观。炮击金门，把"打打停停、停停打打"的战术（也是战略）完全告诉对手；同时告诉"金门军民同胞"利用"停"的间隙"得到充分补给，包括粮食和军事装备在内，以利他们固守"。而且把这一切公布在《人民日报》上，就是让蒋军和企图插手台湾问题的美国人明明白白地知道。

炮击金门蒋军，又给予机会让金门蒋军充分准备，以便"固守"金门！这确实让只有一般军事常识的人犯糊涂，匪夷所思，"丈二和尚摸不着头脑"。

"台湾的发言人"就很发蒙，他只好说这"是共产党的一条诡计"。美国国务卿杜勒斯"不大高明"，不懂停停打打是怎么回事，鼓吹不伦不类的"停火"。毛泽东估计到"有些共产党人"可能暂时也是"不理解这个道理"。

所以，毛泽东反用韩非子记载的"兵不厌诈"的用兵原则，他说："兵不厌诈，这不是诈。这是为了对付美国人的。这是民族大义，必须把中美界限分得清清楚楚。"他又说："停停打打，确是如此，但非诡计。"

说到底，炮击金门打的不仅是军事仗，也是政治仗、外交仗。从作战目的上说，炮击金门是给美帝国主义者一点颜色看看，是我军与蒋军共同"固守"金门。所以毛泽东说："炮击金门，就是要帮助蒋介石守好金门。"因为祖国统一是中国的内政，与美国人无关，美国人没有资格没有权力干涉中国的内政。美国入侵者唯一该做的事情就是乖乖地滚出台湾海峡。

军事文书结尾，毛泽东以民族大义命令福建前线官兵：金门海域，美国人不得护航。如有护航，立即开炮！

《孙子兵法·虚实篇》中说："微乎微乎，至于无形；神乎神乎，至于无声。"用兵微乎神乎，乃达到用兵至境。"毛泽东用兵真如神。""这不是诈"，其实比诈要威力百倍！是对"兵不厌诈"的变通式、超越式运用。

这就叫"兵不厌诈"

1969 年，苏联在中苏边境驻扎七十七个师、四个空军军团，兵力达一百万人，占苏联总兵力三百二十万的近三分之一，边界不时发生冲突，结果爆发了珍宝岛战斗，我军取得了自卫反击战的胜利。

此事前后，苏联当局大肆进行战争叫嚣。针对这种情况，毛泽东的思考是：我们不能单纯组织防御，应和张爱萍商量一下，可否把即将实施的地下核试验提前一点，触一触勃列日涅夫的神经，看他有无胆量去按核按钮。

一天，毛泽东主席与周恩来总理商讨智破苏联核讹诈计策。毛泽东说："恩来，你读过《明史》没有？我看朱升是个有贡献的人。他有九字国策定江山：'高筑墙，广积粮，缓称王。'我也有九字能不能对付核大战？这九字是：'深挖洞，广积粮，不称霸。'"

周恩来说："不称霸，好！这下美国就该放心了。'四老帅'（指叶剑英、陈毅、徐向前、聂荣臻——引者注）认为今年国庆节苏联偷袭的可能性很大。我看，这次国庆节的群众集会怎么搞法，是不是再研究一下？"

毛泽东说："不搞集会，我看不太好吧！这是不是告诉人家，我们有点怕？集会还是要搞的，我还要上天安门，我倒想开开眼，看看原子弹的威力究竟有多大？"

周恩来担心地说："几十万人聚集在广场上，一旦出现情况，怎么疏散，怎么隐蔽？"

毛泽东坦然地笑着说："如果实在不放心，可不可以放两颗原子弹吓唬吓唬他们呀？让他们也紧张两天，等明白过来，我们的节也过完了。"

周恩来说："放完后，我们再来个秘而不宣。"

毛泽东赞成周恩来的"秘而不宣"，他接着说：

对嘛！这就叫"兵不厌诈"呀！（王伯福：《毛泽东轶事大观》，山东人民出版社1997年版，第35—36页）

毛泽东说完，把放原子弹的时间定在9月28日、29日。

1969年9月28、29日，美国、苏联都通过监测作出判断：中国成功地进行了一次地下核试验和高爆核试验。美苏等国都对中国"秘而不宣"的做法纷纷猜测。美国认为"是面临战前的一种测试手段"。结果，两个"超级大国"都不敢轻举妄动。

10月1日，毛泽东和周恩来等党和国家领导人照例在天安门城楼上检阅游行队伍，并于晚上到天安门广场观看礼花和焰火。

正如美国总统艾森豪威尔所言："毛泽东是个极难对付的人物，恐吓、威吓对他没有作用。"

恐吓、威吓对毛泽东没有作用，但是毛泽东的核试验却"吓唬"住了两个"超级大国"，使他们猜测这是"面临战前的一种测试手段"！因而不敢轻举妄动。而毛泽东的本意，却是为了国庆节照样观礼游行。

真是你有你的打法，我有我的打法。你打我时，叫你打不着；我打你时，就要打痛你。

自古"兵不厌诈"，毛泽东可谓善使诡诈之兵之巨匠也！

卞和坚信真理

——毛泽东品《韩非子》记载的典故"卞和献璞"

"卞和献璞"（或"和氏之璧"）的典故流传久远，使用频率较高。它出自《韩非子·和氏》：

> 楚人和氏得玉璞楚山中，奉而献之厉王。厉王使玉人相之，玉人曰："石也。"王以和为诳，而刖其左足。及厉王薨，武王即位。和又奉其璞而献之武王。武王使玉人相之，又曰："石也。"王又以和为诳，而刖其右足。武王薨，文王即位。和乃抱其璞而哭于楚山之下，三日三夜，泣尽而继之以血。王闻之，使人问其故，曰："天下之刖者多矣，子奚哭之悲也？"和曰："吾非悲刖也，悲夫宝玉而题之以石，贞士而名之以诳，此吾所以悲也。"王乃使玉人理其璞而得宝焉，遂命曰"和氏之璧"。

读《韩非子》，毛泽东对这个典故印象很深，几次引用，说明事理。

"卞和献璞" 与创造精神

1958年5月3日，倪伟、王光中把《关于安东机器厂试制成功三十马力拖拉机的报告》送给国家计委主任李富春、副主任贾拓夫。

报告中说，安东机器厂是为抗美援朝建立起来的小修理厂，1954至

1955 年生产任务不足，他们面向农村，为农业生产服务，制造了不少的拖拉机零件。1956 年开始做生产拖拉机的尝试，虽然两次试制没有成功，但工人们摸索到了制造内燃机的经验，提高了试制的信心。他们想了各种办法克服技术上、工具上、材料设备上和财务上的困难，没有技术人员就依靠老工人，做发动机喷油嘴没有电火花设备就以手工方法钻孔，终于在 1957 年 2 月试制成功一台三十马力单缸轮胎式拖拉机。他们计划今年 5 月以前再试制两台，下半年生产一百五十台，1959 年生产一千五百台，并计划改产捷克式的二十五马力拖拉机。

5 月 18 日，毛泽东将这个报告题目改为"卑贱者最聪明，高贵者最愚蠢"，并在中国共产党第八次代表大会第二次会议上印发。毛泽东为此所做的批语说：

> 此件印发大会各同志阅读。请中央各工业交通部门各自收集材料，编印一本近三百年世界各国（包括中国）科学、技术发明家的通俗简明小传（小册子）。看一看是否能够证明：科学、技术发明大都出于被压迫阶级，即是说，出于那些社会地位较低、学问较少、条件较差、在开始时总是被人看不起，甚至受打击、受折磨、受刑剹（戮）的那些人。这个工作，科学院和大学也应当做，各省市自治区也应当做。各方面同时并举。如果能够有系统地证明这一点，那就将鼓舞很多小知识分子、很多工人和农民、很多新老干部打掉自卑感，砍去妄自菲薄，破除迷信，振奋敢想、敢说、敢做的大无畏创造精神，对于我国七年赶上英国、再加八年或者十年赶上美国的任务，必然会有重大的帮助。卞和献璞，三（两）刖其足；"函关月落听鸡度"，出于鸡鸣狗盗之辈。自古已然，于今为烈。难道不是的吗？

毛泽东在批语中引用了《韩非子·和氏》中的"卞和献璞"典故。过了两天，5 月 20 日，毛泽东发现批语中有两个错别字，于是又提笔写道：

> 昨件"戮"误为"剹"，"三刖其足"，"三"应为"两"。（《建国以来毛泽东文稿》第七册，中央文献出版社 1992 年版，第236—238 页）

卞和献璞受刖刑是三次还是两次？显然是毛泽东核对（或想到）了《韩非子·和氏》中的记载而后修改的。事实是卞和三次献璞，两受刖刑。

玉匠割璞，才识此玉

5月18日晚，毛泽东又在各代表团团长会议上，提出要编一本各种发明家小传。他说："一本近三百年来的各种科学技术发明家的小传，写明其年龄、出身、简历等，看看是不是都是没有多少学问的人。各行业搞各行业的。科学家华罗庚是个中学生。苏联搞出人造卫星的齐奥尔科夫斯基，是个不出名的中学教员，主要教数学，搞卫星是他的副业，慢慢搞成专业了。当然美国也有发明，但发明者不是杜勒斯，究竟是什么样的人，不知道。一个人能够发明什么，学问不一定很多，年纪也不一定大，只要方向是对的。二三十岁敢于幻想。人学问多了，就不行了。白蚂蚁全世界没有办法，广东一个只读过初中的青年学生想出了办法。"

说到这里，他又提到"卞和献璞"的典故：

> 中国古代楚人卞和（即和氏璧的和氏）得璞玉于楚山，献于厉王，被割左脚，又献于武王，被割右脚；文王就位时，第三次抱璞玉哭于荆山之下，文王叫玉石匠割开，才识此玉。"完璧归赵"，就是这个璧。（李锐：《大跃进亲历记》，南方出版社1999年版，第324页）

接着毛泽东又说："瓦特是个工人。富兰克林是个报童。种试验田要三结合——领导、技术人员、老农（老工人），只有这样，外行才能领导内行。总而言之，我这些材料证明一条：是不是贫贱者最聪明，尊贵者最愚蠢，以此来剥夺那些翘尾巴的高级知识分子的资本。要少一点奴隶性，多一点主人翁的自尊心，鼓励工人、农民、老干部、小知识分子的自信心，自己起来创造。"

会议期间，最早编出发明家小传的是一机部。5月19日，毛泽东提议的第二天，一机部部长赵尔陆即向毛泽东送上《关于机械、电气技术史上主要发明家的材料》。这个材料收录了机械电气技术史上四十一个重要发明家的小传。赵尔陆在给毛泽东的信中说：

"史实完全证明了主席的指示：科学技术的发明创造，大都是从劳动人民中产生出来的，大都出于那些社会地位低、学问少、条件差的人。这四十一个知名的机械电气技术发明创造者中，有二十五个是劳动人民出身，基本上没有受过学校教育，在发明前是被社会看不起、受打击摧残的。有八个人虽曾受过学校教育，但都不是机械电气的'内行'，原来从事其他职业，是'外行'钻研成'内行'的。真正受过专门的技术教育，并在机电工厂或研究部门工作的只有七个人。但是在发明前，也只是普通工程师、研究人员、助手等，并不是什么权威。"

第二天，毛泽东就向大会分发了这份材料。

此外，大会还印发了《四百个科学技术创造发明家的小传资料（初稿）》《沈鸿同志关于"技术科学创造和发明者小传"的说明》《关于李始美治白蚂蚁的情形》等材料。毛泽东为前两个材料的印发也写了批语。

《四百个科学技术创造发明家的小传资料（初稿）》，是国务院科学规划委员会办公室 5 月编印的。"编者的话"说：为了初步地具体了解中外古今科学技术创造发明家的情况，我们编出了这本资料（初稿）。在这四百人中，中国的有七十人，外国的有三百三十人，其中我们把那些社会地位较低、年纪较轻、学问较少、条件较差，在开始时总是被人看不起，甚至受打击、受折磨、受刑戮的人算作一类，占总数的百分之五十八。这个材料是国务院科学规划委员会和北京图书馆的几位工作同志在八大二次会议期间搜集和编印的，由于时间仓促，在人物的选择、材料的完整性和准确性上，都会有很多缺陷，但我们相信它对于破除科学界的迷信，将会有所帮助。

古诗云："识玉要烧三月满。"可见识玉要有真功夫。是石，是璞，还是玉？来自楚山采玉场的卞和更有知识，而在楚王身边的"玉人"则比较愚蠢，两次以璞为石。楚王这个领导者犯了主观主义错误，不知道既要用"知识分子"玉人，也要用有实践经验的玉工，才能识别真玉，得到珍宝。毛泽东在党的八大二次会议上反复讲"卞和献璞"典故，在于说明能够创造发明的，不只是那些才学丰富的大学者、大科学家，身份低贱、学问不多但有实践经验的一线劳动者，也能有所发现，有所发明。

毛泽东用包括卞和在内的众多发明家的故事，力图证明科学、技术发明大都出于那些社会地位较低，学问较少，条件较差，在开始时总是被人看不起，甚至受打击、受折磨、受刑戮的人。这样提出问题，在新中国建设不到十年的20世纪50年代末期，并不奇怪。因为那时还处于"一穷二白"状态。"白"就是缺少文化，还在进行文化"扫盲"运动，社会管理层也普遍文化水平偏低。用"卞和献璞"等故事鼓励全社会创造发明的积极性，以提升科技水平是不得不为之策。但是不能搞偏，如果只重视"卑贱者"，而轻视甚至鄙视"高贵者"（高级知识分子）的作用，则会使事情走向反面。

卞和坚定地认为玉是好的

除此之外，毛泽东还用"卞和献璞"典故说明认识和坚持真理。

1959 年 12 月—1960 年 2 月，毛泽东参加阅读和讨论苏联《政治经济学教科书（第三版）》时，又讲了《韩非子·和氏》中《卞和献璞》的故事。他说：

> 卞和坚信真理，坚定地认为自己的玉是好的，第三次献上去，确实证明这是块好玉，才取得了人们的信任。所以，任何真理要使人们相信，绝不会是一帆风顺。（《党的文献》，1994 年第 5 期）

韩非写作《和氏》一篇，讲完《卞和献璞》故事，他接着从中牵引出要说的道理，他发挥说：

> 夫珠玉，人主之所急也。和虽献璞而未美，未为王之害也，然犹两足斩而宝乃论，论宝若此其难也。今人主之于法术也，未必"和氏"之急也，而禁群臣士民之私邪。然则有道者之不僇也，特帝王之璞未献耳。主用术，则大臣不得擅断，近习不敢卖重，官行法，则浮萌趋于耕农，而游士危于战陈。则法术者乃群臣士民之所祸也。人主非能倍大臣之议，越民萌之诽，独周乎道言也，则法术之士虽至死亡，道必不论矣。

韩非的意思是说：珍珠宝玉是君主急需的，即使卞和献的玉璞不够完美，也并不构成对君主的损害，但还是在双脚被砍后，宝玉才得以论定，鉴定宝玉就是如此的困难。如今君主对于法术，未必像对和氏璧那样急需，还要用来禁止群臣百姓的自私邪恶行为。既然这样，那么法术之士还没被杀戮的原因，只是促成帝王之业的法宝还没进献罢了。君主运用法术，大臣就不能擅权独断，左右近侍就不敢卖弄权势，官府执行法令，游民就得从事农耕，游说之士就得冒着危险去当兵打仗，那么法术就被群臣百姓看成是祸害了。君主不能违背大臣的议论，摆脱黎民百姓的诽谤，单要完全采纳法术之言，那么法术之士即使到死，他们的学说也一定不会被认可。

韩非所表达的主题是：卞和两次被砍脚"好玉"才被论定，"论宝若此其难也"；"法术之士"的"法术"，也不易为人主认可，"独周乎道言"，"法术之士"即使到死，而他们的"道必不论"！这实质上等于说，法术之士的命运有如献璞的卞和。

毛泽东借用韩非这个思想又有所发挥，讲透了坚信真理、坚持真理和让人家相信真理是一个艰难曲折的过程。有卞和两刖其足而抱定自己之璞是真玉的坚定信念，才能坚持真理，宣传真理，实践真理！

品韩卷

循名责实就是今天的工作

——毛泽东引用《韩非子》成语

成语乃约定俗成而有稳定意义的语言。《韩非子》久传后世，许多经典语句或精彩内容，被提炼概括为成语、格言、警句。

毛泽东谈话作文，常使用源自《韩非子》的成语以表达自己的思想意旨，每每有精妙之处。

真个"道不拾遗，夜不闭户"

人们用来形容社会秩序安定、官民道德水准较高的成语"道不拾遗"，出自《韩非子·外储说左上》的《子产治郑》故事：

> 子产相郑，简公谓子产曰："饮酒不乐也。俎豆不大，钟鼓竽瑟不鸣，寡人之事不一，国家不定，百姓不治，耕战不辑睦，亦子之罪。子有职，寡人亦有职，各守其职。"子产退而为政五年，国无盗贼，道不拾遗，桃枣之萌于街者莫援也，锥刀遗道三日可反。三年不变，民无饥也。

春秋时代的郑国，是个二等侯国，夹在齐国、楚国这些大国中间。子产，名公孙侨，郑国公族子弟，郑简公时担任郑国的正卿。他的父亲子国原任郑国大司马，因改革田制被杀。前543年，郑国正卿子皮授政给子产。他执政之始，继续整理田洫，开亩树桑；又定成"丘赋"制度。发布法律条文，保障公私合法利益。辅佐郑简公二十余年，对内主张惠民去奸，不毁乡校，开放议政风气；对外注意利用时机，积极开展小国外交，给郑国带来了新气象。他还明确提出"天道远，人道迩，非所及也"的观点，反对迷信活动，对发展我国古代无神论思想做出了重要贡献。

《韩非子》记载的"子产治郑"故事是这样的：

子产担任郑相，郑简公对子产说："喝起酒来都没法尽兴。放祭品的器具不够大，钟鼓竽瑟不够响，我的事务不能专一，国家不安定，百姓不太平，耕战之士不能和睦相处，这些也算你的过失了。你有你的职事，我也有我的职事，咱们各自管好自己的职事吧。"子产下朝后，经过五年的政事经营，国内没有盗贼，路不拾遗，桃树枣树的果实遮蔽街道，也没人伸手去摘，锥子刀子丢在路上，三天内就有人送回。这种情形，其后三年不曾改变，民众没有挨饿的。

"道不拾遗"，也作"路不拾遗"。原意是说东西掉在路上不会有人捡了据为己有，形容社会风气良好。

20世纪20年代，由于社会腐败动荡，湖南中部一些乡县土匪横行，赌博风起，痞子流窜，案件频仍，社会秩序异常混乱。国共第一次合作的大革命时期，各地农民纷纷起来组织农民协会，把乡村管起来，社会风气为之大变。

1927年春天，毛泽东调查了湖南五县的"农运"情况，他在《湖南农民运动考察报告》一文中，肯定了"农运"在整肃社会风气中的作用：

事实上，贫农领袖中……他们自己在那里努力禁牌赌，清盗匪。农会势盛，地方牌赌禁绝，盗匪潜踪。有些地方真个道不拾遗，夜不闭户。（《毛泽东选集》第一卷，人民出版社1991年版，第22页）

毛泽东用"道不拾遗"这一成语，热情地赞扬了农民运动所建立起来的新的社会秩序。子产治郑用五年时间才做到"国无盗贼，道不拾遗"，而农民运动只用一年时间（1926年3月至1927年1月）就使一些地方"牌赌禁绝，盗匪潜踪"，甚至"真个道不拾遗，夜不闭户"。

长袖善舞，多钱善贾

毛泽东在陕北保安和延安读哲学著作时，在批语中提到韩非引证的谚语"长袖善舞，多钱（财）善贾"。

那是自 1936 年 11 月至 1937 年 4 月之间，毛泽东阅读了苏联西洛可夫、爱森堡等哲学家著，李达、雷仲坚译的《辩证法唯物论教程》（1935 年 6 月笔耕堂第 3 版）一书，除掉在原文边作了单线、双线、曲线、圆圈、单钩等符号外，还写了不少批注。

这部书的第三章第三节是《由量到质及由质到量的转变的法则》，其中作者写道：

> 恩格斯把由量到质的转变及由质到量的转变，认作辩证法的三个根本法则之一，他说："这个法则，为着我们的目的，可以这样表示出来。即，在自然界中，质的变化，只有依着各个场合中正确的被规定了的方法——物质之量的增减及运动，才能发生。"

按照马克思主义哲学常识，辩证法有三大根本法则（也称"三大规律"）：对立统一法则，否定之否定法则，量变质变法则。在这里，《辩证法唯物论教程》作者引证恩格斯的话，来论证事物"由量到质的转变及由质到量的转变"。恩格斯这段话出自《自然辩证法》。毛泽东读过这段话之后，侧批：

> 只有依量的变化质才能变化，也只有依质的变化，量才能变化。

毛泽东批语阐述了"量变"与"质变"的辩证关系：量变引起质变，质变推动量变。

西洛可夫、爱森堡等接着恩格斯的话，继续写道：

> 无论观察任何过程，过程之量的增大都引到新质。在气压不变的情形下，温度降至摄氏零度，水变成冰；温度升至摄氏百度，水变成蒸汽。

毛泽东

品《韩非子》及其他

038

如达尔文所证明，有机体中渐次的量的变化，引到有机体中之质的变化。资本主义的独占之量的增大及扩张，和资本主义的现实的其他方面的增大相并行，导入了资本主义之新阶段的发展，即帝国主义。在苏联，贯通于国民经济全线之社会主义要素的成长，引起了由复兴期到再建期的转化。（第269—272页）

此次，毛泽东写下的批语仍然是侧批，文字略长：

人多成王。温度增减成固、液、气。王子筷子集散。地小不足回旋，地大则否。英勇（雄）无用武之地。有机体。帝国主义。苏联经济。民主运动。抗日运动。长袖善舞，多钱善贾。韩信将兵。（《毛泽东哲学批注集》，中央文献出版社1988年版，第57—58页）

品韩卷

毛泽东研究辩证法，曾经有一个指导思想：多举生活中辩证法的例子，来通俗地解释哲学问题。此次批语贯彻了这个指导思想。他归纳和列举出了"量质互变"例子十一个：
其中，他归纳《唯物论辩证法教程》作者提出的例子有四个：
温度增减成固、液、气。
有机体。
帝国主义。
苏联经济。
他从古代寓言、警句、典故中寻找出五个事例：
人多成王。
王子筷子集散。
英勇（雄）无用武之地。
长袖善舞，多钱善贾。
韩信将兵。
他提出中国目前抗日战争的例子三个：
地小不足回旋，地大则否。
民主运动。
抗日运动。
举这十一个例子在于从政治生活、组织生活、军事生活、经济生活、自然科学等多方面证明"量质互变"的情景和状态，验证和发展"量质互变"的思想。

在这十一个例子中，与韩非相关的是古代谣谚"长袖善舞，多钱善贾"。其出处见《韩非子·五蠹》：

> 鄙谚曰："长袖善舞，多钱善贾。"此言多资之易为工也。

《史记·范睢蔡泽列传》："韩子称：'长袖善舞，多钱善贾。'信哉是言也！"也是引证韩非的话。

"长袖善舞"，意为袖子长了，有利于翩翩起舞。比喻做事情有所凭借，容易成功。"多钱善贾"，贾，做买卖。意为资金雄厚，则经营也易于发达。比喻有了一定的依靠或基础，事情才容易办成功。

"多资之易为工"，韩非这个话里有量质转化的辩证法，就是量变（多资）容易引起质变（为工）。司马迁相信这个话是正确的（信哉是言也）。毛泽东认为韩非这句话再次证明了辩证法第三大法则"量变质变"规律的哲理："无论观察任何过程，过程之量的增大都引到新质。""长袖"和"多财"都是"多资"，也就是事物量的一定程度的积累；"善舞"和"善贾"是"为工"，也就是事物质的变迁，用《唯物论辩证法教程》的话说就是"引到新质"。

《唯物论辩证法教程》所引恩格斯论"量变质变"规律的语录，出自他的哲学著作《自然辩证法》，20世纪70年代这条语录新的译文是：

"然而'机械'观正是这样做的。它用位置移动来说明一切变化，用量的差异来说明一切质的差异，同时忽视了质和量的关系是相互的，忽视了量可以转变为质，质也可以转变为量，忽视了这里所发生的恰好是相互作用。如果质的一切差异和变化都可以归结为量的差异和变化，归结为机械的位置移动，那么我们就必然要得出这个命题：所有的物质都是由同一的最小的粒子所组成，而物质的化学元素的一切质的差异都是由量的差异，即由这些最小的粒子结合成原子时在数目上和在空间排列上的差异所引起的。"（《马克思恩格斯全集》第20卷，人民出版社1971年版，第596—597页）

新的译文，恩格斯在批评机械量质观时，强调"质和量的关系是相互的"，"量可以转变为质，质也可以转变为量"，"这里所发生的恰好是相互作用"。毛泽东所举的"长袖善舞，多钱善贾"等例子，恰好也能证明这些哲理。

循名责实就是今天的工作

成语"循名责实"出自《韩非子·定法》，反映的是早期法家申不害"术治"思想。韩非的记述采用对话的方式：

> 问者曰："申不害、公孙鞅，此二家之言孰急于国？"
> 应之曰："是不可程也。人不食，十日则死；大寒之隆，不衣亦死。谓之衣食孰急于人，则是不可一无也，皆养生之具也。今申不害言术，而公孙鞅为法。术者，因任而授官，循名而责实，操杀生之柄，课群臣之能者也，此人主之所执也。法者，宪令著于官府，刑罚必于民心，赏存乎慎法，而罚加乎奸令者也，此臣之所师也。君无术则弊于上，臣无法则乱于下，此不可一无，皆帝王之具也。"

韩非这段话很重要，它讲清了韩非法治思想的来龙去脉和形成过程。他说申不害的"术"和商鞅（公孙鞅）的"法"，是"臣之所师也"。明确表示申、商是他学术上的老师。又论证说：术和法是"帝王之具"，缺一不可。

申不害之术，主要指组织人事措施，包括任免、考核、赏罚各级官吏的办法和手段。"因任而授官"，依据其才智能力给予合适的职位。"循名而责实"，按照其官职名称来考察实际业绩，要求名实相符。执掌其沉浮生死的权柄，考察其才智能力，这些都是君王应当紧紧抓在手里的权力和驾驭术。

抗日战争中期的1940年，毛泽东撰写了重要著作《新民主主义论》一文，说到"国体"和"政体"时，他评论说：

> 国体——各革命阶级联合专政。政体——民主集中制。这就是新民主主义的政治，这就是新民主主义的共和国，这就是抗日统一战线的共和国，这就是三大政策的新民主主义的共和国，这就是名副其实的中华民国。我们现在虽有中华民国之名，尚无中华民国之实，循名责实，这就是今天的工作。（《毛泽东选集》第二卷，人民出版社1991年版，第677页）

在《新民主主义论》一文中，毛泽东借用"循名责实"的成语，揭露国民党顽固派假中华民国之名，并无中华民国之实，实质是在搞个人独裁的专制制度。毛泽东则要求按照其名去追求实际内容，建立一个名实相符的新民主主义的人民共和国。

毛泽东在论"国体"和"政体"这段话中还使用了成语"名副其实"，此语出自《韩非子·功名》：

> 名实相持而成，形影相应而立，故臣主同欲而异使。

"名副其实"一语从"名实相持而成"演化而来，指声名和它的实际相符合。

毛泽东引用此条成语说明，中华民国只有有了"各革命阶级联合专政的国体和民主集中制的政体，中华民国才是声名和实际相符的中华民国"。"名副其实"一语的表意价值与"循名责实"有共同点。

只好拿"自相矛盾"四个字批评它

"自相矛盾"这个成语典故几似小品，脍炙人口，许多人随口可言。它出自《韩非子·难势》。原文是：

> 人有鬻矛与盾者，誉其盾之坚："物莫能陷也。"俄而又誉其矛曰："吾矛之利，物无不陷也。"人应之曰："以子之矛陷子之盾，何如？"其人弗能应也。

把它译成白话文就是：（市场上）有个卖矛又卖盾的人，称赞自己盾牌的坚固："任何锋利的东西都不能刺穿它。"过了一会儿，他又称赞自己的长矛说："我的长矛锋利无比，任何坚固的盾牌，都没有攻不破的。"有人接着问道："用你的长矛攻击你的盾牌，结果怎么样？"那个卖矛和盾的人，无法回答了。

此则寓言，意趣兼有。韩非子寥寥几笔，就勾画出一个自以为聪明，犯了逻辑错误而十分可笑的人物，他那说话行事前后抵触，不能自圆其说，被人问得哑口无言的尴尬形象，令人如见其人、如闻其声，留下的印象极为深刻。人们常用的"矛盾"一词和"自相矛盾"一语，皆来源于这个寓言。

"自相矛盾"一语比喻言行处事前后互相抵触，或用以说明违反逻辑关系。

毛泽东于抗日战争皖南事变时，为揭露国民党反动派的阴谋而使用了"自相矛盾"这条成语。

1940年12月8日，蒋介石指使其参谋总长何应钦、副参谋总长白崇禧按原定计划，密令第三战区长官顾祝同、上官云相将江南新四军立即"解决"，"一网打尽"。

1941年1月4日，皖南新四军军部及其所属一个支队共九千余人，由安徽云岭地区出发北移。1月6日，当新四军行至皖南泾县的茂林一带时，遭到预先埋伏在该地区的国民党军七个师八万余人的突然袭击。新四军北移部队全体指战员浴血奋战七昼夜，但终因寡不敌众、弹尽粮绝而使部队蒙受巨大损失，除傅秋涛等两千余人分散突围外，一部被俘，大部壮烈牺牲。

蒋介石在其阴谋得逞之后，于1月17日发布反动命令，以国民政府军事委员会名义宣布新四军为"叛军"，取消新四军番号，并将叶挺军长交付军事法庭审判。同时，下令调集二十万国民党军队进攻新四军江北部队。此即震惊中外的皖南事变。

皖南事变是国民党反动派第二次反共高潮的最高峰，是抗战以来国民党反动派破坏团结、破坏抗战的一次最严重的罪恶活动。事变发生后，中共中央领导全党全军和全国人民，对国民党反动派这一罪行进行了坚决的反击。

1月20日和22日，毛泽东以中央军事委员会和中央军事委员会发言人的名义，发布命令和发表谈话。在"谈话"结尾，毛泽东说：

> 至于重庆军委会发言人所说的那一篇，只好拿"自相矛盾"四个字批评它。既在重庆军委会的通令中说新四军"叛变"，又在发言人的谈话中说新四军的目的在于开到京、沪、杭三角地区创立根据地。就照他这样说吧，难道开到京、沪、杭三角地区算是"叛变"吗？愚蠢的重庆发言人没有想一想，究竟到那里去叛变谁呢？那里不是日本占领的地方吗？你们为什么不让它到那里去，要在皖南就消灭它呢？啊，是了，替日本帝国主义尽忠的人原来应该如此。（《毛泽东选集》第二卷，人民出版社1991年版，第776页）

毛泽东在《为皖南事变发表的命令和谈话》一文中，使用这个寓言典故，在于揭露国民党反动派为掩盖发动皖南事变真正目的制造种种借口的荒谬，痛斥了他们的愚蠢和丑恶。拿"自相矛盾"四个字批评他们，一下子就把重庆军委会发言人反共反人民那种蠢猪似的假话谎话戳穿了，从而把他们卖国求荣、"替日本帝国主义尽忠"的民族败类真相，充分暴露在世人面前。

不讳疾忌医就要欢迎他

"讳疾忌医"是《韩非子》中又一个精彩寓言故事，出自《喻老》。原文是：

> 扁鹊见蔡桓公，立有间，扁鹊曰："君有疾在腠理，不治将恐深。"桓侯曰："寡人无疾。"扁鹊出，桓侯曰："医之好治不病以为功。"
>
> 居十日，扁鹊复见，曰："君之病在肌肤，不治将益深。"桓侯不应。扁鹊出，桓侯又不悦。
>
> 居十日，扁鹊复见，曰："君之病在肠胃，不治将益深。"桓侯又不应。扁鹊出，桓侯又不悦。
>
> 居十日，扁鹊望桓侯而还走。桓侯故使人问之，扁鹊曰："疾在腠理，汤熨之所及也；在肌肤，针石之所及也；在肠胃，火齐之所及也；在骨髓，虽司命之所属，无奈何也。今在骨髓，臣是以无请也。"
>
> 居五日，桓侯体痛，使人索扁鹊，已逃秦矣。桓侯遂死。

把这个文言寓言译成白话，大意是说：

> 扁鹊谒见蔡桓侯，站了好一会儿，扁鹊说："您有病在皮肤，不赶快医治恐怕会加重。"桓侯说："我没有病。"扁鹊退了出去，桓侯说："医生总喜欢治没有病的人来做功绩。"
>
> 待了十天，扁鹊又来朝见，说："您的病在肌肉和皮肤，不赶快医治会更加严重。"桓侯没有应答。扁鹊退了出去，桓侯又不高兴。
>
> 待了十天，扁鹊再来朝见，说："您的病在肠胃，不赶快医治会更加严重的。"桓侯又没有应答。扁鹊退了出去，桓侯又不高兴。

待了十天，扁鹊又来朝见，望见桓侯转身就走。桓侯特地派人去问他走的原因，扁鹊说："病在皮肤，药水和药熨的力量就能达到；病在筋肉和皮肤之间，石针的力量可以达到；病在肠胃，火剂汤的力量可以达到；病在骨髓，即使是掌人生死的神也不能把它怎么样！现在桓侯的病已经深入骨髓，我因此不再自请为他治病啊。"

五天以后，桓侯的病发作，派人去寻求扁鹊，扁鹊已经逃到秦国去了。桓侯也就死去。

后人把这个故事中蔡桓公的行为概括为讳疾忌医。

扁鹊是战国时代著名的医学家，擅长内科、妇科、小儿科、五官科等，他用看气色、听声音、问病情、按脉搏四种方法诊断，医术高明，治好许多患重病的人，人称"医圣"。蔡桓公是蔡国的国君，文中又称蔡桓侯。

这个故事告诉人们，扁鹊诊断出蔡桓侯有病，三次劝他赶快治疗。可是，愚蠢的蔡桓侯却一再不肯承认自己有病，不接受治疗，终因病情加重不可救药而死。此后，人们就把这种现象叫作"讳疾忌医"，进而用它来比喻掩饰错误缺点，不肯接受别人规劝，不愿改正的行为。

1942年2月1日，毛泽东作《整顿党的作风》的报告。他说过这样一段话：

> 任何犯错误的人，只要他不讳疾忌医，不固执错误，以至于达到不可救药的地步，而是老老实实，真正愿意医治，愿意改正，我们就要欢迎他，把他的毛病治好，使他变为一个好同志。
> （《毛泽东选集》第三卷，人民出版社1991年版，第828页）

毛泽东在文章中引用"讳疾忌医"这个人们习用的典故，为它赋予了新的意义：一方面告诫那些犯有主观主义、宗派主义和党八股错误的人，正确对待错误，及时纠正；一方面要求大家对待犯了错误而愿意改正的同志，采取欢迎和帮助的态度。

《韩非传》译文

（《史记》卷六十三）

[原文]

韩非者，韩之诸公子也。喜刑名法术之学，而其归本于黄老。非为人口吃，不能道说，而善著书。与李斯俱事荀卿，斯自以为不如非。

非见韩之削弱，数以书谏韩王，韩王不能用。于是韩非疾治国不务修明其法制，执势以御其臣下，富国强兵而以求人任贤，反举浮淫之蠹而加之于功实之上。以为儒者用文乱法，而侠者以武犯禁。宽则宠名誉之人，急则用介胄之士。今者所养非所用，所用非所养。悲廉直不容于邪枉之臣，观往者得失之变，故作《孤愤》《五蠹》《内外储》《说林》《说难》十余万言。

然韩非知说之难，为《说难》书甚具，终死于秦，不能自脱。（此处删去司马迁所录韩非《说难》原文。后面有《说难》注译——引者注）

人或传其书至秦。秦王见《孤愤》《五蠹》之书，曰："嗟乎，寡人得见此人与之游，死不恨矣！"李斯曰："此韩非之所著书也。"秦因急攻韩。韩王始不用非，及急，乃遣非使秦。秦王悦之，未信用。李斯、姚贾害之，毁之曰："韩非，韩之诸公子也。今王欲并诸侯，非终为韩不为秦，此人之情也。今王不用，久留而归之，此自遗患也，不如以过法诛之。"秦王以为然，下吏治非。李斯使人遗非药，使自杀。韩非欲自陈，不得见。秦王后悔之，使人赦之，非已死矣。

申子、韩子皆著书，传于后世，学者多有。余独悲韩子为《说难》而不能自脱耳。

太史公曰：……韩子引绳墨，切事情，明是非，其极惨礉少恩。皆原于道德之意，而老子深远矣。

[译文]

韩非是韩国公子。他喜欢刑名法术的学问，而他的学说归根结底是从黄帝、老子的思想而来。韩非天生口吃，不擅长说话，但善于著书。他和李斯都师从于荀子，李斯知道自己不如韩非。

韩非见到韩国衰弱，多次写信规谏韩王，韩王都不采用。因此韩非痛心于君主不努力完善国家的法制，利用权势以驾驭自己的臣下，通过寻找能人任用贤人达到富国强兵，反而提升虚浮不实的蠹虫使他们位于建功立业者的上面。韩非认为儒生用文章扰乱法制，侠客用武力违反禁令。太平时尊崇徒有虚名的文人，危难时就利用全副武装的将士。当今的情况正是所养非所用，所用非所养。他悲愤于清廉正直的人不能被奸诈邪恶之臣所容，看到过去成败的变革，因此写了《孤愤》《五蠹》《内外储》《说林》《说难》等文，共十余万字。

虽然韩非明知游说君主的困难，在《说难》一书中讲得十分详细，但终究还是死于秦国，没有逃脱厄运。(此处有删节——因司马迁所录韩非《说难》原文删去。后面有《说难》注译——译者注)

有人将韩非著的书传到秦国。秦王阅读了《孤愤》《五蠹》等作品后说："唉，我若能见到这个人和他交往，死而无憾啊！"李斯回答说："这些书是韩非写的。"秦国因此加紧进攻韩国。韩王当初不任用韩非，等到情况紧急，才派韩非出使秦国。秦王对此十分高兴，但还没有加以信任和使用。李斯、姚贾陷害韩非，诋毁他说："韩非是韩国的庶出公子。如今您想兼并诸侯各国，韩非终究向着韩国而不会向着秦国，这是人之常情。如今您不任用他，留他很长时间才放他回去，这是给自己留下后患，不如加罪于他依法惩治他。"秦王认为他们说得很对，便将韩非交法官治罪。"李斯指使人送毒药给韩非，让他自杀。韩非想亲自向秦王表白，没能见到。后来秦王十分后悔，派人赦免韩非，韩非已经死了。

申不害、韩非都有著书留传于后世，学者多有此书。我独独悲伤韩非写了《说难》一书，明知游说之难，而自己又偏偏不能逃脱于死路。

太史公评说：……韩非引用法令作为规范行为的准绳，切中事实，明察是非，用法极为苛刻，对人绝少施恩，这一切都根源于"道德"的理论是最为深远的了。

《孤愤》译文

（《韩非子》第四卷第十一篇）

[原文]

智术之士，必远见而明察，不明察不能烛私；能法之士，必强毅而劲直，不劲直不能矫奸。人臣循令而从事，案法而治官，非谓重人也。重人也者，无令而擅为，亏法以利私，耗国以便家，力能得其君，此所为重人也。智术之士明察，听用，且烛重人之阴情；能法之士劲直，听用，且矫重人之奸行。故智术能法之士用，则贵重之臣必在绳之外矣。是智法之士与当途之人，不可两存之仇也。

当途之人擅事要，则外内为之用矣。是以诸侯不因则事不应，故敌国为之讼；百官不因则业不进，故群臣为之用；郎中不因则不得近主，故左右为之匿；学士不因则养禄薄礼卑，故学士为之谈也。此四助者，邪臣之所以自饰也。重人不能忠主而进其仇，人主不能越四助而烛察其臣，故人主愈弊而大臣愈重。

凡当途者之于人主也，希不信爱也，又且习故。若夫即主心，同乎好恶，固其所自进也。官爵贵重，朋党又众，而一国为之讼。则法术之士欲干上者，非有所信爱之亲，习故之泽也；又将以法术之言矫人主阿辟之心，是与人主相反也。处势卑贱，无党孤特。夫以疏远与近爱信争，其数不胜也；以新旅与习故争，其数不胜也；以反主意与同好争，其数不胜也；以轻贱与贵重争，其数不胜也；以一口与一国争，其数不胜也。法术之士操五不胜之势，以岁数而又不得见；当途之人乘五胜之资，而且暮独说于前。故法术之士奚道得进，而人主奚时得悟乎？故资必不胜而势不两存，法术之士焉得不危？其可以罪过诬者，以公法而诛之；其不可被以罪过者，以私剑而穷之。是明法术而逆主上者，不僇于吏诛，必死于私剑矣。朋党比周以弊主，言曲以便私者，必信于重人矣。故其可以功伐借者，以官爵贵之；其可借以美名者，以外权重之。是以弊主上而趋于私门者，不显于官爵，必重于外权矣。今人主不合参验而行诛，不待见功而爵禄，故法术之士安能蒙死亡而进其说，奸邪之臣安肯乘顺而退其身？故主上愈卑，私门益尊。

夫越虽国富兵强，中国之主皆知无益于己也，曰："非吾所得制也。"今有国者虽地广人众，然而人主壅蔽，大臣专权，是国为越也。智不类越，而不智不类其国，不察其类者也。人主所以谓齐亡者，非地与城亡也，吕氏弗制而田氏用之；所以谓晋亡者，亦非地与城亡也，姬氏不制而六卿专之也。今大臣执柄独断，而上弗知收，是人主不明也。与死人同病者，不可生也；与亡国同事者，不可存也。今袭迹于齐晋，欲国安存，不可得也。

凡法术之难行也，不独万乘，千乘亦然。人主之左右不必智也，人主于人有所智而听之，因与左右论其言，是与愚人论智也；人主之左右不必贤也，人主于人有所贤而礼之，因与左右论其行，是与不肖论贤也。智者决策于愚人，贤士程行于不肖，则贤智之士羞，而人主之论悖矣。人臣之欲得官者，其修士且以精洁固身，其智士且以治辩进业。其修士不能以货贿事人，恃其精洁而更不能以枉法为治。则修智之士不事左右，不听请谒矣。人主之左右，行非伯夷也，求索不得，货赂不至，则精辩之功息，而毁诬之言起矣。治辩之功制于近习，精洁之行决于毁誉，则修智之吏废，而人主之明塞矣。不以功伐决智行，不以参伍审罪过，而听左右近习之言，则无能之士在廷，而愚污之吏处官矣。

万乘之患，大臣太重；千乘之患，左右太信。此人主之所公患也。且人臣有大罪，人主有大失，臣主之利相与异者也。何以明之哉？曰：主利在有能而任官，臣利在无能而得事；主利在有劳而爵禄，臣利在无功而富贵；主利在豪杰使能，臣利在朋党用私。是以国地削而私家富，主上卑而大臣重。故主失势而臣得国，主更称蕃臣，而相室剖符，此人臣之所以谲主便私也。故当世之重臣，主变势而得固宠者，十无二三。是其故何也？人臣之罪大也。臣有大罪者，其行欺主也，其罪当死亡。智士者远见而畏于死亡，必不从重人矣；贤士者修廉而羞与奸臣欺其主，必不从重臣矣。是当途者之徒属，非愚而不知患者，必污而不避奸者也。大臣挟愚污之人，上与之欺主，下与之收利浸渔，朋党比周，相与一口，或主败法，以乱士民，使国家危削，主上劳辱，此大罪也。臣有大罪而主弗禁，此大失也。使其主有大失于上，臣有大罪于下，索国之不亡者，不可得也。

[译文]

通晓统治策略的人，必然识见高远并明察秋毫；不明察秋毫，就不能发现隐私。能够推行法治的人，必须坚决果断并刚强正直；不刚强正直，就不能矫正邪恶。臣子遵循法令办理公事，按照法律履行职责，不叫"重臣"。所谓重臣，就是无视法令而独断专行，破坏法律来为私家牟利，损害国家来便利自家，势力能够控制君主，这才叫作重臣。懂得统治策略的人明察秋毫。他们的主张若被采纳，自身若被任用，将会洞察重臣的阴谋诡计；能够推行法治的人刚强正直，他们的主张若被采纳，自身若被任用，将会矫正重臣的邪恶行为。因此，懂得策略和善用法治的人若被任用，那么位尊权重之臣必定为法律准绳所不容。这样说来，懂法依法的人与当权的重臣，是不可并存的仇敌。

当权的重臣独揽大权，那么外交和内政就要被他利用了。正因为如此，列国诸侯不依靠他，事情就得不到照应，所以实力相当的国家会给他唱颂歌；各级官吏不依靠他，成绩就得不到上报，所以各种官吏会为他出力；君主的侍从官员不依靠他，就不能接近君主，所以他们为他隐瞒罪行；学士不依靠他，就会俸禄薄而待遇低，所以学士为他说好话。这四种帮凶是奸邪之臣用来掩饰自己的基础。重臣不能忠于君主而推荐自己的政敌，君主不能越过四种帮凶来洞察他的臣下，所以君主越来越受蒙蔽，而重臣的权势越来越大。

所有的当权重臣对于君主来说，很少不被信任和宠爱的，而且彼此又亲昵和熟悉。至于迎合君主的心理，投合君主的好恶，本来就是重臣得以晋升的途径。他们官职大，爵位高，党羽又多，全国都为他们唱赞歌。而法术之士想要求得君主重用，既没有受到信任和宠爱的亲近关系，也没有亲昵和熟悉的交情，还要用法术言论矫正君主的偏邪之心，这是与君主心意相反的。法术之士所处地位低下，没有同党，孤立无援。拿关系疏远的和关系亲近、受到宠信的相争，在常理上不能取胜；拿新客和故旧相争，在常理上不能取胜；拿违背君主心意和投合君主好恶相争，在常理上不能取胜；拿地位低贱的和位尊权重的相争，在常理上不能取胜；拿一个人和一国人相争，在常理上不能取胜。法术之士处在"五不胜"的情形下，按年计算也不能晋见君主；当权重臣凭借"五胜"的条件，又日夜单独向君主进言。因此，法术之人由什么门路得到任用，而君主到什么时候才能醒悟呢？因此，凭借必定不能取胜的条件，又与重臣势不两立，法术之士怎会不危险？重臣对那些可用罪状诬陷的，就用国家法律来诛杀；对那些不能强加罪名的，就用刺客来暗杀。这样说来，精通法术而违背君主的人，不为官吏所诛杀，必定死在刺客手里了。而结党拉派串通一气来蒙蔽君主、花言巧语歪曲事实来便利私家的人，一定会受到重臣的信任。所以对那些可用功劳做借口的，就封官赐爵使他们显贵；对那些不可用好名声做借口的，就用外交职权重用他们。因此，蒙蔽君主而投奔私人门下的，不在官爵级别上显赫，必在外交职权上重用了。如今君主不验证核查就实行诛戮，不等建立功劳就授予爵禄，因此法术之士怎能冒死去陈述自己的主张？奸邪之臣又怎肯乘着有利时机而自动引退？所以君主地位就越来越低，重臣权势就越来越大。

越国虽然国富兵强，中原各国的君主都知道对自己没有什么好处，说："不是我们所能控制的。"现在统治国家的君主虽然地广人众，然而君主闭塞，大臣专权，这样一来，国家也就变得和越国一样。知道自己的国家与越国不同，却不知道现在连自己的国家也变了样，这是不明察事物的类似性。人们之所以说齐国亡了，并不是指土地和城市丧失了，而是指吕氏不能控制它而为田氏所占有。之所以说晋国亡了，也不是指土地和城市丧失了，而是指姬氏不能控制它而为六卿所把持。现在大臣掌权独断专行，而君主不知收回，这是君主不明智。和死人症状相同，无法救药；和亡国行事相同，无法久存。现在因袭着齐、晋的老路，想要国家安然存在，是不可能的。

凡属法术难以推行的，不单是大国，中小国家也是这样。君主的近臣不一定有才智。君主认为某人有才智而听取他的意见，然后和近臣讨论该人的言谈，这是和愚蠢的人讨论才智。君主的近臣不一定品德好。君主认为某人有美德而礼遇他，然后和近臣讨论他的品行，这是和品德不好的人讨论美德。智者的计谋由愚蠢的人来评判，贤者的品德由不贤的人来衡量，那么品德好、有才智的人就会感到耻辱，而君主的论断也必然荒谬了。想谋得官职的臣子当中，那些品德好的人将用精纯廉洁来约束自己，那些才智高的人将用办好政事来推进事业。那些品德好的人不可能用财物贿赂侍奉别人，凭借精纯廉洁更不可能违法办事。那么品德好才智高的人也就不会奉承君主近侍，不会理睬私下请托了。君主的近臣，品行不像伯夷那么好，索求的东西得不到，财物贿赂不上门，那么精明强干者的功业就要被压制，而诽谤诬陷的话也就出笼了。办好政事的功业受制于君主的近侍，精纯廉洁的品行取决于近侍的毁誉，那么品德好、才智高的官吏就要被废黜，君主的明察也就被阻塞了。不按功劳裁决人的才智和品德，不通过事实的多方验证审处人的罪行和过错，却听从左右亲信的话，那么没有才能的人就会在朝廷中当政，愚蠢腐败的官吏就会窃居职位了。

大国的祸害在于大臣权势太重，中小国家的祸害在于近臣太受宠信：这是君主的通病。再说臣下犯了大罪恶，君主有了大过失，臣下和君主的利益是相互不同的。凭什么这样说呢？即：君主的利益在于具有才能而任以官职，臣下的利益在于没有才能而得到重用；君主的利益在于具有功劳而授以爵禄，臣下的利益在于没有功劳而得到富贵；君主的利益在于豪杰效力，臣下的利益在于结党营私。因此国土减少而私家更富，君主地位卑下而大臣权势更重。所以君主失去权势而大臣控制国家，君主改称藩臣，相臣行使君权。这就是大臣欺骗君主谋取私利的情形。所以当代的重臣，在君主改变政治情势而仍能保持宠信的，十个中还不到两三个。这是什么原因呢？是这些臣下的罪行太大了。臣有大罪的，他的行为是欺骗君主的，他的罪行是当处死刑的。聪明人看得深远，怕犯死罪，必定不会跟从重臣；品德好的人洁身自爱，耻于和奸臣共同欺骗君主，必定不会跟从重臣。这些当权者的门徒党羽，不是愚蠢而不知祸害的人，必是腐败而不避奸邪的人。大臣挟持愚蠢腐败的人，对上和他们一起欺骗君主，对下和他们一起掠夺财物，结帮拉派，串通一气，惑乱君主败坏法制，以此扰乱百姓，使国家危殆受侵、君主忧劳受辱，这是大罪行。臣下有了大罪而君主却不禁止，这是大过失。假如君主在上面有大过失，臣子在下面有大罪行，要求国家不灭亡，是不可能的。

《说难》译文

（《韩非子》第四卷第十二篇）

[原文]

凡说之难，非吾知之有以说之之难也，又非吾辩之能明吾意之难也，又非吾敢横失而能尽之难也。凡说之难，在知所说之心，可以吾说当之。所说出于为名高者也，而说之以厚利，则见下节而遇卑贱，必弃远矣。所说出于厚利者也，而说之以名高，则见无心而远事情，必不收矣。所说阴为厚利而显为名高者也，而说之以名高，则阳收其身，而实疏之；说之以厚利，则阴用其言，显弃其身矣。此不可不察也。

夫事以密成，语以泄败。未必其身泄之也。而语及所匿之事，如此者身危。彼显有所出事，而乃以成他故；说者不徒知所出而已矣，又知其所以为，如此者身危。规异事而当，知者揣之外而得之，事泄于外，必以为己也，如此者身危。周泽未渥也，而语极知，说行而有功，则德忘；说不行而有败，则见疑，如此者身危。贵人有过端，而说者明言礼义以挑其恶，如此者身危。贵人或得计，而欲自以为功，说者与知焉，如此者身危。强以其所不能为，止以其所不能已，如此者身危。故与之论大人，则以为间己矣；与之论细人，则以为卖重；论其所爱，则以为藉资；论其所憎，则以为尝己也；径省其说，则以为不智而拙之；米盐博辩，则以为多而交之；略事陈意，则曰怯懦而不尽；虑事广肆，则曰草野而倨侮。此说之难，不可不知也。

凡说之务，在知饰所说之所矜，而灭其所耻。彼有私急也，必以公义示而强之。其意有下也，然而不能已，说者因为之饰其美，而少其不为也。

其心有高也，而实不能及，说者为之举其过而见其恶，而多其不行也。有欲矜以智能，则为之举异事之同类者多为之地，使之资说于我，而佯不知也，以资其智。欲内相存之言，则必以美名明之，而微见其合于私利也。欲陈危害之事，则显其毁诽，而微见其合于私患也。誉异人与同行者，规异事与同计者。有与同污者，则必以大饰其无伤也；有与同败者，则必以明饰其无失也。彼自多其力，则毋以其难概之也；自勇其断，则无以其谪怒之；自智其计，则毋以其败穷之。大意无所拂悟，辞言无所系縻，然后极骋智辩焉。此道所得亲近不疑，而得尽辞也。

伊尹为宰，百里奚为虏，皆所以干其上也。此二人者，皆圣人也；然犹不能无役身以进，如此其污也。今以吾言为宰、虏，而可以听用而振世，此非能仕之所耻也。夫旷日弥久，而周泽既渥，深计而不疑，引争而不罪，则明割利害以致其功，直指是非以饰其身，以此相持，此说之成也。

昔者郑武公欲伐胡，故先以其女妻胡君，以娱其意。因问于群臣："吾欲用兵，谁可伐者？"大夫关其思对曰："胡可伐。"武公怒而戮之，曰："胡，兄弟之国也，子言伐之，何也？"胡君闻之，以郑为亲己，遂不备郑。郑人袭胡，取之。宋有富人，天雨，墙坏，其子曰："不筑，必将有盗。"其邻人之父亦云。暮而果大亡其财。其家甚智其子，而疑邻人之父。此二人说者皆当矣，厚者为戮，薄者见疑，则非知之难也，处之则难也。故绕朝之言当矣，其为圣人于晋，而为戮于秦也，此不可不察。

昔者弥子瑕有宠于卫君。卫国之法，窃驾君车者罪刖。弥子瑕母病，人闻，有夜告弥子，弥子矫驾君车以出。君闻而贤之，曰："孝哉，为母之故，忘其犯刖罪！"异日，与君游于果园，食桃而甘，不尽，以其半啗君。君曰："爱我哉！忘其口味，以啗寡人。"及弥子色衰爱弛，得罪于君，君曰："是固尝矫驾吾车，又尝啗我以余桃。"故弥子之行未变于初也，而以前之所以见贤而后获罪者，爱憎之变也。故有爱于主，则智当而加亲；有憎于主，则智不当见罪而加疏。故谏说谈论之士，不可不察爱憎之主而后说焉。

夫龙之为虫也柔，柔可狎而骑也；然其喉下有逆鳞径尺，若人有婴之者，则必杀人。人主亦有逆鳞，说者能无婴人主之逆鳞，则几矣。

［译文］

凡是游说中遇到的困难，不是我知道的东西没有办法把它表达出来的困难，也不是我辩论问题时难以明确阐述我的思想的困难，也不是我敢于放开议论却失去机会将所有的道理全部讲清楚的困难。凡是游说中存在的困难，在于如何知道被说对象的心理，能够通过我的游说投其所好。如果说服对象是追求显赫名声的君主，却用能够得到厚利去游说他，那就会被认为是没有气节而甘处卑贱，必定被抛弃到一边。如果被说对象是谋取厚利的君主，却用能够得到显赫名声去游说他，那就会被认为是没有头脑而脱离事情，必定不被录用。如果被说对象是实际想谋取厚利却表现得要追求显赫名声的君主，若用能够得到显赫名声去游说他，那么这个君主表面会录用这个人而事实上将疏远这个人；若用能够得到厚利去游说他，那么这个君主会暗中采纳这个人的建议却会公开疏远这个人。这些事情是不能不知道的啊！

事情是因为保密才成功，言谈中因为不慎泄密就会导致失败。未必是说者本人泄露了君主的秘密，而是言谈中无意涉及了君主所隐匿的事，像这样的人生命就有危险。君主出现过失，而游说的人公开陈述正确的意见以推究他的错误，就有生命危险。受到的恩宠不深却将知道的全部说出来，所说的行得通并获得成功，但君主的恩惠也就到此为止了；所说的行不通并失败，就会被怀疑，像这样的人就有生命危险。君主想到了妙计就打算把它作为自己的功绩，游说的人同样知道而告诉他，就有生命危险。君主公开做某件事，那是他借此要达到别的目的，游说的人同样知道而讲出来，就有生命危险。勉强劝说君主做他肯定不愿做的事，阻止君主做他不得不做的事，生命就有危险。所以说，如果和君主议论大臣，他就认为是在离间自己；如果和君主议论小人，他就认为是想出卖他的权利；和君主议论他所宠爱的人，他就认为是在寻求靠山；和君主议论他所憎恶的人，他就认为是在试探自己。直接而精练的言辞，就被认为是无知而理屈；内容广泛的文章，就被认为是空话连篇而浪费时间。就事论事地陈述意见，就被认为是怯懦而不敢畅所欲言；深谋远虑，就被认为是粗率而骄傲。这些游说中存在的困难，是不能不知道的啊！

凡是游说的关键，在于懂得使被游说的人所崇敬的能锦上添花，而使他所憎恶的销声匿迹。如果他自认为他的计谋非常明智，就不要指出他的缺点使他感到窘迫；如果他自认为他的决裁十分果断，就不要提起他的对手惹怒他；如果他自认为他的力量十分强大，就不要列举他的困难阻拦他。虽然规划不同事情却要与君主的考虑相同，虽然表彰别人的人物却要与君主的行为一致，也就是加以美化而不批评。若有与君主的过失相同的行为，就公开进行掩饰，表明他没有失误。对君主忠心耿耿，没有任何违背，言辞没有任何触犯，然后才发挥自己的辩才和机智。这正是能使君主亲近而不怀疑，能使自己发挥全部才智的困难所在啊。能旷日持久，君主的宠信已经深厚，达到充分谋划而被猜疑、相互争辩而不致获罪，这才公开分析利弊以帮助君主获得成功，直接指出君主的对错提高君主的修养，能这样相互对待，这才算游说成功。

伊尹当过厨师，百里奚做过奴隶，他们都是由此干谒君主以得到任用。这两人都是圣人，尚且不能不役使自己而有此卑贱的身世，这样有才能的士人就不会取笑我的主张了。

从前郑武公打算讨伐胡人，便将自己的女儿嫁给了他。于是问群臣道："我想用兵，可以讨伐谁呢？"关其思回答说："可以讨伐胡人。"郑武公便杀死关其思，说："胡人是兄弟邻邦，你却说讨伐他，为什么呢？"胡人的君主听到这件事后，认为郑国和自己很亲近，便不防备郑国。郑人偷袭胡人，取得了胜利。宋国有个富人，天下雨冲坏了墙。他的儿子说："如果不修将会被盗。"他的邻人的父亲也这样说。到了晚上，果然丢失了大量财物。他的家里认为他的儿子十分聪明，于是对邻人的父亲产生了怀疑。这两位提建议的人，他们的建议都是对的，但是严重的被杀死，轻微的被怀疑，并非对问题有正确的认识有困难，而是将正确的认识处理得恰到好处很困难。因此，绕朝的话本是对的，但他在晋国被看成圣人，在秦国却遭杀害，这是不可不注意的。

从前弥子瑕很得卫国君主的宠爱。卫国的法律有规定，私驾君主车辆的人要被处以刖刑。不久弥子瑕的母亲生病了，有人听说这件事后，连夜赶去告诉他。弥子瑕违反法律驾驶君主的车辆外出探病，卫君听说后反而称赞他贤德，说："多么孝顺呀！为了母亲的缘故而触犯刖刑！"弥子瑕同卫君游览果园时，弥子瑕吃桃觉得味道很甜，没吃完便将桃奉献给卫君。卫君说："他多么爱我啊，连自己都不顾却想念着我！"等到弥子瑕因美色衰退而丧失宠爱后，得罪于卫君，卫君说："这个人曾经违反法律私驾我的车辆，又曾经给我吃他吃剩下的桃子。"本来弥子瑕的行为和当初没什么变化，从前被称赞贤德而后来却获罪，根本原因在于君主爱和憎发生了变化。当初得到君主的宠爱，那就认识完全恰当而和君主感情更加亲密；遭到君主憎恶后，那就罪名恰当而和君主关系更加疏远。因此进行规谏和游说的人，不能不首先观察清楚君主爱憎，然后再向他进言。

龙作为一种爬虫，可以驯服亲近它而骑在它身上。但它的脖子下面有一尺长的逆鳞，人要是触动它的逆鳞，就必定会杀人。君主也是有逆鳞的，游说他的人如果能够做到不触动君主的逆鳞，那就差不多能成功了。

《和氏》译文

（《韩非子》第四卷第十三篇）

[原文]

楚人和氏得玉璞楚山中，奉而献之厉王。厉王使玉人相之，玉人曰，"石也。"王以和为诳，而刖其左足。及厉王薨，武王即位。和又奉其璞而献之武王。武王使玉人相之，又曰："石也。"王又以和为诳，而刖其右足。武王薨，文王即位。和乃抱其璞而哭于楚山之下，三日三夜，泣尽而继之以血。王闻之，使人问其故，曰："天下之刖者多矣，子奚哭之悲也？"和曰："吾非悲刖也，悲夫宝玉而题之以石，贞士而名之以诳，此吾所以悲也。"王乃使玉人理其璞而得宝焉，遂命曰"和氏之璧"。

夫珠玉，人主之所急也。和虽献璞而未美，未为王之害也，然犹两足斩而宝乃论，论宝若此其难也。今人主之于法术也，未必和璧之急也；而禁群臣士民之私邪。然则有道者之不僇也，特帝王之璞未献耳。主用术，则大臣不得擅断，近习不敢卖重；官行法，则浮萌趋于耕农，而游士危于战陈。则法术者乃群臣士民之所祸也。人主非能倍大臣之议，越民萌之诽，独周乎道言也，则法术之士虽至死亡，道必不论矣。

昔者吴起教楚悼王以楚国之俗曰："大臣太重，封君太众。若此，则上逼主而下虐民，此贫国弱兵之道也。不如使封君之子孙三世而收爵禄，绝灭百吏之禄秩，损不急之枝官，以奉选练之士。"悼王行之期年而薨矣，吴起枝解于楚。商君教秦孝公以连什伍，设告坐之过，燔诗书而明法令，塞私门之请而遂公家之劳，禁游宦之民而显耕战之士。孝公行之，主以尊安，国以富强，八年而薨，商君车裂于秦。楚不用吴起而削乱，秦行商君法而富强。二子之言也已当矣，然而枝解吴起而车裂商君者，何也？大臣苦法而细民恶治也。当今之世，大臣贪重，细民安乱，甚于秦、楚之俗，而人主无悼王、孝公之听，则法术之士，安能蒙二子之危也而明己之法术哉？此世所乱无霸王也。

[译文]

楚人卞和在荆山中得到一块玉璞，捧着进献给楚厉王。厉王让玉匠鉴定。玉匠说："是石头。"厉王认为卞和是行骗，就砍掉了他的左脚。到厉王死，武王继位。卞和又捧着那块玉璞去献给武王。武王让玉匠鉴定。玉匠又说："是石头。"武王也认为卞和是行骗，就砍掉了他的右脚。武王死，文王登基。卞和就抱着那块玉璞在荆山下哭，哭了三天三夜，眼泪干了，跟着流出的是血。文王听说后，派人去了解他哭的原因，问道："天下受断足刑的人多了，你为什么哭得这么悲伤？"卞和说："我不是悲伤脚被砍掉，而是悲伤把宝玉称作石头，把忠贞的人称作骗子。这才是我悲伤的原因。"文王就让玉匠加工这块玉璞并得到了宝玉，于是命名为"和氏之璧"。

珍珠宝玉是君主急需的，即使卞和献的玉璞不够完美，也并不构成对君主的损害，但还是在双脚被砍后宝玉才得以论定，鉴定宝玉就是如此的困难。如今君主对于法术，未必像对和氏璧那样急需，还要用来禁止群臣百姓的自私邪恶行为。既然这样，那么法术之士还没被杀戮的原因，只是促成帝王之业的法宝还没进献罢了。君主运用法术，大臣就不能擅权独断，左右近侍就不敢卖弄权势；官府执行法令，游民就得从事农耕，游说之士就得冒着危险去当兵打仗。那么法术就被群臣百姓看成是祸害了。君主不能违背大臣的议论，摆脱黎民百姓的诽谤，单要完全采纳法术之言，那么法术之士即使到死，他们的学说也一定不会被认可。

从前吴起向楚悼王指出楚国的风气说："大臣的权势太重，分封的贵族太多，像这样下去，他们就会上逼主而下虐民，这是造成国贫兵弱的途径。不如使分封贵族的子孙到第三代时君主就收回爵禄，取消或减少百官的俸禄，裁减多余的官吏，来供养经过选拔和训练的士兵。"楚悼王施行此法一年就死了，吴起在楚遭到肢解。商君教秦孝公建立什伍组织，设置告密连坐的制度，焚烧诗书，彰明法令，堵塞私人的请托而选用对国家有功的人，约束靠游说做官的人而使农民士兵显贵起来。孝公实行这些主张，君主因此尊贵安稳，国家因此富庶强大。八年后秦孝公死了，商鞅在秦受到车裂。

楚国不用吴起变法而削弱混乱，秦国推行商鞅变法而富庶强大。二人的主张已够正确的了，但是肢解吴起，车裂商鞅，又为什么呢？为的是大臣苦于法令而小民憎恨社会安定呀。当今之世，大臣贪权，小民安于动乱，比秦、楚的坏风气还要严重，而君主又没有楚悼王、秦孝公那样的判断力，那么法术之士又怎能冒吴起、商鞅的危险来阐明自己的法术主张呢？这就是社会混乱而没有霸王的原因。

《五蠹》译文

（《韩非子》第十九卷第四十九篇）

[原文]

上古之世，人民少而禽兽众，人民不胜禽兽虫蛇。有圣人作，构木为巢以避群害，而民悦之，使王天下，号之曰有巢氏。民食果蓏蚌蛤，腥臊恶臭而伤害腹胃，民多疾病。有圣人作，钻燧取火以化腥臊，而民悦之，使王天下，号之曰燧人氏。中古之世，天下大水，而鲧、禹决渎。近古之世，桀、纣暴乱，而汤、武征伐。今有构木钻燧于夏后氏之世者，必为鲧、禹笑矣；有决渎于殷周之世者，必为汤武笑矣。然则公有美尧、舜、鲧、禹、汤、武之道于当今之世者，必为新圣笑矣。是以圣人不期修古，不法常可，论世之事，因为之备。宋人有耕者，田中有株，兔走触株，折颈而死，因释其耒而守株，冀复得兔，兔不可复得，而身为宋国笑。今欲以先王之政，治当世之民，皆守株之类也。

古者丈夫不耕，草木之实足食也；妇人不织，禽兽之皮足衣也。不事力而养足，人民少而财有余，故民不争。是以厚赏不行，重罚不用，而民自治。今人有五子不为多，子又有五子，大父未死而有二十五孙，是以人民众而货财寡，事力劳而供养薄，故民争，虽倍赏累罚而不免于乱。

尧之王天下也，茅茨不翦，采椽不斫；粝粢之食，藜藿之羹，冬日麑裘，夏日葛衣，虽监门之服养不亏于此矣。禹之王天下也，身执耒臿以为民先，股无胈，胫不生毛，虽臣虏之劳不苦于此矣。以是言之，夫古之让天子者，是去监门之养而离臣虏之劳也，故传天下而不足多也。今之县令，一日身死，子孙累世絜驾，故人重之。是以人之于让也，轻辞古之天子，难去今之县令者，薄厚之实异也。夫山居而古汲者，膢腊而相遗以水；泽居苦水者，买庸而决窦。故饥岁之春，幼弟不饷；穰岁之秋，疏客必食。非疏骨肉爱过客也，多少之实异也。是以古之易财，非仁也，财多也；今之争夺，非鄙也，财寡也。轻辞天子，非高也，势薄也；重争土橐，非下也，权重也。故圣人议多少、论薄厚为之政，故薄罚不为慈，诛严不为戾，称俗而行也。故事因于世，而备适于事。

古者文王处丰、镐之间，地方百里，行仁义而怀西戎，遂王天下。徐偃王处汉东，地方五百里，行仁义，割地而朝者三十有六国。荆文王恐其害己也，举兵伐徐，遂灭之。故文王行仁义而王天下，偃王行仁义而丧其国，是仁义用于古而不用于今也。故曰：世异则事异。当舜之时，有苗不服，禹将伐之，舜曰："不可。上德不厚而行武，非道也。"乃修教三年，执干戚舞，有苗乃服。共工之战，铁铦短者及乎敌，铠甲不坚者伤乎体，是干戚用于古不用于今也。故曰：事异则备变。上古竟于道德，中世逐于智谋，当今争于气力。齐将攻鲁，鲁使子贡说之。齐人曰："子言非不辩也。吾所欲者土地也，非斯言所谓也。"遂举兵伐鲁，去门十里以为界。故偃王仁义而徐亡，子贡辩智而鲁削。以是言之，夫仁义辩智，非所以持国也。去偃王之仁，息子贡之智。循徐鲁之力使敌万乘，则齐荆之欲不得行于二国矣。

夫古今异俗，新故异备。如欲以宽缓之政治急世之民，犹无辔策而御悍马，此不知之患者。今儒墨皆称先王兼爱天下，则视民如父母之爱子。何以明其然也？曰："司寇行刑，君为之不举乐，闻死刑之报，君为流涕。"此所举先王也。夫以君臣为如父子则必治，推是言之，是无乱父子也。人之情性莫先于父母，父母皆见爱而未必治也；君虽厚爱，奚遽不乱？今先王之爱民，不过父母之爱子，子未必不乱也，则民奚遽治哉？且夫以法行刑，而君为之流涕，此以效仁，非以为治。夫垂泣不欲刑者，仁也；然而不可不刑者，法也。先王胜其法，不听其泣，则仁之不可以为治亦明矣。

且民者固服于势，寡能怀于义。仲尼，天下圣人也，修行明道，以游海内；海内悦其仁、美其义而为服役者七十人。盖贵仁者寡，能义者难也。故以天下之大，而为服役者七十人，而仁义者一人。鲁哀公，下主也，南面君国，境内之民莫敢不臣。民者固服于势，势诚易以服人，故仲尼反为臣而哀公顾为君。仲尼非怀其义，服其势也。故以义则仲尼不服于哀公；乘势则哀公臣仲尼。今学者之说人主也，不乘必胜之势，而务行仁义则可以王，是求人主之必及仲尼，而以世之凡民皆如列徒，此必不得之数也。

今有不才之子，父母怒之弗为改，乡人谯之弗为动，师长教之弗为变。夫以父母之爱，乡人之行，师长之智，三美加焉而终不动，其胫毛不改；州部之吏，操官兵，推公法，而求索奸人，然后恐惧，变其节，易其行矣。故父母之爱不足以教子，必待州部之严刑者，民固骄于爱，听于威矣。故十仞之城，楼季弗能逾者，峭也；千仞之山，跛牂易牧者，夷也。故明主峭其法而严其刑也。布帛寻常，庸人不释，铄金百溢，盗跖不掇。不必害，则不释寻常；必害手，则不掇百溢。故明主必其诛也。是以赏莫如厚而信，使民利之；罚莫如重而必，使民畏之；法莫如一而固，使民知之。故主施赏不迁，行诛无赦，誉辅其赏，毁随其罚，则贤不肖俱尽其力矣。

今则不然。以其有功也，爵之，而卑其士官也；以其耕作也，赏之，而少其家业也；以其不收也，外之，而高其轻世也；以其犯禁也，罪之，而多其有勇也。毁誉赏罚之所加者，相与悖缪也，故法禁坏而民愈乱。今兄弟被侵必攻者，廉也；知友被辱随仇者，贞也。廉贞之行成，而君上之法犯矣。入主尊贞廉之行，而忘犯禁之罪，故民程于勇，而吏不能胜也。不事力而衣食，则罚之能；不战功而尊，则谓之贤。贤能之行成，而兵弱而地荒矣。人主悦贤能之行，而忘兵弱地荒之祸，则私行立而公利灭矣。

儒以文乱法，侠以武犯禁，而人主兼礼之，此所以乱也。夫离法者罪，而诸先生以文学取；犯禁者诛，而群侠以私剑养。故法之所非，君之所取；吏之所诛，上之所养也。法、趣、上、下，四相反也，而无所定，虽有十黄帝，不能治也。故行仁义者非所誉，誉之则害功；工文学者非所用，用之则乱法。楚之有直躬，其父窃羊而谒之吏，令尹曰："杀之。"以为直于君而曲于父，报而罪之。以是观之，夫君之直臣，父之暴子也。鲁人从君战，三战三北，仲尼问其故，对曰："吾有老父，身死莫之养也。"仲尼以为孝，举而上之。以是观之，夫父之孝子，君之背臣也。故令尹诛而楚奸不上闻，仲尼赏而鲁民易降北，上下之利若是其异也。而人主兼举匹夫之行，而求致社稷之福，必不几矣。

古者苍颉之作书也，自环者谓之"私"，背私谓之"公"。公私之相背也，乃苍颉固以知之矣。今以为同利者，不察之患也。然则为匹夫计者，莫如修仁义而习文学。仁义修则见信，见信则受事；文学习则为明师，为明师则显荣。此匹夫之美也。然则无功而受事，无爵而显荣，有政如此，则国必乱，主必危矣。故不相容之事，不两立也。斩敌者受赏，而高慈惠之行；拔城者受爵禄，而信兼爱之说；坚甲厉兵以备难，而美荐绅之饰；富国以农，距敌恃卒，而贵文学之士；废敬上畏法之民，而养游侠私剑之属。举行如此，治强不可得也。国平养儒侠，难至用介士，所利非所用，所用非所利。是故服事者简其业，而游学者日众，是世之所以乱也。

且世之所谓贤者，贞信之行也；所谓智者，微妙之言也。微妙之言，上智之所难知也。今为众人法而以上智之所难知，则民无从识之矣。故糟糠不饱者，不务粱肉；短褐不完者，不待文绣。夫治世之事，急者不得，则缓者非所务也。今所治之政，民间之事，夫妇所明知者不用，而慕上知之论，则其于治反矣。故微妙之言，非民务也。若夫贤良贞信之行者，必将贵不欺之士；贵不欺之士者，亦无不欺之术也。布衣相与交，无富厚以相利，无威势以相惧也，故求不欺之士。今人主处制人之势，有一国之厚，重赏严诛，得操其柄，以修明术之所烛，虽有田常、子罕之臣不敢欺也，奚待于不欺之士！今贞信之士，不盈于十，而境内之官以百数，必任贞信之士，则人不足官；人不足官，则治者寡而乱者众矣。故明主之道，一法而不求智，固术而不慕信，故法不败，而群官无奸诈矣。

今人主之于言也，悦其辩而不求其当焉；其用于行也，美其声而不责其功焉。是以天下之众，其谈言者务为辩而不周于用。故举先王、言仁义者盈廷，而政不免于乱；行身者竞于为高，而不合于功。故智士退处岩穴，归禄不受，而兵不免于弱，政不免于乱，此其何故也？民之所誉，上之所礼，乱国之术也。今境内之民皆言治，藏商、管之法者家有之，而国愈贫，言耕者众，执末者寡也。境内皆言兵，藏孙、吴之书者家有之，而兵愈弱，言战者多，被甲者少也。故明主用其力，不听其言；赏其功，必禁无用。故民尽死力以从其上。夫耕之用力也劳，而民为之者，曰：可得以富也；战之为事为危，而民为之者，曰：可得以贵。今修文学，习言谈，则无耕之劳而有富之实，无战之危而有贵之尊，则人孰不为也！是以百人事智，而一人用力。事智者众则法败，用力者寡则国贫，此世之所以乱也。

故明主之国，无书简之文，以法为教；无先王之语，以吏为师；无私剑之捍，以斩首为勇。是境内之民，其言谈者必轨于法，动作者归之于功，为勇者尽之于军。是故无事则国富，有事则兵强，此之谓王资。既畜王资而承敌国之衅，超五帝、侔三王者，必此法也。

今则不然。士民纵恣于内，言谈者为势于外。外内称恶，以待强敌，不亦殆乎；故群臣之言外事者，非有分于从衡之党，则有仇雠之忠，而借力于国也。从者，合众弱以攻一强也；而衡者，事一强以攻众弱也。皆非所以持国也。今人臣之言衡者，皆曰："不事大，则遇敌受祸矣。"事大未必有实，则举图而委，效玺而请兵矣。献图则地削，效玺则名卑；地削则国削，名卑则政乱矣。事大为衡，未见其利也，而亡地乱政矣。人臣之言从者，皆曰："不救小而伐大，则失天下，失天下则国危，国危而主卑。"救小必有实，则起兵而敌大矣。救小未必能存，而敌大未必不有疏，有疏则为强国治矣。出兵则军败，退守则城拔。救小为从，未见其利，而亡地败军矣。是故事强，则以外权市官于内；救小，则以内重求利于外。国利未立，封土厚禄至矣；主上虽卑，人臣尊矣；国地虽削，私家富矣。事成则以权长重，事败则以富退处。人主之听说于其臣，事未成则爵禄已尊矣；事败而弗诛，则游说之士，孰不为用矰缴之说，而徼幸其后？故破国亡主，以听言谈者之浮说。此其故何也？是人君不明乎公私之利，不察当否之言，而诛罚不必其后也。皆曰："外事，大可以王，小可以安。"夫王者，能攻人者也，而安则不可攻也；强则能攻人者也，治则不可攻也。治强不可责于外，内政之有也。今不行法术于内，而事智于外，则不至于治强矣。

鄙谚曰："长袖善舞，多钱善贾。"此言多资之易为工也。故治强易为谋，弱乱难为计。故用于秦者，十变而谋希失；用于燕者，一变而计希得。非用于秦者必智，用于燕者必愚也，盖治乱之资异也。故周去秦为从，期年而举；卫离魏为衡，半岁而亡。是周灭于从，卫亡于衡也。使周、卫缓其从衡之计，而严其境内之治，明其法禁，必其赏罚，尽其地力以多其积，致其民死以坚其城守，天下得其地则其利少，攻其国则其伤大，万乘之国，莫敢自顿于坚城之下，而使强敌裁其弊也，此必不亡之术也。舍必不亡之术，而道必灭之事，治国者之过也。智困于内而政乱于外，则亡不可振也。

民之政计，皆就安利如辟危穷。今为之攻战，进则死于敌，退则死于诛，则危矣。弃私家之事，而必汗马之劳，穷困上弗论，则穷矣。穷危之所在也，民安得勿避？故事私门而完解舍，解舍完则远战，远战则安。行货赂而袭当涂者则求得，求得则私安，私安则利之所在，安得勿就？是以公民少而私人众矣。

夫明王治国之政，使其商工游食之民少而名卑，以寡趣本务而趋末作。今世近习之情行，则官爵可买，官爵可买，则商工不卑也矣。奸财货贾得用于市，则商人不少矣。聚敛倍农，而致尊过耕战之士，则耿介之士寡，而商贾之民多矣。

是故乱国之俗，其字者则称先王之道以籍仁义，盛容服而饰辩说，以疑当世之法，而贰人主之心。其言谈者，为设诈称，借于外力，以成其私，而遗社稷之利。其带剑者，聚徒属立节操以显其名，而犯五官之禁。其患御者，积于私门，尽货赂，而用重人之谒，退汗马之劳。其商工之民，修治苦窳之器，聚沸靡之财，蓄积待时，而侔农夫之利。此五者，邦之蠹也。人主不除此五蠹之民，不养耿介之士，则海内虽有破亡之国，削灭之朝，亦勿怪矣。

[译文]

在上古时代，人口稀少，鸟兽众多，人民受不了禽兽虫蛇的侵害。这时候出现了一位圣人，他发明在树上搭窝棚的办法，用来避免遭到各种伤害，人们因此很爱戴他，推举他来治理天下，称他为有巢氏。当时人民吃的是野生的瓜果和蚌蛤，腥臊腐臭，伤害肠胃，许多人得了疾病。这时候又出现了一位圣人，他发明钻木取火的方法烧烤食物，除掉腥臊臭味，人们因而很爱戴他，推举他治理天下，称他为燧人氏。到了中古时代，天下洪水泛滥，鲧和他的儿子禹先后负责疏通河道，排洪治灾。近古时代，夏桀和殷纣的统治残暴昏乱，于是商汤和周武王起兵讨伐。如果到了夏朝，还有人用在树上搭窝棚居住和钻木取火的办法生活，那一定会被鲧、禹耻笑了；如果到了殷周时代，还有人要把挖河排洪作为要务的话，那就一定会被商汤、武王所耻笑。既然如此，那么在今天要是还有人推崇尧、舜、禹、汤、武王的政治并加以实行的人，定然要被现代的圣人耻笑了。因此，圣人不期望照搬古法，不死守陈规旧俗，而是根据当前社会的实际情况，进而制定相应的政治措施。有个宋人在田里耕作，田中有一个树桩，一只兔子奔跑时撞在树桩上碰断了脖子死了。从此这个宋人便放下手中的农具，守在树桩旁边，希望再捡到死兔子。他当然不可能再得到兔子，自己倒成了宋国的一个笑话。现在假使还要用先王的政治来治理当代的民众，那就无疑属于守株待兔之类的人了。

在古代，男人不用耕种，野生的果实足够吃的；妇女不用纺织，禽兽的皮足够穿的。不用费力而供养充足，人口少而财物有余，所以人们之间用不着争夺。因而不实行厚赏，不实行重罚，而民众自然安定无事。现在人们养有五个儿子并不算多，每个儿子又各有五个儿子，祖父还没有死就会有二十五个孙子。因此，人口多了，而财物缺乏，费尽力气劳动，还是不够吃用，所以民众互相争夺，即使加倍地奖赏和不断地惩罚，结果仍然免不了要发生混乱。

尧统治天下的时候，住的是没经修整的茅草房，连栎木椽子都不曾刨光；吃的是粗粮，喝的是野菜汤；冬天披块小鹿皮，夏天穿着麻布衣，就是现在看门奴仆的生活，也不比这差。禹统治天下的时候，亲自拿着锹锄带领人们干活，累得大腿消瘦，小腿上的汗毛都磨没了，就是奴隶们的劳役也不比这苦。这样说来，古代把天子的位置让给别人，不过是逃避看门奴仆般的供养，摆脱奴隶样的繁重苦劳罢了，所以把天下传给别人也并不值得赞美。如今的县令，一旦死了，他的子孙世世代代总有高车大马，所以人们都很看重。因此，人们对于让位这件事，可以轻易地辞掉古代的天子，却难以舍弃今天的县官，原因即在其间实际利益的大小很不一样。居住在山上要到谷底打水的人，逢年过节用水作为礼品互相赠送；居住在洼地饱受水涝灾害的人，却要雇人来挖渠排水。所以在荒年青黄不接的时候，就连自己的幼弟来了也不肯管饭；在好年成的收获季节，即使是疏远的过客也总要招待吃喝。不是有意疏远自己的骨肉而偏爱过路的客人，而是因为存粮多少的实际情况不同。因此，古人轻视财物，并不是因为仁义，而是由于财多；今人互相争夺，并不是因为卑鄙，而是由于财少。古人轻易辞掉天子的职位，并不是什么风格高尚，而是因为权势很小；今人争夺官位或依附权势，也不是什么品德低下，而是因为权大势重。所以圣人要衡量财物多少、权势大小的实况制定政策，刑罚轻并不是仁慈，刑罚重并不是残暴，适合社会状况行动就是了。因此，政事要根据时代变化，措施要针对社会事务。

古代周文王地处丰、镐一带，方圆不过百里，他施行仁义的政策感化了西戎，进而统治了天下。徐偃王统治着汉水东面的地方，方圆有五百里，他也施行仁义的政策，有三十六个国家向他割地朝贡。楚文王害怕徐国会危害到自己，便出兵伐徐灭了徐国。所以周文王施行仁义得了天下，而徐偃王施行仁义却亡了国，这证明仁义只适用于古代而不适用于今天。所以说：时代不同了，政事就会随之不同。在舜当政的时候，苗族不驯服，禹主张用武力去讨伐，舜说："不行。我们推行德教还不够深就动用武力，不合乎道理。"于是便用三年时间加强德教，拿着盾牌和大斧跳舞，苗族终于归服了。到了共工打仗的时候，武器短的会被敌人击中，铠甲不坚固的便会伤及身体，这表明拿着盾牌和大斧跳舞的德政方法只能用于古代而不能用于当今。所以说：情况变了，措施也要跟着改变。上古时候人们在道德上竞争高下，中古时候人们在智谋上角逐优劣，当今社会人们在力量上较量输赢。齐国准备进攻鲁国，鲁国派子贡去说服齐人。齐人说："你的话说得不是不巧妙，然而我想要的是土地，不是你所说的这套空话。"于是出兵攻打鲁国，把齐国的国界推进到距鲁国都城只有十里远的地方。所以说徐偃王施行仁义而徐亡了国，子贡机智善辩而鲁失了地。由此说来，仁义道德、机智善辩之类，都不是用来保全国家的正道。如果当初抛弃徐偃王的仁义，不用子贡的巧辩，而是依靠徐、鲁两国的实力，去抵抗有万辆兵车的强敌。那么齐、楚的野心也就不会在这两个国家里得逞了。

古今社会风俗不同，新旧政治措施也不一样。如果想用宽大和缓的政策去治理剧变时代的民众，就好比没有缰绳和鞭子却要去驾驭烈马一样，这就会产生不明智的祸害。现在，儒家和墨家都称颂先王，说他们博爱天下一切人，就如同父母爱子女一样。用什么证明先王如此呢？他们说："司寇执行刑法的时候，君主为此停止奏乐；听到罪犯被处决的报告后，君主难过得流下眼泪。"这就是他们所赞美的先王。如果认为君臣关系能像父子关系一样，天下必能治理得好，由此推论开去，就不会存在父子之间发生纠纷的事了。从人类本性上说，没有什么感情能超过父母疼爱子女的，然而大家都一样疼爱子女，家庭却未必就和睦。君主即使深爱臣民，何以见得天下就不会发生动乱呢？何况先王的爱民不会超过父母爱子女，子女不一定不背弃父母，那么民众何以就能靠仁爱治理好呢？再说按照法令执行刑法，而君主为之流泪，这不过是用来表现仁爱罢了，却并非用来治理国家的。流泪而不想用刑，这是君主的仁爱，然而不得不用刑，这是国家的法令。先王首先要执行法令，并不会因为同情而废去刑法，那么不能用仁爱来治理国家的道理也就明白无疑了。

况且人们一向屈服于权势，很少能被仁义感化。孔子是天下的圣人，他修养身心，宣扬儒道，周游列国，可是天下赞赏他的仁、颂扬他的义并肯为他效劳的人才七十来个。可见看重仁的人少，能行义的人实在难得。所以天下这么大，愿意为他效劳的只有七十人，而倡导仁义的只有孔子一个。鲁哀公是个不高明的君主，面南而坐，统治鲁国，国内的人没有敢于不服从的。民众总是屈服于权势，权势也确实容易使人服从，所以孔子反倒做了臣子，而鲁哀公却成了君主。孔子并不是服从于鲁哀公的仁义，而是屈服于他的权势。因此，要讲仁义，孔子就不会屈服于哀公；要讲权势，哀公却可以使孔子俯首称臣。现在的学者们游说君主，不是要君主依靠可以取胜的权势，而致力于宣扬施行仁义就可以统治天下，这就是要求君主一定能像孔子那样，要求天下民众都像孔子门徒，这在事实上是肯定办不到的。

现在假定有这么一个不成才的儿子，父母对他发怒，他并不悔改；乡邻们加以责备，他无动于衷；师长教训他，他也不改变。拿了父母的慈爱、乡邻的帮助、师长的智慧这三方面的优势同时加在他的身上，而他却始终不受感动，丝毫不肯改邪归正。直到地方上的官吏拿着武器，依法执行公务而搜捕坏人的时候，他这才害怕起来，改掉旧习，变易恶行。所以父母的慈爱不足以教育好子女，必须依靠官府执行严厉的刑法，这是由于人们总是受到慈爱就娇纵，见到威势就屈服的缘故。因此，七丈高的城墙，就连善于攀高的楼季也不能越过，因为太陡；千丈高的大山，就是瘸腿的母羊也可以被赶上去放牧，因为坡度平缓。所以明君总要严峻立法并严格用刑。十几尺布帛，一般人见了也舍不得放手；熔化着的百镒黄金，即使是盗跖也不会伸手去拿。不一定受害的时候，十几尺的布帛也不肯丢掉；肯定会烧伤手时，就是百镒黄金也不敢去拿。所以明君一定要严格执行刑罚。因此，施行奖赏最好是丰厚而且兑现，使人们有所贪图；施行刑罚最好严厉而且肯定，使人们有所畏惧；法令最好是一贯而且固定，使人们都能明白。所以君主施行奖赏不随意改变，执行刑罚不轻易赦免，对受赏的人同时给予荣誉，对受罚的人同时给予谴责，这样一来，不管贤还是不贤的人，都会尽力而为了。

现在就不是这样。正是因为他有功劳才授予他爵位的，却又鄙视他做官；因为他从事耕种才奖赏他，却又看不起他经营家业；因为他不肯为公干事才疏远他，却又推崇他不羡慕世俗名利；因为他违反禁令才给他定罪，却又称赞他勇敢。是毁是誉，是赏是罚，执行起来竟如此自相矛盾，所以法令遭到破坏，民众更加混乱。现在假如自己的兄弟受到侵犯就一定帮他反击的人，被认为是正直；知心的朋友被侮辱就跟随着去报仇的人，被认为是忠贞。这种正直和忠贞的风气形成了，而君主的法令却被冒犯了。君主推崇这种忠贞正直的品行，却忽视了他们违犯法令的罪责，所以人们敢于逞勇犯禁，而官吏制止不住。对于不从事耕作就有吃有穿的人，说他有本事；对于没有军功就获得官爵的人，说他有才能。这种本事和才能养成了，就会导致国家兵力衰弱、土地荒芜了。君主赞赏这种本事和才能，却忘却兵弱地荒的祸害，结果谋私的行为就会得逞，而国家的利益就要落空。

儒家利用文献扰乱法纪，游侠使用武力违犯禁令，而君主却都要加以礼待，这就是国家混乱的根源。犯法的本该判罪，而那些儒生却靠着文章学说得到任用；犯禁的本该处罚，而那些游侠却靠着充当刺客得到豢养。所以，法令反对的，成了君主重用的；官吏处罚的，成了权贵豢养的。法令反对和君主重用，官吏处罚和权贵豢养，四者互相矛盾，而没有确立一定标准，即使有十个黄帝，也不能治好天下。所以，对于宣扬仁义的人不应当加以称赞，如果称赞了，就会妨害功业；对于从事文章学术的人不应当加以任用，如果任用了，就会破坏法治。楚国有个叫直躬的人，他的父亲偷了人家的羊，他便到令尹那儿告发，令尹说："杀掉他！"认为他对君主虽算正直而对父亲却属不孝，结果判了他死罪。由此看来，君主的忠臣倒成了父亲的逆子。鲁国有个人跟随君主去打仗，屡战屡逃，孔子向他询问原因，他说："我家中有年老的父亲，我死后就没人养活他了。"孔子认为这是孝子，便推举他做了官。由此看来，父亲的孝子恰恰是君主的叛臣。所以令尹杀了直躬，楚国的坏人坏事就没有人再向上告发了；孔子奖赏逃兵，鲁国人作战就要轻易地投降逃跑。君臣之间的利害得失是如此不同，而君主却既赞成谋求私利的行为，又想求得国家的繁荣富强，这是肯定没指望的。

古时候，仓颉创造文字，把围着自己绕圈子的叫作"私"，与"私"相悖的叫作"公"。公和私相反的道理，是仓颉就已经知道了的。现在还有人认为公私利益相同，这是犯了没有仔细考察的错误。那么，为个人打算的话，没有什么比修好仁义、熟悉学术的办法更好了。修好仁义就会得到君主信任，得到君主信任就可以做官；熟悉学术就可以成为高明的老师，成了高明的老师就会显荣。对个人来说，这是最美的事了。然而没有功劳的就能做官，没有爵位就能显荣，形成这样的政治局面，国家就一定陷入混乱，君主就一定面临危险了。所以，互不相容的事情，是不能并存的。杀敌有功的人本该受赏，却又崇尚仁爱慈惠的行为；攻城立功的人本该授予爵禄，却又信奉兼爱的学说；采用坚固的铠甲、锋利的兵器来防备战乱，却又提倡宽袍大带的服饰；国家富足靠农民，打击敌人靠士兵，却又看重从事于文章学术事业的儒生；不用那些尊君守法的人，而去收养游侠刺客之类的人。如此理政，要想使国家太平和强盛是不可能的。国家太平的时候收养儒生和游侠，危难来临的时候要用披坚执锐的士兵；国家给予利益的人并不是国家所要用的人，而国家所要用的人又得不到任何好处。结果从事耕战的人荒废了自己的事业，而游侠和儒生却一天天多了起来，这就是社会陷于混乱的原因所在。

况且社会上所说的贤，是指忠贞不欺的行为；所说的智，是指深奥玄妙的言辞。那些深奥玄妙的言辞，就连最聪明的人也难以理解。现在制定民众都得遵守的法令，却采用那些连最聪明的人也难以理解的言辞，那么民众就无从弄懂了。所以，连糟糠都吃不饱的人，是不会追求精美饭菜的；连粗布短衣都穿不上的人，是不会期望华丽衣衫的。治理社会事务，如果紧急的还没有办好，那么可从缓的就不必忙着去办。现在用来治理国家的政治措施，凡属民间习以为常的事，或普通人明知的道理不加采用，却去期求连最聪明的人都难以理解的说教，其结果只能是适得其反了。所以，那些深奥玄妙的言辞，并不是人民所需要的。至于推崇忠贞信义的品行，必将尊重那些诚实不欺的人；而诚实不欺的人，也没有什么使人不行欺诈的办法。平民之间彼此交往，没有大宗钱财可以互相利用，没有大权重势可以互相威胁，所以才要寻求诚实不欺的人。如今君主处于统治地位，拥有整个国家的财富，完全有条件掌握重赏严罚的权力，可以运用法术来观察和处理问题，那么即使有田常、子罕一类的臣子也是不敢行欺的，何必寻找那些诚实不欺的人呢？现今的忠贞信义之士不满十个，而国家需要的官吏却数以百计；如果一定要任用忠贞信义之士，那么合格的人就会不敷需要；合格的人不敷需要，那么能够把政事治理好的官就少，而会把政事搞乱的官就多了。所以明君的治国方法，在于专一实行法治，而不寻求有智的人；牢牢掌握使用官吏的权术，而不欣赏忠信的人。这样，法治就不会遭到破坏，而官吏们也不敢胡作非为了。

现在君主对于臣下的言论，喜欢悦耳动听而不管是否恰当；对于臣下的行事，仅欣赏他的名声而不责求做出成效。因此天下很多人说起话来总是花言巧语，却根本不切合实用，结果弄得称颂先王、高谈仁义的人充满朝廷，而政局仍不免于混乱；立身处世的人竞相标榜清高，不去为国家建功立业。结果有才智的人隐居山林，推辞俸禄而不接受，而兵力仍不免于削弱。兵力不免于削弱，政局不免于混乱，这究竟是怎么造成的呢？因为民众所称赞的，君主所优待的，都是些使国家混乱的做法。现在全国的民众都在谈论如何治国，每家每户都藏有商鞅和管仲的法典，国家却越来越穷，原因就在于空谈耕作的人太多，而真正拿起农具种地的人太少。全国的民众都在谈论如何打仗，每家每户都藏有孙子和吴起的兵书，国家的兵力却越来越弱，原因就在于空谈打仗的人太多，而真正穿起铠甲上阵的人太少。所以明君只使用民众的力量，不听信高谈阔论；奖赏人们的功劳，坚决禁止那些无用的言行。这样民众就会拼命为君主出力。耕种是需要花费气力吃苦耐劳的事情，而民众却愿意去干，因为他们认为可以由此得到富足。打仗是十分危险的事情，而民众却愿意去干，因为他们认为可以由此获得显贵。如今只要擅长文章学术，能说会道，无须有耕种的劳苦就可以获得富足的实惠，无须冒打仗的危险便可以得到尊贵的官爵，那么人们谁不乐意这样干呢？结果就出现了一百个人从事于智力活动，却只有一个人致力于耕战事业的状况。从事于智力活动的人多了，法治就要遭到破坏；致力于耕战事业的人少了，国家就会变得贫穷。这就是社会所以混乱的原因。

因此，在明君的国家里，不用有关学术的文献典籍，而以法令为教本；禁绝先王的言论，而以官吏为老师；没有游侠刺客的凶悍，而只以杀敌立功为勇敢。这样，国内民众的一切言论都必须遵循法令，一切行动都必须归于为国立功，一切勇力都必须用到从军打仗上。正因为如此，太平时期国家就富足，战争时期兵力就强盛，这便奠定了称王天下的资本。既拥有称王天下的资本，又善于利用敌国的弱点，建立超过五帝、赶上三王的功业，一定得采用这种办法。

现在却不是这样。儒士、游侠在国内恣意妄为，纵横家在国外大造声势。内外形势尽行恶化，就这样来对付强敌，不是太危险了吗！所以，那些谈论外交问题的臣子们，不是属于合纵或连横中的哪一派，就是怀有借国家力量来报私仇的隐衷。所谓合纵，就是联合众多弱小国家去攻打一个强大国家；所谓连横，就是依附于一个强国去攻打其他弱国。这都不是保全国家的好办法。现在那些主张连横的臣子都说："不依附大国，一遇强敌就得遭殃。"侍奉大国不一定有什么实际效应，倒必须先献出本国地图，呈上政府玺印，这样才得以请求军事援助。献出地图，本国的版域就缩小了；呈上玺印，君主的声望就降低了。版域缩小，国家就削弱了；声望降低，政治上就混乱了。侍奉大国实行连横，还来不及看到什么好处，却已丧失了国土，搞乱了政治。那些主张合纵的臣子都说："不救援小国去进攻大国，就失去了各国的信任。失去了各国的信任，国家就面临危险；国家面临危险，君主地位就降低了。"援救小国不一定有什么实惠可言，倒要起兵去和大国为敌。援救小国未必能使它保存下来，而进攻大国未必就不失误；一有失误，就要被大国控制了。出兵的话，军队就要吃败仗；退守的话，城池就会被攻破。援救小国实行合纵，还来不及看到什么好处，却已使国土被侵吞，军队吃败仗。所以，侍奉强国，只能使那些搞连横的人凭借外国势力在国内捞取高官；援救小国，只能使那些搞合纵的人凭借国内势力从国外得到好处。国家利益没有确立起来，而臣下倒先把封地和厚禄都弄到手了；尽管君主地位降低了，而臣下反而抬高了；尽管国家土地削减了，而私家却变富了。事情如能成功，纵横家们就会依仗权势长期受到重用；事情失败的话，纵横家们就会凭借富有引退回家享福。君主如果听信臣下的游说，事情还没办成就已给了他们很高的爵位俸禄，事情失败得不到处罚，那么，那些游说之士谁不愿意用猎取名利的言辞不断去进行投机活动呢？所以国破君亡局面的出现，都是因为听信了纵横家的花言巧语造成的。这是什么缘故呢？这是因为君主分不清公私利益，不考察言论是否正确。事败之后也没有坚决地实行处罚。纵横家们都说："进行外交活动，收效大的可以统一天下，收效小的也可以保证安全。"所谓统一天下，指的是能够打败别国；所谓保证安全，指的是本国不受侵犯。兵强就能打败别国，国安就不可能被人侵犯。而国家的强盛和安定并不能通过外交活动取得，只能靠搞好内政。现在不在国内推行法术，却要一心在外交上动脑筋。就必然达不到国家安定富强的目的了。

乡间谚语说："长袖善舞，多钱善贾。"这就是说，物质条件越好越容易取得功效。所以国家安定强盛，谋事就容易成功；国家衰弱混乱，计策就难以实现。所以用于秦国的计谋，即使改变十次也很少失败；用于燕国的计谋，即使改变一次也很难成功。这并不是被秦国任用的人智慧必高，被燕国任用的人脑子必笨，而是因为这两个国家的治乱条件大不相同。所以西周背弃秦国参与合纵，只一年工夫就被吞并了；卫国背离魏国参与连横，仅半年工夫就被消灭了。这就是说合纵灭了西周，连横亡了卫国。假使西周和卫国不急于听从合纵连横的计谋，而将国内政治严加整顿，明定法律禁令，信守赏罚制度，努力开发土地来增加积累，使民众拼死去坚守城池，那么，别的国家夺得他们的土地吧，好处不多，而进攻这个国家吧，伤亡很大。拥有万乘兵车的大国不敢自我拖累在坚城之下，从而促使强敌自己去衡量其中的害处，这才是保证本国必然不会灭亡的办法。丢掉这种必然不会亡国的办法，却去搞势必会招致亡国的事情，这是治理国家的人的过错。外交努力陷于困境，内政建设陷于混乱，那么国家的灭亡就无法挽救了。

人们的习惯想法，都是追求安逸和私利而避开危险和穷苦。如果让他们去打仗，前进会被敌人杀死，后退要受军法处置，就处于危险之中了。放弃个人的家业，承受作战的劳苦，家里有困难而君主不予过问，就置于穷困之中了。穷困和危险交加，民众怎能不逃避呢？所以他们投靠私门贵族，求得免除兵役，兵役免除了就可以远离战争，远离战争也就可以得到安全了。用钱财贿赂当权者就可以达到个人欲望，欲望一旦达到也就得到了实际利益。平安有利的事情明摆在那里，民众怎能不去追求呢？这样一来，为公出力的人就少了，而依附私门的人就多了。

明君治理国家的政策，总是要使工商业者和游手好闲的人尽量减少，而且名位卑下，以免从事农耕的人少而致力于工商业的人多。现在社会上向君主亲近的侍臣行贿托情的风气很流行，这样官爵就可以用钱买到；官爵可以用钱买到，那么工商业者的地位就不会低贱了。投机取巧非法获利的活动可以在市场上通行，那么商人就不会少了。他们搜刮到的财富超过了农民收入的几倍，他们获得的尊贵地位也远远超过从事耕战的人，结果刚正不阿的人就越来越少，而经营商业的人就越来越多。

因此，造成国家混乱的风气是：那些著书立说的人，称引先王之道来宣扬仁义道德；讲究仪容服饰而文饰巧辩言辞，用以扰乱当今的法令，从而动摇君主的决心。那些纵横家们，弄虚作假，招摇撞骗，借助于国外势力来达到私人目的，进而放弃了国家利益。那些游侠刺客，聚集党徒，标榜气节，以图显身扬名，结果触犯国家禁令。那些逃避兵役的人，大批依附权臣贵族，肆意行贿，而借助于重臣的请托，逃避从军作战的劳苦。那些工商业者，制造粗劣器具，积累奢侈资财，囤积居奇，待机出售，希图从农民身上牟取暴利。上述这五种人，都是国家的蛀虫。君主如果不除掉这五种像蛀虫一样的人，不广罗刚直不阿的人，那么，天下即使出现破败沦亡的国家，地削名除的朝廷，也不足为怪了。

法家卷

李斯是法家

——毛泽东品《谏逐客书》

李斯（？—前208），战国时代楚国上蔡（今河南上蔡）人。出身于一个普通百姓家庭。据传，小时候李斯发现他家厕所的老鼠非常怕人，而粮仓里的老鼠胆子却很大。究其原因，在于它们各自所处的环境所造成的，因此，李斯下决心为改变自己的地位而奋斗。

李斯后来为秦相，在建立统一的中央集权的封建国家中立下不世之功。先秦诸子多以著书立说创立学派留传后世，独李斯是法家学派的实践家，成就伟业，不同凡响。思想学术方面，除几段碑文，就是那篇千古留名的《谏逐客书》。

思想上属于荀子一派

李斯少时与韩非"从荀卿（况）学帝王之术"。在战国后期，所谓"帝王之术"即侯国封君的统治术、驾驭术，它还不单是法家的"刑名之学"。儒、道、法、墨、兵各家学说，均含"帝王之术"。不过随着封建兼并战争的扩大和统一局面的逐步形成，"帝王之术"中较多地吸收了法家的中央集权思想。荀卿本来就不是纯儒，他的学生李斯和韩非更是易儒入法，甚至是弃儒行法。

李斯师事荀卿学业有成后，征求老师意见，选择了入秦实现自己政治抱负的道路。

李斯对荀子说：身处卑贱地位而不打算积极进取，就像禽兽看着肉而不去吃，却装出人样子勉强走开一样罢了。其功利之心跃然纸上。

"良禽择木而栖，良臣择君而仕。"公元前247年，李斯别楚，千里迢迢西投秦国。时秦庄襄王刚去世，太子嬴政（即后来的秦始皇）十三岁即位称秦王。秦王尊吕不韦为相国，吕不韦招致宾客，将新来的李斯纳为舍人。这为李斯接近秦王创造了机会。

李斯向秦王献计："灭诸侯，成帝业，为天下一统。"这正符合秦王一统天下的雄心。秦王先后拜李斯为长史、客卿，听从并采纳他的建议，对他很信任。

从李斯就学于荀卿，到他在秦国初步展示政治才能，可以看清他由儒入法的思想轨迹。

在1964年8月30日的一次谈话中，毛泽东评论李斯思想的学派属性说：

> 李斯是拥护秦始皇的，思想上属于荀子一派，主张法后王。后王就是齐桓公、晋文公，秦始皇也算。〔陈晋：《毛泽东之魂》（修订本），中央文献出版社1997年版，第285页〕

人们习惯上将荀子当作儒家学派的一位代表人物。实际上，荀子的学说跟儒家正统的孔孟学说有很大距离和差异，甚至是根本分歧。孔子重"仁"，孟子重"义"，荀子重"礼"；孔孟主张"法先王"，荀子主张"法后王"。特别是荀子思想中"援法入礼"，改造儒学，对法家的学说吸收较多，提倡儒法兼济，他的学生大多成为法家人物，李斯、韩非子是两大典型。

在毛泽东眼中，荀子、李斯所法的"后王"，首先是齐桓公、晋文公这些"春秋五霸"的代表人物，他们虽然还打着"尊王攘夷"的旗帜，但是实际上他们打破了西周以来"周礼"的传统秩序和"崇礼尚仁"的思想禁区，已经在旧秩序中推出新体制，在旧意识中开辟出新思想，迫使进一步"君权下移""礼崩乐坏"，这最终为秦大一统铺平了道路。荀、李"法后王"还包括秦始皇，这实际上是承认现实神圣，也就是法家李斯"拥护秦始皇"的统一大业，参与统一大业的创建。

李斯政治上"拥护秦始皇"，思想上"属于荀子一派"。这后一点不是说李斯的思想属于儒家，而是属于援法入儒、易儒为法的一派；李斯的"法后王"与孟子的"法先王"的对立，表明李斯在秦国成为政治家以后，他的思想已经纳入法家的轨道。他帮助秦始皇焚书坑儒，毁坏儒家的经典《诗经》与《书经》，杀戮传播儒学的儒生，则已经走到崇法反儒的道路上去了，也就是彻底与儒家分道扬镳了。

《谏逐客书》有很大的说服力

李斯对强秦完成一统天下大业，最突出的贡献之一是他劝阻"逐客"获得成功。

秦王政十年（前237），与秦国东邻的韩国派了一个名叫郑国的间谍，是位水利专家，入秦后竭力建议在关中修一条长达三百里的灌溉渠。这件事看似为秦国着想，而本意是想让秦国把人力、物力投入到这一大型水利工程上，拖住秦国，使其无力出兵东伐，根本上是替韩国着想。这条渠称为"郑国渠"，也叫"郑渠"。修成后，事情的内幕被秦人察觉，秦国的宗室大臣们借此上言秦王。说凡入秦做事的外国人，都是为他本国的利益打算，不会真心为秦国效力，要求把他们驱逐出境。秦王接受了这个建议，下令逐客。李斯也在被逐之列。于是上《谏逐客书》加以劝阻：

> 臣闻吏议逐客，窃以为过矣。
> 昔缪公求士，西取由余于戎，东得百里奚于宛，迎蹇叔于宋，求丕豹、公孙支于晋。此五子者，不产于秦，而缪公用之，并国二十，遂霸西戎。孝公用商鞅之法，移风易俗，民以殷盛，国以富强，百姓乐用，诸侯亲服，获楚魏之师，举地千里，至今治强。惠王用张仪之计，拔三川之地，西并巴蜀，北收上郡，南取汉中，包九夷，制鄢郢，东据成皋之险，割膏腴之壤，遂散六国之从，使之西面事秦，功施到今。昭王得范雎，废穰侯，逐华阳，强公室，杜私门，蚕食诸侯，使秦成帝业。此四君者，皆以客之功。由此观之，客何负于秦哉？向使四君却客而不内，疏士而不用，是使国无富利之实，而秦无强大之名也。……今逐客以资敌国，损民以益仇，内自虚而外树怨于诸侯，求国无危，不可得也。

《谏逐客书》（译文见后面）首先历数秦自穆公（春秋五霸之一）以来，四代国君都是大量招揽和使用客卿所取得的成就。他列举了百里奚、商鞅、张仪、范雎等外来的人物担任丞相等要职，这些人真心实意为秦国建功立业，为秦国的富强做出了重大的贡献。足见用人唯才，不必限于本土。如果对外来者一概排斥不用，必将被其他国家收用，其结果必然不利于秦。文中还列举种种器物玩好，虽不产于秦，而秦用之，以其与异国人才相比；晓之以理，说之以利害，指出下令逐客无异于"以资敌国，损民以益仇"，这种做法是不可取的。秦王看后马上撤销了"逐客令"，并恢复了李斯的职务。

对李斯这篇文章，毛泽东给予了较高的评价。1959年年底至1960年年初，当时毛泽东正在读苏联《政治经济学（教科书）》，他谈到了这篇文章，说：

> 李斯的《谏逐客书》，有很大的说服力。那时候各国的关系，看起来是领主和农奴的关系，每个家庭都有自己的战车、武士，一个国家不统一。〔陈晋：《毛泽东之魂》（修订本），中央文献出版社1997年版，第285页；《党的文献》1994年第5期〕

《谏逐客书》是李斯上给秦王的奏章，实际是一篇说理极强的文字。这篇奏章，最大的特点是揭露秦王使物用人这两者之间的矛盾，从而暴露出"逐客"之非，揭示出"用客"之是。"逐客"是一种短视、浅视和近视，是顾小利而忘大局的蠢事。"逐客"主张是秦国上层贵族集团为了狭隘的一己之私，而李斯"用客"的出发点却是为秦国大局大业考虑的。

此书文采富丽，议论风生；就事论理，理直气壮；排比铺陈，环环相扣，如"风回三峡，河出潼关"。以无可争辩的事实，以不容置疑的道理，说服了秦王，使其收回成命，废掉了"逐客令"。

所以，毛泽东赞扬这篇文章"有很大的说服力"，并指出那时各诸侯国各自为政，关系复杂，各家都有武士战车，统一的程度很低。显然，这是提出反证明，从而肯定李斯加强封建专制的中央集权统治的主张。

李斯《谏逐客书》留客、信客和用客主张的价值，在于为秦国统一大业准备了领导骨干、人才队伍和"智囊团"，也就是招揽天下英才，削弱诸侯各国实力，奠定秦国统一天下的组织基础。

据学者薛泽石研究：毛泽东对李斯《谏逐客书》深深领会，并发扬光大，将其应用于中国革命实践。在解放战争中，我军吸收改造一百七十万国民党军队，对傅作义、程潜等一大批起义、投诚的国民党高级将领予以重用，吸纳了一大批爱国民主人士和文化精英。平津战役后，毛泽东还特意把解放军俘虏的国民党士兵送到绥远去，目的是让这些人参加绥远起义，使他们以后一律享受起义人员待遇，由此可见毛泽东的宽广胸怀和用人雅量。（薛泽石：《跟毛泽东学史》，红旗出版社 2000 年版，第 219—222 页）

李斯拥护秦始皇

后来，由于辅佐秦始皇统一中国立下了汗马功劳，李斯升任为丞相。

秦王重用李斯，主张废分封，设郡县；以法为教，以吏为师；禁私学，倡官学，均得采纳。完成了政治体制的改革，使封建中央集权制更臻完善，终于实现了"并天下"的目标，统一了全国。

另外，李斯还建议以小篆为标准，整理六国文字，统一文字书写，从思想领域保证大秦帝国的长治久安。

秦始皇二十六年天下大定。二十八年，始皇始东巡郡县，群臣乃相与诵其功德，刻于金石，以垂后世。其辞亦李斯所为，今尚有流传，质而能壮，实汉晋碑铭所从出也。如《泰山刻石文》：

> 皇帝临位，作制明法，臣下修饬。二十有六年，初并天下，罔不宾服。亲巡远方黎民，登兹泰山，周览东极。从臣思迹，本原事业，只诵功德。治道运行，诸产得宜，皆有法式。大义休明，垂于后世，顺承勿革。皇帝躬圣，既平天下，不懈于治。……昭隔内外，靡不清净，施于后嗣。化及无穷，遵奉遗诏，永承重戒。

类似刻石文字，多出李斯手笔，其价值都在于为秦始皇扬威海内，镇服天下，使秦王朝长治久安，寰宇太平。

秦始皇死，出于既得利益，李斯顺从赵高谋划，伪作诏书，逼死始皇太子扶苏和大将蒙恬，立胡亥为皇帝，史称"秦二世"。

赵高、胡亥篡权。李斯屈从，铸成大错。秦二世二年（公元前 208 年），因赵高诬李斯"谋反"，被"腰斩咸阳市"，并夷三族。

李斯一生功绩在实践法家学说，助秦完成统一大业。

1965 年 6 月 13 日，毛泽东在接见越南胡志明主席的谈话中，从政治和学术两方面评价李斯说：

> 秦始皇用李斯，李斯是法家，是荀子的学生。〔陈晋：《毛泽东之魂》（修订本），中央文献出版社 1997 年版，第 285 页〕

秦始皇统一全国后实行的一系列政策，大多出自李斯的主张，李斯不但是策划者，而且也是执行者。他从老师荀子那里学到的本事，全都运用到辅助秦始皇统一天下的实践当中去了。

司马迁评价李斯，也是着眼于其在秦统一大业中的作用：

> 能明其画，因时推秦，遂得意于海内，斯为谋首。作李斯列传第二十七。(《史记·太史公自序》)

秦一统天下，李斯为"谋首"。这就是他的历史地位。

秦始皇用李斯，而法家是办实事的。这是毛泽东推崇李斯的一个重要原因。

1968 年 10 月 31 日，在扩大的中共八届十二中全会闭幕会上的讲话中，毛泽东说：

> 在范老的书上，对于法家是给了地位的。就是申不害、韩非这一派，还有商鞅、李斯、荀卿传下来的。〔陈晋：《毛泽东之魂》(修订本)，中央文献出版社 1997 年版，第 292—293 页〕

"范老的书"指范文澜先生的史著《中国通史简编》，是范老早在延安时期就动笔的著名作品。书中对法家作专节介绍评论，给予了地位。毛泽东论述法家学派，把李斯纳入其中，可见对其十分看重。李斯虽然没有系统著作，没有思想体系，但是他有实践法家学说的辉煌业绩，亦名垂竹帛，彪炳青史。

读大字本《谏逐客书》

李斯的《谏逐客书》是千古名篇，清初文人把它编入《古文观止》。20 世纪 70 年代初，有关部门遵照毛泽东的嘱咐将它印成大字本，并由专家作了详细注释。(盛巽昌：《毛泽东眼中的历史人物》，上海辞书出版社 2005 年版，第 74 页)

鲁迅论秦朝文学，唯独推重《谏逐客书》：

法家大抵少文采，惟李斯奏议，尚有华辞，如上书《谏逐客》云：……《汉书》《艺文志》著秦时杂赋九篇;《礼乐志》云周有《房中乐》，至秦名曰《寿人》，今亦俱佚。故由现存者而言，秦之文章，李斯一人而已。（鲁迅:《汉文学史纲要》第五篇《李斯》）

　　秦朝存世文学作品极少，这也许因为秦统一前不重视文教，统一后只存在了十五年，所以"秦之文章"，论作家只李斯一人而已；论作品，只《谏逐客书》一篇而已。

　　毛泽东不嫌其少，只爱其精，赞其"有很大的说服力"，以至晚年读其大字本而不休。

附:

《谏逐客书》译文

[原文]

臣闻吏议逐客，窃以为过矣。

昔缪公求士，西取由余于戎，东得百里奚于宛，迎蹇叔于宋，求丕豹、公孙支于晋。此五子者，不产于秦，而缪公用之，并国二十，遂霸西戎。孝公用商鞅之法，移风易俗，民以殷盛，国以富强，百姓乐用，诸侯亲服，获楚、魏之师，举地千里，至今治强。惠王用张仪之计，拔三川之地，西并巴、蜀，北收上郡，南取汉中，包九夷，制鄢、郢，东据成皋之险，割膏腴之壤；遂散六国之从，使之西面事秦，功施到今。昭王得范雎，废穰侯，逐华阳，强公室，杜私门，蚕食诸侯，使秦成帝业。此四君者，皆以客之功。由此观之，客何负于秦哉！向使四君却客而不内，疏士而不用，是使国无富利之实，而秦无强大之名也。

今陛下致昆山之玉，有随、和之宝，垂明月之珠，服太阿之剑，乘纤离之马，建翠凤之旗，树灵鼍之鼓。此数宝者，秦不生一焉，而陛下说之，何也？必秦国之所生然后可，则是夜光之璧，不饰朝廷；犀、象之器，不为玩好；郑、卫之女，不充后宫；而骏良駃騠，不实外厩；江南金锡不为用，西蜀丹青不为采。所以饰后宫、充下陈、娱心意、说耳目者，必出于秦然后可，则是宛珠之簪、傅玑之珥、阿缟之衣、锦绣之饰不进于前；而随俗雅化、佳冶窈窕，赵女不立于侧也。夫击瓮叩缶，弹筝搏髀，而歌呼呜呜，快耳者，真秦之声也。郑、卫桑间，《韶虞》《武象》者，异国之乐也。今弃击瓮叩缶而就郑卫，退弹筝而取《韶虞》，若是者何也？快意当前，适观而已矣。今取人则不然：不问可否，不论曲直，非秦者去，为客者逐。然则是所重者，在乎色乐珠玉，而所轻者，在乎人民也。此非所以跨海内，制诸侯之术也。

臣闻地广者粟多，国大者人众，兵强则士勇。是以太山不让土壤，故能成其大；江河不择细流，故能就其深；王者不却众庶，故能明其德。是以地无四方，民无异国，四时充美，鬼神降福：此五帝三王之所以无敌也。今乃弃黔首以资敌国，却宾客以业诸侯，使天下之士退而不敢西向，裹足不入秦，此所谓"借寇兵而赍盗粮"者也。

夫物不产于秦，可宝者多；士不产于秦，而愿忠者众。今逐客以资敌国，损民以益仇，内自虚而外树怨于诸侯，求国无危，不可得也。

［译文］

我听说官吏们建议赶走客籍人，私下认为这样做是错误的。

从前，穆公访求贤才，西边从戎族那里选拔了由余，东面从楚国的宛县得到了百里奚，从宋国迎来了蹇叔，从晋国请来了丕豹和公孙支。这五个人，不出生在秦国，可是穆公重用他们，因而吞并了二十个小国，于是称霸西戎。孝公采用商鞅变法的主张，移风易俗，百姓因此兴旺富足，国家因此繁荣富强，百姓都乐意为国出力，各国都对秦国亲善归服，战胜了楚魏的军队，占领了上千里的土地，使得国家至今还保持安定强盛。惠王采用张仪的计策，攻取了三川一带，向西并吞了巴、蜀，向北收得了上郡，向南夺取了汉中，拿下了九夷的土地，控制着楚国的鄢、郢，向东占据了成皋的天险，取得了大片肥沃的土地，从而拆散了六国的合纵联盟，迫使他们面向西方奉事秦国，功效一直延续到今天。昭王得到范雎，罢黜穰侯，放逐华阳君，加强王室的权力，限制豪门贵族，蚕食各国的疆土，帮助秦国完成了帝王的基业。这四位君主，都是凭借着客的功劳。从这些事例看来，客有什么对不起秦国的呢？假使当时四位君主拒绝客籍人不肯接纳，疏远人才不肯任用，那就使国家不会收到富足的效果，秦国也不会有强大的名声了。

如今陛下弄来了昆山的宝玉，有了随侯珠、和氏璧，悬挂着光如明月的珍珠，佩带着太阿宝剑，乘着名叫纤离的骏马，竖立着用翠凤做装饰的彩旗，安放着鳄鱼皮蒙的大鼓。这几种宝物，秦国一种也不能出产，可是陛下却非常喜爱它们，这是为什么呢？一定要秦国土生土长的才能用，那么，夜光的珍珠不该装饰朝廷，犀角象牙的器具不该做玩赏的东西，郑卫两国的美女不该住满后官，驮骥骏马不该关满外面的马栏，江南地区的铜锡不该用作器物，西蜀一带的丹青不该用作彩饰。凡是装饰后官，充满庭堂，娱乐心意，悦人耳目的东西，一定要生产在秦国的才可用。那么，嵌着琬珠的簪子，镶着小珠的耳环，东阿丝绸的衣服，锦绣的边饰，就不该进呈到您的面前。还有那些打扮时兴、姿态优雅、妖艳苗条的赵国姑娘就不该站立在您的身边。敲打着瓦瓮瓦钵，弹着竹筝，拍着大腿，哇哇地歌唱呼喊，让耳目感到快乐，这才真是秦国的音乐。郑国、卫国的民间歌曲，舜的《韶虞》，周的《武象》，这些都是外国的音乐，如今抛弃敲打瓦器而欣赏郑卫的音乐，撤走竹筝而选择《韶虞》的乐曲，这样做是为什么呢？为了眼前的称心快意、适合观赏罢了。如今用人却不肯这样做，不问适宜不适宜，不论正确不正确，只要不是秦国人就要他离开，只要是客籍人就赶走。那么，这就说明，您所重视的是女色、音乐、珍珠、宝玉，而所轻视的则是人才了。这可不是什么统一天下、制伏诸侯的策略啊。

我听说，土地广的粮食就丰富，国家大的人口就众多，武器精良，兵士就勇敢。因此，泰山不拒绝土壤，所以能够形成它的高大，河海不挑剔细流，所以能够形成它的深广，帝王不排斥百姓，所以能够光大他的道德事业。因此说，地不分东西南北，民不分本国外籍，能够四季都富庶美好，鬼神都来保佑。这是五帝三王无敌于天下的根本原因。如今您却抛弃百姓去资助敌国，驱逐客籍人去辅助诸侯成就功业。这就使得天下有才能的人都退缩畏惧，不敢向西，停住脚步，不进入秦国。这种做法就叫作给敌寇武器、送给强盗粮食啊。

物资不出产在秦国，其中值得珍贵的很多；贤士不出生在秦国，其中愿意给秦国效忠的不少。如今驱逐客籍人去帮助敌国，损害百姓去增加对手的力量，使得内部空虚，外部在诸侯各国树立仇怨，想求得国家没有危险，是办不到的啊！

法家
卷

荀子的人定胜天

——毛泽东品《荀子》

荀子（约前 313—前 238 年），名况，字卿，汉人避宣帝刘询讳，改称孙卿。赵国人。战国时代著名的学者和政论家，杰出的唯物主义思想家，是儒家学派中颇有影响的人物。时人尊称他为荀卿。

荀况曾周游齐、赵、秦、楚等国。《史记·孟子荀卿列传》言荀卿"年五十始来游学于齐"，其时"田骈之属皆已死。齐襄王时，而荀卿最为老师。齐尚修列大夫之缺，而荀卿三为祭酒焉"。"祭酒"即学宫之长，是齐稷下学宫的最高职位。后受齐人之逸，荀卿离齐去楚。

楚国春申君以其为兰陵令。后来，有人言于春申君曰："汤以七十里，文王以百里。孙卿贤者也，今与之百里地，楚其危乎？"（刘向：《孙卿书书录》）似乎荀卿可能取楚而代之。既辞，荀卿乃去而之赵。

赵以为上客，曾与临武君议兵于赵孝成王前。（《荀子·议兵》）其间又曾应聘入秦，见秦昭王及应侯范雎等（《荀子·儒效·强国》），亦曾见齐相田文。

而后，又有人言于春申君曰："伊尹去夏入殷，殷王而夏亡；管仲去鲁入齐，鲁弱而齐强。故贤者所在，君尊国安。今孙卿天下贤人，所去之国，其不安乎！"（《孙卿书书录》）春申君复固请荀卿，又为兰陵令。及春申君死，荀况亦废，因家于兰陵。终不得志，晚年从事著作。死后葬在兰陵。

荀子到各诸侯国实地考察，赞扬各国实行的富国强兵政策。他到秦国，尤其称赞秦国的政治和军事制度带来实际变化。他认为孟子等儒家的政治学说很陈腐，并进行了激烈抨击。

荀子是孔子、孟子之后最著名的儒学大师。他学问渊博，重视实证，继承和发展了儒家学说。

荀卿一生，出仕，位置不显，仅为兰陵令；治学，三为齐国学宫之长；弟子，知名者有韩非、李斯、浮丘伯等人；著述，著《荀子》一书，现存三十二篇。

《荀子》一书立足儒家，汲取道、墨、名、法诸家之长。基本思想属于儒家，但倾向法治。《荀子》主要篇章为荀况所亲撰，其中《大略》《宥坐》等最后六篇，或系门人弟子所记，内容总结和发展了先秦哲学思想。《荀子》一书，阐述政治思想的，有《王霸》《王制》《正论》《强国》《仲尼》《儒效》《君子》等。阐述经济思想的，有《富国》；阐述军事思想的，有《议兵》；阐述教育思想的，有《劝学》；阐述用人思想的，有《君道》《致士》等；阐述伦理道德思想的，有《性恶》《礼论》《乐论》《荣辱》《修身》《不苟》等；阐述自然观的，主要有《天论》；阐述认识论的，有《解蔽》；阐述逻辑思想的，有《正名》；《非十二子》是对先秦各学派一个批判性的总结；《成相》以民间文学形式宣传为君、治国之道；《赋》包括五篇短赋，是一种散文的赋体；还有两篇诗歌，它们在文学史上有一定地位。

在政治思想方面，荀况继承儒家"礼治"的思想，主张"隆礼""重法"，提倡"正名"，"治之经，礼与刑，君子以修，百姓宁"（《荀子·成相》）。主张礼法结合，强调用礼义教化来维护封建等级制度。建立"天下为一"的中央集权国家。他发展儒家"德治""仁政"思想，提出"平政爱民"（《荀子·王制》）、"节用裕民"（《荀子·富国》）。

荀子在尖锐的阶级斗争中，认识到人民力量的强大，他把君主和人民的关系譬喻为"舟"与"水"的关系。他说："君者，舟也；庶人者，水也。水则载舟，水则覆舟。"这一观点对后代的政治思想有很大的影响，成为有作为的帝王和政治家的座右铭。

同时他又主张"性恶论"，强调"王霸"并用，礼法结合。荀子认为"人之性恶，其善者伪也"（《荀子·性恶》），"饥而欲饱，寒而欲暖，劳而欲休"，乃人之本性。有欲必有争，争必乱，故须加强后天教育，用礼义、法度改造和约束人性。

荀子的历史观比较现实，提倡"法后王"，赞扬推行法治的秦国："威强乎汤武，广大乎舜禹。"（《荀子·强国》）

荀子是我国先秦时期集大成的唯物主义思想家，其哲学思想和政治思想对我国封建社会具有深远影响。《史记》将孟子、荀子合传，认为他们都是孔子的主要继承者。章太炎赞荀子"学过孔子"(《訄书·订孔》)。

荀子是儒家的左派

1965 年 6 月 13 日，毛泽东在接见越南胡志明主席的谈话中，他把这个观点表述得更为明确，他说：

> "孔孟是唯心主义，荀子是唯物主义，是儒家的左派。孔子代表奴隶主、贵族。荀子代表地主阶级。"又说："秦始皇用李斯，李斯是法家，是荀子的学生。"〔陈晋：《毛泽东之魂》(修订本)，中央文献出版社 1997 年版，第 285 页〕

历来，人们把先秦的孔子、孟子、荀子看成是儒学的三位大师。前后传承，并不分派。但是毛泽东把儒家分为左派、右派，这显然是他用现代政治术语对儒家内部学派所做的区分。如果说，孔夫子是儒学的开山鼻祖，是儒家学派的创立者，他本人本不该分在左派或右派。可是毛泽东却无形中把他与孟子都划在了儒家的右派，那么，荀子就是"儒家的左派"了。

儒家左派的特征是：唯物主义，代表地主阶级。左派的学生李斯变易为法家，受到秦始皇的信用。

儒家右派的特征是：唯心主义，代表奴隶主、贵族。(还可能暗含一点：右派周游列国，不被各国执政者信任)

毛泽东从哲学的角度，从阶级立场的角度，从在现实社会实践中是否起作用的角度，对孔、孟和荀子思想作了区分。

荀子是"儒家左派"，是因为其倡导唯物主义。在认识论上，荀子肯定有物质的形体才产生精神，提出"形具而神生"的命题。认为世界可以认识，"凡以知，人之性也；可以知，物之理也"(《荀子·解蔽》)。认识通过"天官"(感官)接触外界事物，再由"天君"(心)进行"征知"的思维活动而形成。反对认识的片面性和主观性，提出"虚壹而静"以"解蔽"的认识方法。在"知"和"行"的关系上，认为"行"高于"知"，"知之不若行之，学至于行而止矣"(《荀子·儒效》)。在"名"和"实"的关系上，提出"制名以指实"的命题，对逻辑思想的发展做出了贡献。而儒家的右派在认识论上则是推崇唯心主义。

荀子是"儒家左派"，是因为其代表地主阶级。这个结论的前提，是判断我国春秋战国之际是奴隶制向封建制转化，是地主阶级取代奴隶主阶级登上历史舞台。在奴隶制与封建制的历史分期上，毛泽东赞成郭沫若的意见，以春秋战国为界。荀况之儒与孟轲之儒在政治思想上的主张有同有不同。尊王道，举贤能，与孟子同；兼称霸力，法后王，与孟子异。荀况主张"王公士大夫之子孙，不能属于礼义，则归之庶人"，反之，亦可"归之卿相士大夫"（《王制》），他虽然也说"诛暴国之君，若诛独夫"，但不承认汤武取天下，因为天下归之，不承认桀纣有天下，因为天下去之。所以说"桀纣无天下，而汤武不弑君"（《正论》），全从人民的向背看问题。这些提法，有打击三王、剥夺旧贵族特权之意，比孟子的议论前进了一步，可说是代表新兴地主阶级的利益，反映当时人民的要求。

荀子是"儒家左派"，还因为他的学生成为法家，受到以"霸道"统一天下的秦始皇的重用。本书在韩非和李斯各篇，已经讲到：韩非和李斯是荀况最出名的两个学生，一个是法家理论的集大成者，一个是实践法家理论最有成果者。毛泽东说荀子的学生李斯从儒家的左派而变为法家，很合乎逻辑。因为荀子学说中汲取了法家的成分，李斯在实践上又体现了法家的精神，是支持、参与和"拥护秦始皇"统一事业的。

论及儒家，向以孔、孟、荀并称，他们齐名于世，其学术实力与成就，亦可谓旗鼓相当，势均力敌。然而，一些学者以儒学为旨归，以"醇儒"相标榜，则往往扬孔、孟而抑荀子。孔子为儒圣，孟子为"亚圣"，自当为"醇儒"，而荀子则"大醇而小疵"。韩愈列儒之"道统"，由尧、舜、禹、汤、文、武、周公、孔子，"孔子传之孟轲，轲之死，不得其传焉"；而荀况、扬雄，则"择焉而不精，语焉而不详"（《原道》）。至宋儒，更以荀学有失儒之"大本"，甚至说"荀卿则全是申、韩"（《朱子语类辑略》卷八）。"是源头已错，末流无一是处。"（明胡居正语，见熊赐履《学统》卷四十三）故于传统儒学之中，孔、孟与荀子之差，似有天壤之别。

其实毛泽东虽然认为荀子是"左派"，但本质上还是儒家。荀况的思想体系还是在儒家思想框架之内，可是他为了适应战国中晚期的社会需求，在儒家与法家的思想之间建立起一定的联系。如主张"性恶论"，开创了援法入儒的先例。荀子所说的"性恶"主要是"权利之恶"而非"权力之恶"，因此其理论正适合了君主统御民众的需要。自从荀子援法入儒之后，历史发展到汉代，中国封建政治的一个基本特征便形成了，这就是"外儒内法"或者"阳儒阴法"。

荀子一派主张法后王

1958 年 11 月 10 日，毛泽东在第一次郑州会议上，详细地谈了自己对商纣王、秦始皇和曹操等三位历史人物的评价。他说："把商纣王、秦始皇、曹操看作坏人是错误的。"

谈到秦始皇"焚书坑儒"，其中讲到孟子的"法先王"与荀子的"法后王"，毛泽东说：

孟子主张"法先王"，所以孟子一派的书是"以古非今"的。而荀子一派则相反，主张"法后王"，推行法家一派的学说。秦始皇是主张"法后王"。所以他并不坑荀子一派的儒，也不焚荀子一派的书。（陶鲁笳：《一个省委书记回忆毛主席》，山西人民出版社1993 年版，第 146—148 页）

1964 年 8 月 30 日，毛泽东就黄河流域的水利建设引古代的例子说事，又提到孟子"法先王"与荀子的"法后王"。他说：

孟夫子一派主张法先王，厚古薄今，反对秦始皇；李斯是拥护秦始皇的，属于荀子一派，主张法后王，后王就是齐桓、晋文，秦始皇也算。〔陈晋：《毛泽东之魂》（修订版），中央文献出版社1997 年版，第 285 页〕

毛泽东再次把儒家的孟轲学派与荀况学派作了区分：

孟子一派"法先王"，"以古非今"。

荀子一派"法后王"，厚今薄古。

"法先王"，在战国初中期是较为流行的一种社会历史观。即要求效法或遵循古代圣王的言行和礼法制度。如子思、孟子学派（世称"思孟学派"）就主张"法先王"。孟子道性善，言必称尧、舜，屡言"闲先圣之道""守先王之道"（《孟子·滕文公下》）。

荀子主张治理社会应效法后王之制。《非相》曰："人道莫不有辨，辨莫大于分，分莫大于礼，礼莫大于圣王。圣王有百，吾孰法焉？故曰：文久则息，节族久而绝，守法数之有司，极礼而褫。故曰：欲观圣王之迹，则于其粲然者矣，后王是也。彼后王者，天下之君也，舍后王而道上古，譬之是犹舍己之君而事人之君也。"《王制》篇亦曰："王者之制，道不过三代，法不贰后王。道过三代谓之荡，法贰后王谓之不雅。"

荀子主张"法后王"，其意并非谓先王之道不足法，而是说由于年代久远以及有司的怠忽等，先王所创之制会有所息、有所绝、有所褫，而无以法之。但后王之制乃是由先王之制因革损益而来，与先王之道一脉相承，因此，"欲观圣王之迹，则于其粲然者矣，后王是也"。所以他又说："五帝之外无传人，非无贤人也，久故也；五帝之中无传政，非无善政也，久故也；禹汤有传政而不若周之察也，非无善政也，久故也。"（《非相》）

荀子曾批评思孟学派"略法先王而不知其统"（《非十二子》），主张"法后王"，但荀子也并不一味地反对"法先王"，认为"法先王"与"法后王"应该是统一的，只要能知其统类，法后王也即是法先王，法先王也必能法后王。因此他批评思孟学派之"法先王"并非谓先王不该法，而是指斥其只知法而不知其统，因此只是大略法之而已。所以《荀子》书中也有不少"法先王"的言论，如他说："凡言不合先王，不顺礼义，谓之奸言。"（《劝学》）"儒者法先王、隆礼义，谨乎臣子而致贵其上者也。"（《儒效》）并且批评惠施、邓析"不法先王，不是礼义"（《非十二子》）。荀子主张"法先王"与"法后王"的统一，应该看作是一种援法入儒过渡时期的策略思想，本质上他是"法后王"的。

那么，谁是"后王"呢？儒生们的解释并不符合战国时代思想界的实际。清代的刘壹拱、王念孙说："后王，谓文、武也。"俞樾也说："荀子生于周末，以文、武为后王可也。"周文王和周武王是"后王"，这与儒家的"先王"没什么区别。唐朝的杨倞说："后王，近时之王也。"近时可以解释为春秋战国之时，可人物还是没有确指。

毛泽东直言不讳，一语中的："后王"就是齐桓公、晋文公和秦始皇。

齐桓公（？—前643），春秋时代"五霸"的第一位。前685—前643年在位。他任用管仲进行改革，奋发图强。在"尊王攘夷"旗帜下，北伐山戎，南抑强楚，勤王平乱，救卫（今河南淇县）存邢（今河北邢台），经过"九合诸侯"，不断树立盟主威信，扩大侯国的军事实力，首开春秋时代大国争霸的局面。

晋文公（前697—前628），春秋时代"五霸"的第二位。前636—前628年在位。他重用狐偃、赵衰等人，协力修明内政，整饬法纪，增强战备；又号召诸侯勤王，平周室王子带之乱，迎襄王复位，树立了政治威信。后于城濮（今山东鄄城临濮集）与楚军接战，诱敌深入，大败楚军；旋在践土（今河南原阳西南）主盟诸侯，周天子亦奉召参加，策命他为"侯伯"（霸主）。

秦始皇（前259—前210），正在进行兼并统一战争的秦国君主。前246—前210年在位。年十三岁被立为秦王，剪除吕不韦、嫪毐两大贵族集团。旋采纳李斯等灭六国成一统之计，以金钱收买山东六国权臣，离间其君臣关系。并连年派兵东征，由前230年灭韩始，至前221年灭齐，十年间悉灭六国，创立了中国历史上第一个统一的封建中央集权国家。称国家最高统治者为皇帝。废谥法，以世计数，自为始皇帝，国家一切政务皆取决于皇帝。取消分封，推行郡县制，分全国为三十六郡，郡下设县。在中央实行三公九卿制，从中央至地方的重要官吏均由皇帝任免。统一法律、度量衡、货币和文字，修驰道。前214年，派兵南定百越，增设闽中、南海、桂林、象郡四郡；同年又派蒙恬北击匈奴，收复河南地（今内蒙古河套一带）。筑长城，东起辽东（今辽宁辽阳北），西至临洮（今甘肃岷县）。为加强统治，销毁民间兵器。除史官所藏《秦记》外，别国史书皆烧毁，凡儒家经典、诸子书（除博士官所藏外）全焚之；坑杀儒生四百六十余人于咸阳，世称"焚书坑儒"。发七十余万人，耗巨资修阿房宫和骊山墓。即帝位十二年间，出巡郡县凡五次，沿途刻石颂德，以示不朽之功。

荀况"法后王"，是厚今薄古的。这在他到秦国亲自观政的记叙评论中体现得非常明显。荀况入秦，秦国应侯问："入秦何见？"荀卿曰："其固塞险，形势便，山林川谷美，天材之利多，是形胜也。入境，观其风俗，其百姓朴，其声乐不流污，其服不挑，甚畏有司而顺，古之民也。……观其朝廷，其朝闲，听决百事不留，恬然如无治者，古之朝也。"最后，荀况得出结论曰："故（秦）四世有胜，非幸也，数也。"（《荀子·强国》）荀况一下子肯定了秦国的四代君主的业绩，他的思想是很实际很现实的。

荀子"法后王"的思想是积极的，也是激进的，推动了战国末期的社会进步和秦王朝的一统天下。

荀子的人定胜天

1958年8月22日，中共中央文教小组组长、中央宣传部部长陆定一撰写的《教育必须与生产劳动相结合》一文送毛泽东审阅，毛泽东阅后加写了一段文字。其中说：

中国教育史有人民性的一面。孔子的有教无类，孟子的民贵君轻，荀子的人定胜天……诸人情况不同，许多人并无教育专著，然而上举那些，不能不影响对人民的教育，谈中国的教育史，应当提到他们。（《毛泽东文艺论集》，中央文献出版社 2002 年版，第 191 页）

毛泽东认为"人定胜天"的观点，是荀况的代表性思想。荀况的天道观和"人定胜天"的思想，主要的内容集中在《天论》一文里。这篇文章开头就讲：

> 天行有常，不为尧存，不为桀亡。应之以治则吉，应之以乱则凶。强本而节用，则天不能贫；养备而动时，则天不能病；修道而不贰，则天不能祸。故水旱不能使之饥，寒暑不能使之疾，祅怪不能使之凶。本荒而用侈，则天不能使之富；养略而动罕，则天不能使之全；倍道而妄行，则天不能使之吉。故水旱未至而饥，寒暑未薄而疾，祅怪未至而凶。受时与治世同，而殃祸与治世异，不可以怨天，其道然也。故明于天人之分，则可谓至人矣。

《荀子》的《天论》，发挥了他的思想的一个重要方面：天行有常，人定胜天。

天道思想，由来已久。殷、周时，尊天思想占统治地位。西周晚年，随着奴隶制的衰落，天命神权受到了广泛冲击。春秋时代，重民轻神的思想开始出现，并产生了"天人相分"思想的萌芽。孔子虽有"尊天""知命"的思想，但重视人事。

荀子在自然观方面，具有朴素的唯物论思想，说"强本而节用，则天不能贫"，不迷信天道鬼神，反对殷周以来的"天命观"，视天为日月、星辰、阴阳、寒暑等自然现象，不受人的意志支配，不依人的意志转移，有规律可循。"天行有常，不为尧存，不为桀亡"（《天论》），本是一种自然规律，人们能够在实践中认识自然界的客观规律，并利用它为自己服务。他还进一步主张"制天命而用之"，强调人事的重要性，强调人的主观能动性。有唯物辩证观点，代表荀子思想最进步的一面。

荀子所谓"天"，大抵近于我们现在所说的"自然"或"自然界"。"天行有常"，是说大自然的发展变化有其客观规律性。这种客观规律不是以人的主观愿望所能改变的；但是人能够认识它，顺应它，运用它，以趋吉避凶，消祸得福。

荀子明确提出"明于天人之分"和"制天命而用之"的命题，一反过去儒家"畏天命"的传统观点，认为"从天而颂之，孰与制天命而用之"（《天论》）。主张积极发挥人的主观能动作用，去控制、改造、征服自然，使之为人类服务。

荀子这样看待天道，目的是反对当时流行的各种迷信，而积极倡导人的自强不息、励精图治精神。战国时代，随着社会政治、经济的变革和自然科学技术的发展，儒家的"天命论"受到更深入的批判。荀子这种具有唯物主义观点的重理智、重科学的思想，是很有进步意义的，对后世影响很大。

唐代的刘禹锡继承和发扬了荀子的思想，提出了"天与人交相胜，还相用"（《天论》）的著名学说，既区别了"天之所能"和"人之所能"，又阐明了二者的辩证关系。在此基础上分析了"人之能胜天之实"（《天论》）。认为"天无私，故人可务乎胜也"，"人能胜乎天者，法也"（《天论》）。

明清之际的王夫之，从哲学上给天人关系以新的论证，指出人力可以"相天""裁天""胜天"，乃至可以"以人造天"。认为"知天之理"就可以"善动化物"，竭人之能就可以"以人造天"，强调应当"与天争权"，反对"任天而无能为"。

从荀况的"天命可制"，到刘禹锡的"天人交胜"，再到王夫之的"以人造天"，是中国思想史上人定胜天思想的三个发展环节。

毛泽东在陆定一《教育必须与生产劳动相结合》一文加写的话中，肯定了"荀子的人定胜天"，并把它提高到"人民性"的高度，认为对中国的教育史产生了影响。所谓"人定胜天"，人定，犹言人谋，人定胜天。谓人力可以战胜自然，人们可以自己掌握自己的命运。

不过，对"人定胜天"也不要做过度理解。毛泽东晚年的一则小故事则说明人的主观能动性在征服自然中也是有限度的。

1972年10月13日，张玉凤坐在毛泽东的床头，为目病的毛泽东读新华社的一篇最新通讯报道：湘（湖南株洲）黔（贵州贵阳）铁路建成通车。这条铁路从"文化大革命"开始后的1970年动工兴建，全长九百多公里。

听了这个消息，躺在床上的毛泽东轻声说："什么时候能把铁路修到拉萨就好了。"

张玉凤说："那你就下命令让人们修吧！"

"没得那样简单呢！"毛泽东叹了口气说，"这需要勘察、设计、规划，还要研究、制订计划、搞方案、搞预算，人力、物力、财力，地质地貌、气候条件，都要考虑周到呢！"

"你不是说过'人定胜天'的话吗？"张玉凤说，"还说咱们国家'人多，议论多，热气高，干劲大'……"

毛泽东说："但也不能超越客观实际嘛，我又不是俄国沙皇。"

张玉凤问："俄国沙皇怎么了？"

毛泽东耐心解释说："当年，沙皇要他的臣民们修一条从彼得堡到莫斯科的铁路，并亲自在地图上画了一条直线。可负责施工的大臣说，这条直线正好穿过一个很大的湖。沙皇就说，'那就让我的臣民们想办法，让铁路从湖上穿过去吧'！"

张玉凤很感兴趣地问："后来呢？"

毛泽东继续讲："后来这条铁路还真的修过去了，而且是俄国修的一条最快最好的铁路呢！"

张玉凤再问："那我们为什么不修呢？"

毛泽东笑了，说："我刚才讲了，我不是沙皇嘛！"

这是个很有寓意很能说明问题的小故事。"人定胜天"也是有一定限度的，"不能超越客观实际"。毛泽东在世时，把铁路修到拉萨还只是设想。在他身后，由于改革开放经济发展，这个设想变成了现实。毛泽东在与机要秘书张玉凤讨论中，无意有意之间对荀子"人定胜天"的思想作了辩证的解释。这样理解"人定胜天"很有思想价值。

于艰难竭蹶之中

荀子生于战国纵横之世，长于论辩，故其文多长篇大论，畅所欲言。大抵论点明确，层次清楚，句法简练，语汇丰富，辞采缤纷，令人应接不暇，是荀子散文的突出特点。

《荀子》一书在长期流传中，形成不少成语。毛泽东或谈话，或撰稿，喜好运用这些成语以增添文采。

《毛泽东选集》第一卷第一篇文章《中国社会各阶级的分析》，和第二篇文章《湖南农民运动考察报告》都使用了由《荀子》一书来源的成语。

毛泽东在《中国社会各阶级的分析》一文中讲到广大贫农在地主阶级

的剥削和压迫下，生活极为艰难困苦，他说：

> 贫农是农村中的佃农，受地主的剥削。其经济地位又分两部分。一部分贫农有比较充足的农具和相当数量的资金。此种农民，每年劳动结果，自己可得一半。不足部分，可以种杂粮、捞鱼虾、饲鸡豕，或出卖一部分劳动力勉强维持生活，于艰难竭蹶之中，存聊以卒岁之想。故其生活苦于半自耕农，然较另一部分贫农为优。其革命性，则优于半自耕农而不及另一部分贫农。所谓另一部分贫农，则既无充足的农具，又无资金，肥料不足，土地歉收，送租之外，所得无几，更需要出卖一部分劳动力。荒时暴月，向亲友乞哀告怜，借得几斗几升，敷衍三日五日，债务丛集，如牛负重。他们是农民中极艰苦者，极易接受革命的宣传。（《毛泽东选集》第一卷，人民出版社1991年版，第7页）

成语"艰难竭蹶"出自《荀子·儒效》：

> 王曰："然则其为人上何如？"孙卿曰："其为人上也，广大矣！志意定乎内，礼节修乎朝，法则、度量正乎官，忠、信、爱、利形乎下。行一不义，杀一无罪，而得天下，不为也。此君义信乎人矣，通于四海，则天下应之如谨。是何也？则贵名白而天下愿也。故近者歌讴而乐之，远者竭蹶而趋之。四海之内若一家，通达之属，莫不从服，夫是之谓人师。《诗》曰：'自西自东，自南自北，无思不服。'此之谓也。夫其为人下也如彼，其为人上也如此，何谓其无益于人之国也！"昭王曰："善！"

"远者竭蹶而趋之"，意思是远方的人跌跌爬爬地奔向他。"竭蹶"也用来比喻境况极端困苦。毛泽东用"艰难竭蹶"一句，形容旧中国农村贫农的生活极端艰难贫穷，引申出他们对革命的态度"优于自耕农"。

旧中国农村农民（尤其是贫农、下中农）生活得极端贫苦，这使他们在国共第一次合作的大革命时期，纷纷组织起来成立农民协会，打击剥削压迫农民的土豪劣绅和贪官污吏。毛泽东把这称之为"空前的农村大革命"。1926年10月到1927年年初，湖南的农民协会如雨后春笋般成立，斗争如急风暴雨，有些革命党人看到斗地主老财，惊呼"过分""糟得很"！反对农民运动。

毛泽东在《湖南农民运动考察报告》中，针对这种情况说：

> 农会权力无上，不许地主说话，把地主的威风扫光。……上述那些事，都是土豪劣绅、不法地主自己逼出来的。土豪劣绅，不法地主，历来凭借势力称霸，践踏农民，农民才有这种很大的反抗。凡是反抗最力、乱子闹得最大的地方，都是土豪劣绅，不法地主为恶最甚的地方。农民的眼睛，全然没有错的。谁个劣，谁个不劣，谁个最甚，谁个稍次，谁个惩办要严，谁个处罚从轻，农民都有极明白的计算，罚不当罪的极少。（《毛泽东选集》第一卷，人民出版社 1991 年版，第 17 页）

成语"罚不当罪"源见《荀子·政论》：

> 夫德不称位，能不称官，赏不当功，罚不当罪，不祥莫大焉。

"当"即相称。"罚不当罪"意即给予的处罚与所犯的罪行不相称。

毛泽东说农民协会处理问题"罚不当罪的极少"，是称赞农民对地主豪绅贪官污吏能根据其罪恶轻重，处罚宽严得当，真正乱来、过分的并不多。以此说服革命党人指导农民运动健康发展。

毛泽东再次使用《荀子》中的成语已是抗日战争初期。

1937 年 7 月 7 日，日本帝国主义发动了卢沟桥事变，企图以武力吞并全中国。全国人民一致要求对日作战。蒋介石迟至事变后十日才在庐山发表谈话，宣布对日抗战。这是由于全国人民的压力，同时也由于日寇的行动已严重地打击了英美帝国主义在中国的利益和蒋介石所直接代表的大地主大资产阶级的利益。但就在这时，蒋介石政府仍然和日寇继续谈判，甚至接受日寇和地方当局议定所谓和平解决的办法。一直到 8 月 13 日日寇大举进攻上海，蒋介石在东南的统治地位已无法维持，才被迫实行抗战。

卢沟桥事变十几天后（7 月 23 日），毛泽东在《反对日本进攻的方针、办法和前途》一文中说：

> 全国人民的总动员。开放爱国运动，释放政治犯，取消《危害民国紧急治罪法》和《新闻检查条例》，承认现有爱国团体的合

法地位，扩大爱国团体的组织于工农商学各界，武装民众实行自卫，并配合军队作战。一句话，给人民以爱国的自由。民力和军力相结合，将给日本帝国主义以致命的打击。民族战争而不依靠人民大众，毫无疑义将不能取得胜利。阿比西尼亚的覆辙，前车可鉴。如果坚决抗战出于真心，就不能忽略这一条。（《毛泽东选集》第二卷，人民出版社 1991 年版，第 347 页）

成语"前车可鉴"也作"前车之鉴""覆车之鉴""前覆后戒"等。语出《荀子·成相》：

> 前车已覆，后未知更何觉时。

《汉书·贾谊传》："鄙谚曰：……'前车覆，后车诫。'"鉴：镜子，引申为教训。这句成语的意思是：前面的车子翻了，后面的车应该戒备，改变轨道，如果重蹈覆辙，照着前车的老路走去，那也一定要翻车。比喻前人的失败，后人可引为教训，避免再犯同样的错误。

"阿比西尼亚的覆辙"，指阿比西尼亚（即现今的埃塞俄比亚）在意大利入侵时战败的教训。阿比西尼亚位于非洲东北部，战略地位重要，且有丰富的自然资源。第二次世界大战时，意大利法西斯在巴尔干地区的扩张计划遭到英、法的坚决反对后，即把侵略矛头指向东非。1934 年 12 月，意军在意属索马里和阿比西尼亚接壤的华尔矿区制造边境冲突。1935 年 10 月 3 日，配备重武器的三十万意军不宣而战地向阿比西尼亚发动了大规模进攻。

阿意战争爆发，国际联盟大会五十一国代表决定对意大利实行经济制裁，但由于英、法采取绥靖政策，制裁并没有产生实际影响。在抗意战争中，尽管阿比西尼亚军队进行了顽强的抵抗，但由于其落后的封建统治制度，不敢发动全民族的抗战，加之阿军武器装备低劣，且分属于各封建领主，不但不能协调军事行动，甚至为了保存各自的实力而互不支援，抗意战争最终失败。1936 年 5 月 5 日，意军攻占阿首都亚的斯亚贝巴，皇帝海尔·塞拉西一世出亡英国。有鉴于此，毛泽东早在《中国共产党在抗日时期的任务》（1937 年 5 月 3 日）一文中就说：

> 没有巩固的和平与团结，没有人民的动员，抗战的前途便会

蹈袭阿比西尼亚的覆辙。阿比西尼亚主要地是因为封建制度的统治，不能巩固内部的团结，不能发动人民的积极性，所以失败了。中国真正的坚实的抗日民族统一战线的建立及其任务的完成，没有民主是不行的。（《毛泽东选集》第一卷，人民出版社 1991 年版，第 256 页）

在《反对日本进攻的方针、办法和前途》一文中，毛泽东使用这一成语，告诫全党和中国人民要吸取非洲国家阿比西尼亚不依靠人民大众抗击意大利侵略者，被意大利全部侵占的教训，巩固国内团结，改革政治制度，发动全民族的抗战，才能保证抗日战争的最后胜利。

中国的抗日战争，依靠"抗日民族统一战线"这个法宝，认真记取"阿比西尼亚的覆辙"这个"前车之鉴"，动员全国人民进行民族自卫战争，最终走上了胜利的坦途。

但是，全国团结抗战的大业并非一帆风顺。直到 1944 年，国民党顽固派与蒋介石等人，和日寇的秘密谋和活动始终没有停止。蒋介石在抗日战争时期，经常背弃他在庐山谈话中关于所谓"如果战端一开，那就地无分南北，人无分老幼，无论何人皆有守土抗战之责任"的声明，反对人民总动员的全面的人民战争，采取消极抗日、积极反共的错误政策。

1944 年 10 月 10 日，蒋介石发表"双十节演讲"。第二天，毛泽东为新华社写了评论《评蒋介石在双十节的演说》。评论说：蒋介石双十演说中，看不见有什么改革政治抗住敌人的意图和本领。没有正确的政策和人的努力，日本帝国主义是天天在威胁这块（大后方）剩余土地的。蒋介石反复地说不要"丧失我们的自信"，就是在国民党队伍中，在国民党统治区的社会人士中，已有很多人丧失了信心的反映。评论接着说：

> 蒋介石在寻找方法，以期重振这种信心。但是他不从政治军事经济文化的任何一个政策或工作方面去找振作的方法，他找到了拒谏饰非的方法。他说，"国际观察家"都是"莫名其妙"的，"外国舆论对我们军事政治纷纷议论"，都是相信了"敌寇汉奸造谣作祟"的缘故。（《毛泽东选集》第三卷，人民出版社 1991 年版，第 1007 页）

评论说蒋介石找到了拒谏饰非的方法，成语"拒谏饰非"出自《荀子·成相》：

> 拒谏饰非，愚而上同，国必祸。

大意是：做大臣的人如果拒绝劝告，掩饰错误，和国君一样的昏庸，那么国家必定要遭到灾祸。"拒谏饰非"意即拒绝劝告，掩饰错误。

毛泽东在新闻评论中使用《荀子》这一成语，揭露蒋介石"双十节演说"不改变其错误政策，而是采取了拒绝劝告和批评，制造借口掩盖错误的拙劣方法。这样只能走向事物的反面，如荀子所说："国必祸！"

指示工作人员阅读《荀子》

荀况给后人留下了《荀子》一书。从上述分析可以看出：《荀子》内容非常丰富，涉及哲学思想、政治问题、治理方法、立身处世之道及学术论辩等方面。

毛泽东到了晚年还是喜欢阅读这部书。

> 20世纪70年代初，毛泽东曾指示中央的工作人员阅读《荀子》和《韩非子》。（邱延生：《毛泽东评述诸子百家》，人民出版社2013年版，第75—76页）

也许因为这点，1974年7月上海人民出版社出版了章诗同注的《荀子简注》。其《出版说明》特意申明：

> 荀子……是新兴地主阶级杰出的唯物主义思想家、法家的优秀代表。
>
> 荀子赞扬商鞅变法以后的秦国；强调"法后王"，"以近知远"，反对儒家"法先王"，认为"法先王"是"呼先王以欺愚者"；他对"礼"作了新的解释，主张地主阶级所有制，反对奴隶主贵族制度；他强调天是物质的天，没有意志，提出"制天命而用之"的人定胜天思想，批判儒家的天命论；他认为人对客观事物的认识，首先要通过感觉器官和外界事物的接触，反对儒家"生而知之"的先验论。荀子的思想适应社会发展的趋势，对建立和巩固封建地主

阶级专政起了积极的作用。

　　荀况的著作《荀子》，现存三十二篇，保存了荀子的富有战斗性的许多政论文章，是法家的重要著作之一，在中国思想史上具有一定的地位。为了提供研究法家的材料，现将《荀子》一书整理出版，供读者参考。

　　《出版说明》大体遵循毛泽东对荀子的总体评价拟出，但是说荀子是"法家的优秀代表"，说《荀子》一书是"法家的重要著作之一"，则是"评法批儒"时期赶时髦的"新发现"。不过那时出版这部书的目的确实是为了"提供研究法家的材料"。可是，毛泽东本人只承认荀子是"儒家的左派"，并不是什么"法家的优秀代表"，《荀子》一书也不是法家著作。"评法批儒"把许多已经明确的学术问题搞得混乱不堪。

　　毛泽东晚年，也读大字本的荀子单篇著作。据《毛泽东晚年过眼诗文录》一书记载，1974年4月到7月，布置注释印刷了《荀子·性恶》篇的大字本。注释者在其小序中写道：

　　《性恶》是荀况站在新兴地主阶级立场上，用"性恶论"集中批判孟轲"性善论"的一篇哲学文章。从马克思主义的观点来看，人的本质是社会关系的总和，在阶级社会中，就是阶级关系的总和，"人们的社会存在，决定人们的意识"，没有抽象的"性善"或"性恶"。在这篇文章中，荀况否认了贵族天生高贵的谬论，强调客观环境教育的作用，认为"君子"和"小人"、高贵者和卑贱者的本性是一样的，并且可以相互转化，这在当时是一个很大的革新思想。文中强调"善"和"礼义"不是人性所固有的，而是后天努力学习和实践的结果，只要不断地学习和努力，就可以"化性而起伪"，"小人"可以变为"君子"，路上走的普通人也可以掌握万物变化的规律。这个观点在历史上是进步的。

　　荀况还否认社会政治制度是人们善良本性的产物，认为人性由于是"恶"的，才必须"明礼义"、"起法正"、"重刑罚"，建立国家机器。这就为实行封建专制主义提供了理论根据。文中区别了可能性与现实性，指出从可能性向现实性的转化要经过很大的主观努力，它反映了处于上升时期的地主阶级认识到改变社会地位要经过艰巨的斗争。

正如恩格斯批评费尔巴哈"没有想到要研究道德上的恶所起的历史作用"时指出的："自从阶级对立产生以来，正是人的恶劣的物欲、贪欲和权势成了历史发展的杠杆，关于这方面，例如封建制度的和资产阶级的历史就是一个独一无二的持续不断的证明。"荀况以性恶的形式公开而强烈地提出了地主阶级的统治要求，批驳了性善论。(《毛泽东晚年过眼诗文录》，花山文艺出版社1993年版，第606—607页)

孟子学派主张"性善论"，荀子学派主张"性恶论"，俩人为此激烈争论。这个争论在战国中晚期学界是很有名的。"性恶论"的提出，是荀子援法入儒的重要标志。毛泽东欲看此文，也许原因正在这里。

附：

《天论》译文

(《荀子》十七)

［原文］

天行有常，不为尧存，不为桀亡。应之以治则吉，应之以乱则凶。强本而节用，则天不能贫；养备而动时，则天不能病；循道而不贰，则天不能祸。故水旱不能使之饥，寒暑不能使之疾，祅怪不能使之凶。本荒而用侈，则天不能使之富；养略而动罕，则天不能使之全；倍道而妄行，则天不能使之吉。故水旱未至而饥，寒暑未薄而疾，祅怪未至而凶。受时与治世同，而殃祸与治世异，不可以怨天，其道然也。故明于天人之分，则可谓至人矣。

不为而成，不求而得，夫是之谓天职。如是者，虽深，其人不加虑也；虽大，不加能焉；虽精，不加察焉；夫是之谓不与天争职。天有其时，地有其财，人有其治，夫是之谓能参。舍其所以参，而愿其所参，则惑矣！

列星随旋，日月递炤，四时代御，阴阳大化，风雨博施，万物各得其和以生，各得其养以成，不见其事而见其功，夫是之谓神。皆知其所以成，莫知其无形，夫是之谓天。唯圣人为不求知天。

天职既立，天功既成，形具而神生。好恶、喜怒、哀乐藏焉，夫是之谓天情；耳、目、鼻、口、形，能各有接而不相能也，夫是之谓天官；心居中虚，以治五官，夫是之谓天君；财（同裁）非其类，以养其类，夫是之谓天养；顺其类者谓之福，逆其类者谓之祸，夫是之谓天政。暗其天君，乱其天官，弃其天养，逆其天政，背其天情，以丧天功，夫是之谓大凶。圣人清其天君，正其天官，备其天养，顺其天政，养其天情，以全其天功。如是，则知其所为，知其所不为矣，则天地官而万物役矣。其行曲治，其养曲适，其生不伤，夫是之谓知天。

故大巧在所不为，大智在所不虑。所志于天者，已（同以）其见（同现）象之可以期者矣。所志于地者，已其见宜之可以息者矣；所志于四时者，已其见数之可以事者矣；所志于阴阳者，已其见知之可以治者矣。官人守天而自为守道也。

治乱天邪？曰：日月、星辰、瑞历，是禹、桀之所同也；禹以治，桀以乱，治乱非天也。时邪？曰：繁启、蕃长于春夏，畜（同蓄）积收藏于秋冬，是又禹、桀之所同也，禹以治，桀以乱，治乱非时也。地邪？曰：得地则生，失地则死；是又禹、桀之所同也，禹以治，桀以乱，治乱非地也。《诗》曰："天作高山，大王荒之；彼作矣，文王康之。"此之谓也。天不为人之恶寒也，辍冬；地不为人之恶辽远也，辍广；君子不为小人之匈匈（同汹汹）也，辍行。天有常道矣，地有常数矣，君子有常体矣。君子道其常，而小人计其功。《诗》曰："礼义之不愆，何恤人之言兮。"此之谓也。

楚王后车千乘，非知也；君子啜菽饮水，非愚也：是节然也。若夫志意修，德行厚，知虑明，生于今而志乎古，则是其在我者也。故君子敬其在己者，而不慕其在天者；小人错其在己者，而慕其在天者。君子敬其在己者，而不慕其在天者，是以日进也；小人错其在己者，而慕其在天者，是以日退也。故君子之所以日进，与小人之所以日退，一也。君子、小人之所以相县者在此耳！

星队（同坠）、木鸣，国人皆恐。曰：是何也？曰：无何也，是天地之变，阴阳之化，物之罕至者也。怪之，可也；而畏之，非也。夫日月之有蚀，风雨之不时，怪星之党见（同傥现），是无世而不常有之。上明而政平，则是虽并世起，无伤也；上暗而政险，则是虽无一至者，无益也。夫星之队、木之鸣，是天地之变，阴阳之化，物之罕至者也。怪之，可也；而畏之，非也。

物之已至者，人妖则可畏也：楛耕伤稼，耘耨失岁，政险失民，田薉稼恶，籴贵民饥，道路有死人，夫是之谓人妖；政令不明，举错不时，本事不理，夫是之谓人妖；礼义不修，内外无别，男女淫乱，父子相疑，上下乖离，寇难并至，夫是之谓人妖。妖是生于乱，三者错，无安国。其说甚尔，其灾甚惨。勉力不时，则牛马相生，六畜作妖，可怪也，而不可畏也。传曰："万物之怪书不说，无用之辩，不急之察，弃而不治。"若夫君臣之义，父子之亲，夫妇之别，则日切磋而不舍也。

雩而雨，何也？曰：无何也，犹不雩而雨也。日月食而救之，天旱而雩，卜筮然后决大事，非以为得求也，以文之也。故君子以为文，而百姓以为神。以为文则吉，以为神则凶也。

在天者莫明于日月，在地者莫明于水火，在物者莫明于珠玉，在人者莫明于礼义。故日月不高，则光晖不赫；水火不积，则晖润不博；珠玉不睹乎外，则王公不以为宝；礼义不加于国家，则功名不白。故人之命在天，国之命在礼。君人者，隆礼、尊贤而王，重法、爱民而霸，好利、多诈而危，权谋、倾覆、幽险而尽亡矣。

大天而思之，孰与物畜而制之！从天而颂之，孰与制天命而用之！望时而待之，孰与应时而使之！因物而多之，孰与骋能而化之！思物而物之，孰与理物而勿失之也！愿于物之所以生，孰与有（通右）物之所以成！故错人而思天，则失万物之情。

百王之无变，足以为道贯。一废一起，应之以贯。理贯，不乱；不知贯，不知应变。贯之大体未尝亡也，乱生其差，治尽其详。故道之所善，中则可从，畸则不可为，匿则大惑。水行者表深，表不明则陷；治民者表道，表不明则乱。礼者，表也。非礼，昏世也；昏世，大乱也。故道无不明，外内异表，隐显有常，民陷乃去。

万物为道一偏，一物为万物一偏，愚者为一物一偏，而自以为知道，无知也。慎子有见于后，无见于先；老子有见于诎，无见于信（同伸）；墨子有见于齐，无见于畸；宋子有见于少，无见于多。有后而无先，则群众无门；有诎而无信，则贵贱不分；有齐而无畸，则政令不施；有少而无多，则群众不化。《书》曰："无有作好，遵王之道。无有作恶，遵王之路。"此之谓也。

[译文]

大自然的运行有一定的规律。这种规律不因为尧才存在，也不因为桀就消失。用合理的行为去适应这种规律，就会有好的效果，用错乱的行动去对待这种规律，就要遭受灾祸。加强农业生产，节约开支，天就不能使人贫穷；养生之道完备，活动适合时令变化，天就不能使人生病；遵循自然规律而不违背，天就不能使人遭受灾祸。所以水灾旱灾不能使人发生饥荒，寒暑变化不能使人产生疾病，妖异也不能使人遭到灾难。相反，农业生产荒废，享用奢侈，天就不能使人富裕；给养不足，运动又少，那么天就不能使人健康；违背自然规律，胡作非为，天就不能使人吉祥。所以水旱灾还没有到来，就闹饥荒了，冷热没有临近就生病了，妖异还没有作祟，就遭到灾难了。混乱时期人们遇到的天时和太平时期的是一样的，但是遭受到的灾祸却和太平时期不一样，这不能够埋怨天，而应该说是人事不修所必然招致的结果。所以能够明确划分天和人的不同职分，就算得是"至人"了。

没有什么作为而成就一切，没有什么追求而得到一切，这就是自然的作用或职能——"天职"。这样，不管人们的思想怎样深远，也不能把自己的主观想法附加到自然上去；不管人们的本领有多大，也只能在自然条件所许可的限度内去发挥他的能动作用；也不管人们的理论、计划怎样精密周到，他始终只应以是否符合自然客观条件作为其考察的范围。这叫作"不与天争职"（不去做那违反自然规律而为人所不能做到的事）。天有四时季节的变化，地是百物生长的财富宝藏，人则能掌握天时，利用地利，而尽到人为努力，改造自然，这就叫作能参加天地的化育。如果放弃人为的努力，而寄希望于自然的变化，等待自然的赐予，那就很糊涂了。

天上的星星旋转着，日、月轮流照耀着大地，春、夏、秋、冬四季变换，阴阳化育万物，风雨沾露万物；万物各得阴阳的调和而产生，各受风雨的滋养而成长。我们看不见自然化育万物的形迹，却能看见这种化育的功效。自然的这种奥妙，就叫作"神"。我们能认识到万物所以生成的道理，但生成万物的形迹，却不像人工制造物品那样有形迹可见，这便是我们所讲的"天"（自然）。只有圣人是不要求在认识自然以外另有所谓"知天"的学问的。

自然的职能和功效，便是如此。人类也是自然的产物，由于具备了形体，才派生着精神，而好、恶、喜、怒、哀、乐的各种情感也产生了。这种本于自然而产生的情感，叫作"天情"。人有耳、目、口、鼻、形体等五种感觉器官，都要同外物接触，才分别发挥其听觉、视觉、味觉、嗅觉和触觉等本能，这些本能是不能互相代替的。这是生理上自然形成的感觉器官——"天官"。心居于中间空虚之地，以控制耳、目、口、鼻、形体等五官，为全身的主宰，这是生理上自然形成的思维器官——"天君"。人类能制裁自然界各种物资以供养自己，维持生存，这叫作自然的供养——"天养"。顺着人类生存的需要去努力满足，便是幸福；违反人类生存的需要去企图满足，便是灾祸。这是自然的理法——"天政"。一个人如果把心搅混

法家卷

乱了，声色臭味等物质享受过度了，不能增产节用，违反顺理满足生存需要的原则，而又喜怒哀乐无所节制，以致丧失了自然生成的作用，这就是大灾祸——"大凶"。"圣人"正确地发挥思维和感觉器官的作用，注意完备的自然供养，满足生活上的正当需要，而又能控制自己的主观情欲，以符合自然生成的客观原则。这样，就区别了什么是人所能做到的事，什么是人所不能做到的事，就使得天地各当其职而万物都为人所利用和役使。这样，行事极尽条理，养身得到舒适，生理方面无所损害。总之，明于人事，这就叫作"知天"。

因此，最巧的技术，不是撇开自然去造作，最大的智慧，不是脱离自然去胡思乱想。我们所要求认识于天的，是通过天象观测，能预知节候的未来变化。我们所要求认识于地的，是通过土壤调查，可以确定怎样有利于动植物的蕃息滋长。我们所要求认识于四时季节的，是通过春耕、夏长、秋收、冬藏的自然规律的了解，就能因时制宜地确定生产进行的步骤。我们所要求认识于阴阳的，是体验了阴阳调和、生长万物的道理，从而可以普遍地应用到治理国家的政事上去。关于天、地、阴、阳，四时的实际观测，自有专职官吏司守其事，而自然规律则是"自为"的人民一般应该注意遵守的。

社会的治和乱，是天象决定的吗？回答说：日月星辰历象的运行，这是夏禹和夏桀两个时代相同的，可是禹使天下太平，桀却使天下大乱，可见社会治乱不是天决定的。那么是时令季节决定的吗？回答说：农作物在春季蓬勃地萌发，在夏天繁茂地生长，到秋天收获积聚，到冬季收藏起来，这又是夏禹、夏桀两个时代相同的，可是禹使天下太平，桀使天下大乱，可见社会的治乱不是时令、季节决定的。那么是地理条件决定的吗？回答说：植物得到适宜的土壤就生长，离开适宜的土壤就死亡，这又是夏禹、夏桀两个时代所相同的，可是禹使天下太平，桀却使天下大乱，可见社会的治乱也不是地理条件决定的。《诗》上说过："高高的岐山呀！大王开了荒，他兴起了，文王就定居而安康。"就是这个道理。

天不会因为人们厌恶寒冷而取消冬天，地不会因为人们厌恶辽远而缩小面积，"君子"不会因为"小人"的喧闹而改变自己的行为。天体的运行，土地的生长百物，都是有一定规律的。"君子"呢，也有他为人处世的常态。"君子"行其常道，"小人"则计较一时的功利。《诗》上说："只要对礼义没有差错呀，怕什么人家的闲话？"也就是这个道理。

楚王有侍从车千辆，不是因为他特别聪明；"君子"吃杂粮、喝清水，不是因为他特别愚蠢。（人的富贵贫贱）这不过是偶然的遭遇。至于意气志向的端正，道德品行的充实，认识判断的明锐，生在今日而志在追随前贤，这是主观上可以做到的事。所以"君子"对自己有严格的要求，对天不存侥幸的愿望。"小人"则放弃对自己严格的要求，却对天存侥幸的愿望。正因为"君子"求己而不赖天，所以天天进步；"小人"存着靠天思想，自己不努力，所以天天退步。"君子"之所以天天进步和"小人"之所以天天退步，都是因有依靠、有不依靠，不过依靠的对象不同而已，而"君子"和"小人"的区别也就在这里。

人们看见陨星坠落了，听说树木叫了，全国的人都惊恐起来。问：这是怎么了？回答说：没有什么，这是天地阴阳的变化，是事物中很少见到的现象。认为它奇怪，可以，但是害怕它，就不对了。那日食月食的发生，刮风下雨的不合时令，怪星的偶尔出现，这是没有一个朝代不曾有过的。如果君主英明，政治就清平，那么，这些现象即使同时出现，也没有什么妨害；如果君主昏庸，政治就险恶，那么，即使这些奇怪现象一次也不发生，也不见得有什么好处。那陨星的坠落，社鼠的鸣叫，不过是天地阴阳的一种变化，是事物的很少见到的现象罢了。认为它奇怪，可以，但是恐惧它，就不对了。

根据以往的经验，人为的灾难——"人妖"，倒真是可怕的。譬如粗耕妨害庄稼的茂盛，除草不力影响一年收成，而政治黑暗，失掉民心，田地荒芜，年岁不熟，人民吃不起高价谷而挨饿，路上有饿死的人——这就叫作"人妖"。政令不明，措施不及时，农事放弃不理，这也叫"人妖"。礼义不修，内外无别，男女淫乱，父子相疑，上下离心，寇难并至，这也叫"人妖"。总之，乱，就生出"人妖"来。如果三妖同时产生，那国家就危亡了。"三妖"的说法比起星坠木鸣那些怪现象浅近而现实，它的灾害可十分惨重。这是奇怪的，也是可怕的呀！古书上说："天下的怪现象，古书上是不说的。没有用的辩论，不切需要的考察，应该放弃不理。"至于君臣的义理，父子的相亲，夫妇之有别，应该天天琢磨研究，不能有片刻的停止。

天旱求雨，雨果然下了。这是为什么呢？回答说：这也没有什么，跟不求雨而得雨是一样的。日食月食时去救它，天旱求雨，用卜筮来决定大事，干这些玩意儿并不因为真正相信它能达到预定的目的，而只是政事上一种文饰或手段——神道设教而已。在"君子"原不过是文饰，而老百姓就真的相信有鬼有神。作为手段是好的，真的相信有鬼神，那就有害了。

在天上，没有比日、月亮更明亮的了；在地上，没有比水火更明亮的了；在万物中，没有比珠玉更明亮的了；在人世间，没有比礼义更能照亮人心的了。所以，日月不高悬于天空，它的光辉就不会显耀；水火不聚集在一起，它们的光泽就不会多；珠玉的光彩不露于外，王公大人就不会把它当成宝贝；礼义不用来治理国家，它的功业和名声就不会显著。所以，人的命运在于如何对待自然界，国家的命运在于是否实行礼义。作为君主，尊崇礼法，敬重贤德的人，便可以称王于天下；重视法令，爱护人民，便可以称霸于诸侯；贪图私利，诡诈多端，一定危险；喜欢玩弄权术计谋，互相倾轧，为人阴险的，必然彻底灭亡。

与其想象天很伟大而思慕它，何如把天当作物畜养起来而控制它？顺从天而又颂扬它，何如掌握天的变化规律来利用它？盼望好的天时而等待它，何如适应季节而利用它为生产服务？听任物类的自然生长而使之增多，何如施展人的才能去发展变化它？思念万物而又企图得到它，何如治理好万物而不使它失掉应有的作用呢？指望物类的生长，何如用人力帮助它成长起来？所以，放弃了人的作用而指望天，那就不懂万物生长发展的通理。

经过许多代帝王都没有变化的东西，完全可以作为一贯的原则。朝代虽然有兴起和衰败的变化，可是要用一贯的原则去顺应它。整理出一贯的原则，社会就不会发生混乱；不懂得一贯的原则，就不知道如何顺应事物的变化。这一贯原则的主要内容并没有消亡。社会混乱，产生在对这一原则的运用出了偏差，社会安定就因为运用这一原则完备恰当。所以，用"道"认为正确的做衡量的标准，符合"道"的就可以遵循，有偏差的就不可以去做，相违背的做了就会使社会造成极大的混乱。涉水的人，须靠测量水深的标志来知其深浅。标志不明，就会陷入深水中淹死。统治人民的君主，必须指明"道"是什么，指示不明，就会造成国家的混乱。礼，就是治国的标志。没有礼，乃是昏暗的时代；昏暗的时代，必然大乱。所以，作为"道"的原则在各个方面不能不规定明白，外事与内政标志不同，隐蔽的与显现的有固定的常规，因而人民的灾难就可以免除了。

各种事物只是自然界的一个方面，一种事物又是各种事物的一个方面。愚蠢的人只认识一种事物的一个方面，却自认为认识了自然界的规律，这是太无知了。慎到只是被动地看见事物完成之后，看不见先于事物的方面；老聃只看到委曲求全的一面，看不到延伸进取的一面；墨翟只看到平均齐一的一面，看不到存在等级差别的一面；宋钘只看到人寡欲的一面，看不到贪欲的一面。如果只看到事物已完成之后，看不到先于事物的方面，民众就会失去前进的方向；如果只知委曲求全而不积极进取，高贵和卑贱就混淆不清，没有区别；如果只有平均齐一而没有等级差别，政令就无法推行；如果只知道寡欲，而不知道多欲，民众就得不到教化。《尚书·洪范》上说："不要以个人的爱好为爱好，要遵循圣王的正道；不要以个人的厌恶为厌恶，要遵循圣王的正路。"说的就是这个道理。

法家卷

屈指可数的大政治家

——毛泽东品《商君书》

在先秦史上，"商鞅变法"是历史演进的标志性事件，商鞅是影响那个时代举足轻重的人物。司马迁撰著《史记》，他在谈到创作《商君列传》的动因时说：

> 鞅去卫适秦，能明其术，强霸孝公，后世遵其法。作商君列
> 传第八。（《史记·太史公自序》）

"后世遵其法"——肯定了商鞅的历史地位。

关于《商君书》，《汉书·艺文志》在"法家类"著录："《商君》，二十九篇。"班固双行小注："名鞅，姬姓，卫后也。相秦孝公，有《列传》。"《列传》指《史记·商君列传》。排序在《李子》（李悝）之后，《申子》（申不害）之前，位居法家第二。

可见，商鞅、李悝等是前期法家，《商君书》《李子》是早期法家著作。

今通行本《商君书》二十四篇，有五篇亡掉失传。作者主要是商鞅，少数篇章如《徕民》等为法家学派后来者所作，或窜入，或汇编，其说不一。

《商君书》反映的是商鞅的基本思想，这一点是毫无疑问的。

商鞅之法，良法也

且不说法家，就是先秦诸子，甚至先秦人物，毛泽东以一篇文章单独

做出评论并流传下来的，唯商鞅一人而已（毛泽东写有《宋襄公论》，可惜失传了）。

商鞅（约公元前390—前338年）本是卫国公子，名公孙鞅，也叫卫鞅。少年时即喜爱"刑名之学"，在魏国相国公叔痤府中任小官中庶子。因后来未得到魏惠王的重用而西游秦国，以传授"霸道"之学被秦孝公所赏识，先后任左庶长、大良造，一心一意辅佐秦孝公，从而成就了秦孝公崛起西陲、东向以逐鹿中原的霸业基础。他因变法和战功而封于商（今陕西商县东南），号商君，故又称商鞅。

"商鞅变法"是战国时代最为有名的政治事件。公元前359年和公元前350年，在商鞅的主持下，秦国先后两次实行变法。"商鞅变法"顺应了那个历史时代的发展潮流，让地处西部偏僻荒芜、文化十分落后的秦国从此崛起，迅速强大起来。百余年后，秦国客卿李斯还在《谏逐客疏》中评价说，这一变法事件使秦国"移风易俗，民以殷盛，国以富强，百姓乐用，诸侯亲服，获楚、魏之师，举地千里，至今治强"。

据司马迁《史记》和司马光《资治通鉴》记载：商鞅变法时，恐民不信，乃在国都南门立三丈之木，募民能徙置北门者赐十金。民怪之，莫敢徙。又下令，能徙者赐五十金，后有一人徙之，即赐五十金以示不欺，于是颁布新法，秦民大悦而行之。

1912年6月，时在湖南全省高等中学校普通一班读书的毛泽东，曾专门就商鞅"徙木立信"一事创作一篇议论文：

> 吾读史至商鞅徙木立信一事，而叹吾国国民之愚也，而叹执政者之煞费苦心也，而叹数千年来民智之不开、国几蹈于沦亡之惨也。谓予不信，请罄其说。
>
> 法令者，代谋幸福之具也。法令而善，其幸福吾民也必多，吾民方恐其不布此法令，或布而恐其不生效力，必竭全力以保障之，维持之，务使达到完善之目的而止。政府国民互相倚系，安有不信之理？法令而不善，则不惟无幸福之可言，且有危害之足惧，吾民又必竭全力以阻止此法令。虽欲吾信，又安有信之之理？乃若商鞅之与秦民适成此比例之反对，抑又何哉？
>
> 商鞅之法，良法也。今试一披吾国四千余年之记载，而求其利国福民伟大之政治家，商鞅不首屈一指乎？鞅当孝公之世，中原鼎沸，战事正殷，举国疲劳，不堪言状。于是而欲战胜诸国，

统一中原，不慕难哉？于是而变法之令出，其法惩奸究以保人民之权利，务耕织以增进国民之富力，尚军功以树国威，孥贫怠以绝消耗。此诚我国从来未有之大政策，民何惮而不信？乃必徙木以立信者，吾于是知执政者之具费苦心也，吾于是知吾国国民之愚也，吾于是知数千年来民智黑暗、国几蹈于沦亡之惨境有由来也。

虽然，非常之原，黎民惧焉。民是此民矣，法是彼法矣，吾又何怪焉？吾特恐此徙木立信一事，若令彼东西各国文明国民闻之，当必捧腹而笑，噭舌而讥矣。乌乎！吾欲无言。（《商鞅徙木立信论》,《毛泽东早期文稿》，湖南出版社1995年版，第1—2页）

毛泽东的这篇文章对商鞅及其变法内容给予了很高评价，认为商鞅是首屈一指的大政治家，同时对商鞅"徙木立信"以示变法诚意的做法又殊为不解和遗憾，并由此而感叹国民智识之愚暗，执政者推行法令之煞费苦心。

那时，毛泽东不过十九岁，写出如此鞭辟入里的史论确属难能可贵，所以其国文老师对此赞赏有加，认为它：

实切社会立论，目光如炬，落墨大方，恰似报笔，而义法亦骎骎入古；

精理名言，故未曾有；

历观生作，练成一色文字，自是伟大之器，再加功候，吾不知其所至。

文末又有如下总评：

有法律知识，具哲理思想，借题发挥，纯以唱叹之笔出之，是为压题法，至推论商君之法为从来未有之大政策，言之凿凿，绝无浮烟涨墨绕其笔端，是有功于社会文字。

这篇文章，表明青年毛泽东对商鞅法家思想和变法政策已能深刻理解并很好掌握，如文中"其法惩奸究以保人民之权利，务耕织以增进国民之富力，尚军功以树国威，孥贫怠以绝消耗"，则完全是商鞅所行所思之精要。

这篇文章，也反映了学生时代的毛泽东对辛亥革命后中国主流思潮的呼应。1912年，正值大清封建王朝刚刚被推翻，中华民国建国的第二年。

中国何以受封建统治两千余年，何以近百年来积贫积弱备受世界列强侵夺欺凌，洋务运动失败了，戊戌维新失败了，辛亥革命刚刚胜利，共和体制还很不稳固，帝制随时有复辟的可能。当时思想界一批先知先觉者，认为中国的复兴富强之路，关键在启发民智，改造国民性，以此为新的救世良方。

青年学生毛泽东读史至"商鞅徙木立信"故事，感慨万端。在他看来，商鞅新法是"利国福民"的"良法"，是秦国"战胜诸国，统一中原"的"大政策"。可"民智黑暗"，面对良策犹豫不决，不能辨别其优劣是非，非要"执政者煞费苦心"地"徙木立信"，才能勉强接受。

写作此文时，毛泽东还是稍有些资产阶级改良思想的学生，历史观还是唯心史观。他评论商鞅变法明显有两点不足：赞扬执政者新法的正确完美，而贬抑民众智识愚暗，说到底还是英雄创造历史的唯心史观；其二是只看到商鞅变法历史进步性、推动秦国富强的一面，而忽略了商鞅本人及其新法的巨大缺陷和负面影响。商鞅为人处世太过刻薄，寡恩少德，一味用重法治人，不知恩威并用，以致滥用刑罚，四面树敌，终究罪人祸己，不得其死。商鞅新法严酷残暴，不得人心，久行也不得民心。动辄处以极刑，秦国民怨日积，并愈积愈深，终至全面爆发。强秦虽然一统天下，但是秦王朝只持续了十五年，二世而亡。秦败亡的原因虽然多因一果，可自商鞅以降的秦法太苛刻，是原因之一也不可否认。孔夫子讲："苛政猛于虎也！"信然。

从《史记·商君列传》中可以看出，商鞅本来试图以"帝道"和"王道"说服秦孝公，并以此治理秦国。但是孝公不感兴趣，最后接受的则是"霸道"之术。商鞅也是无奈，孝公的决定令他感慨莫名："然亦难比德于殷周矣。"意思是战国初期的"霸道"难于与商周以来的"礼制"匹敌。司马迁《商君列传》的"太史公曰"，则说商鞅讲"霸道"，只是为取信孝公"挟持浮说，非其质也"。大约商鞅起初对"霸道"治国的缺陷也是心知肚明的。只是随着变法逐步实施，他也身不由己陷入权力的怪圈而无力自拔，也听不进忠言劝谏，根本没考虑弥补新法的缺陷和副作用。待到他隐藏无所逃亡之路时，终于有所悔悟，仰天长叹："嗟乎，为法之弊一至此哉！"但历史错误已经造成，悔之晚矣！商鞅本人为其付出了亡身灭族的代价。

当然，也不能因此而否定了商鞅变法的历史作用。由于种种复杂的原因，秦汉以降对商鞅的评价甚低，走向了另一个极端。所以，在封建制与共和制交替的那个年代，以毛泽东的年纪和见识，能宏论迭出，突破樊篱，喊出如此振聋发聩新颖独到之声，已经十分难得，没必要去苛刻要求还未接触到马克思主义的青年学生毛泽东，能够运用辩证唯物史观去评价历史是非，去分析历史人物。如果那样，评价青年毛泽东及其妙文《商鞅徙木立信论》，也不免会失之偏颇。

写作《商鞅徙木立信论》之时，毛泽东才走出韶山山沟来到省城不久，但是通观全篇，历史家的通识，政治家的胆识，哲学家的卓识，实践家的博识，已露端倪，不少精言可谓入木三分，力透纸背。老师的评点，绝对不是无根之语。

最为可贵的，是毛泽东品商鞅，品法家，品历史，钻得进，爬得出，关注点全在现实，全在忧国忧民，全在催人奋进，真乃"有功于社会文字"！

商鞅乃有功于社会之人，《商君书》乃有功于社会之文，青年毛泽东评商鞅乃有功于社会之论。

法家一派还有商鞅

毛泽东视商鞅为法家学派的代表人物。

1968年10月31日，在扩大的中共八届十二中全会闭幕会上的讲话中，毛泽东又说：

> 在范老的书上，对于法家是给了地位的。就是申不害、韩非这一派，还有商鞅、李斯、荀卿传下来的。〔陈晋：《毛泽东之魂》（修订本），中央文献出版社1997年版，第292—293页〕

"范老的书"指范文澜先生的史著《中国通史简编》，是范老早在延安时期就动笔创作的著名史学著作。书中对法家作专门介绍评论，给予了地位。毛泽东论述法家学派，把商鞅纳入其中，可见对其十分看重。

商鞅不仅是法家，而且是早期法家。他不仅在秦国实行变法，使秦国富国强兵，而且著有《商君书》，系统地提出一整套法家政策和思想理论。他是法家学派的实践家，也是法家学派的理论家。

商鞅入秦之时，名公孙鞅，或卫鞅。秦孝公既下了信用公孙鞅的决心，就用他为左庶长（"左庶长"掌握军政大权，和列国的卿差不多），开始进行一系列重大改革。公孙鞅于公元前356年和公元前350年，先后两次组织秦国变法，前后持续18年，成绩斐然，秦国富国强兵，由原来弱小不堪的边鄙侯国，一跃而成为可以与关东列强争雄的大国。公孙鞅本人也由左庶长升任大良造，封地于商，因此名商鞅、商君。

公孙鞅两次变法的主要内容，可以综合梳理如下：

废除分封制，建立分县制。商鞅提出的新法在政治上是建立分县制。秦国在孝公以前，也曾设县，但未形成规模，更未形成制度。商鞅新法规定：合并原来的乡、邑、聚（村落），统一规划为县（有的论著说商鞅推行郡县制，此议不确。商鞅变法时，秦国地域狭小，只是设县，没有设郡。所以商鞅运作的是分县制，而不是郡县制。秦国设郡，是秦惠王以后的事。但是，商鞅为郡县制的建立铺平了道路也是事实）。《史记·六国年表》说秦国设立三十县，《史记·商君列传》说设立三十一县，《史记·秦本记》说设立四十一县。也许是不同的时间段，设立的县数不同。县设县令、县丞和县尉：县令是一县之长，县丞掌管文书、库房、狱讼等民政，县尉负责巡捕和军事。他们由国君直接任免。《商君书·垦令》篇说："百县之治一形，则从；迁者不饰，代者不敢更其制，过而废者不能匿其举。"意思是说：县制都是一个样子，必须人人遵守；奸邪的官员不敢玩新花样，接替的官员不敢变更制度，说县制过错而企图废止的人无法隐匿被举报。这样就形成了中央集权和君主专制，以前封君松散联合体的政治格局不复存在。

废除井田制，"开阡陌封疆""民得买卖"。春秋时，周代"普天之下，莫非王土"。秦作为封国，处于西周的直接统治区，即所谓"王畿"，对土地实行"井田制"。卫鞅变法，在经济上是废除"井田制"。《史记·商君列传》载：卫鞅"为田开阡陌封疆而赋税平"。《战国策·秦策三》说：商君"决裂阡陌，教民耕战"。《汉书·食货志》记：商君"改帝王之制，除井制，民得买卖"。"开阡陌封疆"就是把从前"井田制"纵横的大小疆界消除掉，鼓励开辟荒地，承认私有，土地可以买卖。即所谓"坏井田，开阡陌"（《汉书·食货志》），按照土地多寡征收赋税。这样一来，就以法律的形式废除了旧的土地制度，肯定了封建土地所有制的合法性。

废除世卿世禄制，重新确定爵位和等级。西周的礼制，包括分封、等级和世袭三个方面。新法规定："宗室非有军功，论不得为属籍。"（《史记·商君列传》）公侯宗室没有军功，不得列入宗室的属籍，不得享受宗室的等级和世袭特权。《商君书·赏刑》说："利禄官爵搏（专）出于兵，无有并施也。"必须依据对国家功劳的大小，确定爵位、田宅、奴婢及车服器用等的占有，不许僭越逾制。有功的就显荣，没有功劳的虽然富有也不能尊荣。《商君书·赏刑》还说："刑无等级，自卿相将军以至大夫庶人，有不从王令、犯国禁、乱上制者，罪死不赦。"一些旧贵族因此对新法这款很不满意，其中太子明知故犯，公孙鞅认为，新法之所以贯彻有困难，主要就是这些自恃位高势大以为别人不敢动的大贵族不遵守。于是，公孙鞅决定依法处理太子。但太子是国君的继承人，不能施刑，于是"刑其傅公子虔，黥其师公孙贾"。从此后，再也没谁敢不遵守新法了。公孙鞅从理论到实践破除了"刑不上大夫"的旧制，严重打击了旧贵族的势力，使其难于横行无忌。民间所谓"王子犯法，与民同罪"的谣谚，就是对公孙鞅变法以后等级特权受到打击的概括。

编定户籍，实行"连坐"。所谓"连坐法"就是把居民按五家为"伍"、十家为"什"的办法，编定户籍。如有犯法而不报告，十家连坐，处以腰斩；报告者与杀敌一样受奖，赐爵一级。隐藏罪犯，按投敌者处罚。商鞅认为轻罪重刑，可以迫使民众不敢犯罪。这叫"以刑去刑"（《商君书·画策》《韩非子·内储说上》）。编定户籍，国家直接掌握全国的户口数，也便于相互监督，征收军赋。实行分县制和户籍制，使秦国"道不拾遗，山无盗贼，家给人足……乡邑大治"（《史记·商君列传》）。

推行农战政策，奖励军功，发展农业。《史记·商君列传》载："有军功者各以率受上爵。"新法规定，凡为国家立有军功的，按功劳大小授予爵位和田宅。私斗者按情节轻重，处以不同的刑罚。这样就增强了军事力量。商鞅采取各种办法诱导兵民重视农耕。如可以粮谷捐官爵。如《商君书·靳令》说："民有余粮，使民以粟为官爵。官爵必以其力，则农不怠。"《商君书·去强》则说："按兵而农，粟爵粟任，则国富。"还如提高粮谷价格。《商君书·外内》说："欲农富其国者，境内之食必贵。"新法还规定，努力搞好生产，粮食和布帛生产得多，可以免除劳役和赋税；不务正业，游手好闲而贫穷了的，把全家变作官奴隶。

商鞅是处在上升时期的封建地主阶级的杰出政治家，他办事"公平无私，罚不讳强，赏不私亲近"，是很了不起的。秦国变法能够取得当时各国变法中所没有的成就，不能说与他的这种品格没有关系。商鞅在秦孝公的支持下实行变法，前后达一二十年，取得了巨大的成就。据《史记·商君列传》讲，秦国的民众非常高兴，人民丰衣足食，个个"勇于公战，怯于私斗"，出现了"道不拾遗，山无盗贼"，城乡大治的局面。变法使秦国发展了封建经济，增强了军事力量，巩固了封建统治的秩序，提高了综合国力，奠定了富国强兵的深厚基础，从一个边鄙小国，变成了"战国七雄"中最强盛的国家。秦国能够最后消灭六国割据势力，统一整个中国，是和公孙鞅的改革分不开的。

据《战国策·秦策一》讲，秦孝公在病重时，打算把君位让给商鞅，但商鞅不肯接受。孝公死后，太子即位。一些不甘心失败的旧贵族乘机报复，诬告他想谋反。商鞅打算逃往他国，结果在途中被抓了回去，被车裂而死。商鞅虽然被旧贵族杀害了，但商鞅的变法成果，却在秦国生根发芽了，变法中提出的许多措施即使秦亡以后也未终止，成为历代封建统治阶级相沿成习的制度和法律，对两千年的封建制度的发展和巩固有积极意义。

《商君书》很精彩。从整体上说，它既是秦国早期变法的产物，又是变法实践的理论指导和舆论宣传。《商君书》反映了商鞅的基本思想，其法治理论可以概括为下列各点：

争力气。商鞅主张当今之世争之以力。他说："国之所以重、主之所以尊者，力也。"（《慎法》）以力，就是"内行刀锯，外用甲兵"（《画策》）。"民愚，则知可以王；世知，则力可以王。……故神农教耕而王天下，师其智也。汤、武致强而征诸侯，服其力也。"（《开塞》）争之以力很多情况下就是争以武力。战国时代是武力征伐的时代，"万乘莫不战，千乘莫不守"（《开塞》），所以必须注重实力，建立一支能开疆拓土的强大军队，"兴兵而伐"，以达到"得天下"的目的。"以战去战，虽战可也，以杀去杀，虽杀可也"（《画策》）。其实这是商鞅对时代特征的认知。

变礼法。《商君书》中认为社会趋势是发展变动的，政治措施应当适应时代的变化而变革。"世事变而行道异"，"不法古，不修（循）今"（《更法》《壹言》《画策》）。商鞅认为抱残守缺、法故循礼、不知变通是错误的。商君曰："法者所以爱民也，礼者所以便事也。是以圣人苟可以强国，不法其故；苟可以利民，不循其礼。""礼法以时而定，制令各顺其宜。"（《更法》）"古之民朴以厚，今之民巧以伪。故效于古者，先德而治；效于今者，前刑而法。"（《开塞》）此商君之变法论，亦即其立法之原则也。其变法之所以成功者在此，其法治之要义亦在此。

立法度。商君曰："民众而奸邪生，故立法制、为度量以禁之。"（《君臣》）何以治吏，何以使民？曰："国之所以治者三。一曰法，二曰信，三曰权。"（《修权》）"任法而国治矣。"（《慎法》）治国三要素，把立法度放在第一的位置。书中反复阐述了要实行法治的思想。"法令者……为治之本也"（《定分》），它可以保证国家的强大和权威，所以要明定法令，"刑无等级"，轻罪重判，使人人知法，不敢违犯。商鞅还根据李悝的《法经》，制定了秦国的法律。秦律的制定，是用法律的形式把他所实行的各种改革成果固定下来。不仅在当时具有重大的意义，而且对以后中国封建法律的影响很大。

用赏刑。商君法治之大要，厚赏重罚而已。商君曰："凡赏者，文也；刑者，武也。文武者，法之约也。"（《修权》）商君又曰："民信其赏，则事功成，信其刑，则奸无端。惟明主爱权重信，而不以私害法。……故赏厚而信，刑重而必，不失疏远，不违亲近。"（《修权》）"所谓壹赏者，利禄官爵抟出于兵，无有异施也。……所谓壹刑者，刑无等级，自卿相将军以至大夫庶人，有不从王令、犯国禁、乱上制者，罪死不赦。……圣人不宥过，不赦刑，故奸无起。"（《赏刑》）此乃商君执法之原则，亦即其所谓"信"也。要用重刑厚赏，促使人民勇敢作战。"赏则必多，威（指刑罚）则必严"，"赏使之忘死，威使之苦生，……何不陷之有哉！"（《外内》）"民力尽则爵随之，功立而赏随之，……则兵无敌矣。"（《错法》）通过刑赏要造成人民"乐战"的社会风气，父送子、兄送弟、妻送郎，踊跃参战，以至"民之见战也，如饿狼之见肉"。如果逃跑、败退，则严惩不贷，同伍连坐，家人连坐（《画策》）。至于"失法离令"者，则有连坐之重刑（参《赏刑》《画策》《境内》）。

重农战。商君主张重战和重农相结合。认为"农战"两项，是治国的纲领，直接关系到国家的兴亡和君主的安危。农业生产不仅为战争提供物质基础，而且人民只有务农，才会安土重迁，从而为保卫国土而战。农战结合，才能国富兵强。商鞅曰，"国之所以兴者，农战也"，"国待农战而安，主待农战而尊"（《农战》）。甚至认为，农战就是实现霸王之业的全部措施："能行二者于境内，则霸王之道毕矣。"（《慎法》）"圣人之为国也，入令民以属农，出令民以计战。……入使民尽力，则草不荒；出使民致死，则胜敌。胜敌而草不荒，富强之功，可坐而致也。"（《算地》）商鞅重农战，不光为上层统治者着想，也主张"市利""边利"归于兵民："为国者，边利尽归于兵，市利尽归于农。边利归于兵者强，市利归于农者富。"（《外内》）如此，则国富兵强可致也。商鞅厚赏重罚也在于鼓励农战，其言云："欲农富其国者，境内之食必贵，而不农之征必多，市利之租必重。……故民之力尽在于地利矣。"（《外内》）"兴兵而伐，则武爵武任，必胜；按兵而农，粟爵粟任，则国富。"（《去强》）"能得甲首一者，赏爵一级，益田一顷，益宅九亩，一除庶子一人，乃得入兵官之吏。"（《境内》）此商君之重农重战以求富国强兵之策略。

禁诗书。秦国禁毁诗书，一般都以为是从秦始皇"焚书坑儒"开始的。其实，早在秦孝公时商鞅就实行过。《韩非子》载："商君教孝公……燔《诗》《书》而明法令。"（《和氏》）商鞅禁毁《诗》《书》在于反对儒家学派的思想，认为儒术有害于农战。商君说："农战之民千人，而有《诗》《书》辩慧者一人焉，千人者皆怠于农战矣。""虽有《诗》《书》，乡一束，家一员，犹无益于治也。"(《农战》)这是说儒家的书《诗经》和《书经》都有害于重农重战两个政策，不利于法治。《商君书》又说："六虱：曰《礼》《乐》；曰《诗》《书》；曰修善、曰孝弟；曰诚信、曰贞廉；曰仁义；曰非兵、曰羞战。国有十二者，上无使农战，必贫至削。十二者成群，此谓君之治不胜其臣，官之治不胜其民，此谓六虱胜其政也。十二者成朴必削。是故兴国不用十二者，故其国多力，而天下莫能犯也。"(《靳令》)。虱，小害虫。"六虱"，每虱包括两种，故商鞅称"十二者"。《去强》篇又有反对"礼、乐、诗、书、善、修、孝、弟、廉、辩"十项的言论。这是说，包括《诗》《书》在内的"六虱"，也就是儒书和儒术都是破坏农战政策，损伤国家富强，扰乱上下秩序，蚀毁社会治安的害虫，因而必须除掉。

强专制。《商君书》一条重要理论是加重君权，强化专制。故商君以"权"为治国三要素之一，且以为"权者，君之所独制也，人主失守则危。……权制独断于君则威"(《修权》)。当然，商君亦非以天下为君主之私有，他说："故尧、舜之位天下也；非私天下之利也，为天下位天下也，论贤举能而传焉，非疏父子亲戚人也，明于治乱之道也。故三王以义亲，五霸以法正诸侯，皆非私天下之利也，为天下治天下。是故擅其名而有其功，天下乐其政，而莫之能伤也。今乱世之君臣，区区然皆擅一国之利，而管一官之重，以便其私，此国之所以危也。故公私之交，存亡之本也。"(《修权》)但是，在治国实践中，整个封建时代都是家天下，君主没谁做到"天下为公"，君主都是独执权柄。

商君之学术，强法治，重赏刑，奖农战，以富国强兵为目的。这就是其为变法服务的"刑名之学"和"强国之术"。商君乃有政治雄才和学术造诣的法家先驱。

商鞅行有宏业，言有深虑，毛泽东视商鞅为法家代表人物，言不虚也！

商鞅变法及商鞅的法家思想，虽然有历史的进步性，有积极的一面，但是也明显有其另一面。法家的严刑峻法，特别是商鞅开创的"焚诗书禁游说"这种高压政策，不仅极端压制了人民的政治思想，对我国古代的文化典籍也是一种摧残。这一点集中反映出封建统治阶级一登上历史舞台，就有其愚昧而残暴的特性。

司马迁既肯定商鞅的进步性，同时也分量很重地批判他的刻薄少恩：

太史公曰：商君，其天资刻薄人也。迹其欲干孝公以帝王术，挟持浮说，非其质矣。且所因由嬖臣，及得用，刑公子虔，欺魏将印，不师赵良之言，亦足发明商君之少恩矣。余尝读商君《开塞》《耕战》书，与其人行事相类。卒受恶名于秦，有以也夫！（《史记·商君列传》）

解读商鞅，明确这一点，是非常重要的。

读大字本《商君书》

晚年毛泽东受视力的影响，读书就读大字本线装书。在给他特意印装的大字本图书中，有好几种与商鞅有关。

毛泽东图书管理人员徐中远，在《毛泽东晚年读书纪实》一书中编有《毛泽东晚年读过的新印大字线装书目录》，这个目录的起止时间是1972年7月8日至1976年8月31日，书目按印制先后排序编定。书目中涉及商鞅和评议商鞅的线装大字本图书有：

《商君书·更法》，（战国）商鞅著，一册
《商君书注释》，高亨注译，一函六册
《论商鞅》，梁效著，一册
《论商鞅的历史功绩》，陕西师大师生著，一册（徐中远：《毛泽东晚年读书纪实》，中央文献出版社2012年版，第496—500页）

刘修明等人校点注释的《毛泽东晚年过眼诗文录》一书，花山文艺出版社于1993年出版。所收古文实际上都是当年（1972年10月至1975年9月）给毛泽东印制的大字本图书。有十四位专家学者参加了这批图书的注译。参与其事的刘修明教授撰写了《前言》。其中涉及商鞅的有三篇著作。该书后面附《〈毛泽东晚年过眼诗文录〉篇名总目时间表》，含有这三篇著作印制时布置日期、上送日期、字号字体、上送份数等情况的介绍：

《商君书·更法》：1974年4月布置，同年5月10日上送五份，正文三宋，注文四宋，单篇。

《商君书·画策》：1974年4月布置，同年5月下旬上送，上送应为五份，正文三宋，注文四宋，单篇。

《商君书·农战》：1974 年 4 月布置，同年 10 月下旬上送，上送应为五份，正文三宋，注文四宋，单篇。（《毛泽东晚年过眼诗文录》，花山文艺出版社 1993 年版，第 553—571、636—646、923—924 页）

综合《毛泽东晚年读书纪实》和《毛泽东晚年过眼诗文录》两书的记载，毛泽东晚年过眼的商鞅单篇文章三篇：《更法》《画策》《农战》；过眼的《商君书》研究著作一种：高亨先生的《商君书注释》；过眼的历史人物研究小册子两种：《论商鞅的历史功绩》《论商鞅》。

当时，毛泽东及他周围了解他读书需求的人，为什么布置学者们注释和安排出版部门出版这批书，其具体原因、内情细节已不得而知。但是，通过了解它们的按语、前言，也可以知道此中的大概情形。

《更法》的按语中说：

> 《更法》是《商君书》中的第一篇。文中叙述了商鞅和甘龙、杜挚之间关于要不要变法的辩论，反映了新兴地主和没落奴隶主贵族两个阶级、法家和儒家两条路线的激烈斗争。商鞅站在新兴地主阶级立场上，对传说中的古代原始氏族社会和殷、周的奴隶制社会不同的上层建筑作了比较，指出历史是进步的，"治世不一道，便国不法古"，要求用"法治"代替"礼治"，即用地主阶级专政代替奴隶主阶级专政，严厉地批判了奴隶主贵族的代表甘龙、杜挚"法古无过，循礼无邪"的复古倒退思想，为变法奠定了理论基础。

《画策》的按语则说：

> 《画策》……阐述了社会不断进步的历史观，提出了"以战去战，以刑去刑"的政治主张。文中所述"伐木杀兽"及"男耕而食，妇织而衣"的时期，大体上相当于原始社会的渔猎阶段（蒙昧期）和从事农业生产阶段（野蛮期），那时候还没有阶级和国家。"黄帝"作为建立奴隶主国家必要性的象征，反映了氏族社会末期"以强胜弱"的阶级压迫和剥削的产生。文中说明：由于这种"时变"，

必须建立"甲兵""刀锯",确立"君臣上下"。从马克思主义观点看,这就是奴隶主阶级专政的国家机器。商鞅认为,新兴地主阶级只要懂得"必然之理,必为之时势",就能够"为必治之政,战必勇之民,行必听之令";就能做到加强地主阶级专政,就能使人民勇于参加进步的统一战争。这样,就能够"胜强敌"而"得天下"。本文还批驳了儒家所鼓吹的忠孝仁义的反动思想,认为仁义"不足以治天下"。商鞅在这里提出的政治主张,为秦国新兴地主阶级实行"法治"、进行封建统一战争的政策和策略提供了理论根据。

这两篇按语受当时"评法批儒"运动的影响,一味地"扬法抑儒"。但是,与"四人帮"之流的"帮史学"还是有区别的。"帮史学"拿法家比附党内"激进派"(即他们自己),是坚持"改革前进"的;拿儒家比附党内"温和派"(即一大批主持正义的老干部),是坚持复辟倒退的。"帮史学"是影射史学,是阴谋史学,是典型的唯心史观。

《农战》注释上送时间较晚,其按语写法略有变化,也提到法家思想的"局限性",指出他们实际上认为人民群众"只是可供地主阶级驱使的力量"。其实,就剥削阶级立场这一点来说,法家与儒家是孪生兄弟。在那种"法家几乎比共产党员还进步"的舆论背景下,能有这样的见解也算"客观"一点。按语说:

> 本文是一篇阐明法家经济思想的代表著作。作者认为治理国家的纲要,在于坚定不移地推行"农战"政策。"国之所以兴者,农战也"。也就是说,只有发展农业生产和加强军队战斗力,才能使国家强盛,进而统一天下。相反,如果不是这样去做的话,国家就会危亡。本篇在论述"农战"政策优越性的同时,明确指出"礼"治的主张就是"贫国弱兵之教"。如果按照那一套去做,"敌至必削,不至必贫",如果反对那一套,"敌不敢至,虽至必却,兴兵而伐必取,按兵不伐必富。"上述观点,反映了新兴地主阶级为建立和巩固自己的经济基础而斗争的努力。当然,作者站在剥削阶级立场上,尽管在一定程度上承认人民群众在农业生产和军事战斗中的作用,但实际上认为人民群众只是可供地主阶级驱使的力量,这是他的局限性的表现。

山东大学高亨教授的《商君书注释》，是他从新中国成立前就开始研究《商君书》几十年的学术积累。他所做的商君书作者考、商君书注释、战国两汉人关于商鞅的记述（摘要）二十四条、商君书新笺一百〇二条，可说是很有学术内涵和学术档次的。这本书能在"评法批儒"高潮的1974年出版，只能叫人拍案惊奇。只是他于1973年到1974年在旧稿基础上写的前言性质的《商鞅与商君书略论》，以及为《商君书》每篇文章写的《解题》受时风影响，也尽量往扬法抑儒、儒法斗争的观点上靠，降低了本书的学术性。他对自己的历史观所做的检讨和自我批评，他说对法家的历史局限性和阶级局限"还未深入探讨，以后补谈吧"，可看作是一种无奈，也可看作是一种策略。

陕西师大师生共同撰写的《论商鞅的历史功绩》，笔者未见此书，无法论断。至于臭名昭著的梁效写的《论商鞅》，如同"两校大批判组"所写的一批"评法批儒"文章一样，总是在"地主阶级革新派""奴隶主阶级守旧派""法先王"与"法后王""复辟倒退""开历史倒车"等政治术语上打圈圈，本意不在搞学术，意在为"四人帮"上台、打击坚持斗争的老干部鸣锣开道，已有多人痛斥，在此没必要再浪费笔墨。

大字本线装《商君书》及论述历史人物商鞅的书，达六种之多。这在毛泽东安排印制的大字本书中还是很显眼的。暮年的毛泽东受身体状况的制约，未必能再次全部阅读这些书。有一点却是肯定的，就是直到生命的终结前，他都很关注商鞅这位有思想、有作为、有实绩的法家先驱。

附：

《更法》译文

（《商君书》第一卷）

[原文]

孝公平画，公孙鞅、甘龙、杜挚三大夫御于君，虑世事之变，讨正法之本，求使民之道。

君曰："代立不忘社稷，君之道也。错法务民主张，臣之行也。今吾欲变法以治，更礼以教百姓，恐天下之议我也。"

公孙鞅曰："臣闻之：'疑行无成，疑事无功。'君亟定变法之虑，殆无顾天下之议之也。且夫有高人之行者，固见负于世；有独知之虑者，必见骜于民。语曰：'愚者暗于成事，知者见于未萌。民不可与虑始，而可与乐成。'郭偃之法曰：'论至德者不和于俗，成大功者不谋于众。'法者所以爱民也，礼者所以便事也。是以圣人苟可以强国，不法其故；苟可以利民，不循其礼。"

孝公曰："善！"

甘龙曰："不然。臣闻之：'圣人不易民而教，知者不变法而治。'因民而教者，不劳而功成。据法而治者，吏习而民安。今若变法，不循秦国之故，更礼以教民，臣恐天下之议君，愿孰察之。"

公孙鞅曰："子之所言，世俗之言也。夫常人安于故习，学者溺于所闻。此两者所以居官而守法，非所与论于法之外也。三代不同礼而王，五霸不同法而霸。故知者作法，而愚者制焉。贤者更礼，而不肖者拘焉。拘礼之人不足与言事，制法之人不足与论变，君无疑矣。"

杜挚曰："臣闻之'利不百，不变法；功不十，不易器'，臣闻'法古无过，循礼无邪'。君其图之！"

公孙鞅曰："前世不同教，何古之法？帝王不相复，何礼之循？伏羲、神农，教而不诛。黄帝、尧、舜，诛而不怒。及至文、武，各当时而立法，因事而制礼。礼法以时而定，制令各顺其宜；兵甲器备，各便其用。臣故曰：治世不一道，便国不必法古。汤、武之王也，不脩古而兴；殷、夏之灭也，不易礼而亡。然则反古者未必可非，循礼者未足多是也。君无疑矣。"

孝公曰："善！吾闻穷巷多怪，曲学多辨。愚者笑之，智者哀焉；狂夫之乐，贤者丧焉。拘世以议，寡人不之疑矣。"于是遂出《垦草令》。

[译文]

秦孝公在商决国家大计，有公孙鞅、甘龙、杜挚三个大夫侍候着他，他们考虑时事的变化，讨论政治、法度的根本，研究役使人民的方法。

孝公说："继承先人做了国君，不忘国家，是国君的道路。建立法度，努力使君上成其光明，是人臣的行动。现在我想要变更法度来治理国家，改革礼制来教导百姓，但是恐怕天下人要批评我啊！"

公孙鞅说："我听说过，行动迟疑不决，就不会有名。做事犹豫不定，就不会成功。我君赶快下变更法度的决心吧，应该不顾忌别人的批评。况且高出常人的行动，本来要被世人所反对。独具远见的策略，必然会被人民所嘲笑。俗语说：'愚昧的人在事情已经做成之后还看不明白。智慧的人在事情还没有萌芽之先就观察到了。人民，不可以和他们考虑事业的开端，只可以和他们欢庆事业的成功。'郭偃的法书说：'讲论崇高道德的人不附和俗人。建立大功的人不和群众商议。'法度是爱护人民的。礼制是利于国事的。所以圣人治国，只要能使国家强盛，就不沿用旧的法度；只要有利于人民，就不遵守旧的礼制。"

孝公说："好！"

甘龙说："不是这样。我听说过，圣人不改革人民的旧礼俗来施行教化。智者不变更旧法度来治理国家。因袭人民的旧礼俗去施行教化，不费什么事就能成功。依据旧法度去治理国家，官吏既很熟悉，人民也能相安。现在如果要变更法度，不遵守秦国的旧制，要改革礼制来教化人民，我恐怕天下人要批评我君，希望您仔细考虑一下。"

公孙鞅说："你所说的话都是俗人的言论。平常人总是拘守旧的习惯，学士们总是局限于自己的见闻。这两种人可以当官守法，我们不能和他们讨论法制以外的事情。夏、商、周三代的礼制不同，而都成了王业；春秋时五霸的法度也不同，而都成了霸业。所以智慧的人创造法度，而愚昧的人受法度的制裁；贤人改革礼制，而庸人受礼制的约束。我们不能和受礼制约束的人商讨大事，不能和受法度制裁的人计议变法，我君不必疑惑了。"

杜挚说："我听说过，没有百倍的利益，就不变更法度。没有十倍的功效，就不更换器具。我听说过，效法古人就没有错误，遵守旧礼就没有奸邪。我君好好考虑啊！"

公孙鞅说："古代的政教不同，我们效法哪个古人？帝王不相因袭，我们拘守谁的礼制？伏羲、神农教导人民而不杀人。黄帝、尧、舜，杀人而不叫妻子连坐。至于文王、武王，是各自针对当时的形势，建立法度；根据事实的情况，制定礼制。礼制、法度，要随着时代而制定。命令要符合实际的需要。兵器、盔甲、器具都要应用便利。所以我说，治理人民，并非一个方法。为国家谋利益，不必效法古人。商汤、周武的兴起，正由于他们不拘守古法；纣、夏桀的灭亡，正由于他们不改革旧礼。那么，推翻古法的人，未必可以排斥，拘守旧礼的人，未必值得重视。我君不要疑惑了。"

孝公说："好！我听说过，穷僻的巷子里，遇事多觉奇怪；认识片面的学士，对事常多辩论。愚昧的人所喜欢的事，正是智慧的人所悲哀的事；狂妄的人所愉快的事，正是贤人所伤悼的事。我对于那些拘泥现状，来议论大事的说法，不再疑惑了。"于是颁布了开垦荒地的命令。

路线是王道，纪律是霸道

——毛泽东品法家学派

法家是战国时主张以法治国的学派，是诸子百家中很强劲的一家，后与儒、道两家并驾齐驱，对中国思想史影响深远。《汉书·艺文志》将法家列为"九流"之一。

法家的先驱可上溯到春秋时的管仲、子产。实际创始于战国前期的李悝、商鞅、申不害等，至战国末期韩非综合商鞅的"法"（成文的国法）、申不害的"术"（君主驾驭臣下的手段）、慎到的"势"（权力和地位形成的权势），集法家思想之大成，建立起以"法"为核心的完整的法治理论。

法家在经济上主张废除井田制，建立和巩固封建土地私有制，重农抑商，奖励耕战，认为"国待农战而安，主待农战而尊"（《商君书·农战》）。在政治上主张废"分封"，行"郡县"，建立统一的君主国家，加强君主集权，打击旧贵族势力；用厚赏重刑，使令行禁止；从下层提拔有实际经验的人，"宰相必起于州部，猛将必发于卒伍"（《韩非子·显学》）；在思想教育上主张禁止儒家学说，以法为教，以吏为师，"境内之民其谈者必轨于法"（《韩非子·五蠹》）。法家有进步的历史观，承认今胜于古，强调"法后王"。在认识论上较为注重实际，提出以功用检验言行。

法家的政治主张大多切于实用，为当时许多诸侯国所采用，秦国用韩非学说建立了统一的中央集权的秦王朝。但法家以"性恶论"为其法治理论的根据，认为没有"自善之民"，主张君主专制，仗势用术，以严刑峻法进行统治，构成了残酷的封建专制统治的理论基础。西汉以后的封建统治者虽然"罢黜百家，独尊儒术"，但仍采用"外儒内法"、儒法兼治的方法。法家主要著作有《商君书》和《韩非子》。

司马迁的父亲司马谈也做过太史令，他在《论六家之要旨》中评论法家说：

> 法家不别亲疏，不殊贵贱，一断于法，则亲亲尊尊之恩绝矣。可以行一时之计，而不可长用也，故曰"严而少恩"。若尊主卑臣，明分职不得相逾越，虽百家弗能改也。（《史记·太史公自序》）

司马谈评论的意思是说：法家不分是亲属、是疏远，也不管谁有地位，谁是平民，概依法律来决断他的罪行，这样，像亲爱我们的亲属，尊重我们的长上这种重恩谊的伦理，就一无所有了。这是在适当的时机，处理某些事件，可以行得通，但绝不可长久施行的。所以说：他们是刻薄寡恩、不讲情感。至于主张君长至上，部属次之，划清职责权限，谁也不许超越，是任何一家都无法改变的。

司马谈对法家的评论，肯定少，否定多。他说法家抛弃了宗法社会的"亲亲尊尊之恩"，治世"严而少恩"，是权宜之计，不是长治久安之策。他只承认法家的区分君臣名分。其实，法家历史作用很大：秦统一六国，建立中央集权的封建国家，中国两千年的封建专制制度，法家学说是其主要思想武器和理论基础。

路线是王道，纪律是霸道

毛泽东对法家学派较早作整体观照，并不是直接评论它的主旨、价值和地位，而是把它作为一种喻体，来说明政党路线和纪律的作用和特征。

抗日战争期间的 1941 年 9 月 10 日至 10 月 22 日，中共中央在延安召开政治局扩大会议。会议检讨了党在"十年内战后期"的领导路线问题。所谓"十年内战后期"，是指从 1931 年 9 月开始的中共临时中央领导的时期。

9 月 10 日，毛泽东在会上作关于反对主观主义和宗派主义的报告，指出：

"过去我们的党很长时期为主观主义所统治，立三路线和苏维埃运动后期的'左'倾机会主义都是主观主义。苏维埃运动后期的主观主义表现更严重，它的形态更完备，统治时间更长久，结果更悲惨。"

"遵义会议，实际上变更了一条政治路线。过去的路线在遵义会议后，在政治上、军事上、组织上都不能起作用了，但在思想上主观主义的遗毒仍然存在。"

"六中全会对主观主义作了斗争，但有一部分同志还存在着主观主义，主要表现在延安的各种工作中。在延安的学校中、文化人中，都有主观主义、教条主义。""现在，延安的学风存在主观主义，党风存在宗派主义。"

报告强调指出："要分清创造性的马克思主义和教条式的马克思主义。"要实行学制的改革，研究马、恩、列、斯的思想方法论，组织思想方法论的研究组，首先从政治局同志做起。"以思想、政治、政策、军事、组织五项为政治局的根本业务。""掌握思想教育是我们第一等的业务。"

报告提出："中央研究组一方面研究马克思主义的思想方法论，一方面研究六大以来的决议。""延安开一个动员大会，中央政治局同志全体出马，大家都出来讲话，集中力量反对主观主义和宗派主义。""打倒两个主义，把人留下来。反对主观主义和宗派主义，把犯了错误的干部健全地保留下来。"

毛泽东在报告中，还通俗地表达过这样的意思：

> 路线是"王道"，纪律是"霸道"。（陈晋：《毛泽东之魂》，吉林人民出版社 1993 年版，第 269 页）

会议决定，毛泽东为中央研究组（又称中央学习组）组长，王稼祥为副组长。

会议还决定：自 9 月 16 日起《解放日报》扩大为四版，增加反对主观主义和宗派主义的宣传教育内容，今后《解放日报》的文字，应力求生动活泼，尖锐有力，反对党八股；中央各部委工作同志要多给《解放日报》写文章，解释党的政策，介绍工作经验，使之真正成为全党反映实际领导工作的机关报。

这次会议，对十年内战后期中共中央领导犯了"左"倾机会主义路线错误的问题，基本上取得一致的认识。

"王道"一词，首见之于儒家经典《尚书·洪范》：

> 无偏无陂，遵王之义；无有作好，遵王之道；无有作恶，遵王之路。无偏无党，王道荡荡；无党无偏，王道平平；无反无侧，王道正直。会其有极，归其有极。

"洪范"就是大法。周武王推翻商朝后，向商朝归顺的箕子询问治国方略。箕子依据大禹所传《洛书》，阐述九种大法，史官记录下这篇著作定名《洪范》。其中说到"王道"，意思是：不要偏颇不正，要遵守王法；不要私心偏好，要遵照王道；不要为非作歹，要遵行正路。不要营私，不要结党，王道宽广；不要结党，不要营私，王道平易；不反不乱，不偏不倚，王道正直。君王团结臣民要有法则，臣民归附君王，也要有法则。

"王道"，儒家的政治概念，即王者之道，孔颖达疏解"王道"为"王家所行之道"或"王者所立之道"。王道是儒家治国的理想道路。儒学大师孔子、孟子、荀子都讨论过王霸之道。

孔子的言论集《论语》五次提到"王"字，两次为姓氏，三次含有"王道"之意，如"有子曰：礼之用，和为贵。先王之道，斯为美"（《论语·学而》）。再如"子曰：如有王者，必世而后仁"（《论语·子路》）。一次提"霸"字，即"霸诸侯"（《论语·宪问》），取"霸道"之意。孔子生于春秋末世，列国间的争霸政治活动和激烈的军事行动，给予他很大影响。孔子对春秋时代的"五霸"，多有肯定性评价。齐桓公在贤相管仲的帮助下首创霸业，他赞扬说："管仲相桓公，霸诸侯，一匡天下，民到于今受其赐。"（《论语·宪问》）晋文公惨淡经营，城濮之战，一战胜楚，遂霸中原，他肯定说："文公之霸也，宜哉！"（《韩非子·难一》）楚庄王励精图治，争雄中原，止戈为武，服晋而霸，他评论说："楚庄王霸其有方矣……其霸不亦宜乎？"（《新序·杂事第四》）秦穆公受地理条件限制，不能越过函谷关向东发展，因此，"遂霸西戎"，成了个"地区性霸主"，他不无遗憾地说。"虽王可也，其霸小矣。"（《史记·孔子世家》）这些不仅表明孔子熟知五霸战史，而且表明他对争霸战争持赞成肯定态度。作为教育家，他向各国统治者举荐自己的学生，使他们有机会参与争霸的政治、军事实践活动。如他推荐学生宓子贱时，说其"才任霸王之佐"（《孔子家语·屈节解》）。孔子自己摄相治鲁时，采取了一系列改革政治、发展经济、富国强兵的措施，齐国人产生了危机感，惊呼："孔子为政必霸！"（《史记·孔子世家》）孔子周游列国，楚昭王将以书社地七百里封孔子，楚国令尹子西担心孔子在贤弟子的帮助下，会创造"王天下"（《史记·孔子世家》）的业绩，他劝阻了楚王。考察孔子言论思想，虽然他没有明确使用"王道"与"霸道"的词语，但实践活动和思想倾向都打着"王霸之道"的烙印，他是王、霸并用。

孟子在"王道"与"霸道"关系的权衡中，倾向扬王抑霸。孟子曲解孔子的王霸观，如说："仲尼之徒，无道桓（齐桓公）、文（晋文公）之事。"（《孟子·梁惠王上》）甚至把王、霸视为两种完全对立的政治主张："以力假仁者霸，霸必有大国；以德行仁者王，王不待大，汤以七十里，文王以百里。"（《孟子·公孙丑上》）把行仁政、重德治以统一天下称为"王道"，而以假手仁义之名、恃仗武力征服人称为"霸道"。《孟子·梁惠王上》："使民养生丧死无憾，王道之始也。"《孟子·公孙丑上》认为，王者任德，以得民心为本；霸者兼力，借威势以服人，而得天下之道在于得民心，只有实行仁政，"使民养生丧死无憾"，兼以道德教化，方可使人心归附，达到平治天下、建立王业的目的。实行霸道，则人心不服，"天下不心服而王者，未之有也"（《孟子·离娄下》），故主张尊王贱霸，实行仁政。

荀子虽倡"王道"，然而不反对"霸道"，"臣诸侯者王，友诸侯者霸"（《荀子·道王制》），"义立而王，信立而霸"（《荀子·王霸》）。认为王、霸只有程度的差别，尚无根本的对立，并把礼与法、王与霸、德与力统一起来，开汉代儒法合流、王霸杂用之先河。

在法家那里，较早谈论"王道"和"霸道"的是商鞅，见之于《史记·商君列传》。商鞅"好刑名之学"，他在魏国当中庶子，听说秦孝公下令国中求贤者，将再兴秦穆公的伟业，就西行入秦，走秦孝公宠臣景监的门路，三次游说孝公，第一次说以"帝道"，第二次说以"王道"，第三次说以"霸道"，秦孝公有三种反应。司马迁记载商鞅的自我感受：

卫鞅曰："吾说公以帝道，其志不开悟矣。"（第一次）
鞅曰："吾说公以王道，而未入也。请复见鞅。"（第二次）
鞅曰："吾说公以霸道，其意欲用之矣。诚复见我，我知之矣。"
（第三次）

商鞅三次游说三种效果。第三次商鞅见孝公。秦孝公"不自知膝之前于席也，语数日不厌"。景监问商鞅："先生说什么使我的国君如此爱听？国君高兴极了。"商鞅说："吾说君以帝王之道比三代，而君曰：'久远，吾不能待。且贤君者，各及其身显名天下，安能邑邑待数十百年以成帝王乎？'故吾以强国之术说，君大说（悦）之耳。"

所谓"刑名之学"，所谓"强国之术"，就是法家的"霸道"。

儒、法两家都讲"王道"与"霸道"。只是在激烈政治斗争和尖锐的学术冲突中，有时各有侧重罢了。

王道与霸道至汉代演变为封建统治者巩固政权的两手策略。《汉书·元帝纪》"汉家自有制度，本以霸王道杂之"，定汉代封建统治者德刑并用、礼法兼施基本政治格局。

毛泽东在延安政治局扩大会议上讲的"王道"，是指儒家的王者之道；讲的"霸道"，是指法家的霸王之道。这是借用儒法的概念，强调革命队伍思想认识和行动举措的统一，既要靠正确的路线方针的指引，也要靠铁的纪律来维护。两者不可偏废，有了正确的政治路线，没有铁的纪律来约束，则路线也不可能转化为实际的物质力量。

看来，在潜意识里，毛泽东把儒家学说看作是"王道"，把法家学说看作是"霸道"。在儒家和法家两派学说中，虽然总体上看毛泽东明显偏爱法家，但在毛泽东思想的形成过程中，他对儒法各持的王霸之术，张弛有致的文武之道，对两家看似对立实则相容的观点，是兼收并蓄的，都有所吸纳和整合。他报告中用"王道"和"霸道"来生动地阐述"路线"与"纪律"的作用和特征，就是很好的证明。

"延安整风"期间，尤其是 1942 年，是共产党率领机关从根源上（思想方法上）解决路线问题最有成果的一年。熟悉传统文化、熟悉先秦诸子的毛泽东，竟用儒法两家来比喻路线和纪律的作用和特点，十分新奇别致。当然，革命政党的路线和纪律同儒法的学说与做法，不可同日而语。这里不过是比喻而已。

王道太多，霸道太少

有时，毛泽东用儒家的"王道"和法家的"霸道"来形容斗争精神的有与无，多与少。

1956 年年初，毛泽东刚从杭州回到北京，听说刘少奇正在听取一些部委的汇报。他对这件事很感兴趣，说："这很好，我也想听听。"没过多久，汇报工作就开始了。

这个汇报按"口"的顺序进行。每个"口"先由国务院主管办公室作综合汇报，然后才由各部汇报。从重工业"口"开始。汇报前后历时两个多月，总共有三十四个部委参与，是毛泽东在我国社会主义改造处于高潮，第一个五年计划进入第四个年头时的一次重要的调查和探索，直接为他提出和论述社会主义建设十大关系问题提供了主要的资料。

各部汇报时，毛泽东都有一些插话。他很关注发展轻工业和沿海工业的问题。3 月 1 日，听取轻工业部和纺织工业部汇报时，就明确指出：

你们野心不大，斗争性不强；王道太多，霸道太少，像小媳妇不敢斗争。

重工业部门都积极抓，你们也要积极搞。你们有理由，要有些霸道。

在谈到机械工业部门不能满足轻工业部门对机械的需要时，毛泽东说：

凡是重工业部门不干的，你们自己干。你们干起来，将来交出去也好。

在谈到农业部门供应的烟叶等原料质量下降时，说：

你们心平气和，程朱哲学，没有气，没有长角，不敢斗争。农产品质量下降，要向农业部门作斗争。（薄一波：《若干重大决策和事件的回顾》，中共中央党校出版社 1991 年版，第 482—484 页）

思路和语言与"延安整风"时期有共同点，还是以儒家为"王道"，以法家为"霸道"。轻工业部"王道太多，霸道太少"就是发展的"野（雄）心不大"，对各种有碍轻工业发展的错误认识、错误行为"不敢斗争"。毛泽东的结论是：轻工业部"有理由，要有些霸道"。

讲到供应烟叶质量问题，毛泽东思维的磁场还是在儒法两大家之间徘徊，又批评是"程朱哲学，没有气"。这是"王道太多，霸道太少"的另一种表述。他提倡的还是"有气""长角"与"敢斗"的法家精神！

法家就是申不害、韩非这一派

毛泽东对法家学派有整体的了解和评说。

1968 年 10 月 13 日，毛泽东在中共八届十二中全会闭幕式上的讲话中，提到范文澜的《中国通史简编》和郭沫若的《十批判书》，就当代几位学者"崇儒反法"史学观点散论漫谈起来。毛泽东认为范文澜对儒家、法家都给予了地位：

范老基本上也是有点崇孔啰，因为你那个书上有孔夫子的像哪。……但是，在范老的书上，对于法家是给了地位的，就是申不害、韩非这一派，还有商鞅、李斯、荀卿传下来的。（陈晋：《毛泽东读书笔记解析》下册，广东人民出版社1996年版，第1149—1150页）

这次谈话，只是随便提到先秦思想史儒法两家，毛泽东并未想号召人们去钻进故纸堆，研究老古董，展开批判。不过，他对现实史学界研究儒法两家的状况是熟悉的。

毛泽东此次谈话对法家的意见，可概括为三点：（一）给法家以历史地位。不能"崇儒反法"，不能对法家视而不见，不能全盘抹杀法家推动历史进步的作用。（二）法家是先秦一个重要学派，其学术上的代表人物是申不害、韩非，法家人物还有商鞅、李斯、荀卿（况）。商鞅、申不害是前期法家，韩非、李斯是后期法家；商、申是实践家兼理论家，李是实践家，韩是理论家。（三）法家"传下来"了，意思法家有像《韩非子》《商君书》这样的著作流传后世，影响至今。

韩非、商鞅、李斯、荀卿四人，本书都有专篇讨论，此处不再多说。只是荀况本是战国末期儒家一代宗师，毛泽东称之为"儒家左派"，这里将其划入"法家一派"，大概是因为《荀子》一书援法入儒，又教出两个大法家学生，一个是法家集大成者韩非，一个是法家理论实践并卓有成效者李斯。因为这两条，所以毛泽东将其纳入"还有"的法家序列。

这里重点讨论一下法家人物申不害。《史记》在《老子韩非列传》中附有他的小传：

申不害者，京人也，故郑之贱臣。学术以干韩昭侯，昭侯用为相。内修政教，外应诸侯，十五年。终申子之身，国治兵强，无侵韩者。申子之学本于黄老而主刑名。著书二篇，号曰《申子》。……太史公曰：……申子卑卑，施之于名实。（《史记》卷六十三《老子韩非列传》）

后世学者研究法家，或"商韩"并举，或"申韩"合称，可见申不害在法家发展史中的地位。历史只给予申不害这位早期大法家以八十余字的小传，也许太不公道了。可小传尽管很短，也可以看出申不害生平的不少信息。结合《申子》佚文、《战国策》《吕氏春秋》《韩非子》《史记索引》，以及后来的类书，如唐代魏徵主编的《群书治要》、赵宋时代李昉等编撰的

《太平御览》等书的记载，大体上可以勾勒出他在韩国变法图强的面貌。

魏、赵、韩"三晋"侯国，韩国最弱。在战国初期，它也曾经进行过一些变法更张，改弦易辙。由于底子太薄，加上没有经验，处理不好"故法"与"新法"的关系，"晋之故法未息，而韩之新法又生；先君之令未收，而后君之令又下"（《韩非子·定法》），因而造成了一定程度的混乱，收效甚微。待到"韩昭侯之世，兵寇屡交"（《史记·老子韩非列传》索隐引《竹书纪年》）。这就是申不害出山前韩国的现状。

约韩昭侯八年（前 355），昭侯起用申不害为相，再度进行改革，"内修政教，外应诸侯"。内政外交全由申不害管辖。

申不害是郑国京人（今河南荥阳），出身微贱。韩昭侯时为韩相，十五年而卒。推算起来，大约死于公元前 339 年。申不害的思想如司马迁所说："本于黄老，而主刑名。"他被称为"法术之士"，是主张"法"与"术"并治的。"法"就是法治的意思；"术"则是贯彻执行"法"的统御手段。

申不害强调"法"，他曾说："法者，见功而与赏，因能而授官。"（《韩非子·外储说左上》）他还教韩昭侯"循功劳，视次第"（《战国策·韩策一》），即按"功劳"的大小任以官职。他认为国君务要明法察令："君必有明法正义，若悬权衡以正轻重，所以一群臣也。"（《艺文类聚》卷五十四；《太平御览》卷六二八）是说国君确立法治，就像用秤一样才能称出物体轻重，才能驾驭臣下。这等于说，法立才有衡量是非处理事情的标准依据。同时，申不害反对执权柄者凭"耳目心智"和个人好恶去随意决定政策措施和赏罚制度。就是国君也应该"任法而不任智，任数而不任说"（《艺文类聚》卷五四；《太平御览》卷六三八），随心所欲就会把国家搞乱。

申不害的"法治"思想，以阐扬"术治"见长。他说："术者，因任而受官，循名而责实，操生杀之柄，课群臣之能者也。此人主之所持者也。"（《韩非子·定法》）实质是主张国君集各种权力于一身，把官吏的设置、任免、考核、赏罚等，以及生杀予夺之权，都牢牢地掌握在手中。"术"，就是君主驾驭臣下使他们尽职效忠的权术。申不害指出，"为人君者，操契以责其名"；"善为主者，倚于愚"，"设于不敢，藏于无事"。他宣传"明君使其臣并进辐辏"，即要臣下围着君主一个人转；但应极力防止"一臣专君，群臣皆蔽"的事发生。他申述：如果臣下"蔽君之明，塞君之聪"，就会"夺之政而专其令，有其民而取其国矣"（《群书治要》卷三六引《申子·大体》）。因此，申不害主张君主要"独视""独听""独断"。他说："独视者谓明，独听者谓聪。能独断者，故可以为天下主。"（《韩非子·外储说右上》）

这就是要搞君主的专制独裁，集权于一身。申不害的"法"与"术"的主张，正如《史记索隐》作者司马贞所说的那样，是在建立一种"尊君卑臣，崇上抑下"的君主集权制统治。

在经济方面，申不害特别重视农业生产，把土地看得很重。他说："四海之内，六合之间，曰奚贵？曰贵土。土，食之本也。"（《太平御览》卷三七）他认为国家要富强必须粮食众多。"王天下"者"必当国富而粟多也"（《艺文类聚》卷五四；《太平御览》卷六三八）。这种贵土、重农、宝粮的思想，开法家耕战政策先河。

申不害在相韩昭侯时，努力把他的"法"与"术"的思想付诸实践，推行到政治改革的实践中去。他相韩的十五年中收到了一定程度的变革成果。《史记·韩世家》说："申不害相韩，修术行道，国内以治，诸侯不来侵韩。"前引《史记·老子韩非列传》附载《申子传》也说："（申不害）内修政教，外应诸侯十五年。终申子之身，国治兵强，无侵韩者。"可见韩国也曾一度有些起色。

全面观察申不害的变法，也要看到另一面：他那一套"法术"，在贯彻执行过程中也遇到不少困难和障碍。因而，他在韩国的变革远不如齐、秦、魏等国变革收效之大。韩国国力弱，旧势力却很强大，连支持变革的韩昭侯也信心不足。昭侯虽然同意发布一些新的法令，但又往往听从亲信宗室的错误意见，不能坚决实施。他甚至对申不害说："法度甚不易行也。"（《韩非子·外储说左上》）昭侯晚年又不顾人民疾苦，大兴土木修筑所谓"高门"，耗费本来就少的人力和财力。所以，韩国虽经申不害十五年的苦心整治，但成绩并不很显著。终战国之世，于群雄之中，难免处于弱小地位。

申不害著有《申子》一书。

《史记·老子韩非列传》在"号曰《申子》"处，裴骃《史记集解》引刘向《别录》曰："今民间所有上下二篇，中书六篇，皆合二篇，已备，过太史公所记。"司马贞《史记索隐》云："今人间有上下二篇，又有中书六篇，其篇中之言，皆合上下二篇，是书已备，过于太史公所记也。"张守节《史记正义》引阮孝绪《七略》云："《申子》三卷也。"《汉书·艺文志》则于《诸子略》法家类著录《申子》六篇。凡此种种，可知《申子》在汉代始传二篇，后又分为六篇，魏晋南北朝以后盛行卷子，又分为三卷。

《汉书·艺文志》著录《申子》六篇，未存其目。据《群书治要》，则知其中有《大体》篇，至于其他篇目，可考见者唯二：一曰《君臣》篇，一曰《三符》篇。《太平御览》卷二二一引刘向《七略》和《淮南子·泰族训》

都提到《申子》的《君臣》篇；而《论衡·效力》篇则提到《申子》的《三符》篇。《申子》其余三篇篇名，尚无从考见。（参见张觉：《〈申子〉校点说明》，《商君书·韩非子》附录，岳麓出版社1990年版，第309—311页）

申子之学，"刑名之术"，后来多为韩非所继承、利用、改造，《韩非子》一书也保留了申子思想史料，从中可见两者传承关系。前文已讲到韩非利用和改造申不害"术治"思想，成就其"法、术、势"系统思想的情况，此处不赘。

《申子》在汉代政治生活和思想发展中发挥了较大作用：

> 宣皇帝重申不害《君臣》篇，使黄门郎张子乔正其字。（刘向：《七略》）

> 申子学号"刑名"。刑名者，以名责实，尊君卑臣，崇上抑下。宣帝好观其《君臣》篇。（班固：《汉书·元帝记》，颜师古注，引刘向《别录》）

> 今商鞅之《启塞》，申子之《三符》，韩非之《孤愤》，张仪、苏秦之从衡（纵横），皆掇取之权、一切之术也。（刘安：《淮南子·泰族训》）

> 韩用申不害，行其《三符》，兵不侵境，盖十五年。不能用之，又不察其书，兵挫军破，国并于秦。（王充：《论衡·效力》）

刘向的《七略》和《别录》都记载汉宣帝好观喜读《申子》的《君臣》，而刘安的《淮南子》和王充的《论衡》又记《申子》中《三符》与各家著述同时流传，并发挥治国强兵的作用。

申韩未必皆贼杀

明末清初学者王夫之传有《船山遗书》，世人称其为"船山先生"。王夫之所著《读通鉴论》，是封建社会后期最为有名、最有影响的史论史评著作之一，也是"通鉴学"中的力作。《读通鉴论》是就司马光《资治通鉴》所载史实而撰写，三十卷。王夫之在评论中阐释历代法制沿革，主张"事随势而法必变"，反对"泥古过高而菲薄方今"，反映出进步的历史观和社会政治思想倾向。

王夫之在《读通鉴论》卷十五《宋明帝》、卷十七《梁武帝》中，通过对史实的评论，阐述了对我国历史上所谓"黄老""申韩""孔孟"等诸家治术的看法。

王夫之《读通鉴论》卷十五的论《宋明帝》，依据的史事是司马光《资治通鉴》卷一百三十三宋明帝（刘彧）泰始七年条的记载：北魏献文帝拓跋弘"好黄、老、浮屠（佛教）之学，每引朝士及沙门共谈玄理，雅薄富贵，常有遗世之心"。但因当时皇太子拓跋宏年纪太小，于是献文帝就想把皇位禅让给自己的叔父、"沉雅仁厚"且很有声望的拓跋子推。对此，北魏群臣和宗室皆不同意，有人甚至说，如果陛下舍弃太子而另立亲王，就要当庭自杀；他们纷纷表示今后要以死拥戴太子，而不知他。最后，献文帝终于表示："然则立太子，群公辅之，有何不可？"这样，自然就把皇位传给了太子拓跋宏，是为北魏孝文帝。献文帝自己则退为太上皇。

《资治通鉴》卷一百三十三宋明帝泰始七年条还记载：宋明帝刘彧因为自己没有儿子，曾把各亲王的已孕姬妾秘密接到宫中控制起来，若生了男孩，就把其生母杀掉，然后令他自己的宠妃认作儿子。当时已立为太子的刘昱也不是明帝的亲生儿子，而是他的妃子同嬖人李道儿生的，由他收为养子。因为太子刘昱年纪尚幼，明帝担心自己的兄弟们乘机阴谋篡权，就借故把他们诛杀了。《资治通鉴》卷一百三十三宋明帝泰豫元年条又记载：宋明帝在病重之时，"虑晏驾之后，皇后临朝，江安懿侯王景文以元舅之势，必为宰相，门族强盛，或有异图"，便派人把王景文毒死了。

司马光同时记载在《资治通鉴》卷一百三十三宋明帝泰始七年条这两个帝王传位故事，很有思想史意义，引起王夫之对黄老之术（道家）与申韩之术（法家）实际作用及其贤恶的思考。

他对比两段记载评论道：

> 拓跋弘授位于子，而自称太上皇帝，子幼而恐为人所篡夺也。……弘好黄老，而得老氏之术。其欲逊位于子推也，老氏"欲取固与"之术也。其托于清谧，而匿其建立嗣子之旨也，老氏"守兑之术"也。所欲立者非不正，而诡道行之，巧笼宗室大臣之心，亦狡矣哉！而抑岂君人之道哉？虽然，其以传位笼子推而制之，犹贤于宋明帝之贼杀兄弟，以安其养子远矣！黄老之术，所由贤于申韩也。然而疑虑以钳制天下，则一也。故曰：黄老之流为申韩，机诈兴而末流极于残忍，故君子重恶之也。（王夫之：《读通鉴论》卷十五《明帝》）

北魏献文帝拓跋弘本意想传位给儿子拓跋宏（注：父子名字音同字不同），但怕儿子太小，就假意说要把皇位禅让给威望素著的叔父拓跋子推。但是拓跋子推和大臣们明白他的真意，都不同意。王夫之认为拓跋弘好黄老之学，他这一套不是君子之术，而是老子"欲取固与"之术和"守兑"之术，是"诡道"，是狡猾。

王夫之又比较拓跋弘与刘彧的行事手段，认为拓跋弘还是"贤于宋明帝之贼杀兄弟"。他进而得出结论：黄老之术"贤于"申韩之术，但是它们在"疑虑以钳制天下"方面，又是一个样子。王夫之还指出，黄老之末流沟通了申韩之术，就会机诈风起而达于"残忍"。这是君子所深恶痛绝的。

应该说，王夫之的这段评论有合理之处。但是，毛泽东读后不赞同王夫之蔑视申韩法术的观点。

他阅读的《读通鉴论》，是上海中华书局据《船山遗书》本出版的校勘本。他翻阅卷十五见"宋明帝之贼杀兄弟"一段，写下批语：

> 申韩未必皆贼杀，如曹操、刘备、诸葛亮。（《毛泽东读文史古籍批语集》，中央文献出版社 1993 年版，第 343 页）

毛泽东"申韩未必皆贼杀"这个判断，意为法家不一定都"极于残忍"，不一定都是一味嗜好杀戮。这一判断从一般意义上说是正确的。但是所举的例子则不能说明这个观点。

曹操、刘备、诸葛亮三人皆三国时期的著名人物。查《三国志》《曹操集》和《诸葛亮集》使我们知道：他们与法家学派关系不大。

曹操的思想只是略像申韩之术，他"在军中持法严也"只是治军之道，他的团结士族，收养流民，屯田垦荒，统一北方，也并非就是"刑名之学"的功劳。

刘备历来被视为"仁爱君主"。他自己说行事每与曹操相反，如"曹以暴，吾以德"等，似乎离法家更远，而有儒者之风。

诸葛亮虽然有"挥泪斩马谡"的故事，那是战败履行军法。诸葛治蜀是多方并举，观其《论诸子》一文，也是杂采道、法、兵、纵横各家学说："老子长于养性，不可以临危难。商鞅长于理法，不可以从教化。苏张长于驰辞，不可以结盟誓。白起长于攻取，不可以广众。……此者也。"（《诸葛亮集》）所谓"任长之术"，就是取各家之长，避各家之短。对法家商鞅他指出"不可以从教化"，可见他并不只是推崇申韩"刑名之术"。

读书贵在有疑，毛泽东对王夫之的论点给予补正，是积极读书法。虽然曹、刘、诸葛三人并不在纯法家之列（有的人有些法家思想），但是他们三人不"贼杀"倒也是事实。即使曹操，毛泽东也讲过其"不杀俘"。他在战场上俘虏的"青州兵"，都充实到自己的部队之中，就是明证。至于诸葛亮的"七擒孟获"更是优待俘虏不嗜杀的显证。

黄老之学乃战国汉初盛行之学说，它的主要内容是老子的"清静无为"。从司马迁起就"老庄申韩"并说，两家学术上有密切联系。毛泽东这个批语有替法家辩诬之意。

法家之犹讲一些真话

王夫之有些议论，毛泽东是赞成的。

司马光《资治通鉴》卷一四五梁武帝天监元年条，记载了梁武帝萧衍篡齐登基前夕的一段有趣的故事。这段故事的另两位角色是儒士沈约与范云。

南齐末年，时任大司马的萧衍已有篡齐之意。其好友、著名文士沈约和范云都看出了他的野心。于是沈约劝进说："今与古异，不可以淳风期物。士大夫攀龙附凤，皆望有尺寸之功。今童儿牧竖皆知齐祚已终，明公当承其运，天文谶记又复炳然，天心不可违，人情不可失。"稍后，范云也陈述了类似的意见。萧衍听后很高兴，并让范云在第二天同沈约一起再来。沈、范二人从大司马府出来时，沈约嘱咐范云第二天一定要等他，但结果第二天沈约却独自先进了大司马府。萧衍让沈约起草受命登基的诏书，沈约当即从怀中取出早已写好的诏书和人事安排的名单，萧衍看后表示完全赞同。沈约出来时，范云竟还在殿门外徘徊傻等。他见沈约从里面出来，方醒悟沈约已赶在自己前面进去了，于是忙问：对我是怎么安排的？沈约举手往左一指，意思是安排为尚书左仆射。范云即会心一笑，说：这才和我所期望的一样。

对于上述这段史实，王夫之在《读通鉴论》卷十七《梁武帝》一文中评论道：

> 若夫坏人心，乱风俗，酿盗贼、篡弑、危亡之祸者，莫烈于俗儒。俗儒者，以干禄之鄙夫为师者也。教以利，学以利，利乃

沁入于人心。而不知何者之为君父，因异端之所不屑者也。……
俗儒奉章程以希利达，师鄙夫而学鄙夫，非放豚也，乃柙虎也，
驱之而已矣，又何受焉？

王夫之把沈约、范云这样的"干禄""希利"之人鄙视为"俗儒"，认
为这些人是"坏人心，乱风俗，酿盗贼、篡弑、危亡之祸者"。对他们的行
为非常愤慨，指出任用这些人不是"放豚"，而是"柙虎"，应该把他们赶
走。

此次，毛泽东赞同王夫之的评论，在批注中进一步发挥说：

儒俗者万千，而贤者不一，不如过去法家之犹讲一些真话。
儒非徒柔也，尤为伪者骗也。（《毛泽东读文史古籍批语集》，中央
文献出版社 1993 年版，第 343—344 页）

毛泽东的批语有两层意思：万千俗儒中无一贤者；法家犹讲真话，俗儒
伪骗。

俗儒，指浅陋庸俗的儒者。最早由荀子提出。《荀子·儒效》："随其长子，
事其便辟，举其上客，亿然若终身之虏而不敢有他志：是俗儒者也。"以为
其学术荒谬杂乱，衣冠行为已同于世俗，言议谈说无异于墨者。"不知法后
王而一制度，不知隆礼义而杀诗书。"（同上）相反，其总是"呼先王以欺
愚者而求衣食焉，得委积足以掩其口则扬扬如也"（同上）。这些人"法先
王"必然"足乱世"（同上）。故人主用俗儒之主张，万乘之国只能勉强得
以保存。这是战国末期的"俗儒"这个概念的内涵。

王夫之对"俗儒"的定义则是："俗儒者，以干禄之鄙夫为师者也。教
以利，学以利，利乃沁入于人心。而不知何者之为君父，因异端之所不屑
者也。"就是利欲熏心而不知君父之道，又讲异端邪说的庸俗浅陋之儒。这
是明末清初时期"俗儒"这个概念的内涵。具体所指，就是沈约、范云一
类阿谀篡位者以谋取私者之徒。沈、范二人，言甘行贼。他们鼓动萧衍篡
位，口头上说什么"天心不可违，人情不可失"，实际上内心里想的是自己
升官谋利。沈约的玩心机，范云的谋高位，皆是无耻之尤。

也许毛泽东正是有感于此，批评"儒非徒柔也，尤为伪者骗也"。相反，
他认为倒是"过去法家之犹讲些真话"，这是俗儒之伪所不能比的。法家如
何能讲真话，毛泽东没有具体展开。比如，韩非就敢讲真话，不回避问题

的实质。他主张君主集权，修明法制，富国强兵；鼓励耕战，加强对农民的剥削和压迫，实行愚民政策；提出任法不任贤，不用文学游宦之士，排斥儒墨的仁民爱物思想，推行极端的专制主义。特别是韩非子能直面人性的幽暗面，无论是对君主统治心理的分析，还是对臣民行为倾向的剖析，往往一针见血，如"圣人之治国，不恃人之为吾善也，而用其不得为非也"；"严家无悍虏，而慈母有败子。吾以此知威势之可以禁暴，而德厚之不足以止乱也"；等等。韩非的思想为当时地主阶级夺取政权提供了理论根据。作为早期地主阶级的意识形态，一方面有其刻薄寡恩的特点，另一方面也有其真实坦率、毫不掩饰的特点。

其教孔孟者，其法亦必申韩

儒法两家的建立社会秩序方案在许多方面是对立的。可二者也在巩固封建秩序方面走向融合，作用互补。毛泽东为《读通鉴论》作批语，也关注到儒法互补。

据司马迁《资治通鉴》记载：梁武帝萧衍笃信佛教，招纳文士，辩论儒、佛义蕴，议定"五礼"，合著《通史》。又汇通佛、儒、道三教，创立"三教同源"说，认为儒、道皆源于佛教，并附属于佛教。因此主张尊儒崇佛，三教并用。他还早晚去寺庙拜谒、讲经、吃素，甚至三次舍身出家到东泰寺当和尚，骗取臣民同情，群臣花钱重金才把他赎回。在政治上，梁武帝任意扩充文武班子，纵容宗室权臣贪污聚敛胡作非为，以严刑苛法镇压民众。散骑常侍朱异广纳贿赂，欺罔视听，远近愤疾，但因善于阿谀，仍被信任重用达三十五年之久。后来，侯景起兵发动叛乱，就是以清除朱异为借口的。梁武帝智穷力竭，困饿而死。

对于《资治通鉴》上述记载，王夫之在《读通鉴论》中从佛道与法家关系的角度展开评论，他说：

> 佛老之于申韩，犹鼙鼓之相应也。应之以申韩，而与治道弥相近矣。汉之所谓酷吏，后世之所谓贤臣也。至是而民之弱者死，强者寇，民乃以殄而国乃以亡。呜呼！其教佛老者，其法必申韩，故朱异以亡梁，王安石、张商英以乱宋。何也？虚寂之甚，百为必无以应用，一委于一切之法，督责天下以自逸，而后心以不操而自遂。

王夫之研究佛家、道家与法家的关系，认为历史上标榜以佛老之学治天下者，其实际作派仍是申不害、商鞅、韩非等"刑名之学"之所为。他形象地比喻说："佛老"与"申韩"的关系，犹如"鼙鼓相应"。因为佛老"虚寂之甚"，佞佛虚静无事的君王无计可施之时，只能依靠"法"来"督责天下"，以保证自己超脱"自逸"。王夫之强调"汉之所谓酷吏，后世之所谓贤臣也"，君主只有重用酷吏，才能心不操而自逸。所以王夫之的结论是"其教佛老者，其法必申韩"。

王夫之的思想也并非"异军突起"，空穴来风，而是渊源有自。

早在西汉时期，孝文帝刘恒表面上推崇道家的"清静无为"，实际上却喜欢法家的"刑名之言"，并任命研习"刑名之术"的晁错为太子家令。

汉武帝时，司马迁作《史记》，就把老庄和申韩写入同一列传，称申不害、韩非皆"本于黄老而主刑名"，认为申韩的"刑名法术"之学同道家的"无为而治"的学说有一定的联系。

只是那时佛教还未传入中国，故还不可能"佛老"（即佛道）并称。

毛泽东读了王夫之的这段评论，受"其教佛老者，其法必申韩"一语的启发，提笔进一步批注道：

> 其教孔孟者，其法亦必申韩。（《毛泽东读文史古籍批语集》，
> 中央文献出版社1993年版，第344页）

王夫之讲佛老（佛家、道家）与法家的关系，毛泽东则讲孔孟（儒家）与法家的关系。"其教孔孟者，其法亦必申韩"，显然是毛泽东对王夫之观点的发挥，"亦必"二字证明了他的批语与王夫之评论用语的递进关系。

毛泽东认为，在中国的历史上，无论是提倡佛老之术，还是尊崇孔孟之道，维持政治运作都离不开申韩的法家之说，佛老、孔孟与申韩之间，有时形式上对立，其实是殊途同归，兼容互补。

更长远地看历史，更广泛地看问题，毛泽东"其教孔孟者，其法亦必申韩"这个结论，也是他阅读中国政治史和中国思想史时概括的一条治国治世规律，这是一句包含众多历史内容又非常深刻的话。

前引毛泽东所说"儒非徒柔也"，儒家亦有刚烈的一面。

拿儒学的开创者孔子本人来说，齐国人就评论"孔子为政必霸"（《史记·孔子世家》）！如果孔子真的当政起来，他的做法其实和管仲、商鞅是

一样的。孔子杀少正卯、堕三都，已见端倪。孔子之后，董仲舒首劝汉武帝杀骨肉大臣，王阳明、曾国藩皆用严厉的手段对待农民起义军，都说明中国历史上当政的儒生，其所作所为与平生学术旨趣颇有差异。在封建社会，仁恕之道不可不讲，但当政者要成就一番事业，不出以法家手段自然是不行的。

中国传统文化之基调，实乃阳儒阴法，王霸并用。两汉以降，人主即假崇儒之名，又取法家术治之道，行专制之实。"百代都行秦政法"（毛泽东语），上下皆以申韩之法为衡，法治之学大行其道。

孟子曾经力倡尊王贱霸扬儒抑法，他说："仲尼之徒无道桓、文之事。"（《孟子·梁惠王上》）宣称："五霸者三王之罪人也。"（《孟子·告子下》）认为"管仲以其君霸"，"不足为与"（《孟子·公孙丑上》）。孟子这一观点得到朱熹的全面继承与发挥，认为"三代以道治天下"，实行的是王道政治，社会充满光明，而"汉唐以智力把持天下"，实行的是霸道政治，社会一片黑暗。南宋学者陈亮激烈反对朱说，认为它"不能使人心服"。指出如"信斯言也，千五百年之间，天地亦是驾漏过时，而人心亦是牵补度日"。三代至汉唐之历史则"成一大空阙"，"万物何以阜蕃，而道何以常存？"（《又甲辰秋书》）认为霸者亦是"天地赖以常运而不息，人纪赖以接续而不坠"之力量，其功绩足以与王者事业相匹配。王道与霸道的关系是相辅相成的。霸道"固本于王道"，王道中亦夹杂霸道，因此应"王霸并用"。陈亮实质上也否定了孟子的尊王贱霸说。

从总体上说，孔孟、佛老与申韩之学是兼容互补、同舟共济的。对于世道人心之关注，对于治乱兴废之补益，对于封建秩序之巩固，其作用可谓殊途同归。佛、儒、道、法之间的壁垒并不像后起学者说得那么分明，在归于"治"这一点上，许多见解不谋而合，那些不合的地方又在对立中补充着。法家的治术虽然切于事情，但是孔孟、佛老行仁用柔那一套与之相生相克、相反相成，支撑社会平衡合理，这比单纯用李斯、韩非、秦始皇那一套急、暴、专、滥的主张公正而人道。

封建社会前期法家有建树

毛泽东晚年对法家的评价陷入一种极端：他从政治需要出发在"文革"动乱难于掌控的情况下，又错误地发起了"评法批儒"运动，绝对肯定法家，绝对否定儒家，使其儒法观完全倾斜，脱离了学术轨道。

　　1973 年 5 月的一天，江青看望毛泽东，见毛泽东那里放着大字本的郭沫若的《十批判书》。毛泽东给了江青一本，并说："我的目的是为了批判用的。"他还把自己写的一首诗念给江青听："郭老从柳退，不及柳宗元；名曰共产党，崇拜孔二先。"

　　毛泽东这首小诗，把郭沫若与柳宗元作了对比。唐代的柳宗元著有政论文章《封建论》，郭沫若著有史论《十批判书》，郭、柳二人都对秦王朝和秦始皇做出了评价。毛泽东认为郭沫若的历史观"不及"柳宗元。

　　《十批判书》是郭沫若在抗日战争时期研究先秦诸子的论文集。郭沫若在书中表示了自己独特的见解。他推崇孔子，认为孔子是"一位注重实际的主张人文主义的人"。孔子的基本立场是"顺应当时的社会变革的潮流的"，"站在代表人民利益方面的"，"很想积极地利用文化的力量来增进人民的幸福"。他承认，他"有点袒护孔子"。他在崇孔的同时抑墨，认为墨子在公家腐败、私家前进的时代，"同情公室而反对私门"。郭沫若的书出来后，在学术界引起争论。他的好友杜国庠，好墨学，担心郭沫若这样做"会替旧势力张目"。郭沫若却另有看法，认为不会的，他是本着实事求是精神写的。针对当时有人"歌颂嬴政，有意阿世"这一点，他在书中对秦始皇进行多方面的批判，对"焚书坑儒"进行了抨击。故有人认为郭沫若对秦王的批评是针对蒋介石而发的。

　　柳宗元（773—819），唐朝的政治家、文学家、哲学家。柳宗元政治上主张革新，哲学上是唯物主义，诗文清新精细、富有哲理。毛泽东很爱柳文。他曾经阅读过章士钊撰写的《柳文指要》书稿，提出修改意见。该书"文革"前完成初稿，1971 年在毛泽东支持下出版。柳宗元的《封建论》，从当时巩固中央政权、反对藩镇割据提出秦王朝设置郡县，废除以前的"封国土，建诸侯"，而建立中央集权制，是历史发展的必然规律。肯定秦始皇建立统一的中央集权国家的历史功绩，肯定唐承秦制的政治制度，反对割据，反对分裂，反对倒退。

　　毛泽东的四句诗，批评郭沫若的《十批判书》崇儒抑法贬秦，肯定柳宗元的《封建论》赞郡县制废分封制。从思想史的角度说，毛泽东明确亮出了褒法贬儒的思想旗帜。

　　1973 年 5 月 20 日到 31 日，中共中央召开工作会议，主要议题是为召开中共十大做准备。在会上，毛泽东要求政治局的同志，当然也包括中央委员和候补委员在内，都要认真看书学习，不要光抓生产，要注意路线、意识形态、上层建筑。要懂得历史，学点哲学，看些小说。

5 月 25 日晚，毛泽东在中央政治局会议上讲话。他说：

> 郭老的《十批判书》有尊孔思想，要批判；但郭老功大过小，他在中国历史的分期上，为殷纣王、曹操翻案，为李白籍贯作考证，是有贡献的。对中国的历史要进行研究，从孔夫子到孙中山，从乌龟壳(甲骨文)到现在，都要进行研究、总结，要有知识。(《中国共产党历次代表大会（社会主义时期）》，中共中央党校出版社 1983 年版，第 108—109 页)

7 月 4 日，事情开始起了变化。这天，毛泽东在中南海游泳池住处，召见了王洪文、张春桥两名"文革"新贵。毛泽东开场就说：

> 你们两位是负责搞报告和党章的。今天找你们来谈几件事。近来外交部有若干问题不大令人满意，大概你们也知道吧?

毛泽东对外交部的批评是由外交部的一期简报引起的。毛泽东不同意这期简报对美苏关系的分析。毛泽东又说：

> 又是外交部一个什么屁司，说是田中不能上台，上台也不能改善中日关系。

在座的工作人员插话："二部认为田中上不了台，外交部认为田中要上台，但中日关系不会很快改变。"

> 以五十步笑百步，弃甲曳兵而走，逃到五十步的笑一百步的。这是以数量而论。如果拿性质论，都是逃兵，你去翻那个《孟子》。

毛泽东借用这个典故批评外交部对日本政局和中日关系的分析错了。

> 所以我正式劝同志们读一点书，免得受知识分子的骗。什么郭老、范老、任继愈、杨柳桥之类的争论。郭老又说孔子是奴隶主义的圣人。郭老在《十批判书》里头自称是人本主义，即人民本位主义。孔夫子也是人本主义，跟他一样。郭老不仅是尊孔，

而且是反法，尊孔反法，国民党也是一样啊！林彪也是啊！

王洪文、张春桥用心地听着毛泽东的谈话。尤其是张春桥更仔细地捕捉着毛泽东的每句话的意思。毛泽东继续说：

我赞成郭老的历史分期，奴隶制以春秋战国为界。但是不能大骂秦始皇。他乱得很。早几十年中国的国文教科书就说秦始皇不错了。车同轨，书同文，统一度量衡。就是李白讲秦始皇，开头一大段也是讲他了不起。"秦王扫六合，虎势何雄哉！挥剑决浮云，诸侯尽西来"一大篇，只是屁股后头搞了两句："但见三泉下，金棺葬寒灰。"就是说他还是死了。你李白呢？尽想做官，结果充军贵州。走到白帝城，普赦令下来了，于是乎"朝辞白帝彩云间"。《梁甫吟》说现在不行，将来有希望，"君不见高阳酒徒起草中"，"指挥楚汉如旋蓬"，那时神气十足。我加上几句，比较完全："不料韩信不听话，十万大军下历城。齐王火冒三千丈，抓了酒徒付鼎烹。"把他下了油锅了。（贾思楠：《毛泽东人际交往实录》，江苏文艺出版社 1989 年版，第 306—308 页；陈晋：《毛泽东与文艺传统》，中央文献出版社 1992 年版，第 347 页）

毛泽东引用的诗句分别见李白《古风》五十九首其三、《早发白帝城》和《梁甫吟》。

这次召见王洪文、张春桥，毛泽东说着说着，谈锋陡转，指向了眼前。他批评周恩来总理分管的外交部说："我常说大动荡、大分化、大改组，而外交部忽然来一个什么大欺骗、大主宰。""在思想方法上是看表面，不看实质。"

他随口说出了分量并不轻松的四句顺口溜，结论是四句话：

大事不讨论，小事天天送。

此调不改动，势必搞修正。（《建国以来毛泽东文稿》第 13 册，中央文献出版社 1998 年版，第 357 页）

毛泽东最后又警告说："将来搞修正主义，莫说我事先没讲。"听到毛泽东对周恩来的这一番不满的话语，张春桥心中窃喜，庆幸这一发动攻击的极好机会的来临。

8月3日，毛泽东看到《人民日报》情况汇报2253号登有杨荣国的《孔子——顽固维护奴隶制的思想家》一文。杨荣国是广州中山大学哲学系教授，搞中国哲学史的。杨荣国是反孔的，这点，毛泽东早知道。他找杨文看后批示：杨文颇好。8月7日，《人民日报》发表这篇文章，"评法批儒"运动正式拉开序幕。

8月5日，毛泽东作七律《读〈封建论〉呈郭老》：

> 劝君少骂秦始皇，焚坑事业要商量。
> 祖龙魂死秦犹在，孔学名高实秕糠。
> 百代都行秦政法，十批不是好文章。
> 熟读唐人封建论，莫从子厚返文王。
> （《毛泽东传（1949—1976）》下册，中央文献出版社2003年版，
> 第1657页）

这首七律，与前引《五言诗·给郭老》，主题依然是扬法（秦）贬孔，思想脉络是连续的、一致的。毛泽东赞扬了秦始皇的历史功绩，抨击了孔夫子的儒学，批评郭沫若的《十批判书》，激赏柳宗元的《封建论》。

同日，毛泽东召见江青，令其记下这首七律。并对江青说：

> 历代政治家有成就的，在封建社会前期有建树的，都是法家。这些人都主张法治，犯了法就杀头，主张厚今薄古。儒家满口仁义道德，一肚子男盗女娼，都是主张厚古薄今的。（《中国共产党历次代表大会（社会主义时期）》，中共中央党校出版社1983年版，第145—146页）

在这次谈话中，毛泽东还批评《人民日报》说："《人民日报》说林彪极'左'，上海不同，说是极右。《人民日报》发了文章，又朝回搞呢！"据江青后来的传达，毛泽东还说："郭老对待秦始皇、对待孔子那种态度和林彪一样。"

对于秦始皇，毛泽东起初并没有偏爱。他曾写过这样的诗句："惜秦皇汉武，略输文采。"是对手的比附和攻击，激起了他的愤慨。1971年3月，林立果等人在政变计划《"五七一工程"纪要》中这样丧心病狂地咒

骂毛泽东，"他已成了当代的秦始皇"，"他不是一个真正的马列主义者，而是一个行孔孟之道，借马列主义之皮，执秦始皇之法的中国历史上最大的封建暴君。"

于是，毛泽东要站出来为秦始皇说几句话。这使他的评法批儒论始皇，不少为争辩与批驳中的激愤之语，很难说是深思熟虑后的准绳之言。这些话语在 1973 年与批"左"、批右之争和《人民日报》事件联系起来，产生了令人遗憾的后果。

关于《人民日报》的批"左"批右，有个前奏曲。1972 年 8 月，主持中央工作的周恩来批评《人民日报》的极"左"思潮没有批透，要求他们批判林彪的极"左"罪行。然而，几天之后，上海出身的张春桥、姚文元却又指示《人民日报》批极"左"不要过头，要批林彪的极右。于是，《人民日报》分成了两派，拥护周恩来的一些干部在 10 月用一个版面发表了批判林彪鼓吹的无政府主义的文章，引起了张春桥、姚文元的指责。《人民日报》便有人给毛泽东直接写信，表示拥护周恩来的批极"左"方针，不同意张春桥的批极右路线。

这场争论在 1972 年 12 月 17 日终于摊牌。当天，毛泽东与张春桥、姚文元谈话，认为极"左"思潮要少批一点，批林要批极右。一锤定音，从那以后，报纸上就只提批判林彪的极右，不再提批判极"左"。

毛泽东的两首"评法批儒"诗，先说"从柳退"，又说"返文王"，再联系到批评《人民日报》"又朝回搞"，显然毛泽东的寓意在一个"退"字上。他认为林彪出逃的"九一三"事件以后，周恩来主持中央工作，批判林彪的极"左"思潮，纠正了"文革"中的一些错误，恢复了"文革"前的一些党的政策，起用和解放了一批被打倒的老干部，这些都有一种"倒退""回潮"的趋势。因此，掀起"评法批儒"新潮，硬性责难儒家"复辟倒退""开历史倒车"，有现实所指，目的正在于肯定"文革"运动，而把纠正"文革"错误当"右倾回潮"打击。

1973 年 9 月 23 日，毛泽东接见埃及副总统沙菲时说：

> 秦始皇在中国是有名的，就是第一个皇帝。中国历来分两派，讲秦始皇好的是一派，讲秦始皇坏的是一派。我赞成秦始皇，不赞成孔夫子。因为秦始皇是第一个统一中国的，统一文字，修筑宽广的道路，不搞国中有国而用集权制，由中央政府派人去各个地方，几年一换，不用世袭制度。（逢先知、冯蕙：《毛泽东年谱》

第六卷，中央文献出版社 2013 年版，第 500 页）

1974 年 1 月 18 日，毛泽东亲自批准下发了本年第一号中共中央文件，就是由江青直接指挥编辑的材料《林彪与孔孟之道》（之一）。中央通知说："林彪是一个地地道道的孔老二的信徒，他和历代行将灭亡的反动派一样，尊孔反法，攻击秦始皇，把孔孟之道作为阴谋篡党夺权、复辟资本主义的反动思想武器。"

1975 年夏，帮助患眼疾的毛泽东读书的北大中文系教师芦荻，就"评法批儒"时有人大捧秦始皇，不准人们对秦始皇作历史分析这个问题，请教毛泽东：对秦始皇到底怎样看？毛泽东指出：

> 秦始皇作为一个历史人物评论，要一分为二。秦始皇在历史发展过程中的进步作用要肯定，但他在统一六国之后，丧失了进取的方面，志得意满，耽于佚乐，求神仙，修宫室，残酷地压迫人民，到处游走，消磨岁月，无聊得很。陈胜、吴广揭竿而起，反抗秦的暴政，其中就包括对秦始皇，完全是正义的。这次战争掀开了我国封建社会中波澜壮阔的农民战争的序幕，在历史上有很大意义。（《光明日报》1978 年 12 月 29 日）

回顾毛泽东晚年对法家的评论和"评法批儒"，有这样一些特点：

第一个特点，是褒法贬儒从废除分封制建立郡县制这个具体问题切入，延伸到儒家复辟倒退，法家革新进步。一开始就不在意儒法两家的学术思想，而关注他们的政治运作。郭沫若的《十批判书》，柳宗元的《封建论》，是其价值象征与文化符号。郡县制在历史上确实曾经起过进步作用，有利于建立中央集权制的统一大国和封建社会秩序长期稳定。柳宗元的《封建论》主旨在于反对唐代中期的藩镇割据，维护全国一统，让民众免除战乱之苦而得到休养生息，这自然值得肯定。可是，儒家自《春秋》以来的政治主张最主要之点也正是维护国家的大一统局面，它与法家的郡县制一个表现在思想层面，一个表现在制度层面，两者对于维护国家统一，正所谓缺一不可、相得益彰。毛泽东说"在封建社会前期有建树的都是法家"，这个观点从历史事实上看有些根据，如法家之始祖李悝被魏文侯任用为相，在经济上"尽地力之教"（《汉书·食货志》），推行"平入法"，制定法经，"相魏文侯，富国强兵"（《汉书·艺文志》）。申不害为韩相十五年，"内修政教，外应诸侯"，使弱韩亦"国治兵强"，"终申子之身"而"无侵韩者"（《史记·老庄申韩列传》）。再如司马迁在《史记·孟子荀卿列传》中记载："当是之时，秦用商君，富国强兵；楚、魏用吴起，战胜弱敌；齐威王、宣王用孙子、田忌之徒，而诸侯东面朝齐。"战国时代，各国变法，征伐兼并，主要是法家兵家在做事。但是毛泽东说"历代政治家有成就的"都是法家，这个结论大成问题。秦汉以后的"历代政治家"专一信奉法家刑名学说者，几乎找不出来，他们的思想大都兼容儒、道、法、佛，有综合性。即使以"革新""维新""变法"著称的政治家，如唐代的"二王八司马"、宋代的"王安石变法"，清代的"戊戌维新"诸君子，他们也不是法家信徒。至于由此而编造出的"儒法斗争史"把刘邦、吕后、曹操、诸葛亮、唐太宗、武则天、康熙帝，甚至文人李白、柳宗元都列入法家一派，实在荒唐得很，把一部中国史糟蹋得一塌糊涂。所以，客观地评价法家的进步作用，主要在战国时代，以后呈递减趋势；而其残酷独裁专制性的反动作用则呈上升趋势，到了近现代则成为民主主义革命和社会主义革命的对象和内容。所谓"反封建"，是包括批判抛弃儒法学说中的封建性糟粕的。

第二个特点，是崇法抑儒紧紧与扬秦（始皇）斥孔（夫子）扭结在一起。在特定时期毛泽东的思想视野里，法家与秦始皇是一而二、二而一的事情，承认法家学说的正确性与承认秦始皇事业的进步性似乎二者不可分离。法家的学说，尤其是韩非的刑名之学，确实得到秦始皇（那时他还是秦王）的赏识和重视，并通过李斯等人付诸实践，取得统一中国的伟大业绩。从这点着眼，秦始皇与法家同为一体。在褒法扬秦的同时毛泽东又斥责孔子的只说空话不做实事，甚至痛骂腐儒的男盗女娼，实质只是作为肯定法家赞美秦始皇的一种陪衬。其实，毛泽东对秦始皇的看法本来也平实公允。早在延安时期，毛泽东就对秦始皇有较为全面正确的评论。他一方面认可秦始皇在建立中央集权制的统一的封建国家时的重大贡献，在《中国革命和中国共产党》一文中说："如果说，以前的一个时代是诸侯割据称雄的封建国家，那么，自秦始皇统一中国以后，就建立了专制主义的中央集权的封建国家。"（《毛泽东选集》第二卷，人民出版社 1991 年版，第 624页）另一方面又批评秦始皇输于文治，在词作《沁园春·雪》中评论："惜秦皇汉武，略输文采。"（《毛泽东诗词集》，中央文献出版社 1996 年版，第68 页）大秦帝国输于文治，政策苛刻残酷，二世而亡。毛泽东在"评法批儒"中所以把秦始皇抬得很高，也与他的对手骂他是"暴君秦始皇"有关，为了反驳诬蔑他时出激愤之言，肯定过头，语言过当。当运动风力减弱，理性大于激情时，他对秦始皇的评价又回归一分为二式分析的历史唯物主义常态，批评起秦始皇的耽于逸乐，压迫人民，"焚书坑儒"的失败——"刘项原来不读书"！

第三个特点，是法非儒始终与批回潮、批右倾、批翻案、批倒退勾挂绾结。从上述引语中可以看出，毛泽东"评法批儒"好强调儒家"法先王"，厚古薄今，复古倒退，法家"法后王"，厚今薄古，改革进步。这里藏着隐忧，即担心否定"文革"。当时的思维定式是：拥护维护"文革"的即是思想激进的"左派"，是革新派；抵制反对"文革"的即是观念保守的"右派"，是复辟派。这个评批目的，这个政治功利，这个价值取向，使"评法批儒"一开始就不是在争论学术是非，而是一种政治运作，是在较量政治短长。报刊上连篇累牍充满政治暗语的所谓批评文章，也是借此而起。"四人帮"借题发挥的"影射史学"乘机甚嚣尘上。现在回头看，晚年那一场评批运动虽然声势浩大，但是未给毛泽东增加新的荣誉，实事求是地讲，那是他法家学说品读史上的"滑铁卢"。

今天，"评法批儒"的阴影早已渐去渐远。整体扫描毛泽东品读法家之学的"全息"图像，仍然可以使我们在拂去灰尘后看到耀眼的光芒。

法家之理论、实绩卓著，不仅促成强秦之一统，且亦支撑我国封建帝制达两千余年。法家的现实精神，法家变革社会的开创意识，法家富国强兵的实际运作，都给予了干着伟大事业的毛泽东以积极的影响。我们今天也没必要因为一个"评法批儒"而否定他与法家学说关系中的光辉一面。

毛泽东身边的人往往能近距离地了解毛泽东。林克曾是毛泽东的英文秘书，当有学者采访他时，问及"毛泽东对法家如何评价"，林克回答：

> 法家也产生于春秋战国时代，是诸子百家之一。由齐国的宰相管仲、郑国的大臣子产开其先，在魏国做过大臣的李悝、吴起和在秦国掌过相印的商鞅断其后，韩国王裔韩非集其大成。
>
> 法家与儒家的根本分歧是：儒家提倡仁义，主张以礼治国；法家则推重权势，主张以法治国。其特点是"不别亲疏，不殊贵贱，一断于法"。法家最早做的一件举世轰动的事，是顺应时代变迁的现实，将根据新情况拟制的法令，铸在金属器皿上，要求人们遵守，史称"铸刑鼎"。
>
> 法家的主要代表人物，大都对推动历史的进步做出过卓越的贡献。例如，商鞅主持了秦国的变法，使原先毫无地位的弱秦富

国强兵，为其最后吞并六国奠定了基础。

这些有作为的法家人物顺应时代潮流，促进社会变革的业绩，与毛泽东从事的伟大革命，其创造新世界的强烈欲望有内在的一致性。他们正是在求变革、建新业这一点上，找到了共鸣。（林克：《我所知道的毛泽东——林克谈话录》，中央文献出版社2000年版，第136页）

附录卷

毛泽东品

韩非子及其他

Mao Zedong Pin Hanfeizi Ji Qita

"精兵简政"是管子提出来的

——毛泽东品《管子》（杂家）

管仲（？—前645），名夷吾，字仲，颍上（今安徽境内）人。春秋初期政治家。少时家贫，早年经商，先助公子纠与公子小白（即齐桓公）争位，失败后，经鲍叔牙推荐，公元前685年被齐桓公任为上卿，尊称"仲父"。他辅佐桓公，执政四十余年，在经济、政治方面因势制宜，实行改革，诸如"戍兵屯田""精兵简政""蓄积敛财"等，使国力大振。他利用并改进宗周制度，置国（都）为士乡十五，工商乡六，都鄙为五属，分设各级官吏管理。在保持"井田畴均"的同时，再按土地好坏征收赋税；注重发展农业生产。又用官府力量控制山海之利，并特许在庶民中选士，予以破格提升。重视赏勤罚惰。这些措施使齐国不断富强。对外致力于"尊王攘夷""九合诸侯"的活动，齐国因之富强，使齐桓公成为春秋时代第一个霸主。

司马迁《史记》第六十二卷《管晏列传第二》载《管子传》如下（节选）：

> 管仲夷吾者，颍上人也。少时常与鲍叔牙游，鲍叔知其贤。管仲贫困，常欺鲍叔，鲍叔终善遇之，不以为言。已而鲍叔事齐公子小白，管仲事公子纠。及小白立为桓公，公子纠死，管仲囚焉。鲍叔遂进管仲。管仲既相，任政于齐，齐桓公以霸，九合诸侯，一匡天下，管仲之谋也。

> 管仲曰："吾始困时，尝与鲍叔贾，分财利多自与，鲍叔不以我为贪，知我贫也。吾尝为鲍叔谋事而更穷困，鲍叔不以我为愚，知时有利不利也。吾尝三仕三见逐于君，鲍叔不以我为不肖，知

我不遭时也。吾尝三战三走，鲍叔不以我为怯，知我有老母也。公子纠败，召忽死之，吾幽囚受辱，鲍叔不以我为无耻，知我不羞小节而耻功名不显于天下也。生我者父母，知我者鲍子也。"

鲍叔既进管仲，以身下之。子孙世禄于齐，有封邑者十余世，常为名大夫。天下不多管仲之贤而多鲍叔能知人也。

管仲既任政相齐，以区区之齐在海滨，通货积财，富国强兵，与俗同好恶。故其称曰："仓廪实而知礼节，衣食足而知荣辱，上服度则六亲固。四维不张，国乃灭亡。下令如流水之源，令顺民心。"故论卑而易行。俗之所欲，因而予之；俗之所否，因而去之。

司马迁的《史记·管晏列传》突出了两大主题："管鲍之谊"与管仲在齐国的改革。

管仲有著作遗留后世，后人编成《管子》一书。但是，学者们多认为《管子》实系后人托名于管仲的著作。战国末期，即有《管子》一书，韩非子曾说："今境内之民皆言治，藏《商》《管》之法者家有之。"（《韩非子·五蠹》）西汉末年曾经刘向整理，据刘氏叙录称，《管子》原书五六四篇，除去重复的四七八篇，实为八十六篇。刘向编定的八十六篇，分为《经言》《外言》《内言》《短语》《区言》《杂篇》《管子解》《管子轻重》八组。《汉书·艺文志》载有《管子》二十四卷，也是八十六篇。《管子》后来亡佚十篇，实存七十六篇，这就是今本《管子》。

刘向整理过的《管子》已经不是韩非、司马迁看到过的《管子》原本的面目。郭沫若说："《管子》不仅不是管仲作的书，而且非作于一人，也非作于一时。它大约是战国及其后的一批零碎著作的总集，一部分是齐国的旧档案；一部分是汉朝开献书之令时由齐地汇献而来的。"（郭沫若：《青铜时代·宋钘尹文遗著考》）任继愈具体指出，《管子》包括两类著作，"一类是管仲学派的著作，这是《管子》的原本，……另一类是稷下先生的著作，这是直到刘向编书时才掺杂进去的。"因为稷下先生，包括各家各派，所以《管子》中有阴阳家、道家、法家、儒家及兵家、农家的著作。（参见任继愈：《中国哲学发展史》，第355页）有些学者认为，书中《轻重》十九篇（今存十六篇）和《侈靡》篇不作于战国时代，而是西汉的作品。

根据现有资料，可以这样做结论：《管子》中的某些篇章反映了管仲的事迹和思想。战国初年，"田氏代齐"，夺取了齐国政权，继承和发扬了管仲的思想，实行变法，形成了管仲学派。齐威王、宣王时，招揽各国文学游说之士，在齐都临淄"稷下学宫"任其讲学议论，临淄成为学术中心。《管子》其书绝大部分是管仲学派的文集，也掺杂了其他稷下学者的论述。书中关于经济的《侈靡》和《轻重》十九篇则成书于西汉时期。

《管子》内容庞杂，包含有道家、名家、法家等家的思想，涉及政治、经济、军事、哲学及自然科学等领域，还有天文、历数、农业、经济、舆地等知识。《管子》一书的思想体系，哲学思想是其理论基础，政治思想和经济思想是其核心内容。

这个学派在哲学方面重视"天道"和"人情"——自然变化的规律和人们的心愿。"夫为国之本，得天之时而为经，得人之心而为纪"（《禁藏》）。内中《心术》《白心》《内业》等篇，保存一部分道家关于"气"的学说。《水地》篇提出了以"水"为万物之源的思想。《管子》认为，水有许多优良特性，是万物的本原，甚至人的精神面貌也是由水决定的。后来管仲学派又把这个命题进一步发展，提出了精气为万物本原的学说，认为万物都产生于"精"，"精也者，气之精者也"，这种精气与道有着共同的属性和作用，"气道而生，生乃思，思乃知"（《内业》）。而认知方式，则是"静因之道"的反映论，"因也者，舍己而以物为法者也。感而后应，非所设也；缘理而动，非所取也"（《心术》）。"静因之道"的实质是抛弃主观成见而如实地反映客观事物，遵循客观规律。这种处心以静而御外物的观点，要求"洁其宫（心灵），开其门（感知），去私毋言，神明若存"（同上）。

任继愈认为，管仲学派介乎儒家学派和法家学派二者之间，对宗法制采取半保留、半否定的态度，主张把宗法制和中央集权制有机地结合起来，把礼治和法治有机地结合起来，既强调以法律来加强王权，又重视用宗法道德来巩固封建统治。这个学派重视人民的作用，主张争取民心。认为民是国家之本，统治者的成败都取决于"得人"或"失人"。"得众而不得其心，则与独行者同实。"（《禁藏》）"政之所兴，在顺民心；政之所废，在逆民心。"（《牧民》）统治者只有为人民兴利除害，才能得到人民的支持。

《管子》全书中的军事思想涉及面很广，内容相当丰富。《汉书·艺文志》把兵家分为兵权谋、兵形势、兵阴阳和兵技巧四家，根据班固所指出的这四家的特点来分析《管子》，可以说，这四家的思想在《管子》中几乎无一不备。

《管子》的经济思想，也一直受到人们的重视。其中《轻重》等篇是中国古代典籍中阐述经济问题篇幅较多的著作，并在生产分配、交易消费和财政方面均有所论述。《度地》篇则专论水利，《地员》篇专论土壤。

《管子》其书，内容异常丰富，也很复杂，很难将其准确地划归于某家某派。班固《汉书·艺文志》列之于道家；刘歆《七略》云："《管子》十八篇，在法家"；又《汉书·艺文志》孝经类著录《弟子职》一篇，儒家类著录《内业》十五篇，兵家类"省《伊尹》《太公》《管子》"。可见汉代已对该书分别著录，遽难定分。实则《管子》其书兼有儒、道、法各家之长而无其短，又掺以阴阳、兵、农等家学说，是我国历史上最早、最大的杂家，任何一家的思想均不足以涵盖该书的丰富内容。但是，从总体上来说，《管子》还是先秦诸子中的一家。

《管子》一书在我国思想历史上曾经产生过积极的、较大的影响。它是许多政治家必读之书，它是许多思想家必研之书。

《管子》：不偷取一世

据现有文献记载，毛泽东最早接触《管子》，是 1913 年冬他在湖南第四师范读预科时，在"修身"课堂听杨昌济老师讲课时提到《管子》。

毛泽东就是 1913 年考入湖南省立第四师范学校的。据 1914 年出版的《湖南省立第一师范学校一览》记载：1913 年杨昌济在四师教预科修身，袁仲谦则任预科国文、习字教员。1914 年春，四师合并于一师，这时杨、袁二人到一师继续任教。这年 7 月，袁仲谦"因期满退职"，不在一师任教。

毛泽东在四师求学期间留下《讲堂录》一册。《讲堂录》四十七页，九十四面。笔记用的是直书九行纸本，前十一页是手抄的《离骚》和《九歌》，后三十六页主要内容是听课笔记，也包括一些读书札记。记录时间是 1913 年 10 月至 12 月。

《讲堂录》修身课记录内容，很多与杨昌济有关著作内容相同；而国文课记录的内容，大多是听讲韩愈文章的课堂记录，也有毛泽东自己阅读韩文的笔记。这一部分可能是听袁仲谦讲国文课的记录。

1913 年 11 月 15 日，杨昌济先生讲"修身课"，毛泽东在《讲堂录》中的记载，表明杨先生讲到《管子》：

> 《管子》：不偷取一世。人之爱情，通于过去现在未来三世界。现在之群，固致其爱情，不待言矣。然而千载以上之人，千载以下之人，其致其爱情，亦犹是焉。不观乎人心乎，其读史也，则尝思慕忠贤；其置产也，则务坚其契约，故曰人无有不善

也。(《毛泽东早期文稿》，湖南出版社1990年版，第590页）

"不偷取一世"见《管子》首篇《牧民》：

> 故授有德，则国安；务五谷，则食足；养桑麻，育六畜，则民富；令顺民心，则威令行；使民各为其所长，则用备；严刑罚，则民远邪；信庆赏，则民轻难；量民力，则事无不成；不强民以其所恶，则诈伪不生；不偷取一世，则民无怨心；不欺其民，则下亲其上。

据《毛泽东早期文稿》整理者查核，毛泽东关于《管子》一段笔记，系杨昌济日记的大意缩编。据杨昌济在《论语类钞》中说，此段写于戊戌（1898）年。可参见《杨昌济文集》第26—27页、第73页。又可参见杨昌济《达化斋日记》（校订本）1914年10月21日之修身问题。这说明，毛泽东关于《管子》这段课堂笔记，来源于恩师（后来的岳父）杨昌济。换句话说，毛泽东研习《管子》，开始于杨昌济的教诲。

对比青年毛泽东的课堂笔记与《管子》的原文节录，使我们知道：管仲要求执政者"不偷取一世"，是为了实现"民无怨心"，讲的是"治政"；杨昌济先生借用"不偷取一世"这个命题，阐述"人之爱情"通于"过去、现在、未来"三世，并由此推导出"人无有不善也"的结论，讲的是"修身"。

这几个政治口号真是不翼而飞

毛泽东最早使用源自《管子》一书的成语"不翼而飞"，已是国共第一次合作的大革命时期。

1927年春天，湖南农民运动正在蓬蓬勃勃地发展。此时，毛泽东回湖南考察农民运动的发展状况。

对这件事情，毛泽东自叙说："我这回到湖南，实地考察了湘潭、湘乡、衡山、醴陵、长沙五县的情况。从1月4日起至2月5日止，共三十二天，在乡下，在县城，召集有经验的农民和农运工作同志开调查会，仔细听他们的报告，所得材料不少。许多农民运动的道理，和在汉口、长沙从绅士阶级那里听得的道理，完全相反。许多奇事，则见所未见，闻所未闻。我想这些情形，很多地方都有。所有各种反对农民运动的议论，都必须迅速矫正。革命当局对农民运动的各种错误处置，必须迅速变更。这样，才于革命前途有所补益。因为目前农民运动的兴起是一个极大的问题。很短的时间内，将有几万万农民从中国中部、南部和北部各省起来，其势如暴风骤雨，迅猛异常，无论什么大的力量都将压抑不住。他们将冲决一切束缚他们的罗网，朝着解放的路上迅跑。一切帝国主义、军阀、贪官污吏、土豪劣绅，都将被他们葬入坟墓。一切革命的党派、革命的同志，都将在他们面前受他们的检验而决定弃取。站在他们的前头领导他们呢？还是站在他们的后头指手画脚地批评他们呢？还是站在他们的对面反对他们呢？每个中国人对于这三项都有选择的自由，不过时局将强迫你迅速地选择罢了。"

毛泽东对农民运动持肯定、支持态度。考察之后，他写作了著名的调查报告——《湖南农民运动考察报告》。

毛泽东在《湖南农民运动考察报告》中，除了讲农民运动的正确性、必要性，批驳"糟得很""痞子运动"等错误荒谬指责外，还讲了农民运动带来的十四件大好事，其中第八件是"普及政治宣传"，毛泽东说：

> 开一万个法政学校，能不能在这样短时间内普及政治教育于穷乡僻壤的男女老少，像现在农会所做的政治教育一样呢？我想不能吧。打倒帝国主义，打倒军阀，打倒贪官污吏，打倒土豪劣绅，这几个政治口号，真是不翼而飞，飞到无数乡村的青年壮年老头子小孩子妇女们的面前，一直钻进他们的脑子里去，又从他们的脑子里流到了他们的嘴上。比如有一群小孩子在那里玩吧，如果你看见一个小孩子对着另一个小孩子鼓眼蹬脚扬手动气时，你就立刻可以听到一种尖锐的声音，那便是："打倒帝国主义！"（《毛泽东选集》第一卷，人民出版社1991年版，第34页）

"不翼而飞"也作"无翼而飞"或"毋翼而飞"。出自《管子·戒》篇：

> 桓公将东游，问于管仲曰："我游犹轴转斛，南至琅邪。司马曰，亦先王之游已。何谓也？"
>
> 管仲对曰："先王之游也，春出，原农事之不本者，谓之游；秋出，补人之不足者，谓之夕。夫师行而粮食其民者，谓之亡；从乐而不反者，谓之荒。先王有游夕之业于人，无荒亡之行于身。"
>
> 桓公退再拜命曰："宝法也！"
>
> 管仲复于桓公曰："无翼而飞者，声也；无根而固者，情也；

无方而富者，生也。公亦固情谨声，以严尊生，此谓道之荣。"

桓公退，再拜："请若此言。"

这段古语译成白话则是：

桓公将要到东方去游乐，咨询管仲："我的出游，准备东起芝罘，南到琅邪。可是大司马王子城父却说，你的出游也要像先王一样。这是什么意思呢？"

管仲回答："先王的出游，春天出发，是去调查农业生产没有本钱的困难，这叫作'游'；秋天出发，是去补助人们生活上的困难，这叫作'夕'。人马出游后，粮食取给于老百姓，这叫作'亡'；乐不思归，这叫作'荒'。先王对人们有游、夕之事业，自己却没有荒、亡的行为。"

桓公听进了此言，有些诚惧，退后拜谢说："这真是宝法！"

管仲又对桓公说："没有翅膀却能飞的是声音，没有根本却很牢固的是感情，没有地位而尊贵的是人性。您应该巩固感情，谨戒声色，以严尊心性，这叫作道的发扬光大。"

桓公后退再拜说："我愿意顺从你的指教去做。"

管仲认为君王出游要解决"农事之不本"和"补人之不足"等农业生产上的问题，否则出游则是"荒亡"的行为。

《管子》此篇名"戒"，其含义在于告诫君主和臣僚，戒除腐败、贪婪、游乐等败象之意。《戒》篇此段大意是君主不要只顾游乐，要关注农业和民生，能戒声色逸乐者，才能弘扬大道。

其中讲到"无翼而飞者，声也"，成语"不翼而飞"即来源于此。《战国策·秦策三》则说："众口所移，毋翼而飞。"这已经是把"不翼而飞"使用到舆论传播上了：大家口耳相传，移动扩散，消息舆论没有翅膀却飞了。

毛泽东使用成语"不翼而飞"，取形容事物传播得很迅速之意。用它来形容农民运动政治宣传工作开展得异常迅速，并在广大群众中产生了广泛深刻的影响。毛泽东举例鲜活：连儿童嬉戏打斗，都高喊"打倒帝国主义"！可见农民运动中的宣传鼓动是做到了家喻户晓、老少皆知。

有这样的舆论动员，自然会兴起暴风骤雨般的农民运动。

攻坚则韧，乘瑕则神

在中央苏区时期的第二次红军反"围剿"的战争中，红军著名将领毛泽东、彭德怀都提到《管子》中一条著名军事指导原则："攻坚则韧，乘瑕则神。"

1931年2月，蒋介石命军政部长何应钦组成南昌行营并任主任，自己兼代陆海空军总司令，调集地方杂牌军十八个师又三个旅约二十万人，于1931年4月开始，对中央革命根据地进行大规模"围剿"。

蒋介石确定这次"围剿"的方针和原则是：采取"步步为营，稳扎稳打"的方针，分兵四路进攻。以厚集兵力，严密包围，及取缓进为要旨，以主力分别由东、北、西三面"进剿"，一部由南面"协剿"，稳扎稳打，步步为营，逐渐紧缩包围圈，彻底消灭红一方面军，摧毁中央苏区。

4月18日，苏区中央局继续召开扩大会议讨论退敌之策。红一军团各军军长和政委，红三军团的总指挥、总政委都到会了。

在面对敌人的第二次"围剿"打不打的问题基本上解决后，紧接着讨论怎样打的问题。毛泽东从实际出发，以充分的理由说明了对这一次各个歼灭敌人的大体设想，和在打破"围剿"后转入战略进攻时的发展方向。

毛泽东客观地分析了当时的军事形势，指出"围剿"军虽然有二十万，与第一次"围剿"时一样，都不是蒋介石的嫡系，与蒋介石有矛盾，各部派系复杂，动作不协调。其中第五路军从北方新到，胆薄恐惧，是个弱敌，可以先打。毛泽东的发言赢得了普遍的赞同。

彭德怀支持毛泽东的意见。他一向总是不那么习惯引古论今，这次一反常态，他谈了自己对形势的看法，以及红军应持何种战法以后，还引用了《管子·制分》中关于"强而避之"的一段话，指出凡进攻作战，打强点就会碰钉子，打弱点就容易成功。攻击敌人的强点不克，其弱点也会变成强点；乘虚先击破敌人的弱点，其强点也会变成弱点。

彭德怀认为，毛泽东讲的诱敌深入，避其锐气，拣弱敌打，旨在灵活运用以曲求伸的辩证形式，其内容是积极的可取的。他强调指出，这种"强而避之，击其惰归"的战法，和《管子·制分》里的主张颇相似。这一战法不仅适用于古代战争，也适用于今天的反"围剿"作战。（黄丽镛编著：《共和国元帅读古书实录》，上海人民出版社1995年版，第98页）

"避其锐气，拣弱敌打"，是毛泽东活用《孙子兵法》"避其锐气，击其惰归"思想的又一做法。毛泽东指出："弱军对于强军作战的再一个必要条件，就是拣弱的打。"（《毛泽东选集》第一卷，人民出版社1991版，第208页）拣弱敌打，讲的是要正确地选择作战对象，是改变敌强我弱形势的重要战法，是实现歼灭战的一条重要原则。这一战法的意义，在于使我军保持作战的主动权，每战都能确有把握地歼灭敌人。不打则已，打则必胜。

彭德怀引用《管子·制分》中的话是：

> 故凡用兵之法，攻坚则韧，乘瑕则神。攻坚则瑕者坚，乘瑕则坚者瑕。故坚其坚者，瑕其瑕者。

管仲是说用兵打仗的方法，进攻敌人的强点会受挫，乘虚攻击则会取胜。攻击敌人的强点，其弱点会变成强点；攻击敌人的弱点，其强点就会变成弱点。管仲和孙武都是春秋时代的人，管仲《制分》中的话与孙武《军争篇》的话，可谓互相发明。

关于在会议上引用《管子·制分》中这段话的情况，时任红一方面军总部参谋处长的郭化若的回忆又有补充。他在回忆第二次反"围剿"战争的文章《横扫七百里的辉煌胜利》中说：

4月18日晚上，苏区中央局扩大会议休会，毛泽东在闲谈时指出：

> 他们不懂得在战略上也应打弱的道理，是古已有之的。《管子》中说："故凡用兵者，攻坚则韧，乘瑕则神。攻坚则瑕者坚，乘瑕则坚者瑕。"不是古人早已讲过了吗？（郭化若：《横扫七百里的辉煌胜利》，《历史研究》1978年第1期）

仔细分析，郭化若的回忆与彭德怀的回忆，在细节上不仅不矛盾，而且可以互相补充。引用《管子·制分》中关于"攻坚"与"攻瑕"的名言，彭德怀是在会议上讲的，毛泽东是在"会后闲谈时"说的。两人都赞成"攻瑕"，也就是"拣弱敌打"。

毛泽东继承和发展孙武和管仲"击惰""攻瑕"这一古代兵法思想，提出从北方远道而来的王金钰第五路军是"弱军"，这首先把反"围剿"的弱敌选准了。如果"弱敌"选不准，就会出现"攻坚则韧"，"攻坚则瑕者坚"的情况。敌人的弱点，一靠找，二靠造。任何敌人绝不会像钢板一样，在相对的条件下，总有弱点可找，有缝隙可乘。敌之弱点暴露，更利于我军攻击。

面对国民党军新的"围剿"，中共苏区中央局和红一方面军总部领导红军和人民群众进行了反"围剿"准备，也就是采取了各种使"强敌"变"弱敌"、使"坚者"变"瑕者"的措施：3月中旬，将中央苏区划分为十个游击区，并规定了各游击区地方部队和群众武装扰敌、堵敌、诱敌、截敌、毒敌、捉敌、侦敌、饿敌、盲敌、袭敌等十项任务；3月下旬，红一方面军派出少数兵力监视北面"围剿"军，主力由永丰、乐安、宜黄、南丰以南地区南移至广昌、宁都、石城地区，进行反"围剿"作战训练；苏区各级政府组织动员人民群众进行坚壁清野和支援红军作战。

4月1日，"围剿"军兵分四路，以宁都为目标，大举进攻。各路国民党军在红军部分兵力及地方武装和赤卫队、少先队的阻击、袭扰下，行动缓慢，至23日始进至江背洞、龙冈头、富田、水南、严坊、招携、界上、横石、广昌一线。

在此期间，中共苏区中央局多次研究讨论红军的作战行动方针，根据毛泽东的意见，决定继续采取"诱敌深入"的方针，把敌人引到苏区内，集中优势兵力先打较弱的王金钰第五路军，继而由西向东横扫，各个击破，彻底粉碎"围剿"。据此，红一方面军三万余人在总司令朱德、总政治委员毛泽东指挥下，4月20日由宁都、石城、瑞金地区秘密转移，23日转至龙冈、东固地区隐蔽集结。红一方面军主力在东固山区持重待机二十余日。

5月13日，王金钰的第二十八师和第四十七师一个旅终于脱离其富田阵地。14日和15日，红一方面军总部相继下达了歼击由富田出犯之敌的作战命令和补充指示。16日，红军主力向正在东进的第二十八师和第四十七师一个旅展开攻击，经一昼夜激战，将其大部歼灭，残敌逃向水南。红一方面军择弱攻击，首战告捷，随之向东横扫。从16日至31日，横扫七百里，五战皆捷，歼灭"围剿"军二万余人，缴枪二万余支，痛快淋漓地粉碎了国民党军的第二次"围剿"。

接着，红军转入进攻，解放了闽赣边界的黎川、南丰、建宁、泰宁、宁化、长汀等广大地区，分兵发动群众，进一步巩固扩大了中央苏区。

从战争指导谋略上说，中央苏区红军的第二次反"围剿"作战，采用的正是"击弱攻瑕"的谋略手段。

齐桓公和军师管仲关于追击战的例子

1936 年下半年，毛泽东在陕北保安附近红军大学以"军事辩证法"为题作战略学演讲。据陈士榘回忆：

> 我记得，他在讲战略学的战略追击时，专门列举了一些中国古代战例。如春秋时期著名的长勺之战，鲁国采取"敌疲我打"的方针战胜强大的齐国的例子，以及后来齐国桓公和军师管仲关于追击战的例子。"中国有个有名的成语，叫作'一鼓作气'，来自何时呢？"毛泽东挥动着大手说道："来自春秋时期的齐鲁长勺之战。"（刘恩营整理：《从井冈山走进中南海——陈士榘老将军回忆毛泽东》，中共中央党校出版社 1993 年版，第 225 页）

陈士榘是毛泽东井冈山时期的老部下，他在"红大"（以后称"抗大"）听了毛泽东讲"战略追击"的课程，毛泽东举了齐桓公和军师管仲"关于追击战的例子"。也许是年深日久，也许是讲演中突出了鲁庄公和曹刿"长勺之战"中追击的例子，陈士榘没有回忆管仲"追击战"具体是哪次作战。查《史记》中的《齐太公世家》和《管仲传》，再查《国语·齐语》，知道管仲参与指挥的战争，主要有齐桓公二十三年的北伐山戎之战和桓公三十年的齐国南下伐楚之战。而齐伐楚，主要是战略威慑。齐军驻扎陉地，双方对峙。后缔结召陵之盟，齐国达到了迫使楚国给周天子上贡献礼，自己称霸诸侯的政治目的之后，就撤兵回国，没有发生追歼之事。

北伐山戎，却是战略追击战。《史记·齐太公世家第二》记载：

> 二十三年，山戎伐燕，燕告急于齐。齐桓公救燕，遂伐山戎，至于孤竹而还。燕庄公遂送桓公入齐境。桓公曰："非天子，诸侯相送不出境，吾不可以无礼于燕。"于是分沟割燕君所至与燕，命燕君复修召公之政，纳贡于周，如成康之时。诸侯闻之，皆从齐。

司马迁这个记载，重点表彰齐桓公遵守"诸侯相送不出境"周礼的霸主之德。但是也可看出，齐军从齐国腹地出发，千里奔袭山戎（今河北迁安），又长途追击到孤竹国（今河北卢龙县境），使山戎仓皇北逃不敢南顾，燕国转危为安，齐国才胜利回师。

《韩非子·说林上》的一则记载更能看出北击山戎是追击战：

> 管仲、隰朋从于桓公而伐孤竹，春往冬返，迷惑失道。管仲
> 曰："老马之智可用也。"乃放老马而随之，遂得道。行山中无水，
> 隰朋曰："蚁，冬居山之阳，夏居山之阴，蚁壤一寸而仞有水。"
> 乃掘地，遂得水。

这次战争从春到冬历时长久。迷失道路，无水干渴，是奔袭追击作战勿忙急迫中常发生的事情。幸好有管仲和隰朋两个足智多谋阅历丰富的"参谋长"，才使齐军走出迷途，找到水源。

查《毛泽东年谱》，知中国人民抗日红军大学于 1936 年 6 月 1 日在陕北保安瓦窑堡举行开学典礼。前十天（5 月 20 日），中共中央政治局常委会议讨论建立红军大学问题。毛泽东的报告说到教育方针时，提出高级及上级科"主要是战略高深原则的学习"。而教员则由张闻天、秦邦宪、周恩来、毛泽东等 15 人担任。

也许正是这两个原因，毛泽东到"红大"讲战略课，讲到"战略追击"时，举了齐桓公和管仲北击山戎和鲁国长勺之战的战例。那时，还是全面抗战的前一年，毛泽东的战略讲演，总结的还是中央苏区红军反"围剿"战争的经验。在这个基础上，本年底他写作了《中国革命战争的战略问题》这部著名军事著作。

从陈士榘回忆所描述的演讲氛围可以看出，毛泽东举齐桓公和管仲北击山戎和鲁国长勺之战的战例，是为了把"战略高深原则"讲得生动活泼，使学员们听得进、记得住、用得上。

提高到整齐划一、令行禁止的程度

成语"令行禁止"出自《管子·立政》：

> 令则行，禁则止，宪之所及，俗之所被，如百体之从心，政
> 之所期也。

意为：有令即行，有禁即止，国家法令和风俗影响到的地方，如同身体各器官听从心脏指挥那样，这是临政期望达到的效果。

《韩非子·八经》篇曰"君执柄以处势，故令行禁止"，把《管子》"令则行，禁则止"浓缩为成语"令行禁止"。

管仲和韩非，都强调权力控制。管仲的"令则行，禁则止"是"政之所期"；韩非的"令行禁止"是"执柄处势"。

"令行禁止"意指命令允许做的马上执行，不许做的立即停止。形容法令严正，执行认真。

1938年5月，毛泽东在《抗日游击战争的战略问题》一文中的《向运动战发展》一节中说：

> 由执行游击战的游击部队化为执行运动战的正规部队，须具备数量扩大和质量提高两个条件。前者除直接动员人民加入部队外，可采取集中小部队的办法，后者则依靠战争中的锻炼和提高武器的质量。……
>
> 提高质量，须在政治、组织、装备、技术、战术、纪律等各方面有所改进，逐渐地仿照正规军的规模，减少游击队的作风。……纪律方面，提高到整齐划一令行禁止的程度，消灭自由和散漫的现象。所有这些方面的完成，需要一个长的努力过程，不是一朝一夕的工程，然而必须向这个方向发展。只有这样，一个游击战争根据地上面的主力兵团才能造成，更有效力地打击敌人的运动战方式才能出现。这种目的，在有正规军派遣支队或派遣干部的地方，是能够比较顺利地达到的。因此，一切正规军均有扶助游击队向着正规部队发展的责任。（《毛泽东军事文集》第二卷，军事科学出版社、中央文献出版社1993年版，第259—261页）

抗日战争中，因执行游击作战任务所组织起来的"游击部队"，与执行运动作战而组织起来的"正规部队"，在建设质量上有程度的差别。为适应战争发展的需要，"游击部队"要转化为"正规部队"，以便"向运动战发展"。这不仅是数量的扩大，而且是质量的提高。质量的提高包括"政治、组织、装备、技术、战术、纪律等各方面"。长期的各行其是的游击作战，形成了山头主义、分散主义和自由主义等不良风气。只有在纪律方面克服自由散漫的"游击作风"，才能使游击部队"提高到整齐划一令行禁止的程度"。

正是在这里，毛泽东继承了管仲以来"令行禁止"政风军纪。在具体历史背景下，管仲的"令行禁止"表现在政令方面，毛泽东的"令行禁止"表现在军令方面。毛泽东在《抗日游击战争的战略问题》一文中用这一成语，要求在军队官兵中都要有严明的纪律。

对见异思迁的人是极好的教训

毛泽东使用《管子》中的成语"见异思迁"批评对技术工作岗位不专一的现象，是在抗日战争前期的1939年。那时，加拿大共产党员白求恩为中国抗战以身殉职，毛泽东写一篇文章纪念他。

白求恩（1890—1939），即诺尔曼·白求恩。加拿大共产党党员，外科医生。1914年从多伦多大学毕业后，参加加拿大远征军，曾到法国和比利时任战地担架队员。1922年以后曾任蒙特利尔皇家维多利亚医院胸外科医师，圣心医院胸外科主任。1935年当选为美国胸外科协会理事。同年加入加拿大共产党。1936年德意法西斯武装干涉西班牙时，随加拿大志愿军赴马德里前线为反法西斯的西班牙人民提供医疗服务。1937年中国全面抗日战争爆发，他率领加拿大、美国医疗队，于1938年来中国，3月底到达延安，6月即赴晋察冀边区，在那里工作了一年多。他的牺牲精神、工作热忱和责任心，均称模范。1939年10月，由于在一次为伤员施行急救手术时受感染，同年11月12日在河北省唐县黄石口村逝世。

白求恩的死，毛泽东很悲痛。1939年12月31日，毛泽东在《纪念白求恩》一文中说：

> 白求恩同志是个医生，他以医疗为职业，对技术精益求精；在整个八路军医务系统中，他的医术是很高明的。这对于一班见异思迁的人，对于一班鄙薄技术工作以为不足道、以为无出路的人，也是一个极好的教训。（《毛泽东选集》第二卷，人民出版社1991年版，第660页）

"见异思迁"出于《管子·小匡》：

> 少而习焉，其心安焉，不见异物而迁焉。是故其父兄之教不肃而成。

其意为：从小就学习这些礼义，心思安定，不见异思迁，以至于父兄的管教不严厉也能成功。

"见异思迁"由此演变而来，意指看见异样的事物就改变主意。形容意志不坚定，爱好不专一。

毛泽东借用这一成语批评了那些只顾个人兴趣或个人得失而不安心工作的人。人们学习知识、钻研技能、成就事业，都需要有一种持之以恒、始终不渝的精神。朝秦暮楚，见异思迁，是难于成功的。白求恩是医学博士，医术很高明，在他短暂的一生中，三次到国外参加战地救护医疗，最后牺牲在中国抗日战场上。他不仅理想壮丽，而且意志坚定；不仅技术高超，而且心无旁骛。这使他的生命放射出绚丽多彩的光芒。

春秋时代管子搞过屯田

抗日战争中的 1940 年年底，毛泽东、朱德命令王震率三五九旅开赴延安东南部方向的黄龙山南泥湾地区，在保持战斗准备的情况下，屯田开荒，发展生产。

王震临行前，毛泽东对他说："三五九旅到了南泥湾，一定要吃大苦，耐大劳，干出一个样子来！"又说：

> 军队搞屯田，也不是现代人的什么发明，中国古时候就有了，春秋时期管子搞过，三国时诸葛亮也搞过；如今我们搞屯田，不单单是学管子的做法，而是要打破国民党的经济封锁！我们要靠自己的两只手，做到自力更生、丰衣足食！（邸延生：《历史的真迹——毛泽东风雨沉浮五十年》，新华出版社 2002 年版，第 603—604 页）

这里，毛泽东所说的管子，即春秋时代的管仲。

1941 年 9 月下旬的一天，身在延安的毛泽东在写一篇文章时突然感觉到胳膊疼得抬不起来。长期艰苦的战斗生活，使他早已患了风湿性关节炎和严重的肠胃病，发作时疼得很厉害——这天，他的关节炎再一次发作了，工作人员要去医院请医生来为毛泽东治病，毛泽东却建议说："莫去医院了，吃了多少次西药都不大顶用，还是请中医吧！"

在陕甘宁边区政府工作的李鼎铭先生，既是米脂县参议会的会长，又是边区有名的中医。工作人员去请李鼎铭，李鼎铭拄着拐杖从边区政府来到毛泽东的居住地杨家岭给毛泽东看病。

毛泽东和李鼎铭早就很熟悉了。切脉后，李鼎铭对毛泽东说："吃三服中药就会好转，不要紧的。"

毛泽东向李鼎铭表示谢意。谈话中，两个人谈及了八路军和陕甘宁边区政府的各项工作。当谈及边区政府普遍开展起来的大生产和由三五九旅率先开展起来的开荒运动时，毛泽东再次谈及了春秋时代管仲曾向齐桓公建议的屯田制：

> 管仲搞过，我们为什么不能搞？实践证明，"屯田"制是一项很不错的办法，有很多益处；总的来说无外乎八个字："自己动手，丰衣足食"嘛！（邸延生：《毛泽东评述诸子百家》，人民出版社2013年版，第87—88页）

"兵马未动，粮草先行。"战争之中，粮食问题是极其重要的环节。劳师远征，转运军粮，最使指挥员挠头。于是，聪明的战争指导者想出了屯垦的办法，军屯民垦，战时接济军粮，平时实边固防。管仲治理齐国施行过屯垦制，这启发了毛泽东组织部队屯垦戍边的思路。

1955年元旦期间，王震将军到中南海见毛泽东。

在菊香书屋会客室，王震对毛泽东说："主席，我们打了这么多年的仗，现在战争结束了，那么多退伍军人需要安置，总得想个好办法解决。"

> "可以组织屯垦戍边嘛！"毛泽东说，"中国古代就有屯垦制，管仲搞过，诸葛亮在汉中也搞过呢！开荒就业，治疗战争创伤，巩固边疆，建设边疆，应该是个好办法。"（邸延生：《历史的真言——李银桥在毛泽东身边工作纪实》，新华出版社2000年版，第598页）

王震高兴地说："这真是个好办法！可以集体转业，集体安置，做到有组织有纪律，还可以减轻各级政府的不少负担。"

毛泽东挥挥手说："是嘛！可以去海南岛、去北大荒、去新疆，上山、下乡、下海，劳动就业就是了；我们这样做，一可以巩固社会治安，二可以巩固国防，三可以解决干部战士的就业问题和安置家属，四可以减轻政府负担。有这四个方面的好处，何乐而不为呀？"

王震高兴地笑了。

屯田乃为"久驻之计"，以支持旷日持久的战争。毛泽东吸取管仲、孔明的经验，总结了屯垦戍边的四大"好处"，决心在新疆、北大荒、海南岛组织转业部队集体屯垦，是远见卓识之举。从20世纪50年代开始直到如今，新疆和黑龙江生产建设兵团都为保卫边疆、建设边疆做出了巨大的贡献，这是共和国国史上最为亮丽的一笔，是人所共知的千秋伟业。

"精兵简政"最早是管子提出来的

1941年11月中旬的一天，毛泽东的风湿性关节炎和胃病再一次同时发作了。李鼎铭先生除了让毛泽东服中药以外，还用按摩的办法予以治疗，并建议毛泽东在太阳光下接受按摩治疗效果会更好。毛泽东欣然同意。

一连数日，毛泽东每天中午便脱光上身的衣服，躺坐在窑洞外面的一张帆布椅上，在阳光的照射下让李鼎铭给他按摩。按摩过程中，两个人也谈论一些边区政府的事。当谈到一些繁杂的具体工作时，李鼎铭建议边区政府应该施行"精兵简政"，毛泽东一听即颇为高兴地表示赞同说："好嘛，这个建议好！"并说，

> 这个办法，最早还是管子向齐桓公提出来的哩！被齐桓公采纳了，以至后来九合诸侯，当了多年的霸主。（邸延生：《毛泽东评述诸子百家》，人民出版社2013年版，第88页）

李鼎铭说："一旦施行'精兵简政'，就可以俭省出不小的经费，用来支援前线的对日作战……"

毛泽东连连点头说："这确实是个好的建议！"并说：

> 这也使我想起了管子关于"捆马栈"而对齐桓公说的一番话，凡事都应该有个章程、有个切实可行的办法哩！（邸延生：《毛泽东评述诸子百家》，人民出版社2013年版，第88页）

李鼎铭笑了，说："主席的联想力很广嘛！"

毛泽东又说："那就请你回去以后搞一个材料，正式提出'精兵简政'

的主张。"

同年 11 月 21 日，毛泽东出席陕甘宁边区第二届参议会第一次大会并发表讲话，强调加强共产党内外的团结与合作，改正中共党内的诸多不良作风。

会议进行中，毛泽东代表中共中央接受并采纳了李鼎铭等 11 人联名提出的"精兵简政"的主张。

在毛泽东与李鼎铭的谈话中，毛泽东所讲到的关于管仲"捆马栈"的故事，可参见《管子·小问》篇：

> 桓公观于厩，问厩吏曰："厩何事最难？"厩吏未对，管仲对曰："夷吾尝为圉人也。傅马栈最难：先傅曲木，曲木又求曲木，曲木已傅，直木毋所施矣；先傅直木，直木又求直木，直木已傅，曲木亦无所施矣。"

正像毛泽东所说，这则故事的寓意，是告诫人们无论办任何事情，都需要有个章程，有一个切实可行的办法。

礼义廉耻，国之四维

新中国成立初期，毛泽东即开始思考一个重要问题：怎样巩固新生的红色政权，怎样防止干部腐化堕落，怎样达到长治久安？那个时期，他曾经说过这样一段话：

> 治国就是治吏，礼义廉耻，四维不张，国将不国。如果臣下一个个都寡廉鲜耻，贪得无厌，胡作非为，而国家还没有办法治理他们，那么天下一定大乱，老百姓一定要当李自成。（盛巽昌等：《毛泽东这样学习历史，这样评点历史》，人民出版社 2005 年版，第 89 页）

"礼义廉耻，国之四维"的话出自《管子》首篇《牧民》。管仲说：

> 凡有地牧民者，务在四时，守在仓廪。国多财则远者来，地辟举则民留处；仓廪实则知礼节，衣食足则知荣辱；上服度则六亲

固，四维张则君令行。故省刑之要，在禁文巧；守国之度，在饰四维；顺民之经在明鬼神，祇山川，敬宗庙，恭祖旧。不务天时，则财不生；不务地利，则仓廪不盈。野芜旷则民乃菅，上无量则民乃妄，文巧不禁则民乃淫，不璋两原则刑乃繁，不明鬼神则陋民不悟，不祇山川则威令不闻，不敬宗庙则民乃上校，不恭祖旧则孝悌不备。四维不张，国乃灭亡。右《国颂》

国有四维，一维绝则倾，二维绝则危，三维绝则覆，四维绝则灭。倾可正也，危可安也，覆可起也，灭不可复错也。何谓四维？一曰礼，二曰义，三曰廉，四曰耻。礼不逾节，义不自进，廉不蔽恶，耻不从枉。故不逾节，则上位安；不自进，则民无巧诈；不蔽恶，则行自全；不从枉，则邪事不生。右《四维》

管仲的意思是说：凡是领有封地治理百姓的人，要注意把握四季农事，保证国库充实。国家财政富足，远方人民也会前来归附；土地充分垦辟，百姓将长期安居乐处。人们只要仓库充实就会懂得礼节，衣食富足就会知道荣辱。君主服用器物符合制度，那么六亲各能感恩结固，礼义廉耻得以申张，国君的法令就能顺利推行。所以减省刑罚的关键，在于禁止奇技淫巧；巩固国家的法度，在于整饬礼义廉耻。教训人民的根本办法，在于敬明鬼神尊卑之府，祭祀山川土地之神，尊奉祖宗神灵，恭敬宗亲旧故。如果不注意天时，国家就生财无道；不发掘地利，国库就会空虚。土地荒芜将使百姓变得懒惰，君主挥霍无度将导致人民轻举妄动，奇技淫巧如果不能严厉禁止，百姓将更加深溺其中，这两者得不到控制，国家就无法宽缓刑罚。不敬明鬼神，下层人民就不懂得尊卑之序；不祭祀山川，国家威令就难以远播；不尊重祖先，百姓就会犯上作乱；对宗亲故旧不恭敬，孝悌伦常就没有齐备。礼义廉耻得不到申张，国家就会灭亡。以上是《国颂》。

国家有四维，缺其一将失去平衡，缺其二就会发生危险，缺其三将被颠覆，缺其四必然灭亡。倾斜可以纠正之，危险可以安定之，颠覆可以起复之，只有灭亡的命运是不可能改变的。那么，什么叫四维呢？第一是礼，第二是义，第三是廉，第四是耻。"礼"要求不超越节度，"义"不允许妄自求进，"廉"意味着不隐瞒过失。"耻"则是指不与邪恶同流合污。所以，只要百姓居礼安分守己，君主地位就太平无事；不妄自举荐，就不会滋生浮巧奸诈；不隐瞒过失，其行为必然端正公直；不与邪恶同流合污，就不会产生任何危害国家的念头。以上是《四维》。

"礼义廉耻，国之四维；四维不张，国乃灭亡"这句话，《史记·管晏列传》也有记载，已见前引。欧阳修曾在《新五代史》卷五十四《冯道传》中引用过：

> 传曰：礼义廉耻，国之四维；四维不张，国乃灭亡。善乎，管生之能言也。礼义，治人之大法；廉耻，立人之大节。盖不廉，则无所不取；不耻，则无所不为。人而如此，则祸乱败亡，亦无所不至。

毛泽东是大政治家，他的目光敏锐而超前。

解放战争后期，中央机关要从河北西柏坡迁进北京城。进城前三天，总部机关食堂加餐，受到毛泽东的严厉批评。毛泽东说：

"要想做脱离人民群众的事情，什么时候都可以找到借口。""如果这样吃下去，不用多久，我们餐桌上的菜饭就会摆满。到那时，我们越把为人民服务喊得越响，人民群众越恨我们。"

毛泽东并非小题大做，他在警示各级干部，他在提醒每个党员：就要成为执政党了，依靠群众的必要性更迫切，脱离群众的危险性更严重。

早在西柏坡召开的中共七届二中全会上，毛泽东即提出"两个务必"和"一个警惕"：务必保持艰苦朴素的作风，务必保持谦虚谨慎的态度；警惕被敌人的糖衣炮弹所打中。

中央机关从西柏坡出发那一天，毛泽东对周围的人说：我们是进北平去"赶考"，我们一定要考出个好成绩，绝不当李自成！

共和国成立之初，革命队伍从农村进入城市，环境变化很大，各种诱惑包围而来。毛泽东即为治官管吏这件大事操心费力动脑筋。

他反复叮咛："脱离群众，官僚主义，势必要挨打。"

他严重警告："现在，有一些人，好像得了天下，就高枕无忧，可以横行霸道了。这样的人，群众反对他，打石头，打锄头，我看是应当，我最欢迎。"

他语重心长地打招呼："我们一定要警惕，不要滋长官僚主义作风，不要形成一个脱离人民群众的贵族阶层。"

从这些话语中可以看出，毛泽东对治官管吏问题十分担忧：虽经三令五申，不仅问题尚未解决，而且越来越重。他明显有不满和不安，有苦恼和焦灼。

管仲治齐国，提出"礼义廉耻，国之四维"。四维缺一不可：缺一而倾，缺二而危，缺三而覆，缺四而灭！毛泽东治理新中国，从中悟出"治国就是治吏"，他看到了张大"四维"的重要性和丢掉"四维"的危险性——"四维不张，国将不国"！所谓"四维"，就是官德四目。用干部要"德才兼备，以德为先"；执政党的干部保持思想和作风的纯洁性，防止腐败，坚守清廉，自身"立人"，掌权"治人"，岂可不顾礼义廉耻，贪得无厌，腐化堕落。那样，就是进了北京城腐败变质的"李自成"，老百姓则要当造反起义的"李自成"。

从管仲到毛泽东，世隔两千余年。然而执政治国，基本的规律有共性：艰难兴国，逸乐丧邦！古今同理，概莫能外。这一原则，今天仍有现实价值。

十年树人倒是可以的

1957 年 10 月 9 日，毛泽东在中国共产党第八届中央委员会扩大的第三次全体会议上讲话，题为"做革命的促进派"，他就培养无产阶级知识分子指出：

> 中国有句古话，"十年树木，百年树人"。百年树人，减少九十年，十年树人。十年树木是不对的，在南方要二十五年，在北方要更多的时间。十年树人倒是可以的。我们已经过了八年，加上十年，是十八年，估计可能基本上造成工人阶级的有马克思主义思想的专家队伍。十年以后就扩大这个队伍，提高这个队伍。（《毛泽东文集》第七卷，人民出版社 1999 年版，第 310 页）

毛泽东说的"中国古话""十年树木，百年树人"，首见于《管子·权修》：

> 一年之计，莫如树谷；十年之计，莫如树木；终身之计，莫如树人。一树一获者，谷也；一树十获者，木也；一树百获者，人也。我苟种之，如神用之，举事如神，唯王之门。

管仲的意思是：作一年的打算，最好种植五谷；作十年的打算，最好种植树木；作终身打算，最好是培育人才。谷物不过一种一收，树木则一种十收，培育人才却是一种百收。作为君主，如果能培育人才，将收到神奇的功用。成就大业有如神效，这是建立霸王之业的唯一门路。

由管子这段话，概括出"十年树木，百年树人"的成语，比喻培养人才是百年大计，也比喻人才培养很不容易。毛泽东引用和阐释这句由《管子》而来的成语，有意不用其原意，而是作了语意翻新。他把"百年"这个"树人"的长期效果，转释为"树人"所需的较长时间，提出"减少九十年，十年树人"。他要求用"十八年"时间"基本上造成工人阶级的有马克思主义思想的专家队伍"。

20世纪50年代，毛泽东提出"十年树人"的思想，是个重要的指导原则。一是"专家队伍"是"工人阶级的"，这就把知识分子划归到无产阶级和劳动人民之列，再不是资产阶级或小资产阶级的知识分子了，这个区别十分重要。二是造就无产阶级的"专家队伍"，也就是形成知识分子的强大阵势，社会主义现代化建设需要千千万万知识分子的加入。那时中央召开关于知识分子的工作会议，周恩来总理亲临讲话，讲得知识分子们心里热乎乎的，积极性被充分调动起来。三是缩短培养人才即知识分子的时间，由"百年树人"变成"十年树人"，这反映了社会主义建设对知识分子的迫切需要。

尽管后来事情发生曲折，党的知识分子政策三番四复之后才走入正轨。但是，毛泽东改造管仲"百年树人"为"十年树人"的思想，在信息化生活节奏加快的时代，对造就人才仍有启示。

附：

《牧民》译文

（《管子》卷一）

［原文］

凡有地牧民者，务在四时，守在仓廪。国多财则远者来，地辟举则民留处；仓廪实则知礼节，衣食足则知荣辱；上服度则六亲固，四维张则君令行。故省刑之要，在禁文巧；守国之度，在饰四维；顺民之经在明鬼神，祗山川，敬宗庙，恭祖旧。不务天时，则财不生，不务地利，则仓廪不盈。野芜旷则民乃菅，上无量则民乃妄，文巧不禁则民乃淫，不璋两原则刑乃繁，不明鬼神则陋民不悟，不祗山川则威令不闻，不敬宗庙则民乃上校，不恭祖旧则孝悌不备。四维不张，国乃灭亡。右《国颂》。

国有四维，一维绝则倾，二维绝则危，三维绝则覆，四维绝则灭。倾可正也，危可安也，覆可起也，灭不可复错也。何谓四维？一曰礼，二曰义，三曰廉，四曰耻。礼不逾节，义不自进，廉不蔽恶，耻不从枉。故不逾节，则上位安；不自进，则民无巧诈；不蔽恶，则行自全；不从枉，则邪事不生。右《四维》。

政之所兴，在顺民心；政之所废，在逆民心。民恶忧劳，我佚乐之，民恶贫贱，我富贵之；民恶危坠，我存安之；民恶灭绝，我生育之。能佚乐之，则民为之忧劳；能富贵之，则民为之贫贱；能存安之，则民为之危坠；能生育之，则民为之灭绝。故刑罚不足以畏其意，杀戮不足以服其心。故刑罚繁而意不恐，则令不行矣；杀戮众而心不服，则上位危矣。故从其四欲，则远者自亲；行其四恶，则近者叛之。故知予之为取者，政之宝也。右《四顺》。

错国于不倾之地，积于不涸之仓，藏于不竭之府，下令于流水之原，使民于不争之官，明必死之路，开必得之门，不为不可成，不求不可得，不处不可久，不行不可覆。错国于不倾之地者，授有德也；积于不涸之仓者，务五谷也；藏于不竭之府者，养桑麻育六畜也；下令于流水之原者，令顺民心也；使民于不争之官者，使各为其所长也；明必死之路者，严刑罚也；开必得之门者，信庆赏也；不为不可成者，量民力也；不求不可得者，不强民以其所恶也；不处不可久者，不偷取一世也；不行不可复者，不欺其民也。故授有德，则国安；务五谷，则食足；养桑麻，育六畜，则民富；令顺民心，则威令行；使民各为其所长，则用备；严刑罚，则民远邪；信庆赏，则民轻难；量民力，则事无不成；不强民以其所恶，则诈伪不生；不偷取一世，则民无怨心；不欺其民，则下亲其上。右《士经》。

以家为乡，乡不可为也；以乡为国，国不可为也；以国为天下，天下不可为也。以家为家，以乡为乡，以国为国，以天下为天下。毋曰不同生，远者不听；毋曰不同乡，远者不行；毋曰不同国，远者不从。如地如天，何私何亲；如月如日，唯君之节。御民之辔，在上之所贵；道民之门，在上之所先；召民之路，在上之所好恶。故君求之，则臣得之；君嗜之，则臣食之；君好之，则臣服之；君恶之，则臣匿之。毋蔽汝恶，毋异汝度，贤者将不汝助。言室满室，言堂满堂，是谓圣王。城郭沟渠不足以固守，兵甲强力不足以应敌，博地多财不足以有众。惟有道者能备患于未形也，故祸不萌。天下不患无臣，患无君以使之；天下不患无财，患无人以分之。故知时者可立以为长，无私者可置以为政，审于时而察于用，而能备官者，可奉以为君也。缓者后于事，吝于财者失所亲，信小人者失士。右《六亲五法》。

[译文]

凡是领有封地统治百姓的人，要注意把握四季农事，保证国库充实。国家财政富足，远处民众才会前来归附；土地充分垦辟，百姓将长期安居乐处。人们只要仓库充实就会懂得礼节，衣食富足就会知道荣辱。君主服用器物符合制度，那么六亲各能感恩结固，礼义廉耻得以申张，国君的法令就能顺利推行。所以减省刑罚的关键，在于禁止奇技淫巧；巩固国家的法度，在于整饬礼义廉耻；教训人民的根本办法，在于敬明鬼神尊卑之府，祭祀山川土地之神，尊奉祖宗神灵，恭敬宗亲旧故。如果不勤勉天时，国家就生财无道；不发掘地利，国库就会空虚。土地荒芜将使百姓变得懒惰，君主挥霍无度将导致人民轻举妄动，奇技淫巧如果不能严厉制止，百姓将更加深溺其中。这两者得不到控制，国家就无法宽缓刑罚。不敬明鬼神，下层人民就不懂得尊卑之序；不祭祀山川，国家威令就难以远播；不尊重祖先，百姓就会犯上作乱；对宗亲故旧不恭敬，孝悌伦常就没有齐备；礼义廉耻得不到申张，国家就会灭亡。以上是《国颂》。

国家有四维，缺其一将失去平衡，缺其二就会发生危险，缺其三将被颠覆，缺其四必然灭亡。倾斜可以纠正之，危险可以安定之，颠覆可以起复之，只有灭亡的命运是不可能改变的。那么什么叫四维呢？第一是礼，第二是义，第三是廉，第四是耻。"礼"要求不超越节度，"义"不允许妄自求进，"廉"意味着不隐瞒过失。"耻"则是指不与邪恶同流合污。所以，只要百姓居礼安分守己，君主地位就太平无事；不妄自举荐，就不会滋生浮巧奸诈；不隐瞒过失，其行为必然端正公直；不与邪恶同流合污，就不会产生任何危及国家的念头。以上是《四维》。

国家政治法令顺应民心就能推行，忤逆民心必然废弛。百姓害怕忧劳，君主应该让他们感到安乐；百姓憎恶贫贱，君主应该使他们富贵起来；百姓担心危祸，君主应该保全他们；百姓害怕灭亡，君主应该养育他们。能够让百姓安乐的人，百姓必然愿为他忧劳；能够让百姓富贵的人，百姓必定愿为他忍受贫贱；能够保全百姓的人，百姓也愿为他赴汤蹈火；能够养育百姓的人，百姓也愿为他鞠躬尽瘁。所以仅靠刑罚是不能让百姓感到畏惧的，杀头也不足以使他们完全服从。刑罚太滥而百姓并不畏惧，那么国家法令就难以推行；杀人太多而民心不服，君主地位就会发生危险。所以，只要顺从了百姓上述四种欲望，那么即使疏远的人也会变得很亲近；如果忤逆民意，即使是亲信也会背叛他。懂得予之民就是取之于民，这便是执政的法宝。以上是《四顺》。

把国家建立在稳固的基础上；把粮食储存在取之不尽的粮仓里；把财货贮藏在用之不竭的府库里；把政令下达在源畅流通的渠道；把人民使用在没有争执的岗位；向人们指明犯罪必死的道路；敞开立功必赏的大门；不做不可能成功的事；不追求不应该得到的东西；不留在不可久恋之地；不要干那些不可反复再三的事情。所谓把国家建立在稳固的基础上，是指把政权交给有德行的人；把粮食储存在取之不尽的粮仓里，是指大力发展粮食生产；把财货贮藏在用之不竭的府库，是指普遍种植桑麻、饲养六畜；把政令下达在源畅流通的渠道，就是要使国家政策顺应民心；把人民使用在没有争执的岗位，就是要让他们各尽其长；指明犯罪必死的道路，就是要申严刑罚；敞开立功必赏的大门，就是要做到奖赏信实；不做不可能成功的事，就是要考虑百姓的承受能力；不追求不应该得到的东西，就是不强迫人民做他们不乐意的事；不留在不可久恋之地，就是不贪图一时侥幸；不干不可反复再三的事情，即不折磨欺骗人民。把政权授给有德行的人，国家就能安定；大力发展粮食生产，全民生活就有了保障；普遍种植桑麻、饲养六畜，百姓就可富裕起来；国家政令顺应民心，君主威信就可远播四方；人民各尽所能，社会用品就会齐备；申严刑罚，百姓就不生邪念；奖赏信实，百姓就不怕死难；量民力而行，那么事无不成；不强迫人们干他们不乐意的事，那么欺诈虚伪的行为就不会产生；不贪图一时侥幸，百姓就没有怨恨；不欺骗人民，百姓就会亲近君上。以上是《士经》。

按照家族的要求治理乡里，乡里治理不好；按照乡里的标准治理国家，国家治理不好；按照国家的模式治理天下，天下不可能治理好。正确的办法应当是以家的要求治家，以乡的要求治乡，以国的要求治国，以天下的要求治天下。不要认为不同家族就不听取外姓人的意见，也不要认为不同乡里就不采纳外地人的办法，更不要认为不同国家就不听从别国人的主张。要像天地对待万物那样，没有任何偏私偏爱；像日月普照大地，这才是君主的气度。驾驭百姓的方向，在于君主之所重视；引导百姓的途径，在于君主之所提倡；号召人民的门路，在于君主之所好恶。君主追求什么，臣下就想得到它；君主爱吃的东西，臣下都想尝食；君主喜欢的事情，臣下都愿实行；君主厌恶的事情，臣下都想隐避。所以作为君主，不要掩藏你的过失，不要擅改你的法度，否则贤能的人将无法帮助你。在室内讲话，要让全室人都知道；在堂上讲话，要让满堂人都知道。这样开诚布公才算是圣明的君主。仅靠城郭沟渠不足以坚守国土，强大的武力和装备也不足以应付敌人，地大物博不一定能得到群众拥护。只有有道的君主，才能防患于未然，不至于滋生祸害。天下并不怕没有贤臣，怕的是没有君主任用他们；天下也不怕没有财富，怕的是无人理财。所以，通晓天时的人，可以任命为长官；没有私心的人，可以安排为官吏；既通晓天时精于地利，又知人善任的人，就可拥戴为君主。处事迟钝的人总是落后于形势，吝啬钱财的人往往无人亲近，偏信小人的人必然失去贤能之士。以上是《六亲五法》。

《制分》译文
（《管子》卷十）

[原文]

凡兵之所以先争，圣人贤士不为爱尊爵，道术知能不为爱官职，巧伎勇力不为爱重禄，聪耳明目不为爱金财，故伯夷、叔齐非于死之日而后有名也，其前行多修矣；武王非于甲子之朝而后胜也，其前政多善矣。

故小征，千里遍知之，筑堵之墙，十人之聚，日五间之。大征，遍知天下，日一间之，散金财用聪明也。故善用兵者，无沟垒而有耳目。

兵不呼儌，不苟聚，不妄行，不强进；呼儌则敌人戒，苟聚则众不用，妄行则群卒困，强进则锐士挫。

故凡用兵者，攻坚则轫，乘瑕则神；攻坚则瑕者坚，乘瑕则坚者瑕。故坚其坚者，瑕其瑕者。屠牛坦朝解九牛，而刀可以莫铁，则刃游间也。

故天道不行，屈不足从；人事荒乱，以十破百；器备不行，以半击倍。故军争者不行于完城池，有道者不行于无君。故莫知其将至也，至而不可圉；莫知其将去也，去而不可止。敌人虽众，不能止待。

治者所道富也，治而未必富也，必知富之事，然后能富；富者所道强也，而富未必强也，必知强之数，然后能强；强者所道胜也，而强未必胜也，必知胜之理，然后能胜；胜者所道治也，而胜未必制也，必知制之分，然后能制。是故治国有器，富国有事，强国有数，胜国有理，制天下有分。

[译文]

大概用兵首先要力争做到的是，对圣人贤士不吝惜尊贵的爵位，对有道德学术智谋才能的人不吝惜官职，对有道德学术智谋才能的人不吝惜厚禄，对于耳聪目明的人不吝惜金钱财物。所以，伯夷、叔齐并不是在死后才有了声名，他们生前就有了很多善行了；武王并不是在甲子那天才取得胜利，他在以前就有了很多善政了。

所以小规模的征伐，千里地以内的情况都要了解。就是一堵墙，十个人的村落，也要每天侦察五次。大规模的征伐，天下的情况都要了解。每天侦察十次，这就要求广施金钱财物，收买大量间谍。所以，善于用兵的人，即使没有沟垒的防御工事，也要有间谍做耳目。

军中不能高声呼叫警戒，不可随便集合，不可违背命令胡乱行动，不可强行进攻。高声呼叫警戒，敌人就会戒备；随便集合，军队就不服从命令；胡乱行动，士卒们就会陷于困境；强行进攻，精锐的士卒就会受挫。

所以凡是用兵，攻打敌人坚固的地方，就很难攻破；利用敌人的薄弱环节来进攻，就会取得神奇的成功。硬是攻打坚固的地方，敌人的薄弱环节也会变得坚固，利用薄弱环节进攻，敌人坚固的地方也会变得薄弱。所以，要承认敌人坚固的地方是坚固的而不去攻打它；要认清敌人薄弱的环节是薄弱的，而去攻打它。屠牛坦一天宰九头牛，而他的刀还可以剃毛发，是因为他让刀刃总是在缝隙间活动。打仗就要像屠牛坦宰牛一样避实击虚。

所以，如果天时不顺，即使敌人穷屈也不能追逐，敌国人事荒乱，就可以用十个人打败一百个人；敌国兵器装备不能用，就可以用一半的人攻击成倍的人。所以，从事军事争夺的人不对防守坚固的城池用兵，有道义的人不对君死居丧的国家用兵。因此，没有人知道它将要到来，等它来了就不能抵御；没有人知道它将要撤离，它撤离的时候就不能阻止。敌人虽然多，却不能阻止它，不能抵御它。

国家政治清平有可能导致富足，但是政治清平不一定就富足，还必须懂得致富的具体措施，然后才能富足。国家富足有可能导致强大，但是富足不一定就强大，还必须懂得致强的方法，然后才能强大。国家强大有可能导致战争的胜利，但是强大并不一定就能得到战争的胜利，还必须懂得获胜的道理，然后才能获胜。作战获胜有可能导致控制天下，但是获胜不一定就能控制天下，还必须懂得控制天下的原则，然后才能控制天下。因此，治国有手段，富国有措施，强国有办法，胜国有道理，控制天下有原则。

找出了中国的赫拉克利特

——毛泽东品《墨子》（墨家）

墨子作为先秦诸子百家中的一家，其学术自成一派。其学说和社会活动很有个性，特性异常鲜明，可谓不同凡俗。它与其他学派的最大不同，是代小生产者小手工业者立言。

毛泽东品读《墨子》一书，资料不是很多。从目前披露的材料来看，他谈墨子，论墨学，评墨家，也只有六七次的样子。但是，这不影响他品读《墨子》的思想深度。

墨子其人，《墨子》其书

毛泽东读《墨子》一书，起点在 1917 年以前（这在后面会具体提到）。起步不可谓晚，但是，现在还没有收集到他读书的故事。为着理解他读《墨子》那些精辟警人的议论，我们还是先来了解一下墨子其人和《墨子》其书，打个基础。

墨子（约前 479—前 403），本是战国初期人，但到了西汉司马迁作《史记》时，对他的生平事迹只知道个梗概。只是在《史记》卷七十四《孟子荀卿列传》末尾附记中提到："盖墨翟，宋之大夫，善守御，为节用。或曰并孔子时，或曰在其后。"这寥寥二十四个字虽然使我们知道了他的姓名、职任、主张和生活时代，但对要了解一位大思想家的生平来说，所提供的历史信息无疑是太简单了。清人孙诒让作《墨子间诂》一书，其中附录一卷，有辑录的《墨子传略》资料；民国时蒋伯潜作《诸子通考》，其上编第九章

《墨子及"墨者"》，下编第十二章《墨家之书——〈墨子〉及其他》，亦有墨子生平和《墨子》一书的资料。据两书可较多地叙述墨子传记。

墨子名翟，鲁国人（一说宋国人），出身平民。曾为造车匠人，自认为"贱人"。生活俭朴，"量腹而食，度身而衣"（《墨子·鲁问》）。和人民接近，所以比较了解当时社会实际，了解人民挣扎在穷苦饥饿线上的生活。在先秦诸子中，其作风是最接近于下层劳动人民的。

早年，墨子"学儒者之业，受孔子之术"（《淮南子·要略》）。后因不满其烦礼与厚葬，另立新说，聚徒讲学，有弟子数百人，与儒学同称显学。墨子长期致力于私人办学事业，他说自己"上无君上之事，下无耕农之难"，可见他不属于贵族阶级，也不是直接从事生产的小农或手工业者，而是一位上升到"士"的比较接近农工商人的知识分子。

墨子善制作，重节俭，劳身苦志、摩顶放踵而利天下，不以利禄萦心。他的手工制作技术非常精巧，用木头削成的车轴，能承受六百斤重的物体。用木料拼成的鸢鸟，能在天上飞翔一天。还比公输盘（鲁班）更早地发明了云梯这一器械。他对物体运动中力的作用、杠杆原理、光线直射、光影关系、针孔成像、点线面体圆概念等力学、光学、几何学方面的认识，广泛深刻，具有先驱意义。这位"士"，应该说又是一位发明家、科学家。

墨子是一个实践的思想家，为了实现他的政治主张，奔走各处。"生于鲁而仕宋，平生足迹所及，则尝北之齐，西使卫，又屡游楚，前至郢，后客鲁阳，复欲适越而未果。"（孙诒让：《墨子传略》）与孔子一样，曾率领学生们周游列国，从鲁出发，先后到过宋、齐、卫、楚、魏等国。

墨子不辞劳苦止楚攻宋的故事千古流传。大概在公元前 445 年左右，楚惠王利用公输盘（鲁班）制造的云梯，准备攻打宋国。墨子叫弟子们拿了他研制出来的防御武器在宋城备战，自己则日夜兼程，奔波十天十夜来到楚都，先用道理打动公输盘和楚王，然后和公输盘进行攻、防演习，致使楚方攻械尽而理屈，不得不放弃攻宋计划，因而制止了一场即将爆发的流血战争。这位"士"，又是一个和平主义者。

《墨子》一书是墨家经典的总汇。《汉书·艺文志》著录为七十一篇，今存五十三篇。其中《尚贤》《尚同》《兼爱》《非攻》等二十余篇代表墨子学说的基本内容，阐述墨子的主要思想；《耕柱》至《公输》五篇记录墨子及其弟子的言行；《备城门》以下十一篇，则全讲机械制造和守城之术；《经上》《经下》《经说上》《经说下》《大取》《小取》等六篇总称《墨辩》，是墨家后学的逻辑学和科学著作。

这部书里包含有朴素的唯物主义认识论，以及逻辑推理和自然科学等知识。书中《墨辩》部分，是属于后期墨家的作品，其余多半出于门弟子的记录，也有为后人所增加的。墨子死后，墨家分为三派，对墨子学说各有记录，后来合编成书，所以《尚贤》《尚同》《兼爱》《非攻》《节用》《节葬》《天志》《明鬼》《非命》《非儒》等十篇，原都分上、中、下，而其内容仍然大体一致。

在社会管理方面，墨子主张兼爱的思想。他了解人民的生活情况，关注人民的疾苦，抨击"强必执弱，富必侮贫，贵必敖贱，诈必欺愚"（《兼爱中》）的不合理社会现象，提出"兼爱"作为社会伦理的准则，要求人们不分贵贱亲疏，"兼相爱，交相利"（同上）"有力者疾以助人，有财者勉以分人，有道者劝以教人"（《尚贤下》）。他"兼爱"的范围覆盖整个社会："诸侯相爱，则不野战；家主相爱，则不相篡；人与人相爱，则不相贼；君臣相爱，则惠忠；父子相爱，则慈孝；兄弟相爱，则和调。天下之人皆相爱，强不执弱，众不劫寡，富不侮贫，贵不敖贱，诈不欺愚。"兼爱，是墨子核心思想，其他非攻、节用、节葬、非乐的主张，也都是由此而派生出来的。"国家昏乱，则语之尚贤尚同；国家贫，则语之节用节葬，国家喜音湛湎，则语之非乐非命；国家淫僻无礼，则语之尊天事鬼；国家务夺侵凌，则语之兼爱非攻。"这是针对当时社会弊病而提出的治国主张。使得人与人之间是一种互爱、互利、互助的关系。这说明墨子是站在同情受剥削、受损害的劳动者的角度，为弱者呼吁的。但是，墨子把实现自己美好政治理想的希望寄托在统治阶级和上帝鬼神的身上。主张依靠"王公大人"解决人民"饥者不得食""寒者不得衣""劳者不得息"的"三患"（《墨子·非乐上》）。他反复劝说王公大人行仁义，做好事，并且说上帝能通过赏善惩恶维护百姓的利益，王公大人只有遵行这个天志、天意，才能兴国，否则就要灭亡。可以看出，这是小生产者本身的软弱性在墨子学说中的反映，带着空想和保守的色彩。

在治国用人方面，墨子主张尚贤使能。他认为：尚贤使能，是治理国家的一条根本措施。他说："尚贤者，治之本！"他在反复抨击"骨肉之亲，无故富贵"的任人唯亲的旧制度上，提出"官无常贵，而民无终贱，有能则举之，无能而下之"的任人唯贤观念。并指出："虽在农与工肆之人，有能则举之，高予之爵，重予之禄，任之以事，断予之令。"（《尚贤》）以任人唯贤的平等思想直接冲击宗法世袭制。尚贤使能，反映了自由平民和奴隶主贵族的政治对立，反映了当时人民参政议政的要求，反映了小生产者要求改善政治社会地位的呼声，反映了墨子尊重知识、尊重人才的观念。墨子的这种主张是有进步意义的，为墨子思想的一大特色。在诸子百家中，远为其他诸子所不及。

在经济思想方面，墨子主张"强本节用"。所谓"强本"，就是增加农业生产，"使各从事其所能"；所谓"节用"，就是限制王公大人的奢侈浪费，"凡足以奉给民用则止"，人民只要有简单的生活资料即可。在《节用》《节葬》等篇中，墨子反复阐述了这一思想。墨子的这一思想，是有积极进步意义的。

在军事思想方面，墨子的学说也是反映小生产者的政治经济利益的，是为弱者呼吁、为弱者设想的，是体现行会手工业者的思想意识的。它的基本特点是：一、非攻；二、救守。这是一个完整体系的相辅相成的两个方面。

墨子的"义利观"也不同于其他诸子。他提出"天下有义则治，无义则乱"，应"一同天下之义"，即为了制止天下动乱，必须选举出贤能的士、卿大夫、天子来一同为天下、为万民兴利除害。孔子经常讲仁，而墨子处处说利，如"交相利""上利于天，中利于鬼，下利于人"。他言功利，不是利己，而是主张普天同利。这种建立在理想国基础上的功利主义，是《墨子》一书的基本道德观念。"利人者，人必从而利之"，好似"爱人者，人必从而爱之"一样。

墨派学说从"农与工肆"的小生产者的根本利益出发，主张兼爱互助，反映了当时人民的要求和渴望。他们推求天下的乱源：一是战争，二是篡夺，三是乖忤，四是盗窃，五是欺诈。而起因却出于不相爱，只有"兼相爱"才能"交相利"，才是维持社会最好的办法。当时，还在兼并战争剧烈的战国时代。墨家针对时代的症结所在，提出十条纲领性的主张，十大主张都是有的放矢的。这十条主张又分成五类：尚贤、尚同；节用、节葬；非乐、非命；天志、明鬼；兼爱、非攻。其中推重贤才，主张节约，反对命运，反对不义战争，都是进步的；但认为天有意志、相信鬼等就是错误的。由于时代局限，他的兼爱学说带有超阶级观点。他一方面反对宿命论，一方面却把人间祸福归结于天鬼的赏罚，反映出有浓厚的迷信色彩的宗教思想。他过分强调节用，甚至对所有的艺术都加以反对，这和人民的要求不相符合。

墨子在春秋战国四分五裂的时期，大胆猛烈地批判了儒学，促进了百家争鸣的局面。他独自建立起来的墨家学派，也就是他私人创办的一所强调实践和献身精神的流动性综合学校。墨家学派，《汉书·艺文志》列为

"九流"之一。信奉墨子学说的人称为"墨者",是有组织的集团,其领袖称为巨(钜)子。巨子的职位由前任巨子传给他所认可的贤者。他们有严密的纪律,所有的墨者都服从巨子指挥。他们还有一定的法规,"墨者之法,杀人者死,伤人者刑"(《吕氏春秋·去私》)。他们生活极为清苦,但非常勇敢,"赴火蹈刃,死不旋踵"(《淮南子·泰族》)。墨者学习谈辩、说书、从事等三科,穿粗衣,着草鞋,少饮食,与贱者为伍,"日夜不休,以自苦为极"。这所亦工亦读的私学,采用手工业者收徒的做法,带有浓厚的结社性质,因此墨家学派又是一个纪律严明、团结一致的政治团体。

墨子死后,据《韩非子·显学》记载,墨家分为相里氏、相夫氏(亦作柏夫氏或祖夫氏)、邓陵氏三派。后期墨家放弃了墨子学说中"天志""明鬼"等宗教迷信观念,对自然科学中的几何学、光学、力学等做了极有价值的探索,对名实关系、感觉与思维的关系作了唯物主义的分析,在古代逻辑学和认识论上有很高成就。秦汉以后,墨学渐衰。西晋时鲁胜注《墨辩》,力图振兴墨学,因无人继续,几成绝学。直至清中叶,墨学著作才被学者重视研究。

墨家和儒家当时是显学。墨子其学说和孔学对立,对儒家持批判态度。墨子反对儒家的分别亲疏及提倡礼乐和厚葬的学说,更反对儒家仅止于士阶级的尚贤,主张只要有德有才的人都可以参加政治。

司马迁的父亲司马谈也做过太史令,他在《论六家之要旨》中评论墨家说:

> 墨者亦尚尧舜道,言其德行曰:"堂高三尺,土阶三等,茅茨不剪,采椽不刮。食土簋,啜土刑,粝梁之食,藜霍之羹。夏日葛衣,冬日鹿裘。"其送死,桐棺三寸,举音不尽其哀。教丧礼,必以此为万民之率。使天下法若此,则尊卑无别也。夫世异时移,事业不必同,故曰"俭而难遵"。要曰强本节用,则人给家足之道也。此墨子之所长,虽百家弗能废也。(《史记·太史公自序》)

司马谈评论的意思是说:墨家也崇尚尧舜的道术,引述尧舜的德行说:堂止三尺高,土做的阶不过三级,用茅草盖的屋顶,未曾修剪整齐,用原木做的屋椽未加断削,吃的是土做的簋里面所盛的饭,饮的是土做的瓦器里面所盛的羹汤,饭用粗米做的,汤用豆叶做的,夏天穿葛制的单衣,冬天着鹿皮裘衣。他们葬死者用桐木做棺,厚不过三寸,号丧不过于哀恸。他们的丧礼，就是这样的简单，来作为一般人的表率，使天下的人奉以为法则。像这样的作风，尊卑就难以分别了。我们想到时代改变，事业自然不尽相同，所以说过于俭约，后人难以遵从。总之，务实节用，确是人们兴家富足的最佳途径了，这是墨家的长处，是任何一家都不能废弃的。

司马谈指出了墨家的要旨、主要特征和长短项，是公允平实的。只是他批评墨家使"尊卑无别"，消除等级制，则是站在上层官僚贵族和富裕阶层的立场上讲话，则不足取。

总的来看，墨子称得上战国初期伟大的思想家、严肃的教育家、卓越的科学家，是墨家的创始人。

兼爱之说非利他主义也

墨子学说的根本之点是"兼爱"说。毛泽东最早研究评价墨子的思想，也是从"兼爱"说切入。不过，他是从伦理学的角度接受"兼爱"说的。

据《湖南省立第一师范学校志》记载，1917年下半年至1918年上半年，杨昌济教授讲授修身课时，曾将《伦理学原理》一书作为教材。毛泽东在听课和阅读该书的过程中，做了大量批注，结合书中有关论述发挥自己的见解。《伦理学原理》，为德国哲学家、伦理学家包尔生（1846—1908）的主要代表作《伦理学体系》的一部分。包尔生曾任柏林大学教授。其哲学观点是二元论，伦理思想的特点是调和直觉与经验、动机与效果、义务和欲望。

毛泽东读过并写有大量批注的《伦理学原理》一书，后来被他在一师初期的同学杨韶华借去，直到中华人民共和国成立初期才归还毛泽东。归还时杨在该书扉页上写了一段话："此书系若干年前，毛主席润之兄在小吴门外清水塘住所借阅者，嗣后各自东西，不复谋面，珍藏至今，深恐或失！兹趁周敦元（即周世钊——引者注）学兄北上之便，托其奉还故主，借镜当时思想之一斑，亦人生趣事也。1950年9月15日杨韶华识。"

据周世钊回忆，当他将此书交给毛泽东时，毛泽东曾对他讲过如下一段话：

> 这本书的道理也不那么正确，它不是纯粹的唯物论，而是心物二元论。只因那时我们学的都是唯心论一派的学说，一旦接触一点唯物论的东西，就觉得很新颖，很有道理，越读越觉得有趣

味。它使我对于批判读过的书，分析所接触的问题，得到了启发和帮助。

毛泽东读包尔生《伦理学原理》一书的批语，收入《毛泽东早期文稿》时，题为《〈伦理学原理〉批语》。

包尔生在《伦理学原理》第一章《善恶正鹄论与形式论之见解》中说："吾人意识之中，小己之刺激，与社会之刺激，利己之感情，与利他之感情，常杂然而并存。故人者，非能离群而索居者也，必列于全社会之一体，而后可以生存，此生物学界昭著之事实也，生物学界客观之事例，发现于心理学之主观界。而为意志及感情之构造。不观动物乎，其自存之冲动，固已与保存种族之冲动并存矣。"

读这一段，毛泽东对"利己"与"利他"的关系很有感慨，他提笔写了一段长批：

此事实诚然，然不可言并当言先后。动物固以自存之冲动为先，以保存种族之冲动为后，动物在其幼时无所谓保存种族之冲动也。嗟乎！吾于此有深感焉，即世借利他之名而行其利己之实者之多是也。真者，善也；伪者，恶也。实行利己主义者，念虽小犹真也，借利他之名而行利己之实者，则大伪也。由利己而放开之至于利人类之大己，利生类之大己，利宇宙之大己，系由小真而大真，人类智力进步可得达到也。人己并举则次序不明，易致假利他之名而行利己之实，无由而达到最大之利己也。

予思吾儒家之说，乃是以利己主义为基础，如"天地之道造端乎夫妇"之言，"先修身而后平天下"，"先亲亲而后仁爱物民"可以见之。

兼爱之说非利他主义也，言兼爱则有我在内，以爱我者兼爱天下之人云耳。

以我立说，乃有起点，有本位；人我并称，无起点，失却本位。（《毛泽东早期文稿》，湖南出版社 1995 年版，第 142—144 页）

前面一节中已经说过，"兼爱之说"是墨子基本的政治主张。《墨子·兼爱上》说：

若使天下兼相爱，爱人若爱己身，犹有不孝者乎？

墨子的"兼爱"说，是"爱己"与"爱人"的统一，也可以说成"利己"与"利人"的统一。"爱人若爱己"有两层意思：（一）以"爱己"为本位，从"爱己"出发去观察审视"爱人"，所以青年毛泽东说"言兼爱则有我在内"；（二）推己及人，"爱人"像"爱己"一样，所以毛泽东说"以爱我者兼爱天下之人"。墨子举孝道的例子说，如果人子都能"爱人若爱己身"那样孝敬长辈，那么天下还会有"不孝"的人吗？

此时，青年毛泽东听修身课，正在研究伦理学中"精神之个人主义"即"自我实现"问题。他用重新解释的墨家的"兼爱"说和儒家的"修齐治平"说支持自己的观点，倡导"精神之个人主义"，目的是"自我实现"。"自我实现"说是英国哲学家格林（1837—1882）提出来的。毛泽东的老师杨昌济先生在英国留学时，深受格林影响。归国以后，杨昌济在湖南第一师范讲修身课，就将"自我实现"列为专题。他的《达化斋日记》指出："充实自我具有发达的可能性，谓之实现自我。以实现自我为吾人行为之最高目的，谓之自我实现主义。"将《〈伦理学原理〉批语》同《达化斋日记》对勘研究，就可以清楚地看出：毛泽东通过杨昌济接过了格林的"自我实现"说；同时，他又别开生面地将"个性解放"的时代精神与"尽心""完性"的传统思想融入其中，作了许多独特的发挥。

青年毛泽东倡导"精神之个人主义"，以反对封建道德的"三纲五常"。这里说的"精神之个人主义"与时下流行的社会学中的"个人主义"等同自私自利观念不一样。毛泽东为了表明他所提倡的并不是那种庸俗个人主义，特在《〈伦理学原理〉批语》中点明："此个人主义乃为精神的，可谓之精神之个人主义。"（《毛泽东早期文稿》，湖南出版社1995年第2版，第151页）它同弘扬个性及人的个人价值密切相关。因此，它构成"自我实现"的重要内容，引导着人们去寻求个体的理想与人格，到精神世界中去体味人生的意义与价值。而中国传统道德的最大缺陷在于对个性的压抑与束缚，"三纲五常"的道德观念及行为原则，扼杀了多少人的聪明才智及个性。在青年毛泽东看来，中国几千年来的伦理文化所造成的结果是个性的匮乏，人人都已习惯于做奴隶而全然没有做自己主人的信念与要求。他大声地呼喊个性解放，主张彻底冲破封建旧道德的网罗，把属于个人的一切还给个人。要做自己命运和行为的主人，必须倡导和推行个人主义。个人主义首先要求人们在精神上确立起自我本位的观念，并以利己的动机待人接物、实现自我。利己与利他的关系是主体与对象、动机与效果、出发点与途径的关系。利他作为一种道德效果，产生于主体的同情心态，而"同情者，由我而起也"，最终还是为我利己的动机、愿望成为人己两利的核心。利己是不可克服的人的内在天性，是人们道德行为的最初出发点和根本动机，只有以利己作为行为的出发点和动机，才能使伦理行为真切笃实而不失其本体。相反，如果以人己并举立说，"则次序不明，易之假利他之名而行利己之实"。"借利他之名而行利己之实"是道德生活中的"大伪"，其害无穷，其祸惨烈。因此，把利己作为道德行为的出发点和根本动机，贯彻利己主义的主张与精神，"念虽小犹真也"。"由利己而放开之至于利人类之大己，利生类之大己，利宇宙之大己，系由小真而大真，人类智力进步可得达到也。"

青年毛泽东认为，从中国传统的伦理哲学来看，无论是强调仁者爱人的儒家，还是主张爱无差等的墨家，表面看来似乎是一种利他主义的伦理学说，但实质上则是以利己主义为基础、为起点的。因为这样的伦理学说同样有一个先后次序，有一个推己及人的逻辑转换过程。

予思吾儒家之说，乃是以利己主义为基础，如"天地之道造端乎夫妇"之言，"先修身而后平天下"，"先亲亲而后仁民爱物"，可以见之。

（墨家）兼爱之说，非利他主义也，言兼爱则有我在内，以爱我者而普爱天下之人云耳。

青年毛泽东通过把传统伦理爱人融入爱己之中，把利他熔铸于利己之中，把对他人和社会的义务转换成对自己的义务，把群体的具有普遍性的道德从外部的社会关系中剥离出来，全部收敛进个体人格的内部结构中去，从而使自己的利己主义成为涵盖利他主义、利群主义的真正的利己主义或"精神之个人主义"。这样，青年毛泽东的"精神之个人主义"就以一种奇妙的逻辑把理性与情欲、利己与利他、小我与大我、实现自我与变化民质统一结合起来，具有了全新的含义与性质。（魏英敏：《毛泽东伦理思想新论》，北京大学出版社1993年版，第28—31页）

毛泽东倡导"精神之个人主义"，以寻求"自我实现"的思想，也受到梁启超的影响。毛泽东在阐述"自我实现"说时，参阅了《乐利主义泰斗边沁之学说》一文。因此，他在《批语》中特意注明了"参见梁启超利己心三种"等语。按梁氏在文中强调"人类只有爱己心目"。他将"爱己心"划分为"纯乎的爱己心"与"变相的爱己心"两种。"变相的爱己心"即是"爱他心",又可做出"自然的爱他心"与"人为的爱他心""感情的爱他心""智略的爱他心"等种种划分。"盖因人人求自乐则不得不生出感情的爱他心。因人人求自利则不得不生出智略的爱他心。而有此两种爱他心,遂足以缠结公利私利,两者而不至相离。且教育日进,则人之感情愈扩其范围。昔之以同室之苦乐为苦乐者,浸假而以同国同类之苦乐为苦乐,其最高者,乃至以一切有情众生之苦乐为苦乐。"总归一句话,他把爱他、爱群、为国家、为人类的一切高尚行为都看成是某种"变相的爱己心"。

从这种沟通"利己""利他"的论点出发,毛泽东又在《〈伦理学原理〉批语》中写道:

> 一切之道德所以成全个人,表同情于他人,为他人谋幸福,非以为人,乃以为己。吾有此种爱人之心,即需完成之,如不完成,即是于具足生活有缺,即是未达正鹄。释迦、墨翟皆所以达其个人之正鹄也。(《毛泽东早期文稿》,湖南出版社1995年版,第203页)

墨翟和释迦"个人之正鹄",即墨家和佛教"自我实现"之目的。

毛泽东这段批语是说,一切道德行为都是为了"实现自我"。为他人谋幸福,表同情于他人,表面看来,是"爱人之心"的表现。但透过现象看本质,归根结底,还是为了"实现自我";墨子讲"兼爱",佛家讲"普度众生",也都是为了"实现自我"。

"精神之个人主义"以满足精神方面的需要为主旨,所以它可以把"利己"与"利他"统一起来。"利己"是核心,"利他"是条件。唯其能够"利他","利己"才摆脱了粗俗的对物欲的追求,而上升为"精神之个人主义"。在这里,"利己"并不是追求个人的物欲的满足,而重在"利情与意",即重在满足精神方面的需要。毛泽东还在《讲堂录》中写道:"乐利者,人所共也。惟圣人不喜躯壳之乐利(即世俗之乐利),而喜精神之乐利,故曰'饭蔬食,饮水,曲肱而枕之,乐亦在其中矣。不义而富且贵,于我如浮云'。"(《毛泽东早期文稿》,湖南出版社1995年版,第591页)这可以作为"精神之个人主义"的最好诠释。

从总体上说,青年毛泽东把互助、同情、"爱人之心""利他之心"都理解为"精神之个人主义",其终极目的都是为了"实现自我"。这样一来,青年毛泽东的"精神之个人主义",就把"实现自我"和"变化民质",把"个性解放"和救国救民的要求统一起来了。这恰恰反映了"五四"前期许多先驱思想家在伦理思想方面的一个共同点。

青年毛泽东在构建自己的"精神之个人主义"伦理观时,得到了墨子"兼爱"思想的启迪和支持。

找出了中国的赫拉克利特

毛泽东对《墨子》一书的深度解读,还是他到延安后建构自己哲学思想体系的时候。具体时间在1939年上半年。

1938年10月,毛泽东在党的六届六中全会上说:

> 学习我们的历史遗产,用马克思主义的方法给予批判的总结,是我们学习的另一任务。我们这个民族有数千年的历史,有它的特点,有它的许多珍贵品。对于这些,我们还是小学生。今天的中国是历史的中国的一个发展,我们是马克思主义的历史主义者,我们不应当割断历史。从孔夫子到孙中山,我们应当给予总结,承继这一份珍贵的遗产。这对于指导当前的伟大的运动,是有重要的帮助的。(《毛泽东选集》第二卷,人民出版社1991年版,第534页)

其实,毛泽东早在1937年写作《矛盾论》和《实践论》时,就十分关注中国古代传统哲学。

大约1938年的一个偶然契机,毛泽东了解到陈伯达在北平中国大学开过周秦诸子课,而毛泽东本来就对中国古代哲学饶有兴趣,他们之间有了共同的话题,开始交流。

经毛泽东提议,陈伯达在延安举办中国古代哲学讲座。每一次讲座,毛泽东差不多都去听。毛泽东一去,许多人也跟着去。这些课,陈伯达过去在北平讲过,如今加了些新的内容、新的见解。很快地,陈伯达在延安理论界有了名声。

1938年秋,延安成立"新哲学会",陈伯达成了这个学术团体的头面人物,执笔写了《新哲学会缘起》,发表于1938年9月《解放》周刊。

1939年1月,陈伯达写出《墨子哲学思想》一文,恭恭敬敬给毛泽东送去，请求指正。

这时的毛泽东在相对安定的延安窑洞里，不断著述，正处于一生的著作高峰期，他非常勤勉，思维活跃，正在探索着一系列的理论问题。陈伯达的《墨子哲学思想》引起毛泽东很大兴趣。他很细致地读完，亲笔给陈伯达复了一信。毛泽东的书信通常很短，一二百字而已。这次破例，给陈伯达写了很长的复信，全文如下：

伯达同志：

《墨子哲学思想》看了，这是你的一大功劳，在中国找出赫拉克利特（引者注：古希腊唯物主义哲学家）来了。有几点个别的意见，写在另纸，用供参考，不过是望文生义的感想，没有研究的根据的。

敬礼！

毛泽东

二月一日夜

（一）题目

似改为"古代辩证唯物论大家——墨子的哲学思想"或"墨子的唯物哲学"较好。

（二）事物的实不止属性，还有其最根本的质，质与属性不可分，但有区别的，一物的某些属性可以除去，而其物不变，由于所以为其物的质尚存。"志气"，志似指事物之质，不变的东西（在一物范围内），气似指量及属性，变动的东西。

（三）"君子不能从行为中分出什么是仁什么是不仁"，这句话的意思应是：君子做起事来却只知做出不仁的事，不知做仁的事，似更明白些。

（四）说因果性的一段，似乎可以说同时即是必然性与偶然性的关系。"物之所以然"是必然性，这必然性的表现形态则是偶然性，必然性的一切表现形态都是偶然性，都是偶然性表现。因此，"没有这部分的原因就一定不会有十月十日的武昌起义"是对的，但辛亥革命的必然性（大故）必定因另一偶然性（小故）而爆发，并经过无数偶然性（小故）而完成，也许成为十月十一日的汉阳起义，或某月某日的某地起义。"不是在那恰当的时机爆发起来就不一定成为燎原之火"是对的，但也必定会在另一恰当的时机爆发起来而成为燎原之火。

（五）中庸问题

墨家的"欲正权利，恶正权害"、"两而无偏"、"正而不可摇"，与儒家的"执两用中"、"择乎中庸服膺勿失"、"中立不倚"、"至死不变"是一个意思，都是肯定质的安定性，为此质的安定性而作两条战线斗争，反对过与不及。这里有几点意见：（1）是在做两条战线斗争，用两条战线斗争的方法来规定相对的质。（2）儒墨两家话说得不同，意思是一样，墨家没有特别发展的地方。（3）"正"是质的观念，与儒家之"中"（不偏之谓中）同，"权"不是质的观念，是规定此质区别异质的方法，与儒家"执两用中"之"执"同。"欲"之"正"是"利"，使与害区别。"恶"之"正"是"害"，使与利区别而不相混。"权者两而无偏"。应解作规定事物一定的质不使向左右偏（不使向异质偏），但这句话并不及"过犹不及"之明白恰当，不必说它"是过犹不及之发展"。（4）至于说"两而无偏，恰是墨子看到一个质之含有不同的两方面，不向任何一方面偏向，这才是正，才真正合乎那个质"。则甚不妥，这把墨家说成折中论了。一个质有两方面，但在一个过程中的质有一方面是主要的，是相对安定的，必须要有所偏，必须偏于这方面，所谓一定的质，或一个质，就是指的这方面，这就是质，否则否定了质。所以墨子说"无偏"是不要向左与右的异质偏，不是不要向一个质的两方面之一方面偏（其实这不是偏，恰是正），如果墨家是唯物辩证论的话，便应作如此解。

（六）"半，端"问题

墨子这段，特别是胡适的解释，不能证明质的转变问题，这似是说有限与无限问题。（《毛泽东书信选集》，人民出版社1983年版，第140页）

毛泽东致陈伯达的信函，所以写得如此之长，是因为陈伯达所论述的墨子哲学，也正是毛泽东思索的热点。正因为这样，看了陈伯达的文章，毛泽东随手写下这样的学术性的长信，与他进行详细的讨论。他们有着共同的兴趣和话题。陈伯达修改后的《墨子哲学思想》一文，发表在延安的《解放》杂志第82、102、104期上。

《致陈伯达》这封信，分为两部分：信的主体部分称赞陈的研究是"一大功劳，在中国找出赫拉克利特来了"；信的附件部分"写在另纸"，是对陈文的"几点个别的意见"，毛泽东自谦地表示"没有研究的根据"，实际上毛泽东的见解明显比陈伯达高出一筹。

墨家学派的创始人墨翟是中国的赫拉克利特，这是毛泽东依据陈文得出的新结论。赫拉克利特（约前540—约前480）比孔子略晚，比墨子早些，古希腊唯物主义哲学家，爱非斯学派的创始人。是小亚细亚西岸希腊殖民城邦爱非斯人。出身王室贵族，本应继承王位，但却把王位让给了自己的兄弟。鄙视世俗生活，隐居神庙山林。认为"火"是万物的本原，万物按一定规律由火产生，又复归于火，"这个世界对一切存在物都是同一的，它不是任何神所创造的，也不是任何人所创造的；它过去、现在和未来永远是一团永恒的火，在一定的分寸上燃烧，在一定的分寸上熄灭"。提出"一切皆流，无物常住"的观点，认为世界万物都在永远不停地变化着，犹如川流不息的河水。"人不能两次踏进同一条河流"，"我们既存在又不存在"。他用许多生动的事例描绘了世界运动、变化的总画面。恩格斯指出，"这个原始的、素朴的但实质上正确的世界观是古希腊哲学的世界观，而且是由赫拉克利特第一次明白地表述出来的"（《马克思恩格斯全集》第二十卷第23页）。猜测到任何事物都包含着彼此依存、相互转化的两个对立面，事物变化的原因是对立面的斗争。认为"互相排斥的东西结合在一起，不同的音调造成最美的和谐"；"冷变热，热变冷，湿变干，干变湿"；战争"使一些人成为神，使一些人成为人，使一些人成为奴隶，使一些人成为自由人"。"一切都是通过斗争和必然性而产生的"，并把这个万物运动变化的规律，称为"逻各斯"。列宁对赫拉克利特丰富的辩证法思想给予很高的评价，称他是"辩证法的奠基人之一"。中国墨子与古希腊赫拉克利特，几乎生活在同一年代，哲学特征相似相近。墨子哲学思想中关于认识论的思想，关于宇宙事物是变动不居的观念，关于名实、同异、义利、半端等关系的讨论，也是极富古代唯物辩证思维特点的，是极其深刻的思想。由此可知，墨子不愧为中国的赫拉克利特。

信的附件部分共提出六条修改意见。其一是文章的"题目"。从写作技巧的角度说，陈伯达的题目中性一些，倾向不鲜明，而毛泽东的题目把墨子哲学的实质点出来，更醒目抓人。如果从思想性的角度看，改题突出了"古代辩证唯物论大家"这个新判断，对墨子哲学如此评价前所未有。这实质是毛泽东用马克思主义哲学观察问题，研究墨子和墨学，得出的新结论。

正因为墨子不愧为中国的赫拉克利特，正因为墨子思想具有朴素唯物主义的性质，所以毛泽东才建议陈伯达把文章题目改为"古代辩证唯物论大家——墨子的哲学思想"，或改为"墨子的唯物哲学"。

修改意见之三是文字表述问题，只要明确就可以了。这样，附件中修改意见的（二）（四）（五）（六），都是毛泽东细察详论切磋琢磨墨子哲学观点了。例如事物的质与属性的问题、必然性与偶然性的问题、中庸的问题、"半，端"的问题等，都是非常值得研究的问题。

修改意见其（二），是事物的质与属性问题。这是陈文谈到墨子"名实"命题时涉及的。陈文认为，"实"既具有自己的一定的具体的"质"，又具有自己的包含各方面的，和从各方面表现出来的一定的具体的属性，质和属性就是事物（实）区别于他物的东西。毛泽东觉得这种论述还不够，进一步提出自己的观点："事物的实不止属性，还有其最根本的质，质与属性不可分，但有区别。"毛泽东认为质与属性的区别，就在于质是根本的，属性是非根本的。这是因为"一物的某些属性可以除去，而其物不变，由于所以为其物的质尚存"。陈文没有把质与属性区别开。就陈文中所说的"实：其志气之见"的观点，毛泽东表达了不同的看法：认为"志气"并不是一个东西，"志似是指事物的质，不变的东西（在一物范围内），气似指量及属性，变动的东西"。举此例意在说明，不能把质与属性混为一谈。

修改意见其（四），是必然性与偶然性的关系问题。毛泽东认为陈文中说因果性的一段，"似乎可以说同时即是必然性与偶然性的关系"。所谓必然性，就是"物之所以然"，而偶然性则是"必然性的表现形态"。毛泽东说，"必然性的一切表现形态都是偶然性，都用偶然性表现"。陈文中所表达的"没有这部分的原因就一定不会有十月十日的武昌起义"的观点是对的，因为它说明了必然性与偶然性的正确关系。毛泽东认为，有了这个必然性，即使没有十月十日的武昌起义，也会发生别的什么起义。这就是必然与偶然的辩证法。毛泽东说："辛亥革命的必然性（大故）必定因另一偶然性（小故）而爆发，并经过无数偶然性（小故）而完成，也许成为十月十一日的汉阳起义，或某月某日的某地起义。"陈文表达的"不是在那最恰当的时机（指十月十日）爆发起来就不一定成为燎原之火"的观点，毛泽东认为是对的，但是毛泽东又补充说："但也必定会在另一最恰当的时机爆发起来而成为燎原之火。"毛泽东的补充，意在说明，必然性一定要通过偶然性表现出来，不表现出来是不行的。这就是"必然性"之所以称为必然性的原因。

修改意见其（五），是关于中庸的问题，毛泽东认为墨家的说法虽然与儒家的说法不同，但是意思是一样的。毛泽东说："墨家的'欲正权利，恶正权害'，'两而无偏'、'正而不可摇'，与儒家的'执两用中'、'择乎中庸服膺勿失'、'中立不倚'、'至死不变'是一个意思，都是肯定质的安定性，为此质的安定性而做两条战线斗争，反对过与不及。"毛泽东进一步解释说：墨子的"正"是质的观念，与儒家的"中"（不偏之谓中）同；墨子的"权"不是质的观念，是规定此质区别异质的方法，与儒家"执两用中"之"执"同。"欲"之"正"是"利"（欲的质是利），使与害区别；"恶"之"正"是"害"（恶的质是害），使与利区别而不相混。"权者两而无偏"，应解作规定事物一定的质不使向左右偏（不使向异质偏）。在毛泽东看来，欲的质不偏离开利（欲正权利），恶的质不偏离开害（恶正权害），这样善恶的质就算是没有动摇（正而不可摇），这就与儒家的"执两用中""择乎中庸服膺勿失""中立不倚""至死不变"一样了。陈文说："两而无偏，恰是墨子看到一个质之含有不同的两个方面，不向任何一方面偏向，这才是正，才真正合乎那个质。"对此，毛泽东认为甚是不妥，认为这是"把墨家说成折中论了"。毛泽东说："一个质有两个方面，但在一个过程中的质有一方面是主要的，是相对安定的，必须要有所偏，必须偏于这方面，所谓一定的质，或一个质，就是指的这方面，这就是质，否则否定了质。"在这里，毛泽东已经运用主要矛盾和矛盾主要方面决定事物本质的观点分析问题了，他把中庸与折中主义进行了区别。在毛泽东看来，中庸不等于不偏不倚，中庸是指在一个过程中既有所偏又没有离开质。追求绝对的不偏不倚，就是折中主义了，而墨子并不是折中主义者。毛泽东说："墨子说'无偏'是不要向左与右的异质偏，不是不要向一个质的两方面之一方面偏（其实这不是偏，恰是正），如果墨家是唯物辩证论的话。便应作如此解。"

修改意见其（六），是关于"半，端"的问题，毛泽东认为其所讨论的是"有限与无限的问题"。事实证明，毛泽东的看法是正确的。但是，毛泽东在信上只是点明了哲学命题，并没有展开讨论。其实，墨家提出的有关"半，端"的一些论点，是针对庄子的事物无限可分理论的，具体地说，是针对庄子所说的"一尺之棰，日取其半，万世不竭"的命题的。墨家在《经上》中说："厚，有所大也。""端，体之无厚而最前者也。""次，无间而不相撄也。"这反映了墨子关于"端"的观念。在墨子看来，一条线、一个面、一个体都是有"厚"的，即"有所大"的，只有"点"是"无所大"的，"无所大"就是"无厚"。线、面和体的"有所大"是由无数个"无所大"的点积成的，即它们的"厚"是由无数个"无厚"积成的。由此可知，一条线的"端"，乃是构成这条线的无数个"无厚"中最前面那个"无厚"。两个"无厚"相"次"，两者既不能重合，中间又无有空隙。墨子说这些话，意在说明，事物不可能是无限可分的。在墨子看来，说线、面、体是可分的，这可以理解，因为线、面、体都是"有所大"的；说"端"是可分的，就不可理解了，因为"端"是无厚的。事物的"端"是不可分的了，因此就不能说事物是无限可分的了。

墨家在《经下》讲："非半弗斫则不动，说在端。"《经说下》又讲："非斫半，进前取也。前，则中无为半，犹端也。前后取则端中也。斫必半，无与非半，不可斫也。"意思是说"日取其半"的不可能。在墨子看来，如果说非一半则不砍，那么到了事物的"端"就不能再砍了，即"则不动"。因为"端"是"无厚"的，更无"半"可言；如果说非一半则不砍，那就只能在事物可分为一半时能砍，到了事物无半可取的时候（即剩下奇数个"无厚"时），就不能再砍了。因此，墨子否定"日取其半，万世不竭"的观念，认为事物不是无限可分的。如果不是按恰好一半的地方砍，而是今天砍前半段，明天砍后半段，那么原来中间恰好一半的地方就成了"端"，而砍到最后这个"端"仍然是不可分的。这也就是说，无论怎样的"日取其半"，都免不掉最后有一个"端"不可分。因此"日取其半，万世不竭"是不可能的。

现在看墨子的观点，显然是有局限性的。因为，墨子所认为的绝对"无厚"是不存在的，事实上只能有极微极微的"无厚"；只要有空间，哪怕极微小，也是可分的。另外，在墨子的观念里，似乎那无数个"无厚"就是整数。似乎只有两个"无厚"中间才是可分的，他认为"端"之不可分可能就是出于这种观念。事实上，整数是由小数组成的，任何数都是无限可分的。可见，墨子从"半，端"的观念出发来否定事物的无限可分，是无理的。在有限与无限的哲学观上，墨家的认识逊于道家庄子的思想。

毛泽东的书信论学，是一次对墨子哲学思想的大丰收。

墨子是一个劳动者

毛泽东讨论墨子思想，也拿墨子的掌故说事。

据《毛泽东年谱》记载，1939年4月24日，毛泽东出席抗日军政大学的生产运动初步总结大会，并在会上即席讲话。他说：

抗大同别的机关一样，生产的第一阶段的任务已完成了，这证明中共中央所决定的计划是可以实现的。历史上几千年来做官的不耕田，读书人也不耕田，假使全国党政军学，办党的，做官的，大家干起来，那还不是一个新的中国吗？你们将工农商学兵结合起来了。你们读书叫学，开荒是农，打窑洞做鞋子是工，办合作社是商，你们又是军，你们是工农商学兵结合在一个人身上，文武配合，知识与劳动结合起来，可算是天下第一。最近我写了一篇文章，讲区分革命的、不革命的和反革命的知识分子的标准只有一个，就是看他是不是同工农相结合。我们不但能组织工农，训练工农，并且自己也做工农，这样我们就更加革命化了。

毛泽东在讲到"历史上几千年来做官的不耕田，读书人也不耕田"时，举例子说：

> 历史上只有禹王，他是做官的，他也耕田，手上也起了泡，叫作胼胝；还有一个墨子，也是一个劳动者，他不是官，而他是比孔子更高明的圣人。孔子不耕地，墨子自己动手做桌椅子。
> （《毛泽东著作专题摘编》下，中央文献出版社2003年版，第2280页）

在先秦诸子中，真正称得上"是一个劳动者"的，大概只有墨子。墨子自称"贱人"，出生贫苦，做过工匠，后由工匠上升为"士"，成为知识分子。墨翟身为墨家巨子（领袖），要思考理论问题，著书立说；要授徒讲学，传播墨说。然而事必躬亲，身体力行。在著名的"止楚伐宋事件"中，墨子就曾步行十天十夜，奔赴楚国游说，劝楚王放弃侵宋，并取得息兵去战的胜利。

毛泽东说"墨子自己动手做桌椅子"，意思是墨子不仅是劳动者，而且是善于制造的发明家和科学家。墨子在科学技术方面的成就和贡献是很有名的。在机械制造方面，墨子尤为精通。他制造的木鸟，能在空中飞行；他制造的车辆，运行迅速、省力、耐用，据说能载重六百斤；他制造的攻城云梯和城市防御中的各种机械，超过著名的技术专家鲁班。在数学方面，他给出了一系列高度概括而严密的数学概念、命题和定义，对十进位值制进行了总结和论述；在物理学方面，正确地给出了"力""动""止"等定义。

墨家学派其成员多数来自社会下层，皆以吃苦耐劳著称。据《淮南子》记载："墨子服役者百八十人，皆可使赴火蹈刃，死不还踵。"他们自称奉大禹的遗教，"以自苦为极"，穿着短衣草鞋，在列国间奔波，扶弱抗强，制止侵略战争，参与各国的政治活动并宣传其政治主张。

毛泽东在延安开展大生产运动期间，举出三个古代人物讲"劳动"问题，显然有现实针对性。大禹是领导干部参加劳动的典型，墨子是知识分子参加劳动的典型，孔子则是知识分子不参加劳动的反面典型。抗大学员，不少人既是领导干部，也是知识分子，所以毛泽东举墨子等三人为例子，目的是鼓起学员们参加大生产的热情和干劲。

毛泽东本人则以禹王和墨子为楷模，是大生产的带头人。

毛泽东带头开荒生产。他在杨家岭窑洞对面的山沟里，开垦了一块长方形的地，种上蔬菜，一有空就去浇水、拔草。他说："该躬亲的事，一定要躬亲。"1939年的春天，延安呈现出一派生机勃勃的景象。各机关、部队、学校、工厂，响应党中央的号召，掀起了轰轰烈烈的大生产运动。

当时，陕甘宁边区遇到了严重的经济困难，国民党蒋介石掀起反共高潮，不仅停发八路军军饷，而且对抗日根据地实行经济封锁，使边区的外援全部断绝。同时，边区内部也遭受了严重的自然灾害。天灾人祸接踵而来，使根据地陷入了困境。正如毛泽东指出的那样："我们几乎弄到没有衣穿，没有油吃，没有纸，没有菜，战士没有鞋袜，工作人员没有被盖。"在一次会上，毛泽东提出这样的问题：饿死呢？解散呢？还是自己动手呢？毛泽东马上又回答："饿死是没有一个人赞成的，解散也是没有一个人赞成的，还是自己动手吧！"毛泽东响亮地发出了"自己动手，丰衣足食"的号召。他自己身体力行，亲自参加大生产运动。

很快地，毛泽东开垦的这块地里就种上了西红柿、黄瓜、豆角、辣椒等。菜苗出土后，毛泽东每天休息时，都来给蔬菜施肥浇水。辛勤的劳动结出了丰硕的成果，毛泽东种的西红柿长得又红又大，架上的黄瓜顶花披刺又粗又长，嫩绿的豆角摘完一茬又一茬……这下，大家都能吃到丰富而新鲜的菜了。有时吃不完，毛泽东就嘱咐警卫员摘一些送给其他领导。

毛泽东以身作则，以普通劳动者的身份积极参加生产劳动，使边区的干部战士很受鼓舞，全边区的大生产运动开展得更加火热了。大生产运动进行得越来越深入，机关生产委员会给每位同志都落实了具体的生产任务，而毛泽东和书记处的几位同志却没有被列入……

一天夜里，毛泽东让警卫员去把中央办公厅主任兼机关生产指导委员会主任李富春请来，让他规定书记处同志的生产任务。

李富春回答说："我们考虑书记处的同志工作太忙。要抓那么多的大事，哪能事事躬亲呀！"

毛泽东打断李富春的话，"这不能成为理由。不能因为忙就站在生产运动之外嘛！"他又说："该躬亲的事，一定要躬亲。……目前，我们全党集中精力抓生产，克服困难，坚持抗战。对于这样的大事，我们不能只是发发号令，必须身体力行，必须用实际行动为全党、全军和全边区人民做出榜样。作为党的领导机关的成员就更没有理由将自己置身于大生产之外。"

在毛泽东的一再坚持下，李富春只好修改了生产计划，给书记处的每位领导规定了生产任务。就这样，毛泽东等中央书记处领导都增加了生产任务和劳动时间。毛泽东一有时间，就去菜地劳动，实在脱不开身时，便利用饭前饭后或与同志们交谈的机会，拿出刀子刻制羊角纽扣，一天几个、十几个，一个月下来就是一长串。年底一算账，同样完成了分配的任务。

"艰难困苦，玉汝于成。"轰轰烈烈的延安大生产运动使边区摆脱了困境，为中国共产党打破国民党的封锁，最终战胜日本帝国主义奠定了坚实的物质基础。特别是毛泽东等领导亲自参加劳动，极大地鼓舞了边区军民自力更生、艰苦奋斗、克服困难的信心，成为推动边区生产运动的一个巨大力量。

毛泽东从两千年前历史深处请来"比孔子高明的圣人"墨子，以他的亲自劳动推动边区的大生产运动，为民族救亡图存战胜入侵者服务，使抗战者自救生存，保持生机活力。这是毛泽东品读《墨子》的意外收获：让墨子为抗战立下"一大功劳"！

《墨家的形式逻辑》

毛泽东喜欢藏书，他自己的藏书是一个小型图书馆。

为晚年毛泽东管理图书的徐中远曾经编制一份《毛泽东晚年读过的逻辑学书目》，其中有：

> 《墨家的形式逻辑》，詹剑锋著，湖北人民出版社 1956 年 9 月版，一册。
> 《中国逻辑思想史料分析（第一辑）》，汪奠基著，中华书局1961 年版，一册。（引者注：内有墨家逻辑思想史料）
> （徐中远：《毛泽东晚年读书纪实》，中央文献出版社2012 年版，第 492 页）

《墨子》一书的逻辑思想在"墨经"部分，包括六篇著作：《经》上下、《说经》上下、《大取》、《小取》。这是战国后期墨家的著作。其内容主要是认识论、逻辑学和科学方面。

在逻辑学方面，"墨经"集各家逻辑思想之大成，提出了中国哲学史上第一个相当完整的逻辑学体系。"墨经"中说"以名举实，以辞抒意，以说出故"，"以类取，以类予"，直接揭示了概念（名）、判断（辞）和推理（说）这三种思维形式及它们的区别与联系，并指明了推论赖以进行的逻辑方法。在名实关系上，主张"以名举实"。认为判断的成立必须符合事实，即所谓"当"。要达到判断正确还必须遵守思维规律。《墨经》中提出了一系列推理的方法，如"或""假""放""辟"（譬）"侔""援""推"等。《墨子》中的逻辑思想，在中国乃至世界古代哲学史上，是有其光辉地位的。

墨家在自己的写作论辩实践中运用了所阐述的逻辑主张。如在《小取》篇提出独到的四种符合逻辑推理的论辩的方法："辟""侔""援""推"。"辟"是譬喻，全书里的譬喻都是通过逻辑思维而提出的，从这些譬喻可以看到它有较强的逻辑性。"侔"是类比，把同一性质或同一道理的话列在一起，进行推论，由浅入深，具有无可辩驳的说服力量。"援"是援例，墨子书中常举古代或当代的正面人物或反面人物的事迹来证明他的各种论点。"推"是推论，用已经认识到的事物来推论没有认识到的事物，和现代逻辑学中的归纳与演绎法相似，只是当时不可能那样细致区分和详细描述。

毛泽东阅读和收藏墨家逻辑学著作，不是一时兴趣，而是渊源有自。

毛泽东对读逻辑学著作可说是孜孜以求。早在湖南一师读书时，就读过逻辑学著作《穆勒名学》。到了延安，这种兴趣有增无减。1938年春天，他正在读克劳塞维茨的《战争论》。可收到了刚出版的潘梓年著《逻辑与逻辑学》一书。他放下《战争论》，读起了逻辑学。在3月25日的"读书日记"中写道："潘梓年同志寄来了他所作一册《逻辑与逻辑学》。本日看至93页，颇为新鲜。"接下来，他只用了三天时间，一口气读完了这本学术专著。从中可见，他对逻辑学是何等求之若渴。进了北京，他接连读了斯特罗果契为苏联军事法律学院写的《逻辑》这部教材，又看了苏联巴·谢·波波夫著的系统介绍西方逻辑史的著作《近代逻辑史》，还读过民主人士章士钊先生著的《逻辑指要》，而且评论该书"实事求是，用力甚勤""刺取古籍材料，排比于逻辑间架之中，在同类书中，为仅见"。这是毛泽东"一字不遗"地"阅一通"《逻辑指要》而得读书印象。（陈晋：《毛泽东读书笔记解析》，广东人民出版社1996年版，第897页）

20世纪50年代末与60年代初，《光明日报》《哲学研究》《新建设》《教学与研究》等一些报刊就逻辑学的学术问题展开争鸣。著名学者周谷城、金岳霖、王方名等持续发表了文章。毛泽东十分欣赏这些文章的探索精神和新见解，找来认真阅读，并发表自己的读后感，他还在一次谈话中不无遗憾地指出：我们的党员研究哲学，就是不研究逻辑。

毛泽东读逻辑学书与论文，不只是广泛阅读，而且以极大的热情参与逻辑学学术研究的大讨论。他根据自己的读书心得，与专家学者本着科学的精神，平等地进行交流，决不把自己的观点强加于人。有时，为了不影响学术讨论的深入，他并不轻易发表自己的意见，以造成一个民主的学术讨论的氛围。

1957年4月11日，毛泽东在中南海颐年堂邀集逻辑学界、哲学界人士研讨逻辑学讨论中的问题。周谷城、王方名都在场，此外还有贺麟、郑昕、冯友兰、金岳霖、胡绳等人。毛泽东和他们谈了各自的研究所长与成果，还讨论了逻辑问题。讨论中又宣讲党的"双百"方针。交谈中，毛泽东还以自己领导革命的实践经验为话题，说："领导革命必须实事求是，独立思考；搞科学研究，也必须实事求是，独立思考。千万不能把自己的脑袋长在别人的脖子上。对老师不要迷信，青出于蓝，而胜于蓝。老师的成绩和优点，应该学习，应该继承发扬，老师的缺点和错误，要善意地批评指出。"（王方名：《不能把自己的脑袋长在别人的脖子上》，《我们眼中的毛泽东》，河北人民出版社1990年版，第92—93页）

1958年6月，毛泽东还嘱咐周谷城："最好把西方哲学家所讲的逻辑，每一个人的，都给写一篇或几篇说明介绍的文章，从古到今，来它个系统的叙述。""最好把所有的逻辑书，不论是新的或旧的，过去的或现在的，一律搜齐，印成大部丛书。在前面写几句按语式的话，作为导言。"

1959年7月28日，毛泽东在给康生的信中谈道："我有兴趣的，首先是中国近几年和近数十年关于逻辑的文章、小册子和某些专著（不管内容如何），能早日汇编印出，不胜企望！姜椿芳同志的介绍甚为有益，书目搜编也是用了功的，请你便时代我向他转致谢意。"（《毛泽东书信选集》，人民出版社1984年版，第564页）

毛泽东十分关注《逻辑学论文集》与《逻辑丛刊》的编辑出版。

姜椿芳当时任中共中央马恩列斯著作编译局副局长，编辑《逻辑学论文集》的工作即由他负责。"书目搜编"指的就是搜集编印的论文篇目。姜椿芳等人编的《逻辑学论文集》，收入了1953年以后发表的全部逻辑学论文，共150篇，分为6集。其中第三、第四集是两个专集。第三集收入的主要是苏联译文，第四集收入的主要是数理逻辑和中国逻辑思想史论文。这套论文集 1958 年 8 月印出，可惜始终未公开出版。

中央政治研究室的逻辑组担负起了挑选学术专著的任务。他们编的一套《逻辑丛刊》，由三联书店出版了。这套书共 11 本，分别是《逻辑与逻辑学》（潘梓年著）、《逻辑》（金岳霖著）、《逻辑指要》（章士钊著）、《新论理学》（张子和著）、《名学纲要》（屠孝实著）、《名理探》（傅汎际译义，李之藻达辞）、《穆勒名学》（穆勒原著，严复译述）、《名学浅说》（耶方斯著，严复译）、《辨学》（耶方斯著，王国维译）、《论理学纲要》（十时弥著，田吴炤译）、《逻辑史选译》（齐亨等著，王宪钧等译）。毛泽东一直把这套重刊的逻辑书保存在身边。

毛泽东组织人汇集专题文献，为逻辑学研究做了一项基础工作。

毛泽东不仅对西方的逻辑史感兴趣，也想对中国传统的逻辑思想有更多的了解，希望了解中国"近数十年"的逻辑学研究概况。在这样的背景下，毛泽东找来《墨家的形式逻辑》和《中国逻辑思想史料分析（第一辑）》等书来读，是顺理成章的事情。了解情况的徐中远先生将其界定为"毛泽东晚年读过的逻辑学书"是有依据的。

墨子"突不得黔"

毛泽东首次拿墨子说事，是 1939 年在延安大生产运动中；毛泽东再次引墨子说事，则是在 1957 年全党整风当中。这次，毛泽东把墨子、孔子等人作为古人"好大喜功"的例证举了出来。

在民主革命时期，毛泽东面对国内外强大的敌人，总是告诫全党谦虚谨慎，戒骄戒躁，不要大意轻敌，不要腐化堕落，不要丧失斗志。

在延安整风时期，他看到郭沫若写的《甲申三百年祭》总结李自成农民起义失败的经验教训，意识到此文对警惕全党不要骄傲自满，保持革命斗志十分重要，立即印发，作为整风必读文件。

在新中国成立前夕召开的中共七届二中全会上，他强调了不要因为胜利而骄傲，务必使同志们继续保持谦虚谨慎、不骄不躁的作风，务必使同志们继续保持艰苦奋斗的作风。这被概括为"两个务必"的光荣传统。

在进入北京时，他又提醒自己和全党，防止胜利冲昏头脑，"决不当李自成"！

新中国成立之初，由于没有管理全国经济的经验，他小心谨慎，强调向苏联学习。第一个五年计划轮廓草案出来后征求苏联的意见。苏联很认真地对待这件事，经过专门班子研究后提出了十分中肯的意见，认为工业每年增长 20％、农业每年增长 7％的速度过高过快。建议工业每年增长 14％~15％为宜，提出要注意发展农业，大力发展手工业、小工业，注意克服冒进情绪、局部观点和依赖思想。第一个五年计划是成功的，但毛泽东不满足，决心探索一条新的社会主义建设道路，希望比苏联搞得好一些、快一些。

随着抗美援朝战争的胜利结束、第一个五年计划的顺利实行和社会主义"三大改造"的较快完成，党内也逐渐滋生骄傲情绪和主观主义作风。

1957 年上半年全党整风时，党外人士曾尖锐批评共产党有骄傲自满情绪。张奚若指出，这种骄傲自满情绪主要表现为："好大喜功，急功近利，鄙视既往，迷信将来。"陈铭枢也批评说，共产党"好大喜功，偏听偏信，喜怒无常，轻视古董"。罗隆基则说：1956 年以来经济建设中主要是冒进，而不是保守。这不是哪个人的问题，也不是哪个部的冒进。

对这些逆耳之言，毛泽东不仅没有认为是"忠言""良药"，以此引起自己的警惕、自戒，反而视为右派言论，在党内外的会议上多次批驳。

1958 年 1 月 30 日，毛泽东在最高国务会议上说：

> "好大喜功"，看好什么大，喜什么功？是反动派的好大喜功，还是革命派的好大喜功？革命派里两种，是主观主义的好大喜功，还是合乎实际的好大喜功。我们是好六万万人之大，喜社会主义之功。

3 月 22 日，在"成都会议"上，毛泽东又说：

> 张奚若批评我们"好大喜功，急功近利，鄙视既往，迷信将来"。无产阶级就是这样嘛！任何一个阶级都是好大喜功的，不好大喜功，难道"好小喜过"？禹王惜寸阴，我们爱每一分钟。孔子"三日无君则惶惶如也"。孔子"席不暇暖"，墨子"突不得黔"。这都是急功近利。我们就是这个章程。水利、整风、反右派，六亿人口搞大运动，不是好大喜功吗？我们搞平均先进定额，不是急功近利吗？不鄙视旧制度、反动的生产关系，我们干什么？我们不迷信社会主义、共产主义，干什么？我们错误是有的，主观主义也是有的，但是"好大喜功，急功近利，鄙视既往，迷信将来"

是正确的。（许全兴：《毛泽东晚年的理论与实践》，中国大百科全书出版社 1997 年版，第 144 页）

毛泽东在论证"任何一个阶级都是好大喜功的"观点时，举出大禹、孔子和墨子三人的例子，而墨子好大喜功的表现是"突不得黔"。1939 年，毛泽东是同时点到禹、孔、墨三人，这次又是同时点到这三位古人。

墨子"突不得黔"这话，出自成语典故"孔席墨突"。孔，指孔丘；席，座席。墨，指墨翟；突，灶突，即烟囱。意思是说孔子、墨子周游列国，奔走道路，四处游说，诸侯莫用，所居座席未暖，灶突未黑，即已离去投奔他处。形容忙于世事，各处奔波，急于事功。语本汉班固《答宾戏》："是以圣哲之治，栖栖惶惶，孔席不暖，墨突不黔。"《淮南子·修务训》则载称："孔子无黔突，墨子无暖席。"孔墨事迹颠倒错位。唐代李吉甫《编次郑钦悦辨大同古铭论》："然而孔不暇暖其席，墨不俟黔其突，何经营如彼？"说法与班固同。

"突不得黔"是形容墨子恓恓惶惶，周游列国，到一处连烟囱也不及熏黑，不能久留，就急忙奔下一站。

毛泽东反驳"好大喜功"批评的这些话，抽象地讲，无可厚非。问题在于毛泽东的"好大喜功"脱离了中国实际，虽然不是"反革命的好大喜功"，却是一种主观主义的好大喜功。尤其是 1958 年的"大跃进""大炼钢铁"，头脑发热的结果是走向反面，紧接着就是三年困难时期，给社会主义建设带来巨大损失。这是沉痛的教训！

20 世纪 50 年代中期，毛泽东在分析斯大林犯错误的原因时曾指出：在胜利面前，他骄傲了，不谨慎了，他的思想产生了主观主义，产生了片面性，犯了错误。但毛泽东未能吸取斯大林的这一教训。他过于自信了，不谨慎了，总以为自己的决策是正确的，是可以实现的。他本人自然不会意识到自己的骄傲情绪在滋长，但党内外一些感觉敏锐的人却在 1957 年前后就有所觉察。

中共八大，是在社会主义改造和社会主义建设取得巨大胜利之时召开的。毛泽东的秘书田家英在为毛泽东代拟的中共八大开幕词中说：

即使我们的工作得到了极其伟大的成绩，也没有任何值得骄傲自大的理由。虚心使人进步，骄傲使人落后，我们应当永远记住这个真理。（《毛泽东文集》第七卷，人民出版社 1999 年版，第

117 页 ）

在中共八大的讲坛上发出的这一番话应当说是很及时的，得到了与会者的热烈鼓掌。但是，"虚心使人进步，骄傲使人落后"这一真理虽然在一般的党员和群众的头脑中留下了深刻的印象，然而在毛泽东的头脑中似乎没有留下多少印记，他没有意识到这一真理在取得伟大胜利之时的意义。

"成绩有两重性，成绩能够鼓励人，同时会使人骄傲。"作为辩证法大师的毛泽东虽然能认识到成绩具有两重性，但他本人并没有因此而避免成绩带来的消极作用。由于一连串的伟大胜利而滋长起来的骄傲自满，是他发动"大跃进"和"大炼钢铁"等错误运动的重要思想原因。

把墨子"突不得黔"解释为"急功近利"，虽然不能说是曲解墨子，但是用墨子"突不得黔"证明不接受"好大喜功"批评则显然是不正确的。毛泽东把"好大喜功"分为两种："主观主义的好大喜功"与"合乎实际的好大喜功"。同时承认"主观主义也是有的"，那么就应该冷静地分析一下，自己的"好大喜功"是哪一种，不可轻易肯定是"正确的"一种，结果真的成了"主观主义的好大喜功"。自信成了盲目的自信，功也被过取而代之。

不过，这不妨碍墨子在毛泽东的思想视野里，还是一位忙忙碌碌急于事功的圣者。

墨子讲了认识论方面的问题

"墨经"是《墨子》一书的重要组成部分，指《墨子》中的《经》上下、《说经》上下、《大取》、《小取》六篇，是战国后期墨家的著作。其内容主要是认识论、逻辑学和科学方面。发展了前期墨家的朴素唯物主义思想，抛弃了墨子的天、鬼观念及宗教意识。

在认识论方面，《墨经》以朴素的反映论为基础，强调感觉经验在认识中的作用，认为认识是对客观事物的摹写与反映；同时又肯定思维的作用，指出感觉只是认识的开始，更深入的认识要靠"心"的察辨。在真理标准问题上，强调效验。

1964 年《自然辩证法研究通讯》第三期，刊载了日本物理学家坂田昌一的一篇《关于量子力学理论的解释问题》文章。毛泽东看到这篇文章后，于 8 月 24 日，找来北京大学副校长周培源，中共中央宣传部科学处处长、国家科委副主任于光远，就坂田文章发表谈哲学问题。

他说：今天我找你们来，是研究一下坂田的文章。坂田说基本粒子不是不可分的，电子是可分的。他这样说是站在辩证唯物主义立场上的。

毛泽东接着又说：

> 人对事物的认识，总要经过多少次反复，要有一个积累的过程。要积累大量的感性材料，才会引起感性认识到理性认识的飞跃。关于从实践到感性认识，再从感性认识到理性认识的飞跃的道理。马克思和恩格斯都没有讲清楚。列宁也没有讲清楚。列宁写的《唯物主义和经验批判主义》，只讲清楚了唯物论，没有完全讲清楚认识论。最近艾思奇在高级党校讲话说到这一点，这是对的。这个道理中国的古人也没有讲清楚。老子、庄子没有讲清楚，墨子讲了认识论方面的问题，但也没有讲清楚，张载、李卓吾、王船山、谭嗣同都没有讲清楚。(《毛泽东文集》第八卷，人民出版社1999年版，第389—390页)

毛泽东同周培源、于光远，就坂田文章谈到了他的"认识论"。所谓认识论，也就是知行观。过去人们只知道"唯物论"与"唯心论"。毛泽东提出了"认识论"，对哲学思想是一个重大的发展和创新。他在同周培源等谈话时还说："什么叫哲学？哲学就是认识论，别的没有。"

在中国哲学史上，先秦诸子，许多思想家都提出过自己的知行学说。关于知行问题，老子、庄子的思想有其相通之处，即都主张通过直觉来把握"道"。关于他们对"两个飞跃"没有讲清楚，笔者已有阐述，这里只谈墨家在这个问题上的情况。

在认识论方面，墨子是我国历史上第一个比较全面地论述认识论的哲学家，他的认识论思想具有唯物主义经验论的特色。

在认识的来源问题上，墨子认为认识来源于"耳目之实"，即人们的感官对外界事物的直接感觉经验。墨子有出身"贱人"的社会实践经历，认为人的知识来源于对实际事物的感觉，他坚持唯物主义经验论的认识论，但同时也主张进行思维推理的逻辑活动，"以往知来，以见知隐""察类明故"，墨子主张察知事物的存在与不存在，"必以众之耳目之实知有与无为仪者"。他在教育学生时，常作一些物理、化学实验。"墨经"把知识按其来源分为亲知、闻知和说知，这种唯物的认识论已达到了相当高度。他也并不否认圣人的存在，在他看来，圣人的认识之所以高于一般人，原因并不是他们有超越感觉经验的知识，而在于他们"能使人之耳目助己视听"，即能集思广益。

在名实关系问题上，墨子提出"取实予名"，即根据客观实际给予相应的名称。他认为，"实"是第一性的，"名"是第二性的，先有"实"，然后才有相应的"名"，"名"是对"实"的反映。墨子还认为，人的认识不应满足于对事物名称的了解，而应该实际地知道事物本身到底是怎么回事，名是依存于实的，正确的认识不在于只知道名，而在于知道名是否符实。他指出，要做到能对事物的实际情况进行认识，就必须具体事物具体分析，这样才能使认识达到清晰，而避免满足于识"名"的抽象化和概念化的错误。同样的道理，判断一个人是否是仁人，也不能看他是否口称仁义之名，而必须看他是否行仁义之实。

墨子还认为，要检验人们的认识是否正确，应该建立一个检验标准。这就是著名的"三表法"。《墨子·非命上》说："故言必有三表。何谓三表？子墨子言曰：有本之者，有原之者，有用之者。于何本之？上本之于古者圣王之事；于何原之？下原察百姓耳目之实；于何用之？废（发）以为刑政，观其中国家百姓人民之利。此所谓言有三表也。"这个标准包括三个方面的内容，第一，"上本之于古者圣王之事"，即看是否符合历史经验，认识要有历史依据；第二，"下原察百姓耳目之实"，即要看是否符合广大人民群众的感性生活经验，认识要有现实证明；第三，"废（发）以为刑政，观其中国家百姓人民之利"，即是说将其言论制定为刑政加以推行，考察能否给国家人民带来利益，认识之正确与否要看实际效果。"三表法"既有唯物因素，又符合逻辑辩证方法。用"三表法"作为判断真假是非的标准，可见墨子是根据经验和客观效果来判断事物的真假是非。他反对主观，相信客观。这说明墨子关于真理的观点是朴素的经验论的。

墨子的认识论，是唯物的经验论的认识论。但在《天志》《明鬼》《尚同》等篇中又主张尊天事鬼、上同于天等，则又使他的认识论倾向唯心的宗教迷信，反映出他的唯物经验论的认识论有很大的局限性。

墨子否定儒家的天命观，而代之以"天志"说，这个有意志的"天"，对天子的善能奖赏，对天子的过能惩罚，是凌驾于天子之上的监督者。认为"天"是有意志的，是宇宙的主宰。天的意志是兼爱，反对"强之暴寡，诈之谋愚，贵之傲贱"。因而"顺天意者，兼相爱，交相利，必得赏；反天意者，别相恶，交相贼，必得罚"（《墨子·天志上》）。"天志"是为他的政治主张服务的。这有利于对抗周代以来的天命论的宿命思想，强调人"力"

对于人的生活世界的决定作用。力就是自强，以自己有主体性的行为去奋斗。但是，墨子承认"天志"的存在，即在人力可以达到的最大范围之外，存在着上天的意志，这个意志是一个客观的外在的规定性，这在一定程度上告诫人们认识"力"的有限性，而不要把它主观任意化。这种思想虽然有进步因素，然而毕竟会倒入唯心主义泥潭。

墨子又提出"明鬼"的主张，教人们敬事鬼神，进而形成一种落后的宗教观。墨子认为鬼神是存在的，而且他们是"赏贤罚暴"的，是无所不知、无所不能的。墨子主张祭祀鬼神，这种祭祀不但可以取得鬼神的欢心，使他们兴利除害，使人们得到福祉，同时，这种祭祀还可以使群众相聚联欢，使乡亲邻里更加亲近和睦。很明显，墨子的"天志"与"鬼神"观，是一种还未成熟的客观主义的善的宗教的思想。在认识论上，与他的唯物经验论是不协调的，某些方面甚至是对立的。

总之，墨子强调经验论的认识论，强调认识来源的客观性，名与实的一致性，检验是非的实践性，人的主观能动精神等，都对后世有重大的影响。还要看到，墨家学说中的朴素唯物主义倾向为其后学所发展，而其中的宗教迷信成分则为他们的后学在一定程度上有所克服。墨家在认识论上，比中国古代其他学派贡献都大得多。

但是，墨子及其后学只是天才地猜测到认识对客观存在的依赖，朦胧地意识到检验是非要凭历史经验、现实经验和实际效果，环境和视野迫使他们不可能把握认识"两个飞跃"的客观规律。这就是毛泽东所评价的，他们也"没有讲清楚"认识"两个飞跃"的基本规律。

在《毛泽东品老子》一书的有关章节，已解释过毛泽东对认识"两个飞跃"的理论探索过程。这里只是再把毛泽东关于认识总的规律迻录于此，看毛泽东是怎样"讲清楚"这个问题的。

《实践论》系统地阐明了人类认识在实践基础上有规律的发展过程。在文章最后，毛泽东作了小结：

> 通过实践而发现真理，又通过实践而证实真理和发展真理。从感性认识而能动地发展到理性认识，又从理性认识而能动地指导革命实践，改造主观世界和改造客观世界。实践、认识、再实践、再认识，这种形式，循环往复以至无穷，而实践和认识之每一循环的内容，都比较地进到了高一级的程度。这就是辩证唯物论的全部认识论，这就是辩证唯物论的知行统一观。(《毛泽东选

集》第一卷，人民出版社1991年版，第296—297页）

1963年5月，毛泽东写作了《人的正确思想是从哪里来的？》一文。他又指出：

> 无数客观外界的现象通过人的眼、耳、鼻、舌、身这五个官能反映到自己的头脑中来，开始是感性认识。这种感性认识的材料积累多了，就会产生一个飞跃，变成了理性认识，这就是思想。这是一个认识过程。这是整个认识过程的第一个阶段，即由客观物质到主观精神的阶段，由存在到思想的阶段。
>
> 人们的认识经过实践的考验，又会产生一个飞跃。这次飞跃，比起前一次飞跃来，意义更加伟大。因为只有这一次飞跃，才能证明认识的第一次飞跃，即从客观外界的反映过程中得到的思想、理论、政策、计划、办法等，究竟是正确的还是错误的，此外再无别的检验真理的办法。而无产阶级认识世界的目的，只是为了改造世界，此外再无别的目的。一个正确的认识，往往需要经过由物质到精神，由精神到物质，即由实践到认识，由认识到实践这样多次的反复，才能够完成。这就是马克思主义的认识论，就是辩证唯物论的认识论。（《毛泽东文集》第八卷，人民出版社1999年版，第320—321页）

这就是说，传统哲学中的认识论问题，即"知行"关系问题，直到《实践论》和《人的正确思想是从哪里来的？》产生以后，才讲清楚。

毛泽东研究哲学，特别注重认识论。五四运动以后，他很少讲宇宙观、本体论。从革命实践的需要出发，他自始至终紧紧抓住认识和实践，亦即知行关系问题。在关于坂田文章的谈话中，他甚至说："什么是哲学？哲学就是认识论，别的没有。"这句话是即兴而发，并未得到学术界的认同。但如果单说毛泽东哲学思想的中心问题是认识论，这一点是无可疑问的。

毛泽东对墨子哲学还是高看一眼。他认为先秦诸子中老子、庄子、墨子和两汉以后的一些古代哲学家都"没有讲清楚"人类认识的总规律"两个飞跃"，但是墨子"讲了认识论方面的问题"。这是墨子高于其他哲学家的地方，也是毛泽东与他产生学术共鸣之处。

墨子"探讨了宇宙的起源问题"

墨子在宇宙论方面建立了时间和空间理论，提出宇宙中物体的运动表现为在时间中的先后差异和在空间中的位移。

前面"找出中国的赫拉克利特"一节，已经讨论过墨家在"半，端"命题上只承认物质的相对可分，而反对庄子的事物无限可分，毛泽东是不同意墨家这个观点的。但是，毛泽东在与人讨论物质的无限可分性时，却又赞赏墨子"探讨了宇宙的起源问题"。

那是 1973 年夏天，毛泽东接见国际知名的物理学家杨振宁。交谈中，当毛泽东问杨振宁在物理学方面正在做什么时，杨振宁说："我们正在研究基本粒子的结构问题。"

毛泽东一下子就被这个话题吸引住了，他就像找到了知音一般高兴，说："哦，这个问题我很感兴趣啊！我在 50 年代就和钱三强同志讨论过这个问题，以后又在多种场合讲了我对这个问题的看法。总之，我认为物质是无限可分的，它不可能停留在一个阶段上。博士先生，你认为如何呢？"

杨振宁说："主席，想不到你对物理学这么有兴趣，关于基本粒子是否可分的问题，目前世界上正在进行激烈的辩论，但迄今为止还没有一个明确的结论。"

毛泽东答道：

> 有争论就好嘛，真理是越辩越明。中国的古人了不起呢。春秋时期的《老子》、《墨子》、《淮南子·天文训》和《傲真训》等书就探讨了宇宙的起源问题……（陈晓东：《神火之光》，中共中央党校出版社 1995 年版，第 222 页；柏桦：《毛泽东口才》，海南出版社 1996 年版，第 234 页）

墨子的本体论思想主要体现在时空观（宇宙观）、物质观之中。

墨子的时空观思想深刻、内容丰富、耐人寻味，即使在当代仍具有非常巨大的科学魅力与广泛持久的哲学价值。墨家通过（物体）运动研究时间、空间，并给出了准确定义，使中国古代同期哲学家及亚里士多德、牛顿等大为逊色。墨子的时空观用现代科学的语言讲是"操作主义"的，可以说爱因斯坦的时空观与墨子的时空观是一脉相承的。这实在令人惊叹！

对时空观的研究必然促进人类对宇宙本质的深刻反思。下面我们通过对"墨经"几个条目的研究，详细阐述墨子的时空观。

墨家时空观（宇宙观）主要论述存在于《经》上和《经说》上两篇著作中。《经》上为观点，《经说》上为阐释。两两对照，一丝不差。墨家写作特点是用极简约的文字，表达极丰富极深刻的内容。现摘录两条重要论述及译文于下：

《经上四十》：

久，弥异时也。（长久——指时间，是周遍地概括的所有不同的时间）

《经说上四十》：

今久，古今且莫。（包括古代、现在、早上、黄昏等一切时间）

《经上四十一》：

宇，弥异所也。（宇宙——指空间，是周遍地概括的所有不同处所。）

《经说上四十一》：

宇，东西家南北。（包括东、西、家——中央、南、北等一切空间）

（梅季、林金保校释：《白话墨子》，岳麓出版社1991年版，第237、241、256、264页）

很明显，第四十条讲时间；第四十一条讲空间。

"久"，即宙之同音假借字，久即是宙。《说文》云："久，像两胫后有距也。"段玉裁注曰："相距则其候必迟，故又引申为迟久。"《唐韵》云："久，暂之反也。"其说正是。在现代汉语中，"久"意为"时间长"与"时间的长短"，"宙"指往古来今的时间。可见，"久"意指绵绵的时间。"弥"当为遍布、充满之意。"时"当为时刻讲，与"宇，弥异所也"之"所"作地点讲相对应。所以，"久，弥异时也"当解释为时间就是周边充满各种不同的时刻或瞬间。此为"久"之定义的内涵。

"且"校为"旦"，古"莫"通"暮"。这样，"久"的说法则为："今久，古今旦暮。"当译为："现在的时间，是指遍布了从古到今，从早到晚所有时刻的时间。"此为"久"之定义的外延。

墨家时间理论的深刻含义在于，自古至今的时间可用自旦至暮的时间段来衡量计算。这与当代科学用等周期的机械运动计算时间是完全一致的。从测量的角度来说，墨子的一维时间箭头是从"始"一直指向正在流逝着的"今"（即当下）的。墨子正是用"今久"来说"久"的，现在我们避开"今"，就可以看出墨子的"久"的含义了：（一）时间是永远均匀流逝着的。（二）时间之箭头总是指向现在（当下）的，我们无法再将时间的箭头扭转回去，就是说无法让时间倒流回过去，也就是说在现在（当下）无法让时钟倒转回去。（三）时间永远被各个时刻遍布充满，它是连续的，不会出现一个时间的空当。时间无始无终。（四）时间的衡量需要通过等周期的运动。（五）在今天无法超前测量（或体验）未来的时间，未来的时间只有待等周期的运动完成以后才得以体验与测量。

现在再来解释《经》上和《经说》上第四十一条墨家空间论。

"宇，弥异所也。"意为空间就是遍布充满各种不同的场所。此为"宇"之定义的内涵。

"宇，东西家南北。"实为"宇"之外延定义。关于"家"字，其实东西南北的方位是相对的，一切都以"家"为观察地点，墨子已意识到物体（空间）位置的确定，必须有一参照点，这个点就是"家"，"家"是东西南北的交汇点。

此外，"墨经"中还定义："日中，正南也。"可见，墨子似乎已建立起了平面直角坐标系。其中，"家"为坐标原点，正南、正东为两坐标轴。这个坐标系就是墨子观察物体运动的参照系。东西南北各个方位的场所全部被充满，这就是空间了。

可见，墨子关于"宇"的定义包含下列思想：空间是无限充满的，是连续统一的；物体在空间中的位置根据坐标原点与方位确定；坐标原点的选择是任意的、相对的，故物体在空间中的位置也是相对的；空间是三维的，空间中的各个方向都是均匀的；研究物体的运动必须选定参照系作为观测点。（徐希燕：《墨学研究》，商务印书馆 2001 年版，第 40—44 页）

仅从墨家这两条论述中，我们即可明确宇宙时间的永恒性、不可复返性和无始无终，可以明确宇宙空间的无限性、相对性和三维性。时间的永恒性和空间的无限性，都是宇宙起源的基本命题，墨家（尤其是后期墨家）的宇宙观具有不容忽视的早期唯物论成分，即使在今天来读这些议论也闪烁着思想光辉。所以毛泽东对墨家"探讨宇宙起源"印象深刻。

曹雪芹近墨思想及后期世界观变化

20 世纪 70 年代初，毛泽东看过"曹学"专家吴恩裕发现曹雪芹佚著《废艺斋集稿》研究文章后，曾经评论曹雪芹近墨思想反映了曹雪芹后期的世界观变化。

对曹雪芹生平文献史料发掘颇有贡献的红学家吴恩裕先生，在 1973 年第二期《文物》杂志上发表了长篇考证文章《曹雪芹的佚著和传记材料的新发现》（以下简称"吴文"）。文中说的"曹雪芹的佚著"是指《废艺斋集稿》，文中说的"传记材料"是指《南鹞北鸢考工志》的附录，即曹雪芹友人敦敏所作的《瓶湖懋斋记盛》。

据吴文介绍，《废艺斋集稿》是曹雪芹的一部佚著。大约 1943 年，"抄存者"（按：后来知道为孔祥泽先生）在北平北华美术专门学校学习绘画和雕塑。日籍教师高见嘉十与其合作编印一本风筝图谱。在收集资料期间，高见嘉十从一个日本商人金田氏处借到一部手稿，即《废艺斋集稿》，全部共八册，锦套，供"抄存者"抄摹近一个月。

《废艺斋集稿》共八册：第一册是讲怎样刻图章的，题为"蔽芾馆鉴印章金石集"；第二册是讲扎制风筝的，题为《南鹞北鸢考工志》；第三册讲编织工艺；第四册讲脱胎（即雕塑）手艺；第五册讲织补；第六册讲印染；第七册讲雕刻竹制器皿和扇股；第八册讲烹调。

《南鹞北鸢考工志》是这批新材料中的重点，内容是讲扎、糊、绘、放风筝的，其中有各式风筝的彩图，有用诗的形式写的扎、绘风筝的歌诀。首有曹雪芹自序，次为董邦达序。曹雪芹自序作于乾隆二十二年，序中叙述了自己帮助残疾人于叔度以艺自养，并由此引起著作《南鹞北鸢考工志》的经历：

于叔度，名景廉，江宁人，从征伤足，旅居京师，家口繁多，生计艰难，鬻画为业，是曹雪芹的"故人"。几年前的某年年关，于家无米三日，告贷无门，迂道来访。此时曹家也"困惫久矣"，虽倾囊以助，也无补于事。于叔度善制风筝，又知道大户人家公子购风筝一掷数十金。曹雪芹与他商量脱离困境之术，就从制风筝开始。正好雪芹身边竹纸皆备，即为老于扎风筝数只。不想三五风筝，竟获重酬，使老于足可赡家自给。因此老于时时敦促雪芹谱定风筝新样，触发雪芹悲悯情怀，于是援笔述此《南鹞北鸢考工志》。

《瓶湖懋斋记盛》是《南鹞北鸢考工志》的附录，记述乾隆二十三年戊寅腊月二十四日，曹雪芹在敦敏的槐园同董邦达、过子和、端隽、于叔度等人聚会，并记与会人等谈话、赏画、制酒、做菜等详情细事，多是前所未见雪芹传记材料，其中又有雪芹帮助白媪老婆婆活命度日的故事。《记盛》载，敦敏到北京西郊白家疃拜访曹雪芹，值雪芹到友人家去了，白老婆婆接待敦敏：

时白媪煨芋以饷，并缅述徙此经过。初，媪有一子，褓褓失怙。夫家无恒产，依十指为人做嫁衣。儿已弱冠，竟染疫死。[彼遂] 佣于大姓，不复有家矣。去冬哭损双目，[乃致] 被辞，暂依其甥。既 [无] 医药，又乏生资，巨濒绝境。适遇雪芹过其甥处，[助以] 药石，今春能视物矣。因闻雪芹又 [将远] 徙，媪 [乃挽] 人 [告之]：顾以其 [茔] 侧之 [树]，供 [雪芹] 筑 [室]。[其] 工既竣，[雪芹] 以一室安白媪。[媪] 且泣且言，复云："雪芹初移此间，每有人自京城来 [求] 画。以是，里中巨室，亦多求购者。雪芹固贫，饔飧有时不继，然非其人虽重酬不应也。囊有余资，常 [济] 孤寡。老身若不遇雪芹，岂望存活至今也！"

帮助于叔度和白媪两则很有内涵的故事，最能反映迁居西山时期曹雪芹的思想情怀和精神风貌。

吴恩裕这篇"考曹"文章，1972 年 11 月作于北京沙滩。他在 1973 年 3 月写的《校后附记》中提到：本文排好后，"抄存者"（孔祥泽）又送来一张讲风筝理论的残页，上面有曹雪芹很重要的一段话：

观夫史籍所载，风鸢之由来久矣，可征者实寡，非所详也；唯墨子作木鸢，三年而飞之说，或无疑焉。盖将用之负人载物，超险阻而飞达，越川泽而空递，所以辅舆马之不能，补舟楫之不逮者也。揆其初衷，殆欲利人，非以助暴；夫子非攻，故其法卒无所传。

这就是通常所谓"通论风筝历史的一篇文字"。吴恩裕由此评论到："由这短短的一段话，可知雪芹对先秦诸子涉猎亦广。尤其是他称墨翟为'夫子'，也似可从侧面窥测他对儒家的态度。"（吴恩裕：《曹雪芹的佚著和传记材料的新发现》，《曹雪芹佚著浅探》，

天津人民出版社 1979 年 11 月版，第 278—279 页）

　　吴先生的思想是极其敏锐的。他从有限的材料中，一下子捕捉到曹雪芹与先秦诸子的思想联系，并总结出新的认识，传达了一条极其重要的思想信息：晚年的曹雪芹思想近墨反儒。

　　从思想史的角度说，这是一段不可多得的珍贵史料。曹雪芹讲了墨学的四个方面：

　　第一，虽然风筝（风鸢）制作由来已久，史籍可征者实寡，记载更不详细。两千年前墨家三年时间发明制作的"木鸢"，可说没有疑问。这等于把墨子论定为风鸢制作的祖师和发明家。吴先生后有《曹雪芹谈飞鸢之起源》一文，考证颇详，见《曹雪芹佚著浅探》第 228 页，天津人民出版社 1979 年版。文长不录，有兴趣者可找来翻阅。

　　第二，描述了木鸢的功能：负人载物，超险越泽，辅舆马之不能，补舟楫之不逮。虽然略有想象夸饰成分，但其基本用途说得不错。

　　第三，墨子制作木鸢的"初衷"是"殆欲利人，非以助暴"。"利人"之"人"乃指社会底层之小手工业者和小生产者；"人"与"暴"对举，"暴"指残暴的上层统治者，或暴力侵夺者。"殆欲利人，非以助暴"这八个字，抓住了墨学精髓。《庄子·天下》阐述墨子的救世精神："以绳墨自矫，而备世之急。……泛爱兼利而非斗……日夜不休，以自苦为极，曰：不能如此，非禹之道也，不足谓墨。""泛爱兼利而非斗"可说是墨学主题。墨家发明制作的宗旨"利人""非暴"本乎此。

　　第四，"夫子"墨翟主张"非攻"，所以墨学没有传下来。因为"非攻"有利于弱势群体休养生息，而不利于暴力集团的侵犯掠夺，故墨家之"法"中歇无传。本文后面还要详议此事。

　　这四点构成了曹雪芹新的墨学观，这被吴恩裕先生概括为"曹雪芹近墨思想"。

　　（请注意：1973 年年初，吴先生的观点只是说曹雪芹称墨翟为"夫子"，也可从"侧面"窥测他对儒家的态度。这只能概括为重墨轻儒；但是 1973 年年底"评法批儒"运动兴起，吴先生受时风影响，1974 年 5 月的文章中使用了曹雪芹"近墨反儒"的提法）。

　　1973 年第 2 期《文物》杂志发行后，吴文立即引起国内外文化学术界的重视。各种议论纷至沓来。一向对文史感兴趣的毛泽东在 1973 年 5 月份以后，几次提到此事，说出了有他思想个性和语言个性的评论。

当时，毛泽东对吴文的评论，没有公开发表。只是传达到与之相关的人员当中，主要是部分红学家和文化宣传部门领导，以便宣传时内部掌握。2008 年年底，笔者写作的《毛泽东读红楼梦》一书还没有付印（2009 年出版），一位资深红学家对这项工作给予了热情关怀和无私援助。这位先生将自己于 20 世纪 70 年代中期抄录的一批"毛泽东谈红楼梦"资料卡片，赠给笔者参考研究。

资料卡片用"Ax"标式顺序编排，其中"A19"—"A22"四条涉及吴文。有毛泽东的评论三条：

A21：最近吴恩裕在《文物》上发表一篇关于曹雪芹的文章，大家可以找来看一看。曹雪芹还不错呦，自己扎糊风筝，为穷人着想呦。

——毛主席在中央工作会议上的讲话，1973 年 5 月。

A19：毛主席最近说：如果这个材料（抄存者原注：指《文物》1973 年第二期上刊登吴恩裕同志《曹雪芹的佚著和传记材料的发现》一文）属实的话，说明曹雪芹后期的世界观有变化。南方的大城市生活，是曹雪芹思想来源之一。

——1973 年 11 月 6 日李希凡同志转达吴恩裕同志。

A22：毛主席在 1954 年以后，不止一次地讲过，曹雪芹后期的世界观是有很大变化的。但是由于生活在南方工商业比较发达的城市里，又生长在一个贵族家庭，因此不可能抓住当时社会的根本矛盾——农民和地主的矛盾来写，这是他的局限。

——胡绳、袁水拍给李希凡的信，1973 年 11 月。

关于毛泽东此次评曹论红谈话的传播、影响与真实性，我们可以考证出来。

毛泽东对吴文的评论虽然只传达给相关人员内部掌握，也还是很快在文化界、学术界、红学界引起了连锁反应：

那时的全国"舆论总管"姚文元，利用他认为有利的时机，适时宣讲并加进自己的"理解"。资料卡片中有一条是姚文元的谈话摘要：

A20：如果这个材料是真的话，很重要。可以看出曹雪芹后期的世界观有很大变化，是受墨家思想影响的。

——姚文元同志在谈到《文物》上刊登的《曹雪芹的佚著和传记材料的发现》一文时谈话，1973年7月。

为保持文献历史原貌，这里对姚文元的"同志"称谓照原样保留。这个称谓告诉我们：这些资料卡片的抄录时间下限至晚在粉碎"四人帮"以前。而此条资料排序为"A20"，夹在毛泽东的三条指示中间，这不仅表明资料的抄录顺序和时间，而且表明当时人们的潜意识里是把毛泽东的谈话与姚文元的谈话都看成与吴文有关，是对晚年曹雪芹世界观变化的评论。

刘梦溪先生在刚刚粉碎"四人帮"之后的1976年11月，在公开发表的批判文章中披露了姚文元另外两次相关"指示"：

> 姚文元看了佚稿（指《废艺斋集稿》——引者注）以后，独出心裁地说什么"曹雪芹思想是近墨的"……姚文元向上海的余党发出了一条黑指示："墨子的阶级属性有问题"，他反映"没落中小奴隶主阶级利益"，是"经验主义的代表"，等等，要求他们的党羽"做大量的说服工作"，使理论工作者接受他们的观点。（刘梦溪：《透视姚文元的"红学"（1976年11月）》，《文艺论集》，山西人民出版社1979年版，第127—131页）

姚文元的"谈话"或"指示"，前面是转述毛泽东的意见，后面是他自己的"发明"。尤其他断定墨子是"经验主义的代表"，则不是吴文的思想，与毛泽东的评曹观点也毫无联系。经历过"文革"的人大都知道，"四人帮"批"经验主义"意在打倒有工作经验的老干部，这已经不是在评价曹雪芹，也不是在讨论学术。但是，姚文元谈曹雪芹思想近墨，谈曹雪芹后期的世界观有很大变化，则证明了毛泽东评论吴文的客观存在和真实性。

茅盾先生读了《曹雪芹佚著及其传记材料的发现》，对《废艺斋集稿》和《瓶湖懋斋记盛》的文献价值，对曹雪芹的身世经历，都有评论。他赋赠吴恩裕七律一首：

> 浩气真传耀晚年，曹侯身世展新篇。
> 自称废艺非谦逊，鄙薄时文空纤妍。
> 莫怪爱憎今异昔，只缘顿悟后胜前。
> 懋斋记盛虽残缺，已证人生观变迁。

读吴恩裕同志近作《曹雪芹佚著及其传记材料的发现》赋呈
恩裕同志哂正茅盾七三年十二月

（《北京文史资料》第五十一辑第88页茅盾墨迹插页，转引自
吴季松：《我的父亲吴恩裕教授》，北京科学技术出版社2010年版，
前插页）

茅公此诗可证，他写此诗时已经知道毛泽东评曹观点的内容。通篇都
在讲"曹侯"世界观变化。"晚年""爱憎今异昔""顿悟后胜前"等用语，
几乎可说是对毛泽东评论的诗化阐释。茅公此诗结句"已证人生观变迁"，
从律诗创作技巧角度说，未免构语设词太直白；而从表意角度说，实际上表
达了作者意在揭破主旨，与毛泽东的评论相呼应。以当时人们的心态来理
解，这是"点睛"之笔。

资料卡片"A19"的记载表明，毛泽东关于"曹雪芹后期世界观变化"
的评论，"1973年11月6日李希凡同志转达吴恩裕同志"。此时，李希凡先
生为人民文学出版社写完《红楼梦前言》（1972），后收入《四部古典小说评
论》（1973）。而1974年《红楼梦前言》修改版中则引用了吴文披露的材料：

> 据吴恩裕同志的近著《曹雪芹佚著及其传记材料的发现》中讲，
> 曹雪芹的晚年，虽然已经贫困到"饔飧有时不继"的境地，卖画
> 却仍然"非其人，虽重酬不与"，甚至连皇帝画苑的召请，他也拒
> 绝了。"羹调未羡青莲宠，苑召难忘立本羞。"

李先生引语"饔飧有时不继""非其人，虽重酬不与（应）"出自敦敏
《瓶湖懋斋记盛》。其时，他又应人民出版社的约请，撰写《曹雪芹和他的
〈红楼梦〉》小册子。据小册子《后记》（1973）和《再版附记》说明（1975），
知此著从《红楼梦前言》扩充改写而成。在"曹雪芹身世、经历"一节中
前引的这段话扩充成：

> ……败家后的曹雪芹，坎坷半生，最后在写作《红楼梦》的
> 时期，是定居在京郊西山附近。……曹雪芹的这一段生活很贫
> 困，……不过，曹雪芹虽然已经贫困到"饔飧有时不继"的境地，
> 卖画却仍然"非其人，虽重酬不与"，甚至连皇帝画苑的召请，他
> 也拒绝了："羹调未羡青莲宠，苑召难忘立本羞。"（张宜泉）而当

时也正是曹雪芹写作《红楼梦》的时期……曹雪芹在落魄的生活中，也一直坚持他的《红楼梦》的写作。曹雪芹曾自豪地宣称，"蓬牖茅椽，绳床瓦灶"的穷苦生活，不仅没有妨碍他"披阅十载，增删五次"，顽强地写作《红楼梦》的襟怀，其"风晨月夕，阶柳庭花"，还滋润了他的"笔墨"（《红楼梦》第一回）。"傲骨如君世已奇，嶙峋更见此支离。"（敦敏）也曾把胸中块垒寄于画石的曹雪芹，在封建社会里，只能做一块不同流俗的顽石，却"无才可去补苍天"，这是他一生坎坷遭遇的悲剧，但也体现了他对卑污、奸恶、虚伪的贵族世界的不满和反抗。（李希凡：《曹雪芹和他的〈红楼梦〉》，人民出版社1975年版，第8—9页）

李先生对晚年曹雪芹思想发展的评论，是讲其"定居西山"后于贫困中不向统治者低头，体现出对"贵族世界的不满和反抗"，继续顽强地创作《红楼梦》。其思想脉络与毛泽东的评论很吻合。

胡文彬先生当时与合作者周雷先生写作了《曹雪芹佚著〈废艺斋集稿〉析疑》的考证性文章。在1974年第7期《文物》杂志上以"文雷"的笔名发表。其导言部分有一段是：

《文物》1973年第二期发表了吴恩裕同志的《曹雪芹的佚著和传记材料的发现》一文，给人们提供了一批难得而可贵的资料。……这些新材料，确实是《红楼梦》作者逝世二百多年来的首次重要发现，无论对于研究曹雪芹的生平事迹、思想变化和艺术才能，还是评价《红楼梦》的思想性和艺术性，都有很大的帮助。

此处强调吴文披露新材料的价值时，特别提到对研究曹雪芹"思想变化"的帮助，其实这是对毛泽东"曹雪芹后期世界观变化"评论观点的浓缩暗引，与茅公的化为诗句有异曲同工之妙。只是由于对《集稿》作证真文字，没有对"思想变化"展开论述而已。

首次提出曹雪芹有近墨思想（曹雪芹"称墨翟为'夫子'"）的吴恩裕先生，于1973年11月6日从李希凡处听到"转达"的毛泽东关于"曹雪芹后期世界观变化"的评论观点。半年后（1974年5月），吴先生写出了《红楼梦的反儒和废艺斋集稿中的近墨反儒思想》长篇论文。文章共分三节：一、红楼梦里的反儒家思想；二、废艺斋集稿残篇里的近墨反儒思想；三、对红楼梦和废艺斋集稿残篇中反儒近墨思想的几点看法。吴先生于第二节开篇即讲：

> 我们从曹雪芹的佚著《废艺斋集稿》中的《南鹞北鸢考工志》里，得知曹雪芹称墨翟为"夫子"，又对他的"非攻"表示赞扬之意，可见他对墨子是很尊敬的。经过初步的研究，证明他和墨子的某些方面的思想，甚至行动是很相近的。……曹雪芹之所以有近墨的思想，主要还是由于曹雪芹自己长于一些工艺美术，在晚年又接近了小手工业者们，又教了些这方面的徒弟，而墨子则也是自来就以娴于技艺见称于当时的。

吴先生对自己提出的"曹雪芹近墨反儒"作了很展开的系统分析。尤其论文第二节，较为详细地讨论了在对待劳动的态度上、在"义"的态度上曹雪芹的近墨反儒思想。吴先生也有理有据地分析了曹雪芹后期的世界观变化：

> 曹雪芹……又因生计越发艰窘，遂不得不移居西郊，鬻画维生，还"饔飧有时不继"。在物质生活条件急剧改变的情况下，曹雪芹的思想也发生了变化。……根据新发现的材料，曹雪芹还同一些"有废疾而无告"的人们，如盲人、瘸子等，以及手工业者有接触。由于他自己也长于某些工艺技术，可能对他们也有了兴趣和感情。……他自己的生活本来就艰困，但他却能用卖画维生的钱救济孤儿寡妇。白老太太也是受他资助的人，他又给白老太太治病，给她一间房子住。对于瘸子于叔度，他既以金钱相助，并教他做风筝的技术；又整月地占用自己写《红楼梦》的时间离开家去帮助他扎绘风筝。他又教一些盲人学会编织工艺，其中有的还成了有名的编织手工业者。更重要的是，他有感于这些生活无着的人们的艰困，想"以艺济人"，给他们编撰《废艺斋集稿》这部书，使他们掌握一些谋生的技艺。而他这些行为都是在他的物质生活下降、思想有所改变，因而有可能理解和同情下层人民的时候做的。而他在接触这些手工业者时。也不可能不多少受到他们的影响。（吴恩裕：《曹雪芹佚著浅探》，天津人民出版社 1979 年版，第 298—299 页）

应该说，吴先生的考证文章引发了毛泽东的评曹新论，而吴先生此文则在于阐述毛泽东的评曹新论。其写作背景，立论宗旨，非常清楚。

上述刘梦溪、茅盾、李希凡、胡文彬、周雷、吴恩裕诸位时贤俊彦，以及"舆论总管"姚文元的"连锁反应"，都或多或少，或深或浅，或繁或简地阐述了曹雪芹后期世界观变化及其近墨思想，佐证了毛泽东评曹新观点的存在并得到贯彻。他们虽然不是直接引证毛泽东的具体观点，但是却明显渗透着毛泽东的评论精神。这正是那个时代此类事情的特征。

毛泽东此次评曹新论（当时称"指示"），按照内容梳理，可以概括为六个方面：

（一）吴恩裕"关于曹雪芹的文章"，可以"找来看一看"。吴文在1973年第二期《文物》上发表，毛泽东即在5月份的中央工作会议上提这个倡议。反应够快速够热烈的。这除了他的文史兴趣之外，就是他对红学的关注、对曹雪芹研究的关注。就目前已披露的材料看，这是他在公开场合指名道姓地肯定红学家吴恩裕的曹雪芹研究成果。1973年下半年，也正是毛泽东几次讲"《红楼梦》看五遍才有发言权"的时候，他提倡"看一看"吴文，有基础，有氛围，并非偶然。随便说个问题：吴文是典型的考据文字，毛泽东对材料新鲜、扎实、丰富的此类文章很偏爱，并不盲目反对所谓"烦琐考证"。

（二）曹雪芹"还不错"，扎糊风筝"为穷人着想"。曹雪芹扎糊风筝的手工技艺在《南鹞北鸢考工志》一书，他"为穷人着想"的思想集中表达在《南鹞北鸢考工志》自序一文。曹雪芹在自序中说：

> ［因］思古之世，鳏寡孤独废疾者有养也。今［则］……不能自活，其不转乎沟壑［也］几［希］。述此《南鹞北鸢考工志》，意将旁披远绍，以集前人之成；实欲举一反三，而启后学之思。乃详察起放之理，细究扎糊之法，胪列分类之旨，缕陈彩绘之要，汇集成篇，［将］以为今之有废疾而无告者，谋有以自养之道也。

"鳏寡孤独废疾者有养"的理念出自儒家的经典《礼记》，曹雪芹引儒入墨，他认为"鳏寡孤独废疾者"的现状是"不能自活，转乎沟壑"，生存状态恶劣不堪。因此，他撰著《南鹞北鸢考工志》是为这些废疾而无告者谋取"自养之道"。

他介绍的风筝制作工艺就是"自养之道"的具体内容。而风筝制作工艺的"旁披远绍""集前人之成"则牵引出风筝史，牵引出"墨子作木鸢"，牵引出墨子的"殆欲利人"。墨子自称"贱人"，他要"利"的"人"就是小手工业者、小生产者，与曹雪芹所谓的"穷人"（鳏寡孤独废疾者）虽然有时代区别，有贫困类别，但属于一个社会阶层，一个社会属群，即社会底层的弱势群体。

毛泽东用口语"还不错吆"赞扬曹公美德，"为穷人着想吆"是其美德的核心，而这恰恰是包括墨家工艺和理念的鳏寡孤独废疾者的"自养之道"。毛泽东这样肯定曹雪芹建立在墨家遗传遗风基础上的美德，也是有来历的。早在1939年延安开展大生产运动时，他肯定借鉴过墨家的劳动态度（庶民精神）和科学精神，他说：

> 墨子是一个劳动者，他不做官，但他是比孔子高明的圣人，孔子不耕地，墨子自己动手做桌椅子。（《毛泽东著作专题摘编》下，中央文献出版社2003年版，第2280页）

"旁披远绍"说到底，曹雪芹的"为穷人着想"与墨家的为"贱人"、爱劳动、讲科学（制作桌椅木鸢）是一条思想河流上的远波近澜。毛泽东的评曹新论是包含着吴恩裕的曹雪芹重墨轻儒（近墨反儒）看法的。

（三）《废艺斋集稿》要"材料属实"。毛泽东这个评论对《废艺斋集稿》等新材料采取了谨慎科学的态度。吴恩裕是曹雪芹生平研究的大家，20世纪50年代以后，他的新发现可谓硕果累累。他发现了《懋斋诗钞》手稿、永忠的《延芬室诗集》稿本、《鹪鹩庵笔麈》手稿、《四松堂诗钞》手稿，介绍了明义的《绿烟琐窗集》诗选。他还考出曹雪芹在右翼宗学任过事，以及曹雪芹在北京西郊的居处。吴恩裕"考曹"赫赫有名，成果累累，毛泽东也知道此事。但是，他深知考证关键是"材料属实"。并不因前真而忽略后实。他的评论虽然是即兴之语，是随机讲话，但是他并不信口开河，任意发挥。他在提出新认识之前，做出一个假设：如果这个材料属实的话就会证明……这个态度是冷静的、科学的。《废艺斋集稿》等材料刚刚发现，还要进一步考实，"材料属实"才好得出新的结论。不久，即发生了《废艺斋集稿》等材料证真辨伪的热烈争鸣。这个争鸣断断续续至今未有终结。毛泽东这个"如果"假设是如此灵验和重要。

（四）南方的大城市生活，是曹雪芹思想来源之一。这个判断说的是曹雪芹早期在江南世界观形成的情况。曹雪芹的前人曹玺、曹寅、曹颙、曹頫任苏州、江宁（今南京）织造六十年。曹家在江宁、苏州、扬州等江南大城市过着"鲜花著锦，烈火烹油"般的富豪生活。那时曹家处于社会的上层甚至顶层，是极富大贵的世家大族，手眼通天。江南织造业和后来曹寅兼管的两淮四州三十六府盐务，机匠如过河之鲫，商旅如钱塘之潮。南京城冠盖如云，秦淮河灯红酒绿。经济上日进斗金，花钱如流水。海禁开放时，各国贸易贡物接踵而至，东西方文化碰撞交融。交往更是"出入有鸿儒，往来无白丁"。在这样的背景下，曹雪芹在南方大城市生活了十三年（笔者倾向曹雪芹生于康熙五十四年，到雍正五年年底曹家被抄，应为十三年），这个时期他的思想是自由的、开放的，某些方面很激进（如《红楼梦》中的解放女奴主张、世法平等主张），但是却明显打着贵族子弟生活的烙印。这个时期曹雪芹思想常常被人们与"资本主义萌芽"的经济形态联系起来。毛泽东说过：

> 17世纪是什么时代呢？那是中国的明朝末年和清朝初年。再过一个世纪，到18世纪的上半期，就是清朝乾隆时代，《红楼梦》的作者曹雪芹就生活在那个时代，就是产生贾宝玉这种不满意封建制度的小说人物的时代。乾隆时代，中国已经有了一些资本主义生产关系的萌芽，但是还是封建社会。这就是出现大观园里那一群小说人物的社会背景。（《在扩大的中央工作会议上的讲话》，《毛泽东著作选读》下册，人民出版社1986年8月版，第827—828页）

毛泽东说，曹雪芹生活的时代，"中国已经有了一些资本主义生产关系的萌芽，但是还是封建社会"。中国封建社会到它的晚期——明清之际，社会生产和商品经济逐渐恢复和发展，确实孕育了资本主义生产关系的萌芽。这见之于更多的手工业部门，突出的如丝织业、棉布加工业、矿冶业、制瓷业、制盐业、木材采伐业、造纸业等，其发生地域主要是江南。

存在决定意识。萌芽状态的资本主义经济必然反映到意识形态领域，产生新的思想和文化形态。曹雪芹小说《红楼梦》所透露出来的反封建传统、反礼教、反程朱理学及要求给人以自由的思想，多处痛斥封建的道德、功名、利禄和等级制度，痛贬那些虚伪的封建社会的忠臣孝子，痛骂那些凌辱别人的个性自由的残暴行为，正是新的思想意识的反映。尽管当时封建地主土地所有制没有根本动摇，封建上层建筑也起了严重的阻碍作用，但是曹雪芹还是能呼吸到有限的民主自由空气。《红楼梦》中所反映出的新兴市民的思想则是早期的、原初的、粗糙的、启蒙的，贾宝玉和林黛玉等新人的苦闷、觉悟和叛逆都刻下了这个特定社会背景的烙印。南方大城市的"资本主义萌芽"，催生和影响了曹雪芹前期世界观的形成。

其实，毛泽东以往就很关注曹雪芹的思想形成和世界观变化。1964 年8 月 24 日，毛泽东与科学工作者周培源和于光远一起座谈"人的认识问题"。其中，毛泽东说道：

> 曹雪芹在《红楼梦》里还是想补天，想补封建制度的天，但是《红楼梦》里写的却是封建家族的衰落，可以说是曹雪芹的世界观和他的创作发生矛盾。（《关于人的认识问题》，《毛泽东文集》第八卷，人民出版社 1999 年版，第 393 页）

《红楼梦》中所反映的曹雪芹的思想是"拆天"还是"补天"？曹雪芹要补的是"情海情天"还是"封建制度的天"？毛泽东的结论是"曹雪芹在《红楼梦》里还是想补天，想补封建制度的天"。

《红楼梦》小说第一回的一些情节、脂砚斋的一些批语表明，作者曹雪芹有"补天"的思想。小说第一回开篇即讲出女娲炼石补天的神话故事，所炼补天石"三万六千五百块，只单单的剩了一块未用"，此处脂砚斋批："剩了这一块，便生出这许多故事。使当日虽不以此补天，就该去补地之坑陷，使地平坦。"不用的这块补天石"便弃在此山青埂峰下"。此处脂砚斋又批："妙！自谓落堕情根，故无补天之用。"这块被弃之石"因见众石俱得补天，独自己无材不堪入选，遂自怨自叹，日夜悲号惭愧"。后来过了几世几劫，这块石头被空空道人称为"无材补天，幻形入世"，此处脂砚斋再批："八字便是作者一生惭恨！"神话故事末尾，有一首偈语，第一句是"无材可去补苍天"，脂砚斋朱笔旁批"书之本旨"；偈语第二句是"枉入红尘若许年"，脂砚斋又是朱笔旁批："惭愧之言，呜咽如闻。"这都反映出作者有补天思想。

"补天"思想反映了曹雪芹世界观的内在矛盾："补天"是因为天塌地陷，这个"世"已经是"末世"，渐渐露出那"下世"的光景。他猛烈批判这个"末世"各种制度，这是他的积极性。另一方面，"补天"也表明他对"天"的哀怨和怜悯，对身处其中的那个走向衰落的阶级的同情和惋惜，为自己的"不勘入选""无材补天"惭恨不已，这是他的局限性。这种局限性又导致曹雪芹看不到有比封建制度更好的社会制度，存在着对生活的幻灭感，存在着色空观念。"眼前无路想回头"，贾宝玉最终是"出家"当和尚，选择了逃避——这是曹雪芹世界观的曲折反映。

这一时期曹雪芹思想中的塌天感、末世感、幻灭感，以及看破红尘补天无路观念，显然是在曹家被抄以后，回到北京蒜市口十七间半故宅艰难生活时期的思想履痕。这应该是曹雪芹中期的世界观。

（五）曹雪芹后期的世界观有很大变化。毛泽东这个判断无形中把曹雪芹的世界观变化划出"后期"一个时间段。"后期"即曹雪芹"晚年"，可以把它理解为曹雪芹搬出北京蒜市口故宅到西郊西山定居直到逝世的十几年间。我们知道，曹雪芹到西山定居后，除继续交往落魄宗室子弟敦敏、敦诚外，新结交的计有乡村塾师张宜泉、残疾军人于叔度、贫困山民白媪诸人。此时他的世界观变化有两大显著特征：接受和鼓吹墨家兼爱、贵义、非攻、崇技等精神理念，成为清代中叶墨学复兴的先知（后面还要详论）；接近和融入手工业者和贫困工艺匠人队伍，以艺助人，济危扶困，仗义活命。这两方面的综合表现，是他"为穷人着想"，撰著了《废艺斋集稿》一书，留下了《红楼梦》以外的又一部闪耀着庶民精神、科学精神和辩证精神的人文杰作。这两大特征是他早期和中期世界观中所没有的或不明显的。

（六）世界观的局限性，决定了曹雪芹创作《红楼梦》时"不可能抓住当时社会的根本矛盾——农民和地主的矛盾来写"。曹雪芹生活的时代尽管有了"资本主义生产关系的萌芽"，但本质上还是封建社会。按照毛泽东主要矛盾和矛盾主要方面决定事物本质的哲学观点，这个社会的根本矛盾是农民阶级和地主阶级的矛盾。但是，《红楼梦》表现了贵族与贵族、主子与奴才、嫡传与庶出、兄弟和妯娌等矛盾，就是没有抓住这个根本矛盾来展开描写封建社会。毛泽东认为这是曹雪芹的江南大城市生活带给他的消极影响，即世界观的局限性所致。

曹雪芹后期的近墨思想是不是无源之水、无本之木，是不是空中飘尘、水中浮萍，是不是灵机一动、偶然闪现？都不是！它的源头活水渊源有自：

（一）时代思潮。曹雪芹所生活的清代中期，正赶上墨学的复兴。前面我们已经引述，曹雪芹在总论风筝史一段话中，讲到墨学的历史命运："夫子非攻，故其法卒无所传。"这说明曹雪芹懂墨学史，知晓墨学"无所传"的原因。

我们知道，据《韩非子·显学》记载：战国之世墨家为"显学"，但是它"非攻""兼爱""节用"的主张，代表社会下层小生产者的利益，并不为封建统治者所看重利用。秦汉以后，儒学独尊。因墨学不合于儒术，长期被封建正统文化排斥、打击，甚至遗弃。墨学渐衰，两千多年来，几乎没人转述传授。墨家"其学几绝，其书仅存"。墨家作为思想体系和学派，逐渐消失无闻，再也没有出现过独立的学说、思潮或派别。直至清中叶，墨学著作才被学者重视研究，开始有人校释梳理。乾隆二十五年毕沅曾校订注解而成《墨子注》一书，卒使《墨子》成诵，这是前无所承的创造，是墨学复兴的标志性事件。其后孙诒让据吴宽抄本、毕沅校本、顾广圻校道藏本、日本宝历间刻茅坤本残帙，以及苏时学刊误本，复以王念孙、王引之父子，洪颐煊、俞樾、戴望诸家所校，参综考读，择善而从，订正错讹脱衍，而成《墨子间诂》，一时推为绝诣。

墨学沉寂两千年以后而于清中叶复兴，绝非偶然。墨学的可贵在于它的庶民精神、科技精神和朴素的唯物精神。清中期西学东渐，康熙皇帝对自然科学产生浓厚兴趣。当然他不是出于科学家那种对科学事业的热爱，而是由求治引起。他看到自然科学与农业、军事、治河、防治天灾及人体健康等有密切关系，便对数学、天文学、地理学、医学、生物学、解剖学、农艺学、火器制造和工程技术等均有涉猎或研究。康熙帝对有科学知识的西洋传教士，对时所罕见的数学家梅文鼎、善造火器的戴梓，都很看重。亲自批注梅文鼎的《历学疑问》，命戴梓入直南书房，造"子母炮"支援征讨噶尔丹的平叛战争。（此段参照孟昭信《康熙帝》，吉林文史出版社1993年版，第402—411页；宋德宣：《康熙思想研究》，中国社会科学出版社1990年版，第188—193页）清代康乾之世的东西文化碰撞，自然科学知识的迫切需要，逼使传统文化重新组合。儒家鄙薄技艺，道家只会"炼丹"，能够与这股西方自然科学文化潮流同构的是墨家的崇尚科学技艺思想。尽管墨家的创造发明还很简单，尽管墨家的科技思想还很原始，即使与西方资产阶级革命前的自然科学文化也不在一个层次上，但是它毕竟是中华科技思想的"元典"和源头活水。墨学复兴出现在曹雪芹生活的康雍乾时期，曹雪芹于此时思想近墨，令人深长思之。这是曹雪芹思想成长变化的大氛围。

（二）家学渊源。曹家是织造世家。曹雪芹的高祖曹玺、祖父曹寅、父辈曹颙曹頫，相继做了六十年苏州、江宁织造。织造需要织机，织造需要织匠，绸缎锦纶的生产过程需要工艺技能和管理经验。在这里，生产实践要求热爱劳动，崇尚技巧，尊重匠人，而不能鄙视机械和匠人。这正是墨家精神的精华部分之一。史载：

康熙二年，（曹玺）特简督理江宁织造。江宁局务重大，黼黻朝祭之章出焉，视苏杭特为繁剧。往例收丝则凭行侩，颜料则取铺户，至工匠缺则佥送，在城机户，有帮贴之累。众奸丛巧，莫可端倪，公大为厘剔。买丝则必于所出地平价以市，应用物料，官自和买，市无追胥，列肆案堵；创立储养幻匠法，训练程作，遇缺即遴以补。不佥民户，而又朝夕循抚稍食，上下有经，赏赉以时，故工乐且奋。（[清]于化龙纂修《江宁府志》卷十七《宦迹·曹玺传》，康熙二十三年稿本）

（康熙二十九年，曹寅任织造）初莅姑苏（今苏州），则清积弊，节浮费，其轸匠而恤民者，盖颂声洋溢而仁闻之昭宣。继调江宁（今南京），则除帮贴之钱，使民不扰；减清俸之入，俾匠有资；其采办而区画者，尤公私两便，而施恩用爱之无偏。（[清]张伯行：《正谊堂文集》卷二十三叶十六《祭曹荔轩织造文》。）

曹玺的"储养幻匠法"使工匠"乐且奋"，曹寅的"轸匠而恤民"与"俾匠有资"，其意义都在于对织局工匠"施恩用爱"。曹玺、曹寅父子两代任织造四十五年，他们长期的"养匠""轸匠"和"俾匠"实践，需要理论支撑，除了向墨学寻求学理滋养外，几无别的思想靠山。

这在曹玺，除上述记载外，似无别的遗迹；而在曹寅，他的思想血脉却有不少墨家元素。曹寅喜读墨家之书。《楝亭书目·卷三·子集》：

《旧本墨子》宋墨翟著，十五卷，宋唐尧臣序，一函十册。
《墨子》唐韩愈序，明李贽撰，十五卷，一册。

曹寅收藏阅读的两本《墨子》书，一为明版，一为宋版。他读《墨子》一书，比毕沅整理此书还早几十年。这说明曹寅读《墨子》很早，很有眼光，绝非浅尝辄止者可比。

曹寅结交科技才俊。他与梅文鼎的交往是典型例证。梅文鼎是清初著名的数学家、天文学家。康熙四十二年，康熙帝第四次南巡至德州时，索取梅文鼎的《历学疑问》阅读。初读即产生好感，认为"用力深""甚细心""议论亦公平"。又带回宫中仔细阅读，亲笔批注。康熙四十四年，康熙帝第五次南巡，在山东临清将梅文鼎召至御舟，"从容垂问，凡三日"，确认他实为当世"仅见"的杰出学者，特赐"绩学参微"四字匾额。这两次南巡，曹寅都曾参与接驾，曹梅相识至晚应于此期。康熙四十七年立秋前后，曹寅曾作《竹村大理、南洲编修、勿庵征君，过访真州寓楼有作》，"勿庵"即梅文鼎之号。曹寅诗句有："相过值梅里，有客栖天池。沿流识挈音，宿契符心期。"梅文鼎则以诗句"永日谈谐宽礼节，高怀真率见风流"见答，抒发了自己对于故友重逢的感慨。在此后的数日里，曹寅与梅文鼎、徐道积等人在真州长江岸边纳凉、饮酒、看雨、观鱼，宾主之间甚为相得，各有所作。曹寅《楝亭书目》著录有梅文鼎的自然科学著作《勿菴历算书目》《历学疑问》《三角法》《数表》等，尤其收入康熙帝索要批注的《历学疑问》，更能表明曹寅的学养倾向。康熙六十年，梅文鼎以九十余岁的高龄辞世，其时虽然曹寅已经逝世，康熙帝仍令曹寅的继子、时任江宁织造的曹頫为其治丧。这不能不说是曹、梅两家的通家世好又进了一步。这一年，曹雪芹已经七八岁，耳濡目染应该知晓此类事情其中内涵。

曹寅悲悯织局女工。他在北京任御前侍卫时，曾填词《浣溪纱·西城忆旧》三首，其三曰：

曲曲蚕池数里香，玉梭纤手度流黄，天孙无暇管凄凉。
一自昭阳新纳锦，边衣常碎九秋霜，夕阳冷落出高墙。

自注："蚕池，明时宫人纳锦之所，今有故基云机庙。"
（《楝亭集》）《楝亭词钞别集》，上海古籍出版社1978年版，影印本）

此词写及的蚕池、云机庙，皆在北京紫禁城西。《日下旧闻考》："三座门街南曰蚕池，有云机庙，久废，明时宫人织锦之所。"曹寅自注大概出于此处。明朝皇宫内部设有宫人缲丝、织锦的工场"蚕池"。这首词反映了宫里织女们辛劳艰苦的生活，整天操劳，没有工夫顾及自己凄凉的身世。同时，讽刺了当时宫廷的靡费：自从皇宫里征集锦缎，边防将士们的军服经常在秋天破烂了得不到及时更换。曹家几十年替皇家管理织局，曹寅深知机户织工的辛酸，他表面写明朝皇宫织女的艰难，很难说没有讽喻现实之意。他的悲悯同情之心在女工一面。这正是墨家替下层小生产者、小手工业者代言传统精神的光大。

曹寅关注工艺知识。曹寅显然不像一般腐儒那样视工艺技能为"淫巧"之事、鄙贱之事或小道末技。曾撰《居常饮馔录》一卷，以前代所传饮膳之法，汇成一编。曹寅曾经收藏了许多东西方自然科学著作。《楝亭书目》卷二"经济"部，卷三"说部""杂部""杂部补遗"中著录的，有明清之际来华的西方传教士汤若望编辑的《西洋历书》，有明清之际中国著名自然科学家李之藻编辑的《天学初函》，方以智著作的《物理小识》，黄百家的《勾股矩测解》，梅文鼎的诸种自然科学著作。据不完全统计，此类书籍达四十六种。这些都是明清之际较有代表性的自然科学著作，后来均被《四库全书》收入，可见曹寅对于自然科学著作的识力。（参见向彪：《楝亭藏书与西学东渐》，《红楼梦学刊》2004年第一辑）曹寅编书、刻书、藏书中的重要方面，正是墨家所尊崇的工艺技能和知识。

曹家为墨学复兴之先声，曹家有世代织造职任和悯工匠、崇工艺、重科技的文化传统，这是曹雪芹思想近墨并成长变化的小环境。

（三）阅历经验。四十年前，吴恩裕先生已经探讨过这个问题（见前引其论述）：曹雪芹所以有近墨思想，主要在于他自己擅长工艺美术，晚年又接近了小手工业者们。曹雪芹离开北京蒜市口十七间半旧居，迁到西郊香山一带，虽然还与城内保持某些联系，如与宗室后裔敦敏、敦诚的往来，甚至也结交达官贵人董邦达，但毕竟逐渐改变了交际圈子和生活方式。他的身边开始出现乡村塾师张宜泉、残疾军人于叔度、农妇女佣白媪等社会底层人物。尤其是他与贫苦无告的风筝艺人于叔度的交往，使他的世界观变化有了偶然性的契机，而向必然性发展。中国传统文化中的工艺匠人，都有自己的"始祖崇拜"，如木匠崇拜鲁班，中医崇拜华佗，风筝艺人也从历史深处请出善造"木鸢"的墨翟作为崇拜偶像。"近朱者赤，近墨者黑"，存在决定意识。每天所接触的、所制作的、所思考的都是从远古墨家接受过来百工杂艺，使曹雪芹思想底色自然熏染上墨家色彩，情感成分中的扶危济困、急难好义的亮色也就多起来，甚至著书立说扩大影响和张力。个人这种特殊的阅历经验，是曹雪芹思想近墨并成长变化的助推器。

《废艺斋集稿》中表明的曹雪芹形成近墨思想并实现世界观新的变化，这如何得到验证？找曹雪芹别的著作互相参证当然是最好的办法，而世所公认的曹公著作是《红楼梦》。从曹雪芹有近墨思想这个视角阅读《红楼梦》，确实能发现以往不为人注意的情节和思想内容，令人震撼和思索，使我们从解析故事情节切入而走进曹雪芹的内心世界。这个话倒过来讲，就是《红楼梦》的艺术描写、艺术形象所渗透表述的思想内涵，证明曹公确有近墨思想，确实与社会底层弱势群体思想感情有较多的融合，由此证明《废艺斋集稿》所传达的思想不伪。

吴恩裕和胡德平先生都在文章中提到《红楼梦》八十四回贾政、贾宝玉父子讨论三篇八股文章的故事情节，胡德平先生认为此节"是有极高思想性的章回"（胡德平：《说不尽的红楼梦——曹雪芹在香山》，中华书局 2004 年版，第 19 页），诚哉斯言。

这个故事中写道，贾政在内书房问宝玉最近"开笔"（指作八股文）没有？宝玉答：才做过三次。

......贾政翻开看时，见头一篇写着题目是"吾十有五而志于学"。他原本破的是"圣人有志于学，幼而已然矣"。代儒却将"幼"字抹去，明用"十五"。贾政道："你原本'幼'字便扣不清题目了。'幼'字是从小起至十六以前都是'幼'。这章书是圣人自言学问工夫与年俱进的话，所以十五、三十、四十、五十、六十、七十俱要明点出来，才见得到了几时有这个光景，到了几时又有那么个光景。师父把你'幼'字改了'十五'，便明白了好些。"看到承题，那抹去的原本云："夫不志于学，人之常也。"贾政摇头道："不但是孩子气，可见你本性不是个学者的志气。"又看后句"圣人十五而志之，不亦难乎"，说道："这更不成话了。"然后看代儒的改本云："夫人孰不学，而志于学者卒鲜。此圣人所为自信于十五时欤。"便问："改的懂得吗？"宝玉答应道："懂得。"

又看第二艺，题目是"人不知而不愠"，便先看代儒的改本云："不以不知而愠者，终无改其说乐矣。"方觑着眼看那抹去的底本，说道："你是什么？——'能无愠人之心，纯乎学者也。'上一句似单做了'而不愠'三个字的题目，下一句又犯了下文君子的分界。必如改笔才合题位呢。且下句找清上文，方是书理。须要细心领略。"宝玉答应着。贾政又往下看："夫不知，未有不愠者也；而竟不然。是非由说而乐者，曷克臻此。"原本末句"非纯学者乎"。贾政道："这也与破题同病的。这改的也罢了，不过清楚，还说得去。"

第三艺是"则归墨"，贾政看了题目，自己扬着头想了一想，因问宝玉道："你的书讲到这里了吗？"宝玉道："师父说，《孟子》好懂些，所以倒先讲《孟子》，大前日才讲完了。如今讲'上论语'呢。"贾政因看这个破承倒没大改。破题云："言于舍杨之外，若别无所归者焉。"贾政道："第二句倒难为你。""夫墨，非欲归者也；而墨之言已半天下矣，则舍杨之外，欲不归于墨，得乎？"贾政道："这是你做的吗？"宝玉答应道："是。"贾政点点头儿，因说道："这也并没有什么出色处，但初试笔能如此，还算不离。前年我在任上时，还出过'惟士为能'这个题目。那些童生都读过前人这篇，不能自出心裁，每多抄袭。你念过没有？"宝玉道："也念过。"贾政道："我要你另换个主意，不许雷同了前人，只做个破题也使得。"宝玉只得答应着，低头搜索枯肠。……乍着胆子回道："破题倒作了一个，但不知是不是。"贾政道："你念来我听。"宝玉念道："天下不皆士也，能无恒产者亦仅矣。"贾政听了，点着头道："也还使得。以后作文，总要把界限分清，把神理想明白了再去动笔。"（《红楼梦》八十四回，人民文学出版社2008年版，第1181—1183页）

宝玉"开笔"的三个题目，前两个出自《论语·为政》和《论语·学而》。第一篇写得"扣不清题目""更不成话"；第二篇写得下一句"又犯了下文君子的分界"，不合"题位"，宝玉的议论或出孔子的洋相，或反其道而立异说，骨子里是非难儒学。

第三篇《则归墨》题目出自《孟子·滕文公下》，此题则有深意存焉。可以把宝玉的"破题""承题"再回放个"特写镜头"：

言于舍杨之外，若别无所归者焉。

夫墨，非欲归者也；而墨之言已半天下矣，则舍杨之外，欲不归于墨，得乎？

这里的"杨"指战国时代思想家杨朱，"墨"指同期思想家墨翟，他们皆创立了自己的学派。

宝玉的思想主张很清楚：墨家学说已经半天下，那么再舍掉杨朱学说，"天下之言"不归于墨是不可能的，因为别无所归。表述得再简洁明确一些："天下之言"归墨家！

贾政通常总是断喝宝玉胡言乱语，这次却意外地"点点头儿"说道："这也并没有什么出色处，但初试笔能如此，还算不离。"《红楼梦》许多处正话反说，这里的"没有什么出色处"正是很"出色"之意。宝玉前两篇对儒家大不敬的"开笔"文章，政老爹评得一塌糊涂，而独赞扬《则归墨》"初试笔能如此，还算不离"。"不离"，不离什么？实际上宝玉"初试笔"即已离经叛道，主张舍儒归墨。此中意蕴，正是作者深意，大可注意！

则归墨——孟子的原话是："天下之言，不归杨，则归墨。"（《孟子·滕文公下》）意谓全天下人们的言论主张，不是属于杨朱一派，就是属于墨翟一派。战国时代，杨朱学说是与儒、墨相抗衡的三大显学之一。杨朱提出"拔一毛而利天下不为"的个人主义。这就同强调群体价值、强调个人生活只有体现社会伦理要求才有意义的儒家思想发生了尖锐的抵触。杨朱学派很快就衰落了，没有留下著作，其思想资料保存在《孟子》《吕氏春秋》《列子》诸书之中。孟子的"不归杨，则归墨"只是讲他所处时代的思想态势和潮流，其实孟子的学术立场是排斥杨朱和墨家的，因而大辟杨墨时指斥道："杨朱为我，是无君也；墨氏兼爱，是无父也。无父无君，是禽兽也。"（《孟子·滕文公下》）孟子尊孔扬儒，实质主张"天下之言"既不归杨，亦不归墨。

问题的重要性在于清代乾隆年间曹雪芹在小说中表达出"天下之言"则归墨的思想。此前，根本就不存在归杨还是归墨问题，也不存在去杨还是去墨问题，因为杨、墨都在此前衰落了。两千年来，杨朱学说仅残存片断，墨家学说则不绝如缕。可是，墨学迎来了复兴的契机，西方自然科学的涌入，老大帝国城市工商业的缓慢发展，以吃"手艺饭"为特征的小手工业者在城乡的急剧增多，使墨学中的平民精神、科学精神、朴素唯物精神有了复苏的可能性和现实性。

此时主流意识形态仍然还是儒学的变种——程朱理学，私塾、学堂、书院、应试的时文八股出题，仍然限定在儒家经典的范围之内。倘若曹雪芹的"归墨"描写是从《墨子》一书出八股时文题目，则不符合清代中期教育实际，因为那时《墨子》还不是经学先生手中的教材。曹雪芹能从儒家经典《孟子》无数个重要理论命题中，偏偏拈出《则归墨》这个有点"古怪"的题目让贾宝玉去作文，显然此时墨学已在他心头占有重要位置。曹雪芹巧妙地利用《孟子》中的思想材料和理论命题，堂而皇之地描写贾宝玉为"归墨"标新立异，大声疾呼。借儒学命题以鼓吹墨学，这不仅体现了曹雪芹思想内容的先进性，而且也体现了他思想争锋的艺术性。

贾政父子关于三篇"开笔"时文的问答，不妨看作曹雪芹对他生活时代思想走向和价值取向的认真思索结果。问答结束时，贾政道："以后作文，总要把界限分清，把神理想明白了再去动笔。"曹雪芹把"神理"想明白了："天下之言"则归墨。以往的曹雪芹思想研究，受小说后四十回作者扑朔迷离的影响，对八十四回这个情节的思想内涵挖掘不够。此回小说所达到的思想层次和理论高度，与曹寅、曹雪芹祖孙二人得墨学复兴风气之先是那样吻合，是那样互相映照。思想水准低劣浅薄的续书者绝难望其项背，此亦可证后四十回中至少有雪芹的笔墨残稿。

《红楼梦》中体现近墨思想的艺术描写远不只于此，而是形成了一个艺术形象系列。《红楼梦》有"四样侠文"（脂砚斋语），就是讲"醉金刚"倪二、冯紫英、柳湘莲、蒋玉菡四人行侠仗义的故事，这是对墨家义侠精神传统的光大。"四样侠文"尤以"醉金刚"倪二故事给人印象深刻。小说第二十四回回目即是《醉金刚轻财尚义侠　痴女儿遗帕惹相思》，内中写道：贾芸的母舅卜世仁，是香料铺主人，也是吝啬鬼。贾芸来求他赊些香料，他却冷笑道："再休提赊欠一事。"并做了一番不通情理的辩解。当贾芸翻出父亲亡故时，卜世仁去料理丧事，乘机吞没了贾家一些房地产的旧账时，他赶紧说了一句言不由衷的话，接着又反派了一大通外甥的不是，直到把贾芸气跑。贾芸在路上遇到街坊近邻"醉金刚"倪二，他虽然是一个"专放重利债，在赌博场吃闲钱，专管打降吃酒"的市井泼皮，却颇有义侠之名。他见贾芸愁眉苦脸，便追根究底。

贾芸道："老二，你且别气，听我告诉你这缘故。"说着，便把卜世仁一段事告诉了倪二。倪二听了大怒，"要不是令舅，我便骂不出好话来，真真气死我倪二。也罢，你也不用愁烦，我这里现有几两银子，你若用什么，只管拿去买办。但只一件，你我作了这些年的街坊，我在外头有名放账，你却从没有和我张过口。也不知你厌恶我是个泼皮，怕低了你的身份；也不知是你怕我难缠，利钱重？若说怕利钱重，这银子我是不要利钱的，也不用写文约；若说怕低了你的身份，我就不敢借给你了，各自走开。"一面说，一面果然从搭包里掏出一卷银子来。贾芸心下自思："素日倪二虽然是泼皮无赖，却因人而使，颇颇的有义侠之名。若今日不领他这情，怕他臊了，倒恐生事。不如借了他的，改日加倍还他也倒罢了。"想毕笑道："老二，你果然是个好汉，我何曾不想着你，和你张口。但只是我见你所相与交结的，都是些有胆量的有作为的人，似我们这等无能无为的你倒不理。我若和你张口，你岂肯借给我。今日既蒙高情，我怎敢不领，回家按例写了文约过来便是了。"倪二大笑道："好会说话的人。我却听不上这话。既说'相与交结'四个字，如何放账给他，使他的利钱！既把银子借与他，图他的利钱，便不是相与交结了。闲话也不必讲。既肯青目，这是十五两三钱有零的银子，便拿去治买东西。你要写什么文契，趁早把银子还我，让我放给那些有指望的人使去。"贾芸听了，一面接了银子，一面笑道："我便不写罢了，有何着急的。"（《红楼梦》，人民文学出版社 2008 年版，第 324—325 页）

小说寥寥数笔，一个轻财尚义的市井侠义之士的形象就被生动地刻画出来。在小说回目中和通过小说人物贾芸之口，曹雪芹称赞"醉金刚"倪二果然是个"轻财尚义侠"，是个"好汉"，而且他"相与交结的，都是些有胆量的有作为的人"。这不仅承认了倪二本人"是个好汉"，而且承认这个社会属群都是"有胆量的有作为的人"。

与对倪二的描写有内在联系的是《红楼梦》二十六回对冯紫英的描写。他在小说中第三次出场来到贾府，脸上"有些青伤"，前些时候和仇都尉的儿子挥拳打架，此次上铁网山打猎让兔鹘（猎鹰）"捎一翅膀"，又说此次打猎"大不幸之中又大幸"，又说"今儿有一件大大要紧的事"！曹雪芹于曲曲折折闪闪烁烁的笔墨中写冯紫英"一路说笑"，处世豪爽，充溢侠气。

曹雪芹笔端的感情是倾向这些侠义英雄的。深知曹雪芹"拟书底里"的脂砚斋、畸笏叟于这两回书中倪二、冯紫英的故事处有十几条批语。可以分组来探讨曹雪芹的描写苦心深意：

仗义人岂有不知礼者乎？何尝是破落户？冤杀金刚了。（庚辰本二十四回侧批，批在"要不是令舅便骂不出好话来，真真气死我倪二"句侧）

四字是评，难得难得，非豪杰不可当。（庚辰本二十四回侧批，批在"却因人而使，颇颇的有义侠之名"句侧）

一派英气如在纸上。特为金闺润色也。（甲戌本二十六回"冯紫英一路说笑已进来"句侧批）

三条批语与小说文本有共同点，同是揭示倪二是"仗义人"，有豪杰的担当；揭示冯紫英"一派英气"。又替倪二辩诬，说他是"破落户"则是"冤杀"。这是小说在为这些侠义之士正名辩诬，洗刷黑暗的社会现实扣在他们头上的污泥浊水。

夹写醉金刚一回，是剧中之大净场，聊醒看官倦眼耳。然亦书中必不可少之文，必不可少之人。今写在市井俗人身上，又加一"侠"字，则大有深意存焉。（庚辰本二十四回回前总批）

前回倪二、紫英、湘莲、玉菡四样侠文，皆各得传真写照之笔。

（甲戌本二十六回回末墨批。庚辰本此批有署款：丁亥夏畸笏叟。）

可以由"醉金刚一回"的描写推理："四样侠文"为"必不可少之文"；四个侠士，为"必不可少之人"。曹雪芹和两位批者为什么如此看重侠文侠士呢？无疑，侠士是小说作者心目中的英雄，侠文是小说结构必不可少的构件。描写加"侠"字的市井俗人，为其"传真写照"就"大有深意"。"深意"就在于为这些庶民英雄树碑立传。——谁说《红楼梦》只是为"闺阁昭传"呢？批者把"醉金刚一回"看作似"剧中之大净场"，可见其在小说整体布局中的作用。而且推崇此回的阅读效果是"醒看官倦眼"，让读者眼前一亮！

> 醉金刚一回文字，伏芸哥仗义探庵。……壬午孟夏。（靖藏本二十四回回前总批）
> 似又伏一大事样（疑为衍文）。英，侠人。累累如是，令人猜摹。（甲戌本二十六回"大不幸之中又大幸"句朱笔旁批）

这两条批语除继续肯定"侠人""仗义"外，就是揭示"醉金刚"和冯紫英这两回书的描写都预示了"伏"文。看来，曹雪芹八十回后原稿中有贾芸借倪二之力，去探望关在"狱神庙"中的宝玉的文字，至于具体情节，现已难完整勾勒。"草蛇灰线，伏脉千里"是《红楼梦》艺术手段。徐恭时在探讨《红楼梦》八十回后的故事线索概况，曾根据前面批语编写出"一○○回：《侠友聚体情谋冰释　凡鸟孤身微扫雪阶》"。他说："上回曾提到，贾芸通过倪二，找人营救，倪二虽属社会下层人物，为人有义侠风，由他找到了能产生作用的关键人物。……评语中提到的四个侠友，在前八十回中都出场有活动故事。评者称四人为'侠'，应指封建社会里扶弱抑强、肝胆照人的人物。现在'狱神庙'回里倪二出场，脂评提到，没有疑义，其他三人是否也在此回中分别出现呢？从脂评四人并举的信息看，完全有可能。贾芸闻贾宝玉被关押，必会去找玉菡及袭人相商，通过玉菡，找到神武将军冯唐之子冯紫英。由这位较有地位的人物出来设法，比较容易。"徐先生的构想也是走侠士侠文的思路。

> 余卅年来得遇金刚之样人不少，不及金刚者亦不少。惜书上不便历历注上芳讳，是余不足心事也。壬午孟夏。（庚辰本二十四

回眉批，批在倪二借钱与贾芸一段故事之上）

这条批语表明批者畸笏叟从文学作品中回到现实。畸笏叟肯定是需要求助之人，他联想到自己的生活阅历，三十年来得遇不少"金刚之样人"！批者显然赞赏、感激、铭记这些庶民英雄，并为不能把他们的名字都写入书中而遗憾。壬午孟夏为乾隆二十七年四月，前推三十年为雍正十一年。曹家被抄家后于雍正六年返回北京生活，困窘的环境使曹雪芹也需要"金刚之样人"的扶危济困。此时，我们无意去讨论文学形象与生活素材的关系，而要探寻曹雪芹为什么倾力塑造侠士形象，并将其作为贯通小说全书的故事线索？

此时，曹雪芹搬住北京西郊白家疃已三四年，他写完《南鹞北鸢考工志》和自序在乾隆二十二年清明节前三日。这些年，曹雪芹因为对墨学的亲近，畸笏叟因为批书涉及相关情节和人物，都在不约而同地思考"墨者"的遗传——侠士问题。

"墨者"问题与"墨学"问题有密切联系。战国以降，"墨学"受到各家学派和统治者的夹击，逐渐衰落了。"墨者"原来是集体行动的，也演化成单打独斗的"游侠之士"。"墨家之后为侠"（鲁迅语）。法家既反儒又反墨，韩非说："儒以文乱法，侠以武犯禁。"（《韩非子·五蠹》）儒士与墨者（侠士）都是社会蠹虫，在法家的扫除之列。

西汉的司马迁，在《史记》中作《游侠列传》，对这种"专趋人之急，甚已之私""振人不赡，先从贫贱始""既已存亡死生矣，而不矜其能，羞伐其德"的侠，十分同情，他说："侠客之义，又曷可少哉！"但是，西汉的皇帝杀了许多"游侠"。

作《汉书》的班固，与司马迁唱反调。在《汉书》的《游侠传》里他写到游侠郭解。郭解和公孙弘的斗争，是儒与侠的拼搏。郭解的终于被"族"，完全是由于公孙弘的主张。班固说："郭解之伦，以匹夫之细，窃杀生之权，其罪已不容于诛矣。"儒和侠之间的矛盾就在于：儒家是封建统治者的直接维护者，他们要维持统治阶级的法律秩序，而游侠有的行为则恰恰是破坏那个秩序，所以才为封建统治者所不容，甚至把他们称为"盗"。也有的"侠"分化为统治者的帮凶，如《七侠五义》中侠士。（上述三个自然段落参考了吴恩裕先生的意见，见《曹雪芹佚著浅探》，天津人民出版社 1979 年版，第299 页）

沉寂久远的庶民英雄在曹雪芹的笔下重新绽放异彩，英气豪情的醉金刚倪二、冯紫英、柳湘莲、蒋玉菡（柳湘莲曾经在平安州救过遇到劫匪的薛蟠；蒋玉菡"虽系优人，后回与袭人供奉玉兄宝卿，得同始终者"）大步走向人间，走向社会。他们虽然还不是社会的主角，但绝不再是社会的"丑角"。这里无疑涌动着新思想的波澜。

如果说《则归墨》是为"墨学"复兴呐喊，那么，"四样侠文"则是为"墨者"侠士重登历史舞台鸣锣开道。而畸笏叟的批语则具有思想史价值，他可说是精确地记载了曹雪芹和他本人探讨墨家精神的时间、地点和具体内容，为人们研究晚年曹雪芹的思想趋向和变化提供了珍贵的材料。

《红楼梦》体现墨家精神的艺术形象还有不少，如大观园姐妹放风筝、二丫头纺线、晴雯抱病补裘、刘姥姥种地、丫鬟购买编织品工艺品，以及关于江南云锦的多处描写，等等。限于篇幅，这里就不再一一论及。《则归墨》和"四样侠文"已经讲清了最主要的问题。

在毛泽东评曹新论的引导下，对《废艺斋集稿》的近墨思想及曹雪芹后期世界观变化作思想史的理解和考证，至此可以得出一些结论：

曹雪芹近墨思想是曹雪芹生平思想研究的新的课题，也是根本性命题。吴恩裕先生说，有新材料就有新学问，有新发现的实物就会产生新观点。因为《废艺斋集稿》的发现，而提出曹雪芹有近墨思想的新观点。这个新观点拓展空间，深化认识，开辟了曹雪芹生平研究的新天地。中国思想史上有三大思想流派——儒家、道家、佛家，《红楼梦》对其都有深入的反思。从总体上看，《红楼梦》"毁僧谤道"，嘲讽儒家，但是它主张"归墨"。"近墨"是晚年曹雪芹思想的新质和主调。用这个观点观照曹雪芹在香山时期的文学活动和社会活动，就能够提纲挈领，振一带万。从这个思想矿床挖掘下去，"考曹""研曹"已经有了新的突破，并将获得更丰硕的成果。关注和深研这个根本性命题，将推动曹学的整体进境和极大发展。

毛泽东的评曹新论又把"近墨思想"推进一步，得出后期曹雪芹世界观有很大变化的结论。联系毛泽东前此对曹雪芹世界观形成、性质、变化的评论，毛泽东大体上勾勒概括出曹雪芹世界观发展的三个阶段：前期，约从康熙五十四年到雍正六年春天，江南大城市生活影响了曹雪芹思想形成，他较多地呼吸着"资本主义萌芽"经济形态所带来新思想的温润空气，有了对封建专制制度的某些不满，但是他不了解封建社会的根本矛盾是地主阶级与农民阶级的矛盾；中期，约从雍正六年夏秋以后到乾隆十九年，他主要生活在北京西城蒜市口，家庭生活状况的跌落和个人前途的渺茫，使他的世界观充满内在矛盾：他看见了封建社会之天某些部分的塌陷，但他又想补封建社会之天，他的世界观与他的现实主义创作也发生了矛盾；后期，约从乾隆二十年到二十九年逝世，他主要生活在香山正白旗和白家疃，心入墨学和身入工艺匠人群体，墨家"欲利人，非助暴"的庶民精神和科学精神，不仅使他的灵魂有所依托而且获得新质，使他重新燃起新生活的欲望并再次看到实现人生价值的途径，这就是他撰写《废艺斋集稿》的动因和动力，所以毛泽东评论他后期的世界观有很大变化。毛泽东评论曹雪芹世界观的形成和发展注意到其阶段性、整体性和复杂性，对于我们"研曹"，尤其是研究其思想，很有启示作用。

还有一个不得不说的结论：曹雪芹的"近墨""归墨"思想都曾经真实地发生过。我们可以简单地回顾一下曹家（曹雪芹）的近墨过程：从康熙初年开始，曹家就和织工织机打交道六十年，有善待织工和认识机械作用的丰富实践经验，曹寅大约在康熙中期即读墨家著作，曹雪芹在创作十年（一般认为在乾隆九年到十九年）期间撰写了"四样侠文"和《则归墨》等故事，乾隆二十二年清明节前完成《南鹞北鸢考工志》写作，尤其是总论风筝史的残文可看成他对墨学的凝练总评，乾隆二十四年是他实践以艺助人墨家精神的重要年份，乾隆二十七年畸笏叟的批语又在探讨侠士人格和"四样侠文"在《红楼梦》整体布局的作用。从"归墨"描写到"近墨"思想，从《红楼梦》到《废艺斋集稿》，从畸笏叟批语到曹雪芹序言，似乎是一个思想的"九连环"。环环相扣，不可分离，也无法分离。特别需要指出，清代大规模整理墨家著作是在乾隆二十五年以后，这也就是说曹雪芹早于此时写出了"四样侠文"、《则归墨》和《南鹞北鸢考工志》，曹寅和曹雪芹是墨学复兴的先知先觉者。一个家族的百年思想史（从康熙二年到乾隆二十九年），一个受时代影响又影响一个时代的思潮，一个绵延不绝的思想脉络，一个新思想的先驱，靠几张断简残编无论如何是堆造不出来的，只能给予历史必然性的解释。

俄罗斯科学院远东研究所所长、俄罗斯科学院通讯院士米·季塔连科说过这样一段话：

"墨子的关于博爱，人的主动和他的劳动对确立和培养社会的健康关系的作用的人道思想，还在19世纪末就引起了伟大作家列·尼·托尔斯泰的注意。他是在俄罗斯最早高度评价了墨子的道德典范及其学说的作用的人。墨翟以其为正义和平民权利而斗争的范例及其学说在很大程度上预示了中国人民在曲折的国家历史过程中形成的最鲜明的民族特性。他的'尚同'，'尚贤'，'兼相爱，交相利'的思想奠定了对国务活动家和政治家的活动的道德评价基础。这种思想至今有其现实性并有世界意义。"（〔俄〕米·季塔连科：《〈墨学研究〉序三——墨学研究的突破》，《墨学研究》，商务印书馆2001年版。）

俄罗斯伟大作家托尔斯泰在19世纪末认识到墨学的作用，而中国的伟大作家曹雪芹早在17世纪中叶就首倡"天下之言"则归墨。我们认知何其迟也！再也不能把这个"有其现实性并有世界意义"的曹学课题轻轻放过！毛泽东借吴恩裕的发现，对曹雪芹近墨思想及后期世界观变化已有深刻独到见解，推进了这个墨学和曹学传播课题的研究，我们完全有理由将其深入下去。

张仪、苏秦都是鬼谷子的学生

——毛泽东品《鬼谷子》（纵横家）

战国时代，游说的风气很盛。久而久之，说客中的有思想、有实绩、有著作的杰出者，就成为诸子百家中的一家——纵横家。

诸子各派中的学者，为了争取国君的信任和重用，都要通过游说。儒家固然要周游列国、游说诸侯，墨家、法家、名家、阴阳家也都要游说国君，争取得到国君的有力支持。

要争取国君的信任和重用，不但要说服国君，争取权臣，而且要驳倒反对派，说客与说客之间，说客与朝臣之间，常常发生激烈争辩。

韩非著有《说难》篇，专门陈述进说国君的困难，并分析了进说成功或失败的原因。要在外事活动中，进行争取友国和孤立敌国的斗争，更需要通过游说和争论。

战国中期以后，在齐、秦两大国东西对峙的形势下，"合纵""连横"的争斗策略是很重要的。因而，使得讲究合纵、连横的纵横家产生。纵横家着重讲究游说。因为讲究游说，就有人按照当时政治运作的需要，把历史上的游说故事，以及说客游说君主的书信和游说辞汇编起来，供学习效仿使用。

西汉末年，刘向编辑《战国策》时，他从皇室的书库里发现有记录战国权变故事和游说辞的各种不同册子，有《国策》《国事》《短长》《事语》《长书》《修书》六种不同名称。有以国别分类编辑的，有按事迹分类编辑的。司马迁所谓"谋诈用而从（纵）衡（横）短长之说起"（《史记·六国年表序》），就是指这一类书。

当时，还有专门辑录一位著名纵横家言行的书。《汉书·艺文志》纵横家类，就著录有《苏子》三十一篇、《张子》十篇、《庞煖》二篇、《阙子》一篇和《国筮子》十七篇。张仪和苏秦，是战国后期纵横家的代表人物，他们的行动和游说辞常被作为榜样。《汉书·艺文志》纵横家类把《苏子》放在首位，篇数最多，不是偶然的。在今本《战国策》中，有关苏秦的资料，其数量也大大超过其他纵横家。长沙马王堆汉墓出土帛书《战国纵横家书》，也是战国末年有关游说故事的一种汇编，共二十七章，可分三组，第一组十四章应该即出于原始的一种《苏子》。

大约从司马迁始，就把鬼谷子视为纵横家之师。尽管《鬼谷子》一书到隋朝才有著录，但世俗还是把《鬼谷子》视为"纵横术"的经典之作。

毛泽东品先秦诸子，只是偶然谈到鬼谷先生，但是他谈论引证纵横家却为数不少，偶有评议，不乏思想的吉光片羽、零金碎银。

鬼谷子，姓名生卒皆不详。战国时代思想家。旧传为楚国人，生平事迹传说不一，以隐于鬼谷得名。其学论因变无常，从黄老"心术"论世御事，讲求内外损益之理，演变而为"反应"、"揣摩"、"捭阖"之术，为纵横家所宗。所著《鬼谷子》三卷，《隋书·经籍志》始见著录，列入纵横家。今本为南朝梁陶弘景注，已羼入道家学说。

鬼谷子是纵横家之师，他的最大历史贡献，是培养了两个杰出人物，就是苏秦、张仪。关于苏秦、张仪的生平事迹，《史记》卷六十九、卷七十各有本传，记得很详细。虽然有人考证说，张仪在前，苏秦在后，两人不同代，《史记》记载不合史实。尽管如此，《史记》记载的苏秦、张仪间的交往，以及他俩一个搞"合纵"，一个搞"连横"，风云一时。作为故事来讲，更深入人心，似乎不妨姑且听之。

毛泽东了解鬼谷子与张仪、苏秦之间纵横家师徒的关系与故事。1960年12月25日，即毛泽东六十七周年诞辰前夕，毛泽东在住所召集了十多个身边工作人员聚餐庆祝。席间，毛泽东兴致勃勃地向在场的亲属和身边人员讲开了鬼谷子与苏秦、张仪的故事。他在故事开头讲道：

> 从前有张仪和苏秦两个人，都是鬼谷先生的学生。鬼谷是个地方，出了一个先生，所以叫鬼谷先生。（《人没有压力是不会进步的》，《中共党史资料》第四十六集，中共党史出版社1993年版，第1—3页；《党的文献》1993年第4期）

毛泽东讲鬼谷子，讲清了两点：（一）鬼谷子姓名失传，因他在鬼谷这个地方生活与授徒，故被人称为"鬼谷先生"。（二）鬼谷先生弟子中有张仪和苏秦两人，后来成为名垂青史的纵横大家。

毛泽东这些知识，部分来自司马迁的《史记》。司马迁记载，苏秦、张仪都是师法鬼谷先生：

> 苏秦者，东周雒阳人也。东，事师于齐，而习之于鬼谷先生。（《史记·苏秦列传》）
> 张仪者，魏人也。始尝与苏秦具事鬼谷先生。学术，苏秦自以不及张仪。（《史记·张仪列传》）

《史记》记载鬼谷子也语焉不详。只能从字面上做些推测：苏秦是东周雒阳人，张仪是魏国人，两人从西方来，"东，事师于齐"，很可能鬼谷之地在山东齐国；从地名鬼谷判断，鬼者幽深静寂之处也，谷者深山峡谷之地也，师徒在此等地方教学，先生鬼谷很可能是隐逸之士；两人同时"具事"鬼谷先生，张仪的学习成绩要比苏秦好些。

鬼谷先生教些什么课程，苏秦张仪学到了什么妙术？《史记》只有极简单的两个字："学术。"这个"术"，只能理解为"纵横术"。如纵横家讲究"揣摩"，《史记·苏秦列传》说苏秦"得《周书阴符》，伏而读之。期年，以出揣摩"。《史记集解》说："《鬼谷子》有《揣摩》篇。"《史记索隐》引王劭说："《揣情》《摩意》，是《鬼谷子》之二章名，非为一篇也。"《鬼谷子》一书出于后人假托，但是揣情摩意确是纵横家十分注意的。

其实，所谓揣情摩意，就是猜测摸清游说对象的心理状态，对号入座有针对性地给予说服，令人主相信自己的治国治政方略。苏秦、张仪以前的商鞅说服秦孝公变法，子贡说服齐、吴、越、晋四国君主权臣按自己的主张办事，都是摸清猜准了君臣的心思而后游说成功的。

苏张纵横，其舌未敝

——议论风生谈苏秦张仪

战国之际，围绕着"合纵""连横"，出现了许多以"游说"为职业的策士。其中，最著名的是苏秦和张仪。

早年毛泽东就注意到纵横家苏秦、张仪。1915 年 7 月，正在湖南一师读书的毛泽东给友人写信说：

> 苏张纵横，其舌未敝也；离朱巧察，其目不眜也。(《致友人信》,《毛泽东早期文稿》, 湖南出版社 1995 年版，第 13 页)

青年时代的毛泽东与学友谈志趣情操，就以纵横各国叱咤风云的苏秦、张仪为楷模。

说到苏秦、张仪这两个人的名字，人们是很熟悉的，因为他二人是战国后期纵横家的代表人物。所谓"合纵""连横"，就跟这两人大有关系。因为战国是"七雄"，这七个国家所处的地理位置有个特点：以函谷关（在今河南灵宝东北）为界，西部关中有强秦，东部是其他六个国家，从北向南，燕、赵、韩、魏、齐、楚。六国地连南北，南北为纵，六国联合就叫"合纵"；秦在西，向东扩张，拉拢六国中的亲秦派，对付反秦派，各个击破，东西为横，就叫"连横"。

因此，在这种形势下，两个阵营里就会出现智囊人物，出谋划策，并四处游说。苏秦站在东方六国一面，主张搞统一战线，以对付共同的敌人强秦；张仪忠心效力于强秦，千方百计打乱六国联合阵线，拉拢离间，暗中交易，私下挑拨，以求逐一吞并六国，扩大秦国的势力范围。

本篇前一节提到，毛泽东讲述过鬼谷子与张仪、苏秦师徒的故事。1960年12月25日，即毛泽东六十七周岁诞辰前夕，毛泽东在住所召集了十多个身边工作人员聚餐庆祝。席间，毛泽东兴致勃勃地讲开了鬼谷子与苏秦、张仪的故事。

当时，在毛泽东身边工作的人员正在开民主生活会，批评与自我批评中，大概出现了些问题，毛泽东想借这个机会开导一下他们。所以，他在讲故事前，还有一段开场白：

> 像今天我们在一起吃饭一样，大家团结得很好，这就好。你们整风，检查一下，批评一下，大家还是团结在一块。这就叫作从团结的愿望出发，经过批评或者斗争，使问题得到解决，在新的基础上达到新的团结。批评就是帮助，对人是有好处的。

接着，他讲述了苏秦用计逼迫张仪成为纵横家的故事：

> 从前有张仪和苏秦两个人，都是鬼谷先生的学生。鬼谷是个地方，出了一个先生，所以叫鬼谷先生。
>
> 后来苏秦在赵国当了宰相，地方就在邯郸。邯郸这个地方，你们到过没有？
>
> 张仪在楚国做个小官。楚相丢了一块宝玉，怀疑是张仪偷的，把他狠狠打了一顿，满嘴的牙都被打掉了。那个时候，大概还不会安假牙吧！张仪回到家里，叫老婆看看他嘴里的舌子还在不在。他老婆说，舌子还在。他说，那就不要紧了。他跑到邯郸找苏秦，一去就住进"招待所"，大概是现在北京饭店之类的住所，好几天没有见到苏秦的面。
>
> 后来，苏秦请他吃饭。张仪到了苏秦的衙门，看到摆了酒席，排场大得很，苏秦坐在当中高处，请了各国使节，也有契尔沃年科。席面当然比我们今天吃的丰盛得多。但是却把张仪安排坐在下面角上，盛了点仆人吃的饭食给他吃。这下子张仪的气可就大了，无非是破口大骂苏秦你这个王八蛋，等等。回到"北京饭店"，满肚子的气。"北京饭店"的"经理"看他这个样子，就问他：张先生脸色不痛快，有什么生气的事吧？他说，当然有气。就把当

年和苏秦是同学，今天苏秦如此这般对待他说了一番，并且骂苏秦此人简直是无情无义，是王八蛋。这位"经理"说：这样看来，你在赵国待不住了。张仪说：当然待不下去了，马上走。"经理"问他：你到哪里去呢？他说：这倒还没有想好，不管他，走了再说。"经理"说：看来只有到秦国去。张仪一想也对，就此动身。

"经理"陪他走到秦国，一路花费大概相当现在的三四十万人民币吧。到了秦国，他们为了见秦王，就走走门路，行些贿赂和送些衣服，一共又花了四五十万人民币。以后，张仪当上了秦国的宰相，"北京饭店"的"经理"就向他告辞回国，并问他今后怎么打算。张仪一提起苏秦还是咬牙切齿，并说过了两年要出兵攻打赵国。"经理"见他这样说，就告诉他，赵国宰相苏秦是个好人，当时苏秦所以要气他，是故意的，怕他在赵国安居下来，不想上进，做不了大事。苏秦知道张仪是个人才，能做大事，如果在赵国依靠苏秦，他也只能当个"科长"什么的就算到顶了。策划张仪到秦国来，和给他一切花销，都是苏秦主使的。

张仪一听，这才恍然大悟。"经理"又说：苏秦只希望你当了秦国宰相，十五年内不要出兵攻打赵国。张仪听后表示，只要苏秦活着，我就决不出兵打赵国。

讲完故事，毛泽东又回到"开展批评与自我批评"的主题上来，他总结说：

> 这是一个故事。你们看，苏秦对张仪是好意还是恶意？我们之间，进行批评帮助都是好意。就是明明知道某些批评是恶意也要听下去，不要紧嘛！人就是要压的，像榨油一样，你不压，是出不了油的。人没有压力是不会进步的。(《人没有压力是不会进步的》,《中共党史资料》第四十六集，中共党史出版社1993年版，第1—3页;《党的文献》1993年第4期)

毛泽东讲故事，通俗易懂，生动活泼，讲古却用了一些现代术语。例如用"招待所""北京饭店""经理""科长""人民币"这样的现代名词，代替古代称谓；用"契尔沃年科"(时为苏联驻华大使)指代古代别国使臣。十分有情趣，使人易懂好记。毛泽东讲的这个故事，正是《史记·张仪列传》所载内容。

毛泽东为什么选了这么一则故事给在场的人讲呢？他在"开场白"中讲得很清楚，话题是"整风"引出来的。毛泽东从苏秦张仪故事引申出"人没有压力是不会进步的"这样一个更深刻的哲理，既针对在场的人而言，又跟当年国际国内的严峻形势有关。时值三年困难时期，我国在国际舞台上孤立无援，国内遇到了严重的饥荒，党内也有不同的意见。毫无疑问，毛泽东当时不可能不直面这一现实，思考如何摆脱困境，使党与国家克服眼前的困难这一重大的问题。他在生日宴会上，借古喻今，流露出不怕压力、将压力变成动力的自信和精神。他从来不认为具体的困难有什么了不起，关键在于统一思想。如果大家都这样看问题，那么困难也就能够战胜了。

大庆石油工人说得好："井无压力不出油，人无压力轻飘飘。"毛泽东阅读纵横家《张仪传》，受到了启发，增强了信心。"没有压力是不会进步的！"一个人是这样，一个民族是这样，一个国家也是这样。

司马迁提到撰写苏秦、张仪列传的动机时说：

> 天下患衡（横）秦毋餍，而苏子能存诸侯，约从（纵）以抑贪强。作苏秦列传第九。
>
> 六国既从（纵）亲，而张仪能明其说，复散解诸侯。作张仪列传第十。（《史记·太史公自序》）

张仪和苏秦到处游说，艰难宣传自己主张，表现出的几度挫折而坚韧不拔精神，身处困境仍然奋斗不止精神，百折不挠成就宏伟大业精神，是值得后人效法的。这也正是毛泽东点评这两个历史人物给予我们的深刻启示。

子贡之辩不得谓之佞

——品儒家纵横高手子贡

　　孔子的得意门生子贡，春秋末期卫国（今河南濮阳一带）人，姓端木，名赐，字子贡。他一度经商于曹国、鲁国之间，富至千金。在孔子的学生中"最为富益"。他常在鲁、卫做官，参与政治活动。聘问各国诸侯时，所到之处"国君无不分庭与之抗礼"。

　　史料多处记载子贡巧于辞令，能言善辩，有外交才能：

　　　　言语：宰我、子贡（《论语·先进》）

　　　　子贡利口巧辞。（《史记·仲尼弟子列传》）

　　　　子贡问曰："何如斯可谓之士矣？"子曰："行己有耻，使于四方，不辱君命，可谓士矣。"（《论语·子路》）

　　　　子贡曰："赐也愿齐楚合战于荠洋之野，两垒相当，旌旗相望，尘埃相接，接战构兵，赐愿著镐衣白冠，陈说白刃之间，解两国之患，独赐能耳，使夫二子者为我从焉。"孔子曰："辩哉士乎！倦倦者乎！"（《说苑·指武》）

　　史料多处记载子贡参与外交活动或出使各国：

　　　　十五年春，邾隐公来朝，子贡观焉。（《左传·定公十五年》）

　　　　晏子使鲁，孔子命门弟子往观，子贡反，报曰……（《晏子春秋·内篇杂》）

赵简子将袭卫，使史默往睹之，期以一月，六月而后反。赵简子曰："何其久也？"史默曰："谋利而得害，犹不察也。今遽伯玉为相，史鳅佐焉；孔子为客，子贡使令于君前，甚听。……其佐多贤。"（《吕氏春秋·召类》）

昭王将以书社地七百里封孔子。禁令尹子西曰："王之使使诸侯而如子贡者乎？"王曰："无有。"（《史记·孔子世家》）

子服景伯使齐，子贡为介，齐归我侵地。（《史记·十二诸侯年表》）

其明年，吴与鲁会缯，征百牢。太宰嚭召季康子，康子使子贡往，然后得已。（《史记·孔子世家》）

孔子闻卫乱……是时子贡为鲁使于齐。（《史记·仲尼弟子列传》）

子贡既学于仲尼，退而仕于卫……子贡结驷连骑，束帛之币以聘享诸侯，所至，国君无不分庭与之抗礼。（《史记·货殖列传》）

史料记载表明：子贡有外交之才，而且有多次外事活动，与邾国、齐国、楚国、晋国、吴国、卫国都打过交道，并多次取得外交胜利。刘勰评论说："端木出而存鲁，亦其美也……一人之辨，重于九鼎之宝，三寸之舌，强于百万之师。"（《文心雕龙·论说》）

春秋末期鲁哀公时，子贡曾经还有一次非常出色的外交活动：齐将伐鲁时，他从鲁国出发，十年之间，连续出访，游说齐、吴、晋、越四国诸侯，最后使吴国出兵伐齐，齐败而鲁得救，搅到各国政局纷纷变化。所谓"子贡一出，五国有变"，他也因此被视为"纵横家"。

青年毛泽东读子贡的传记材料，对此事记忆颇深。1915 年 7 月，他在湖南一师读书时给一位朋友写信，信中说：

孟轲好辩，不得谓之佞；子贡存鲁、乱齐、破吴、强晋而霸越，不得谓之佞也。（《毛泽东早期文稿》，湖南出版社 1995 年版，第 13 页）

佞，能说会道，引申为巧言谄媚。毛泽东在替孟子和子贡辩护：意思是这两个人都善于言谈争辩，但是不能说他们是花言巧语、巧言令色。

"孟轲好辩"见《孟子·滕文公下》："公都子曰：'外人皆称夫子好辩，

敢问何也？'孟子曰：'予岂好辩哉？予不得已也。'"

"子贡存鲁、乱齐、破吴、强晋而霸越"的史事见之于《史记·仲尼弟子列传·子贡》。子贡曾经在鲁国出仕当外交官。这件史事可看出子贡的纵横家风采。

据《史记·仲尼弟子列传》载：

春秋诸侯争霸时期，齐国的权臣田常想在国内篡权作乱，却害怕高氏、国氏等世家大族的势力，为了提高自己的声威，转移视线，便调集军队进攻鲁国。鲁国是孔子的故乡，为了保家卫国，他就决定派其子弟去齐国说服田常退兵。

孔子对弟子们说："鲁国，是祖宗坟墓的所在地，现在面临如此危难，你们为什么不挺身而出呢？"

子路、子张、子石都请求出使援救鲁国，孔子却没答应，而他答应了子贡的请求，很明显是因为相信子贡的外交才能。

子贡到了齐国，就向田常游说道："你要讨伐鲁国，这实在是个大错误！鲁国的城墙又薄又低，其土地狭小而不丰腴，其国君愚蠢而不仁义，其大臣虚伪而无能力，其兵民弱小而厌恶战争。所以鲁国是难以攻取的，你不如去讨伐吴国。吴国的城墙又高又厚，其土地宽广而肥沃，其器甲坚固而新颖，其兵民饱食而精壮，其守将骁勇而贤明。所以，吴国是很容易被攻克的。"

田常一听，满面怒容地质问子贡说："你认为的困难恰恰是人们公认的容易，你认为的容易恰恰是人们公认的困难。你用这种颠倒是非的说辞来教训我，是何居心？"子贡不慌不忙地解释说："我听说内忧则攻强，外忧则攻弱？现在你想攻取鲁国而扩张齐国的势力，这当然是容易得逞的。但是，战胜则骄主，破国则尊臣。若齐国每战必胜，必然会导致齐国国君的骄横傲慢；若齐将不断地攻城略地，必然导致这些将帅的妄自尊大。因而即使攻取了鲁国，也根本显示不出你的功劳。你这样做，只会上使国君起骄横之心，下使群臣生放肆之意。在这种情况下，你不但难以成就你的大事，恐怕还会因为与国君有嫌隙、与群臣有利害之争，你想在齐国立足都困难了。所以，你不如去讨伐吴国。若攻打吴国不能取胜，兵民和将官大多死在了国外，国内必然空虚。这样，上边就没有强臣与你作对，下边也不会有吏民指责你，你就可以乘机随心所欲地孤立国君而控制齐国了。"

田常听后，立即转变了态度，说："你讲得很有道理。但是，我已经发兵去攻打鲁国了，若要突然从鲁国撤兵转而去攻打吴国，群臣必然会对我产生怀疑，怎么办呢？"子贡献策说："你可以先按兵不动，等我去吴国劝说吴王出兵救鲁伐齐之后，你再借机下令从鲁国撤兵转而去迎战吴国。"田常同意子贡的计策。

子贡赶到吴国，面见吴王夫差而游说道："如今拥有万乘之众的齐国，正要夺取有千乘车马的鲁国，而与吴国争强，我很为大王担忧啊！如果大王出兵救援鲁国而讨伐齐国，就会立即显名于天下。况且大王讨伐齐国，不但可以削弱齐国的势力，而且还可以震慑中原各国诸侯，甚至可以使强大的晋国向吴国屈服。因此，这名义上是保全了危在旦夕的鲁国，而实际上则是困住了强大的齐国。这种有利可图的事情，稍有智慧的人都能看出，大王还能怀疑而不出兵吗？"

吴王听后，心有所动，说："好啊！但是，我曾与越国结怨，现在越国正在处心积虑，准备对我进行报复。还是等我讨灭越国之后，再依你所说去讨伐齐国吧。"

子贡又说："大王如不及时救援鲁国而去讨伐越国，我担心齐国会乘机吞并鲁国，那时再想讨伐齐国恐怕就困难了。况且，大王与越国早有和约，已享有存危亡、继绝世的美名，如今却又要去讨伐弱小的越国而不敢讨伐强大的齐国，这算不上勇敢啊！勇敢的人是不会逃避艰难的，讲仁义的人是不会单方面毁约的，有智慧的人是不会坐失良机的。因此，大王应当保存越国以显示您的仁义，及时出兵救鲁伐齐，并进而向晋国施威，那么，各国诸侯必然会竞相归顺吴国，您的霸业便可以成就了。如果大王实在痛恨越国的话，我可以去越国劝说越王派兵跟随大王一起讨伐齐国，这样越国的兵力也就削弱了，大王也就不用再担心了。"

吴王听了这番话十分高兴，就让子贡立即去越国。

子贡来到越国，会见越王勾践，说："我在吴国劝说吴王出兵救鲁伐齐，吴王虽然已有出兵之意，但又担心越王您乘机出兵向吴国报复，所以他想先讨伐越国。而现在越国的力量尚弱，还不足以与吴国相抗，我很为大王担忧啊！因此，为了消除吴王的怀疑和担心，大王就必须派兵跟随吴王一起去攻打齐国，这样吴王也就不会再为难越国了。况且，如果吴王攻打齐国失败，折损的主要是吴国军队，这自然有利于越国；如果吴王侥幸胜了，必然会接着向晋国用兵施威，那时我再去面见晋国国君，让晋国会同其他诸侯一起攻打驻齐的吴国精锐，越国就可乘机出兵攻打吴国本土，如此必胜无疑。"

越王听后赞叹不已，欣然接受了子贡的建议。

子贡回到吴国，向吴王报告说："我已将大王的意思传达给了越王，越王十分恐惧，他说越国永远铭记着吴王的恩德，根本没有图谋报复之心，并已经答应派兵随同大王一起讨伐齐国。大王可以放心地出兵讨伐齐国了。"

五天之后，越王勾践又派遣大夫带着厚礼出使吴国，并向吴王郑重表示："听说大王将兴大义，诛强暴，救弱者，出兵讨伐残暴的齐国。我们请求将越国国内的三千士卒全部调出，越王勾践还请求亲自披坚执锐作为先锋，跟随大王一起讨伐齐国。"

吴王大喜，询问子贡说："越王想亲自跟随我去讨伐齐国，可以答应他吗？"子贡说："不行啊！大王如果把越国的军队全部调出而使其国内空虚，还让越王亲自跟随出征，这是不义之举。大王只可以接受他的礼物，并答应他派遣部分军队跟随出征，但不要让越王也随同作战。"吴王欣然应允，谢绝了越王的请求。随后，吴国终于调集九郡兵力去讨伐齐国了。

子贡离开吴国后，又迅速赶到晋国，面见晋国国君说："我听说不预先考虑事情的后果，就无法应付突发事变；不预先分析敌我双方的军事形势，就不可能战胜敌人。如今吴国与齐国就要打仗了。如果齐国打败吴国，越国必然乘机伐吴，天下必将大乱；如果吴国打败齐国，吴国必然要进一步兵临晋国，晋国就危矣！"

晋国国君一听大惊，赶紧问子贡："对此，晋国应该怎么办呢？"子贡说："晋国必须立即修造武器，养精蓄锐，时刻做好与吴国打仗的准备。"晋国国君接受了子贡的建议，下令备战。

子贡完成了上述一系列的外交活动之后，就离开晋国，回到鲁国向孔子复命。随后，齐国果然从鲁国撤兵，而与吴国军队在艾陵展开大战，结果吴王大败齐军，俘斩无数。接着，吴王又挥师乘胜进攻晋国，与晋军在黄池相遇，结果，晋军勇猛，加之事先早有准备，终于大败吴军。越王听到这个消息后，立刻出兵乘机袭击吴国本土。吴王赶紧率残部回救，结果在五湖三败于越国军队，最后吴国都城失守，吴王夫差被擒杀。三年之后，越国终于在东方称霸。

由此可见，正是由于子贡游说列国的一系列外交活动，最终保全了鲁国，搞乱了齐国，使吴国灭亡，使晋国强盛，使越国称霸，从而一举改变了五个国家的命运。

司马迁在《史记·仲尼弟子列传》中概括子贡此次外交的历史作用说：

故子贡一出，存鲁、乱齐、破吴、强晋而霸越。子贡一使，使势相破，十年之中，五国各有变。

司马迁的概括显然是大史学家的史识和独特眼光。子贡的外事活动改变了各诸侯国的政治走向，也重新组合了东方和中原各诸侯国之间的政治格局，影响了春秋末期的历史进程。

《孔子家语·屈节解》记载了孔夫子对此事的评论：

> 孔子曰："夫其乱齐存鲁，吾之始愿，若能强晋以弊吴，使吴亡而越霸者，赐之说之也。美言伤信，慎言哉！"

孔子的意思是说："搞乱齐国而保住鲁国，这是我最初的愿望。至于使晋国强大以削弱吴国，使吴国灭亡而越国称霸，这是端木赐游说的结果。好听的言辞有损诚信，对于说话要特别谨慎啊！"

孔子对子贡的出使四国外交活动，有肯定有批评。他的"慎言"主张，他指责"美言伤信"，不仅是老师对学生的臧否指导，也可视为儒家对早期纵横家的批评。

"子贡一使，五国有变"的故事传播久远。明代冯梦龙在《智囊》一书中叙述完上述子贡的故事后，随即发表评论说：子贡的所作所为"直是纵横之祖，全不似圣贤门风"。

毛泽东读《智囊》中这段故事，看了冯梦龙的评论，提笔写下批语：

> 什么圣贤门风，儒术伪耳。孟轲、韩非、叔孙通辈，都是纵横家。（《毛泽东读文史古籍批语》，中央文献出版社 1993 年版，第 65 页）

毛泽东的批语，是对冯梦龙评论的批评。两人阐述思想所依据的史实都是"子贡一出，五国有变"。冯梦龙的看法是子贡是纵横家的鼻祖，行事没有一点儒家的"圣贤门风"。毛泽东一生虽然对儒学多有借鉴，也时有好评，但也时不时地指责批评，不承认孔子是"圣人"，也不承认子贡等孔子高足是"贤人"，情绪化时甚至痛斥"儒术伪耳"。在这里，毛泽东不是批评子贡，而是批评冯梦龙观点的迂腐。

早年，毛泽东就说孟子和子贡的善辩游说"不可谓之佞"，这里他又断言"孟轲、韩非、叔孙通辈，都是纵横家"。这是就子贡乃"纵横之祖"基础上说的，当然包括子贡；批语中一个"辈"字还包括众多的像张仪、苏秦、淳于髡等纵横家。其实，纵横家队伍里很杂，先秦诸子不少都有纵横家的特征。孔子周游列国人所共知，孟子曾游说于齐、邹、滕诸国，荀子游说齐、秦两国，墨子步行千里止楚攻宋，韩非游说韩王和秦王，叔孙通是晚期纵横家，他先是秦二世胡亥的博士，后依项羽叔父项梁为属下，再后来归附刘邦。纵横家学派的著作也很杂，韩非子的《说难》就可看作纵横学专著，《孟子》的不少篇章就是游说辞实录。《史记·仲尼弟子列传》中"子贡一出，五国有变"有记载，可看作一位早期纵横家——纵横之祖的传记。

请你们读一读《鲁仲连传》

——品"义不帝秦"的纵横家鲁仲连

司马迁在《史记·太史公自序》中说到了为鲁仲连作传的动机和原因：

> 能设诡说解患于围城，轻爵禄，乐肆志。作鲁仲连邹阳列传
> 第二十三。

司马迁是把鲁仲连作为纵横家来记载的。

鲁仲连，战国时齐国人。善于辞令，巧于谋划，常周游列国，排忧解难，去除纠纷。"能设诡说解患于围城"，是指鲁仲连解赵国都城邯郸之围的史事。公元前 258 年，秦军围困赵国都城邯郸，赵国派人向魏国求救，魏王畏惧秦国，遣使游士劝说赵王，欲尊秦王为帝，以解急难，以求罢兵。鲁仲连游说赵、魏两国，面析辨者，反复诘难，以利害进说赵国平原君，坚持义不帝秦，稳定了士气民心。秦军无奈，随之"却军五十里"。这就是鲁仲连"义不帝秦"的典故。

鲁仲连因为卓有成效的游说活动成为名垂青史的纵横家。

希望你当"鲁仲连"

毛泽东曾希望交往使者当"鲁仲连"。

1956 年 10 月 3 日，毛泽东在北京中南海会见新加坡《南洋商报》特派员曹聚仁。据曹聚仁妻子邓珂云笔记：1956 年，曹聚仁初回北京，毛泽东首次接见他，对他说：

希望你当"鲁仲连"。（盛巽昌等：《毛泽东这样学习历史，这样评点历史》，人民出版社 2005 年版，第 163 页）

会见时，参与者有人不熟悉鲁仲连的故事，毛泽东就讲了《史记》中对鲁仲连的记载。

这样，曹聚仁当起了现代的"鲁仲连"。毛泽东称他为"今之鲁仲连"。

曹聚仁，字挺岫，笔名陈思、丁舟等。他是中国现代著名作家和记者。生于 1900 年，浙江兰溪人。早年曾在暨南大学、复旦大学等校任教。

1932 年主编《涛声》，后又任《太白》半月刊编委，《前线日报》编辑。又创办《循环日报》《循环午报》《循环晚报》。数年后，三报合并为《正午报》，他出任主编。

曹聚仁写作勤奋，著作甚多。有《国学概论》《国故零简》《老子集注》《鲁迅年谱》《鲁迅评传》《鲁迅手册》《蒋百里评传》《小说新语》《中国文学概要》《文坛五十年》等约有五六十种。

1956 年 6 月，周恩来总理向台湾发出呼吁："希望台湾有关当局在认为适当的时刻，派代表赴北京或其他适当的场所，相互进行直接交涉。"

此后，周恩来又明确表示："如果蒋中正愿意回归祖国，绝不会低于国务院总理的地位。"

对于周恩来所发的信号，立刻引起了台湾各界的注意，并做出了积极的反应。曹聚仁此时虽在香港任《南洋商报》驻港特约记者，但由于他过去曾给蒋经国当过秘书。因此，蒋氏父子经过研究，决定派一位姓王的人与曹聚仁一起到北京去一次。

1956 年 7 月 1 日，曹聚仁从香港来到深圳，随后奔赴北京。

由于曹聚仁此次来京，绝不仅是一个作家或记者的身份，而是身负特殊使命。因此，中共方面对他的到来十分重视。7 月 16 日，周恩来特意在颐和园办了夜宴，邀请曹聚仁参加。

在夜宴上，周恩来对他说："台湾是内政问题，爱国一家，双方完全可以合作。……我们对台湾绝不是招降，而是彼此商谈，只要政权统一，其他都可以坐下来共同商量安排的。"

"对，对。"曹聚仁听着周总理坦诚的谈吐，不住地点头。他早就知道他是位驰名世界的外交家。他不得不佩服。

随后，曹聚仁在大陆各地周游。

10 月 3 日，即这年国庆节后的第三天，毛泽东在中南海怀仁堂亲自接见了曹聚仁。曹聚仁在与他的握手中，深深知道眼前这位大人物的威力。

毛泽东对曹聚仁很客气，与他进行了长时间的交谈。对一个像曹聚仁这般年龄的中国作家，在 50 年代中期毛泽东与之进行这样的长谈，可以说是极为罕见的。

曹聚仁很认真地细听毛泽东的谈话，并尽量记住一些重要内容，如蒋介石与大陆统一的各项具体条件等。

从毛泽东与他的谈话中，曹聚仁已经感觉到，毛泽东已从蔑视蒋介石的角度，转而走向了容忍的路，准备与自己的政敌握手。

最后，毛泽东站起来，再次与曹聚仁亲切握手，并说："你可以再在大陆各处看看。"

"是的，是的。"曹聚仁连连点头，极表尊敬。

就是在这次会见时，毛泽东对曹聚仁说："希望你当'鲁仲连'！"

与毛泽东分手以后，曹聚仁又到南方几个地方去走了一下。又专门到了浙江奉化，在蒋介石的私宅和蒋母墓园拍了几卷照片，然后才回到香港。

曹聚仁到了香港，立刻把他这次大陆之行，与周恩来、毛泽东交谈的情景和内容，以及蒋氏故乡溪口的情况写成一份报告，通过那位姓王的人转交给了蒋经国。

蒋经国和台湾当局看了曹聚仁的报告，似乎还比较满意，托人转告曹聚仁，叫他以后有机会，可以多到大陆去巡游，以便增加彼此之间的了解。

后来，曹聚仁果然又来到大陆进行游览，并写成了《万里行》一书。

可惜的是，1957 年的"反右斗争"，使台湾与大陆的联系一度中断。

直到 1965 年，台湾当局叫曹聚仁到台湾去一下。曹聚仁得命后，便秘密来到台北。台湾当局的首脑召见了他。于是，曹聚仁又为台湾与大陆的统一问题从中斡旋。

国、共双方经过几次商谈，终于达成协议，同意以下六项条件：

（一）蒋介石偕同旧部回到大陆，可以定居在浙江以外的任何一省区，仍任国民党总裁。北京建议拨出江西庐山地区为蒋介石居住与办公的汤沐邑。

（二）蒋经国任台湾省长，台湾除交出外交与军事外，北京只坚持农业方面必须耕者有其田，其他政务，完全由台湾省政府全权处理，以二十年为期；期满再行商洽。

（三）台湾不得接受美国任何军事与经济援助；财政上有困难，由北京照美国支援数额照拨补助。

（四）台湾海、空军并入北京控制。陆军缩编为四个师，其中一个师驻在厦门、金门地区，三个师驻在台湾。

（五）厦门与金门合并为一个自由市，作为北京与台北间的缓冲与联络地区。该市市长由驻军师长兼任。此一师长由台北征求北京同意后任命，其资格应为陆军中将，政治上为北京所接受的。

（六）台湾现任文武百官，官阶、待遇照旧不变。人民生活保证只可提高，不会降低。

可是，这六项条件的协议达成不久，1966 年开始的"文革"，又使台湾与大陆的联系中断，此事又未成功。

作为海峡两岸的斡旋者，曹聚仁当然希望台湾能与大陆取得统一。可惜直到 1972 年 7 月他在澳门病逝，仍未看到国共两党再度合作。

盖棺论定，曹聚仁虽然没有最终看到国共两党的第三次合作，但是在他的斡旋参与下，毕竟使国共两党达成六项协议，为以后的两党合作、祖国统一摸索了经验，奠定了基础，寻求了路径。其功不可埋没，此人完全可以称之为"今之鲁仲连"！

请你们读一读《鲁仲连传》

毛泽东常常在处理国共关系的事情上想到鲁仲连。

1958 年上半年，台海局势处于紧张状态。解放台湾统一祖国本是中国内政，但是美国乘机插手台湾问题，想把势力挤进台湾。毛泽东面对复杂而微妙的多角关系，决定炮击金门，表面上打蒋军，实际上是给美帝国主义者一点颜色看。

1958 年 7 月，毛泽东直接拍板命令叶飞指挥前线炮击。

8 月 23 日，炮击金门的战斗打响了。我前线部队五百多门大炮同时开火，火力密集猛烈，霎时，整个金门岛都笼罩在硝烟烈焰之中。蒋军官兵猝不及防，死伤惨重。

8 月底，叶飞又遵照毛泽东的指示打打停停，停停打打，大规模的炮击一直持续到 9 月中旬。

这次炮击金门，吸引了全世界的注意力，调动了美国的军事力量，支援了中东人民的反侵略斗争，同时，也粉碎了美帝国主义企图侵占台湾的阴谋。毛泽东非常满意。

10 月份，毛泽东起草了《告台湾同胞书》《致福建前线解放军官兵书》《再告台湾同胞书》等三份文告，以国防部长彭德怀的名义发至福建前线。三份文告从不同角度充分阐述了我炮击金门的指导思想、战略意义，引起强烈的国际反响。

此后不久的一次最高国务会议上，毛泽东说："……8 月 23 日这二天，我们打了一万九千发（炮弹），他们讲打了四五万发，那是夸大其词，没那么多，时间只十几分钟，没有什么'很久很久'。……这一仗打下去之后，现在台湾海峡风平浪静，通行无阻，所有的船只不干涉了。"

后来，毛泽东又几次在中央会议上提到炮击金门，并曾一言中的地说："炮击金门就是要帮助蒋介石守好金门。"

意思是防止美国变半占领为全面占领，继续插手台湾；解决台湾问题是中国的内政，大陆方面大炮一响，美国为蒋军"护航"的军舰躲得远远的，不敢干涉太深，蒋军还是独立"守好金门"。毛泽东的战略真乃奥妙无穷，神乎其神！

1958 年 10 月 13 日，毛泽东起草了准备以国防部长彭德怀名义发表的《再告台湾同胞书》稿，后来改变主意没有公开发表，只发表了中华人民共和国国防部部长给福建前线人民解放军的命令。

在《再告台湾同胞书》稿的最后，毛泽东写道：

> 请你们读一读《鲁仲连传》好吧。美国就像那个齐湣王。说到齐湣王，风烛残年，摇摇欲倒，他对鲁卫小国还要那样横行霸道。六朝人有言：韩亡子房奋，秦帝鲁连耻。本自江海人，忠义感君子。现在是向帝国主义造反的时候了。(《建国以来毛泽东文稿》第七册，中央文献出版社 1992 年版，第 460 页)

齐湣王，战国时齐国国君，曾与秦昭王并称东帝、西帝。自恃国力强大，凌暴周围小国。后各国联合攻齐，公元前 284 年，燕将乐毅攻破齐国都城临淄，齐湣王出走至莒，不久被楚将淖齿杀死。在这里，毛泽东以其象征美帝国主义者；以"他对鲁卫小国还要那样横行霸道"，象征帝国主义者对小国弱国的霸权政策，肆意侵夺，包括图谋由半占领台湾到全部占领台湾的侵占欲望。

毛泽东在《再告台湾同胞书》稿中还引用了"六朝人"的一首诗。这位"六朝人"就是南北朝时期刘宋的诗人谢灵运，他的"有言"就是引用的《临川被收》这首五言诗。

毛泽东请台湾同胞读《鲁仲连传》，引用谢灵运《临川被收》诗，其重点都在于"秦帝鲁连耻"。我们再细读一下鲁仲连"义不帝秦"的故事：

赵孝成王时，而秦王使白起破赵长平之军前后四十余万，秦兵遂东围邯郸。赵王恐，诸侯之救兵莫敢击秦军。魏安釐王使将军晋鄙救赵，畏秦，止于荡阴不进。魏王使客将军新垣衍间入邯郸，因平原君谓赵王曰："秦所为急围赵者，前与齐湣王争强为帝，已而复归帝；今齐已益弱，方今唯秦雄天下，此非必贪邯郸，其意欲复求为帝。赵诚发使尊秦昭王为帝，秦必喜，罢兵去。"平原君犹预（豫）未有所决。

此时鲁仲连适游赵，会秦围赵，闻魏将欲令赵尊秦为帝，乃见平原君……鲁仲连曰："……梁（魏，下同——引者注）客新垣衍安在？吾请为君责而归之。"……鲁连见新垣衍……曰："……彼秦者，弃礼义而上首功之国也，权使其士，虏使其民。彼即肆然而为帝，过而为政于天下，则连有蹈东海而死耳，吾不忍为之民也。所为见将军者，欲以助赵也。"

新垣衍曰："先生助之将奈何？"鲁连曰："吾将使梁及燕助之，齐、楚则固助之矣。"新垣衍曰："燕则吾请以从矣；若乃梁者，则吾乃梁人也，先生恶能使梁助之？"鲁连曰："梁未睹秦称帝之害故耳。使梁睹秦称帝之害，则必助赵矣。"……

鲁仲连曰："……今秦万乘之国也，梁亦万乘之国也。俱据万乘之国，各有称王之名，睹其一战而胜，欲从而帝之，是使三晋之大臣不如邹、鲁之仆妾也。且秦无已而帝，则且变易诸侯之大臣。彼将夺所不肖而与其所贤，夺其所憎而与其所爱。彼又将使其子女谗妾为诸侯妃姬，处梁之宫。梁王安得晏然而已乎？而将军又何以得故宠乎？"

于是新垣衍起，再拜谢曰："始以先生为庸人，吾乃今日知先生为天下之士也。吾请出，不敢复言帝秦。"秦将闻之，为却军五十里。适会魏公子无忌夺晋鄙军以救赵，击秦军，秦军遂引而去。

秦军包围赵国都城邯郸，魏国派客卿将军新垣衍使赵，劝说赵相平原君赵胜共同"尊秦为帝"。鲁仲连游说新垣衍，力陈秦国为蛮夷之邦，"权使其士，虏使其民"，宁可蹈海而死也"不忍为之民"；力陈魏（梁）国不知"秦称帝之害"，如果同意秦称帝，则"是使三晋之大臣，不如邹、鲁之仆妾也"！痛陈利害，使新垣衍幡然醒悟，不再"复言帝秦"。鲁仲连游说大获成功，赵魏联合抗秦，终至兵退围解。

鲁仲连"义不帝秦"精神，千古不朽，绽放异彩。

读《鲁仲连传》，引谢灵运诗，毛泽东在炮击金门之时，取其"义不帝秦"的爱国之心和反抗之义，借古喻今批判美帝国主义，又呼吁台湾同胞抱"耻于帝秦"的忠义之心，清楚"现在是向帝国主义造反的时候了"！

毛泽东读传引诗，理趣情趣相互交融，形象感人，情理动人，先声夺人，使文告产生了声情并茂、独具一格的艺术魅力。

秦帝鲁连耻

毛泽东一生满溢爱国情怀，鲁仲连"义不帝秦"使他永难忘怀，时常提起。

据整理毛泽东遗留图书的张贻玖介绍：

毛泽东爱读谢灵运的诗。在一部清代武英殿版的二十四史《南史·谢灵运列传》中，他仔细阅读并圈点了有关谢灵运及其家族的记载，对谢灵运的生平、思想、志向、作为等都做了详细的考察。

在《古诗源》《汉魏六朝三百名家选》《昭明文选》等诗文集中，对谢灵运的诗，他都有许多圈点，多次阅读。《古诗源》收谢灵运诗二十四首，毛泽东作了圈画的就有二十二首。对谢灵运那些刻画自然风物的清丽诗句，如《邻里相送至方山》中的"解缆及流潮，怀旧不能发。析析就衰林，皎皎明秋月"，《过始宁墅》中的"剖竹守沧海，枉帆过旧山，山行穷昼顿，水涉尽洄沿。岩峭岭稠叠，洲萦渚连绵"等，毛泽东都在句旁画着直线、曲线或曲线加直线，在句下还连画着两三个圈。该书编者注释中，评论谢灵运诗歌"一归自然""匠心独运""在新在俊"，以及"别绪低徊""触景自得"等处，毛泽东都画着曲线和圈。

毛泽东在一本1957年文学古籍刊行社出版的《古诗源》中，对谢灵运《登池上楼》这首诗，几乎逐句句末都画着圈或双圈，句旁画满着重线和曲线。在"进德智所拙，退耕力不任"句末连画两个圈后，在天头和行间批注了一百多字，指出他"通篇矛盾"，"一辈子生活在这个矛盾之中"：

> 通篇矛盾。"进德智所拙，退耕力不任"，见矛盾所在。
> 此人一辈子矛盾着。想做大官而不能，"进德智所拙也"。做林下封君，又不愿意。一辈子生活在这个矛盾之中。晚节造反，矛盾达到极点。韩亡子房奋，秦帝鲁连耻。本自江海人，忠义感君子。是造反的檄文。（《毛泽东读文史古籍批语集》，中央文献出版社1993年版，第3—4页）

谢灵运在南北朝时期的刘宋朝，先做太子左卫率（太子手下属官），后做侍中，只作文学侍从，不做大官。后出外做临川（在江西）内史（地方长官），游山玩水，不理政务，被地方官弹劾，说他"谋反"，朝廷派人去逮捕，他拘执去逮捕的人，真的起兵反叛，作《临川被收》诗，其中"韩亡子房奋，秦帝鲁连耻"等诗句，明白地表示了对刘宋王朝的反抗。朝廷派兵把他捉住，流放广州，后在广州被杀。

毛泽东在批语再次引用了谢灵运《临川被收》这首诗，并指出这首诗的创作主旨和思想倾向"是造反的檄文"。

谢灵运的名篇《登池上楼》，全诗尽管有精彩的景物描写，但重在昭示诗人进退两难的矛盾心理和对谪迁的不满心绪，反映谢灵运出任永嘉太守时郁郁不得志的苦闷心态。毛泽东通过"进德智所拙，退耕力不任"这两句诗，结合诗人的身世经历，深刻地剖析了他的政治态度和思想实质，指出他的矛盾是"想做大官而不能"，"做林下封君（指隐士），又不愿意"，而且这一矛盾支配了诗人的一生，最后导致诗人的自我毁灭。

毛泽东对《登池上楼》一诗作批注，不仅引该诗中"进德智所拙，退耕力不任"予以说明诗人的心态情致，而且引其起兵反叛时作的诗《临川被收》为证，这就对该诗的创作主旨和创作心绪做了进一步的揭示，是对该诗的深层蕴含独具慧眼的审美阐释。"韩亡子房奋"，子房即帮助汉高祖刘邦打天下，被封为留侯的张良。张良家族五世为战国时韩国大臣，秦灭韩后，他力图恢复韩国，曾经派刺客在博浪沙刺杀秦始皇未果；"秦帝鲁连耻"，鲁连即鲁仲连，他说服赵、燕等国反对暴秦的故事已见前引。毛泽东此次引用《临川被收》诗句，只是为了深入分析谢灵运的矛盾心理，其实，谢灵运的造反与张良、鲁仲连的抗秦还不在一个精神层面上。谢灵运的谋反是由于自己的权力欲望得不到满足，铤而走险，是统治阶级内部的冲突与倾轧，他以张良、鲁仲连自喻，不过是自我粉饰。毛泽东对他的政治作为并非持同情态度，对他的思想品德也不是肯定的。

作为历史人物，谢灵运诗歌创作是成功的，而其政治态度却是不可取的。毛泽东结合他的身世经历，解说他的诗词并做出评价，对他的前者持欣赏态度，对他的后者持批评意见，并分析了造成悲剧的原因。

毛泽东第三次引用鲁仲连，价值在于解谢诗。

叔孙通是纵横家

——品躲过"焚书坑儒"灾难的纵横家叔孙通

叔孙通，生卒年不详。秦末汉初儒生。薛（今山东枣庄薛城北）人。曾为秦博士。秦末农民战争中，先为项羽部属，后归刘邦，仍任博士。

本书前面在讲"纵横家子贡"一篇时，已引征毛泽东读《智囊·子贡》的批语，其中有一句：

> 孟轲、韩非、叔孙通辈，都是纵横。（《毛泽东读文史古籍批语》，中央文献出版社1993年版，第65页）

毛泽东认为叔孙通"是纵横家"。

其实，毛泽东在别处也关注到叔孙通。1964年8月30日，毛泽东在一次谈话中讲到黄河流域的水利建设时，说到齐桓公和秦始皇，随便提到叔孙通：

> 秦始皇是个好皇帝，焚书坑儒，实际上坑了四百六十人，是属于孟夫子那一派的。其实也没有坑光，叔孙通就没被杀么。（陈晋：《毛泽东之魂》，中央文献出版社1997年版，第287页）

秦始皇焚书坑儒而叔孙通未被杀害，这是秦二世以前的事。应该是发生在叔孙通青少年时期的事情。

叔孙通在秦末时，以文章博学而被征举，等着被诏封为博士。

几年之后，陈胜在山东一带起兵，使者把这件事报告给朝廷。秦二世召集博士中的儒生们提问说："从楚国征调的戍边的士兵攻打蕲县，进入了陈县，在你们看来应该怎样办？"

博士儒生三十余人上前说道："做国君的臣属不能心有异念，心有异念就是反叛，这是死罪，不能赦免。希望陛下赶快调发军队击溃他们。"

秦二世生气了，露出难看的脸色。

叔孙通上前说："他们讲得都不对。现在天下已经统一成一体，毁掉了郡县的城堡，熔化了他们的武器，向天下表示不再征用他们。而且上面有英明的君主，下面有明确的法令，能让人人尽责，各方统一，哪里还胆敢有反叛的人！现在这些不过是一伙像鼠、狗一样偷窃的盗贼罢了，哪有什么必要在嘴上谈论他们。郡守、郡尉都正在抓捕他们，并给他们定罪，还有什么值得担忧的。"

秦二世高兴地说："好。"他又向所有的儒生提出问题，他们有的说是反叛的罪名，有的说是偷盗的罪名。秦二世便让御史清查那些说是反叛罪名的儒生，交给执法的官吏惩办，原因在于这不是他们应该说的。而说是偷盗罪名的儒生都没有再追究。

于是，赏赐了叔孙通丝绸二十四、衣服一套，任命为博士。叔孙通既已出宫，返回到馆舍，儒生们说："先生讲话怎么这样的投合君王的口胃呀？"叔孙通说："各位不知道，我几乎是没有能够逃出虎口！"说罢，他便逃离而去。

叔孙通来到薛郡，薛郡已经投降了楚军。等项梁来到薛郡，叔孙通便跟从了他。项梁在定陶战死，叔孙通就跟随楚怀王。楚怀王做了义帝。迁到长沙，叔孙通留下来侍奉项王。

刘邦后称汉高祖。高祖二年，刘邦率五个诸侯的军队攻入彭城，叔孙通投靠了汉王。汉王失败向西逃走，他因此最终跟从了汉军。叔孙通穿着儒生的衣服，汉王厌恶他。于是他改变装扮，穿上短衣，依照了楚人的样子，汉王才高兴起来。

叔孙通投降汉王之后，跟从的儒生弟子有一百多人，可是他并没有推荐过谁，而只是专门挑拣过去的那些盗伙中强悍的人推荐上去。弟子们都私下里骂说：

"侍奉先生好几年了，侥幸得以投降了汉朝，如今却不能推荐我们，反而专讲那些刁顽之辈，是什么原因？"

叔孙通听说后，便对他们说："汉王正在冒着矢石打天下。你们难道能够有力量参加到那些争斗中去吗？所以要首先推荐那些能够杀敌斩将举旗奋进的人。你们这些人暂且等我一等，我是不会把你们忘掉的。"

汉王任命叔孙通为博士，称号是"稷嗣君"。

汉高祖五年，已经统一了天下，诸侯共同在定陶拥戴汉王当皇帝。

群臣多起自布衣，不懂礼仪。宫廷饮宴之际，饮酒争功，醉了便狂呼乱叫，甚至拔剑斫柱，丑态百出。对此，刘邦非常厌恶。做这样的皇帝也没有什么乐趣呀！

叔孙通知道皇帝越来越厌恶这种事情，便建议皇帝说：

"那些儒生难于和他们夺取天下，但是可以与他们守护成业。我愿意征集鲁地的众位儒生，和我的弟子们一起制定朝会的礼仪。"

高祖说："该不会太烦难吧？"叔孙通说："五帝的乐制都有所变化，三王的礼法全不相同。礼制是根据时世人情的状况为大家制定的言行上的规范。所以，夏、商、周各朝的礼制经过继承、删减、增补而能够推知出来的情形，说明各代的礼制是不会相互重复的。我想大致地采取古代礼制和秦朝仪法相结合的办法来完成这件事。"

刘邦把秦朝烦琐的礼仪法令全都废除掉，只要求简便易行。他说："可以尝试着这样做，但是要容易理解，估计是我所能够做到的，照此来办吧。"

于是，叔孙通奉命派遣使者，召集鲁地儒生三十多人。

鲁地有两个儒生不愿意参加进来，说："您前后侍奉了近十位君主，都靠着当面的逢迎而得到了器重和尊贵。如今国家才算平定下来，死的人还没有来得及安葬，受伤的人还不能动弹，又想着要制定礼乐。礼乐的产生，是要经过上百年的德行积累才能出现。我们不忍心去做您所要开始干的事情。您所要做的并不符合古代的情形，所以我们不去。您还是走吧，别玷污了我们！"

叔孙通笑道："你们真是些见识短浅的儒生，不懂得时势变化的道理。"

于是，叔孙通和所征召的三十人向西而行，还有皇帝刘邦周围有学识的人，以及叔孙通的弟子共一百多人，在野外拉上围绳，进行演习。一个多月后，叔孙通说："皇帝可以来检查观看了。"皇帝来观看后，让他们演示礼仪，说："我能够做到这些。"便命令群臣学习操练，准备 10 月举行朝会。

汉高祖七年，长乐宫建成，诸侯、大臣们都前来参加 10 月的朝会。仪式是这样的：天亮之前，由谒者主持典礼，引导着大家按顺序走入殿门，在殿廷上陈列着战车、骑兵、步卒、侍卫，装备着武器，竖立起旗帜。有人传令"向前迈进"。殿下的郎中夹着台阶站立,台阶上共有几百人。功臣、列侯、将军和军吏则按次序排列在西面,面向东方;文官从丞相以下排列在东面,面向西方。大行设置九个接待宾客的官员,从上向下传达命令。这个时候皇帝才乘坐着辇车从屋中出来,侍官们举着旗帜传呼警戒,引导着侯王以下直到六百石级的官员按次序朝拜皇帝。从侯王们以下无不感到整肃敬重。等典礼结束,再举行正式的宴会。所有陪坐在殿上的官员都俯着身,低着头,按官位的高低次序站起身给皇帝敬酒道福。前后共斟九次酒,谒者便宣布"宴会到此为止"。

御史负责执行法令,对于那些不是按照仪式要求做的人,就要把他带出去。在整个朝会和宴会的过程中,没有人敢大声喧哗,违反礼节。

刘邦马上得天下,一向鄙视书生,拿儒巾当尿壶。这次,他不得不求助于儒生,大儒叔孙通制定了一系列礼仪制度,自此,群臣入殿举止有礼,稍有怠慢,便有吃板子的危险,喧哗失礼的事就此绝迹。

刘邦大乐,说:"我今天才知道当皇帝的尊贵啊!"便任命叔孙通做太常,赏赐了黄金五百斤。

叔孙通乘机建议说:"众弟子儒生跟从我已经很长时间了,和我一块参加制定朝仪,希望陛下您给他们授予官职。"刘邦将他们全部任用为郎官。叔孙通从宫中出来,把五百斤黄金全都赏赐给众儒生。众儒生都高兴地说:"叔孙通真是个有圣人之德的人,懂得什么才是当今朝廷要重视的事情。"

汉高祖九年,皇帝迁调叔孙通担任太子太傅。

叔孙通订立朝仪,遂使刘邦对儒术改变看法,演成高祖十二年过曲阜时首以太牢大礼祭祀孔子。

高祖十二年,刘邦想要让赵王刘如意来替换太子,叔孙通向皇帝进谏说:"从前晋献公由于宠爱骊姬的缘故而废黜了太子,册封奚齐,结果晋国混乱了几十年,被天下人嘲笑。秦朝由于不能在早些时候确定扶苏为太子,使赵高得以用欺骗的手段拥立了胡亥,自己导致了宗祀的灭绝,这是陛下亲眼所见的事情。如今太子仁义孝顺,天下人都听说了;吕后同陛下您经过磨难,吃着粗淡的饭食,难道能够背弃吗!陛下您如果一定要废黜嫡子而册立小儿子的话,我倒愿意首先遭受死刑,用脖子上的血来涂染地面。"

刘邦说:"您不要说了,我只不过是讲着玩的罢了!"叔孙通说:"太子的事是关乎天下的根本问题。根本一旦出现动摇,天下便会为之震动,怎么能够拿天下大事开玩笑!"高祖说:"我听您的劝告。"等皇帝举行宴会,看到留侯张良招来的客人跟从着太子进来拜见,皇帝便没有更换太子的想法了。

汉高祖去世，惠帝即位，便对叔孙通说："有关先帝的陵墓寝庙的事情，臣子们不熟悉。"把他调任为太常，负责制定宗庙方面的礼仪法令。后来，逐渐制定出汉朝的各种礼仪法令，这都是叔孙通担任太常时所讨论和写定的。

汉惠帝因为要到东面的长乐宫去朝见，有时还有小的会见，经常要清道而使百姓感到不方便，就建造了阁道，正好建在储藏兵器仓库的南边。叔孙通奏报事情时，乘机找个空隙，说："陛下为什么要自己做主，在高祖陵寝的通道上建造阁道呢？高祖的祠庙，是汉朝始祖的所在，怎能够让后代的子孙迈过宗庙的通道而在上面行走呢？"惠帝感到很害怕，说："那就赶快把它们拆毁了。"叔孙通说："皇帝是没有过失的。如今已经这样做，百姓都知道了这件事，现在把它们毁掉了，就是告诉大家皇帝有过失。希望陛下在渭河的北面再建造新庙，让高祖陵寝的衣冠每月出游到那里，增加扩大宗庙的规模，这才是扩大孝道的根本。"皇帝便下诏让有司建造新庙。

惠帝曾在春天外出到离宫游玩，叔孙通说："古代的时候有一种在春季到来品尝鲜果的典礼，现在樱桃正好成熟。可以进献，希望陛下出游时，乘此机会拿着樱桃进献给宗庙。"皇帝便同意了这样的建议。各种进献鲜果的典礼从此产生了。

终观叔孙通一生，他曾经游说秦二世、项梁、霸王项羽、高祖刘邦和汉惠帝，特别是制定汉朝朝仪，对稳定西汉政局给民众以休养生息的生存环境，起到了较好作用，是个神通广大的说客谋臣。毛泽东说他是纵横家，是就他一生政治生涯的主要特点而言的。

司马迁于《叔孙通传》后评论道：

> 语曰："千金之裘，非一狐之腋也；台榭之榱，非一木之枝也；三代之际，非一士之智也。"信哉！夫高祖起微细，定海内，谋计用兵，可谓尽之矣。然而……叔孙通希世度务，制礼进退，与时变化，卒为汉家儒宗。"大直若诎，道固委蛇"，盖谓是乎？（《史记·刘敬叔孙通列传》）

司马迁的意思是说：古语讲："价值千金的毛皮衣，不是靠一条狐狸的腋毛完成的；高楼广殿的椽柱，不是用一根树木的枝干造成的。三代的鼎盛事业，不是凭借一个士人的智谋成就的。"的确如此啊！高祖出身于低微的身份，平定了天下，在运用谋略、率兵打仗方面，可以说是达到了极致的程度。然而……叔孙通迎合世情，考虑事务，制定礼仪，去留根据时势的变化而与之相适应，最后成为汉朝儒家的宗师。"最直的好像是弯曲的，因为所谓的道本来就是在曲折发展的"，这大概说的就是上面的情形吧！

毛泽东对纵横家叔孙通还是取肯定之义。叔孙通给秦二世没出好主意，在项梁、项羽处表现不详，给汉高祖、汉惠帝可是出了有价值的主意，证明他是个有作为的纵横家。司马迁的《史记》、班固的《汉书》，都有叔孙通篇幅不短的传记，可证明两位大史学家也给予了他相应的地位。

有一点需要讲明：叔孙通不在先秦诸子之列，他的纵横家生涯主要在秦汉交替之时。毛泽东论述纵横家，在孟子、韩非之后，即举出他，可见重视此人。连类而及，写下此文以助其传世。

势强力敌之联军罕有成功

——品"合纵连横"的是非功过

毛泽东不仅评论纵横家的是非，而且评论"合纵""连横"战略的全局得失。

战国时代，经过多年征战，最后形成齐、楚、燕、韩、赵、魏、秦七国，所谓"战国七雄"，就是指此。

七国的地理位置和战略态势是，韩、赵、魏"三晋"诸侯国处于中间地带，楚国在其南，燕国处其北，齐国在其东方，秦国在其西方。从地缘战略上说，"三晋"侯国最为不利，处于"四战之地"。而楚、燕、齐、秦的战线只有一个方向，几无后顾之忧。

从国力上看，秦、齐、楚都经过较为成功的变革，又自然资源丰厚，经济发展，兵力强盛。其中秦国经过百余年的发展，农战政策深入人心，疆域不断扩展，势力不断膨胀，战略上处于攻势的有利地位。其次强大的就是齐国。"七国争雄"的初始阶段，主要是中间地带的"三晋"及中轴线南北两端的楚、燕受到秦、齐两大国虎视眈眈的威胁。

此种背景下，七国的政治和军事斗争，又基本上分为两大阵线，或叫两大集团。一条阵线叫"合纵"，就是南北中轴线上的五国联合起来对付秦、齐大国的威胁；后一阶段是"关东六国"共同抵抗秦国。另一条阵线叫"连横"，就是秦国采取"远交近攻"的策略，联合齐国或别的侯国攻击较近的诸侯国。韩非子在其著作《五蠹》篇中说"纵者，合众弱（山东六国）以攻一强（秦）也；而衡（横）者，事（投降）一强以攻众弱也"，说的就是两个阵线的两种战略。

战国时代，最早进行"纵横"活动的是张仪和公孙衍。公元前 322 年，秦相张仪奉秦王之命入魏为相，推行旨在劝魏改变联合齐、楚以抗秦，而为联合秦、韩以攻齐、楚的"连横"策略。魏惠王没有采纳张仪的意见，结果秦以武力相威胁，出兵进攻魏国。

为了解除来自秦国的威胁，魏国驱逐张仪而任命公孙衍为相，致力于"合纵"抗秦。公孙衍是魏国人，早年入秦游说，受到任用，后返魏，任为将，提出"合纵"主张。

初期，秦国的"连横"并未得手。秦相张仪死后，秦国对山东的重大进攻，都是单独进行的。虽然秦国运用了"远交近攻"的策略，但还没有大的"连横"行动。"合纵"则谈论更多和实践更多。"三国攻秦""五国攻秦"，楚、魏、赵解邯郸之围等，都是"合纵"。战国重要的"合纵"有多次：公元前 318 年公孙衍发动的楚为纵约长的五国攻秦，公元前 298 年齐国发动的齐魏韩三国攻秦，公元前 287 年前后《战国纵横家书》记载苏秦发动的李兑为纵约长的五国攻秦，公元前 257 年赵、魏、楚解邯郸之围的三国抗秦，公元前 247 年信陵君率五国攻秦，公元前 241 年庞煖发动的五国攻秦，是几次较大的"合纵"行动。

"合纵"也取得过一些成效。公元前 298 年齐韩魏三国攻入函谷关，秦王为了"无危咸阳"，被迫割地求和。西汉贾谊曾经描写"合纵"的威力是："尝以十倍之地，百万之众，叩关而攻秦。"（《过秦论》）一直到战国末期，秦国已经占了压倒优势，尉缭还对秦王说："臣只害怕诸侯合纵。"他说如果山东合纵，秦国会是智伯、齐湣王那样的下场。荀子也说：秦国君臣"常恐天下之一合而轧己也"（《荀子·强国》）。这是荀子对一百多年来秦国担心"合纵"的总结。

可是，这些艰难组织起来的"合纵"阵线，由于各国的不同利益和矛盾，往往归于失败。对此后来的评论家很有感慨，"纵散约解，争割地而奉秦，秦有余力而制其弊"（贾谊：《过秦论》）。

山东诸国互相倾轧的事例也很多。如赵国几次帮助秦国攻齐，《战国纵横家书》就此事说："今从强秦久伐齐，臣恐其祸出于此也。"公元前 263 年，魏国和秦共伐韩，魏无忌对魏王说："秦国不是没有欲望的国家，韩亡之后，非攻魏不可。"又如燕国和赵国的互相攻战，燕国利用赵国壮年都死于长平之战、遗孤还未长大的机会，大举攻赵，为赵将廉颇、乐乘击败，赵进而围燕都。过了几年，燕国又利用庞煖代廉颇为将的机会，以为有机可乘，派剧辛攻赵，赵派庞煖迎击，杀剧辛。这些战争使山东侯国自相削弱，便利了秦国的进攻。赵国攻打燕国，苏代对赵王讲了"鹬蚌相争"的故事，苏代说，今天赵国还要攻打燕国，"臣恐强秦之为渔父也"（《战国策·燕策二》）。苏代讲清了六国自相残杀的危害。

而只顾自保见死不救也是山东诸国尤其是齐国的致命伤。如长平之战时齐国拒绝支援赵国粮食就是一个典型例子。长平之战是战国后期关系全局的一次非常重要的战争，赵军被围处于最困难的时候向齐国求救，齐王不肯，有大臣劝齐王应该紧急支援，提醒齐王，齐国和赵国"犹齿之有唇也，唇亡则齿寒"。齐王还是不听。齐远离秦国，没有直接受到秦的进攻，往往就是这样袖手旁观，苟且求安。"与（结好）嬴（秦王姓，指秦国）而不助五国也，五国既衰，齐亦不免矣。"（苏洵：《六国论》）齐国只图自保，拒绝"合纵"，结果自食恶果，终不免于灭亡。

秦国对于山东各国的"合纵"，极力采取分化瓦解的政策。有一次，一群"天下之士"相聚赵国，策划"合纵"攻秦。范雎对秦王说：可以用金钱分化他们。秦王派唐雎携五千金去收买，唐雎扬言说谋攻秦的不得金，得金的如同兄弟看待。他出行到武安，山东"天下之士"奔来争着要金，"合纵"也就不了了之。还有一次，大臣顿弱劝秦王不惜重金收买韩魏权臣。秦王说拿不出重金，顿弱提醒秦王说："天下不是没有事情的，合纵成功就是楚国的天下。"秦王采纳了顿弱的建议，派人携重金东游韩魏等国。

从"七国争雄"大趋势上看，秦国的"连横"战略大获成功，而关东六国的"合纵"策略，只取得局部的短期的某些成效，而因山东六国自保、赂秦、倾轧及秦国的离间瓦解，终归失败。六国灭亡，强秦遂有天下。

六国何以灭亡？强秦何以得胜？后世学者多有探讨，然意见纷呈，莫衷一是。唐代诗人杜牧在《阿房宫赋》中议论说："灭六国者，六国也，非秦也。"杜牧的意见很深刻，六国败亡，原因在己。可惜没有深入下去总结历史教训。延至北宋中叶，苏洵写有《六国论》，想探讨六国灭亡的原因，提出六国不亡的策略。《六国论》说：

> 六国破灭，非兵不利，战不善，弊在赂秦。赂秦而力亏，破灭之道也。或曰："六国互丧，率赂秦耶？"曰："不赂者以赂者丧。盖失强援，不能独完。故曰'弊在赂秦'也！"
> 秦以攻取之外，小则获邑，大则得城。较秦之所得，与战胜而得者，其实百倍；诸侯之所亡，与战败而亡者，其实亦百倍。则秦之所大欲，诸侯之所大患，固不在战矣。思厥先祖父，暴霜露，

斩荆棘，以有尺寸之地。子孙视之不甚惜，举以予人，如弃草芥。今日割五城，明日割十城，然后得一夕安寝。起视四境，而秦兵又至矣。然则诸侯之地有限，暴秦之欲无厌，奉之弥繁，侵之愈急。故不战而强弱胜负已判矣。至于颠覆，理固宜然。古人云："以地事秦，犹抱薪救火，薪不尽，火不灭。"此言得之。

齐人未尝赂秦，终继五国迁灭，何哉？与嬴而不助五国也。五国既丧，齐亦不免矣。燕、赵之君，始有远略，能守其土，义不赂秦。是故燕虽小国而后亡，斯用兵之效也。至丹，以荆卿为计，始速祸焉。赵尝五战于秦，二败而三胜。后秦击赵者再，李牧连却之。洎牧以谗诛，邯郸为郡，惜其用武而不终也。且燕、赵处秦革灭殆尽之际，可谓智力孤危，战败而亡，诚不得已。向使三国各爱其地，齐人勿附于秦，刺客不行，良将犹在，则胜负之数，存亡之理，当与秦相较，或未易量。

呜呼！以赂秦之地封天下之谋臣，以事秦之心礼天下之奇才，并力西向，则吾恐秦人食之不得下咽也。悲夫！有如此之势，而为秦人积威之所劫，日削月割，以趋于亡。为国者无使为积威之所劫哉！

夫六国与秦皆诸侯，其势弱于秦，而犹有可以不赂而胜之之势。苟以天下之大，而从六国破亡之故事，是又在六国下矣！

《六国论》是苏洵所著《权书》中的一篇。清人姚鼐编选的《古文辞类纂》，在"论辩类"里收入此论。

苏洵在《六国论》中认为六国之所以灭亡，主要原因是"弊在赂秦"。苏洵评论道，韩、魏二国，在秦的攻击下，割地求和，以图苟安，结果亡得最早。燕国"义不赂秦"，出兵抵抗，"虽小国而后亡"，它的灭亡是因为派了荆轲刺杀秦王导致了"速祸"；赵国"五战于秦"，以武力相抗，可惜"用武不终"。最后是齐国，它倒是没有赂秦，可是其他五国（包括楚国）相继灭亡，它也就难逃丧国的下场。所以，"不赂者以赂者丧"，归根结底还是由"赂秦"引出来的。

苏洵还设计了另一种抗秦方案：如果燕、赵、齐这三个以武力抗秦的国家，"各爱其地，齐人勿附于秦，（燕）刺客不行，（赵）良将犹在，则胜负之数，存亡之理，当与秦相较，或未易量"。苏洵是主张三国联合抗秦的。

毛泽东读姚鼐《古文辞类纂》"论辩类"，阅及苏洵《六国论》，看到这段话，写下批语，不赞成苏洵的意见：

> 凡势强力敌之联军，罕有成功者。(《毛泽东读文史古籍批语集》，中央文献出版社 1993 年版，第 105 页)

为什么"势强力敌之联军"很少成功呢？毛泽东没有展开分析。但是从六国"合纵"的历史看，联军中各国力量旗鼓相当，一是都有争雄称霸的野心，本来就不易联合起来，就是联合起来也各自心怀鬼胎，都想保存实力，"坐山观虎斗"，坐收渔人之利；二是争夺最高指挥权，难于形成核心，各自为政，谁也不愿意被统领，很难整齐步调，协调作战。秦国正是利用这个矛盾，以"连横"瓦解"合纵"，拉拢各国，各个击破。毛泽东不同意苏洵这种一厢情愿的主观设想，认为当时燕、赵、齐等国"势强力敌"，即使组成联军，成功的希望也不大。因为历史上这种联军"罕有成功者"，如三国时期的十八路诸侯讨董卓自己首先分崩离析，战国时代也不例外。

至于苏洵接下来的一段宏论，毛泽东更不以为然。苏洵是这样慨叹的："呜呼！以赂秦之地封天下之谋臣，以事秦之心礼天下之奇才，并力西向，则吾恐秦人食之不得下咽也。"苏洵设想：把"赂秦"的财力人力用于组成联军，而且要转守为攻，"并力西向"，灭亡的恐怕就是秦人了。毛泽东旁批道：

> 此论未必然。(《毛泽东读文史古籍批语集》，中央文献出版社 1993 年版，第 106 页)

为什么"未必然"？历史是不能假设的。毛泽东站在历史唯物主义的立场上，从历史发展的客观必然性上看待秦统一中国的历史事实，认为六国联合抗秦就能自保说"未必然"。秦国顺应历史潮流，变法图强，志在统一全国，这是不可抗拒的。由于连年战争，给当时的社会经济和人民的生活造成极大的破坏。战争几乎全部在关东进行，关东六国人民普遍地厌恶战争，希望和平。因此，消除封建割据的政治局面，结束混战状态，实现全国的大一统，已成为历史发展的客观要求。强秦适应了这个要求，所以能一统天下。

毛泽东对"合纵连横"这一历史事件的评点，表面上否定的是苏洵的论点，客观上是否定"合纵"战略。应该承认"灭六国者，六国也"这个事实。事物变化，外因是条件，内因是根本。自我发展，自我强大才是无往而不胜的。山东六国外在的联合业已表明内部衰落，内衰外联不啻是乌合之众，即使能够"并力西向"，也是不堪一击，这是不言而喻的。苏洵的设想没有看到事物本质，更不懂得历史的辩证法，只在"赂秦"不"赂秦"上做文章，虽然说出了部分真理，但总体上没有切中肯綮，说到要害上。

但是，苏洵的《六国论》不是说给六国人听的，他是说给北宋人听的。那时，北宋虽然社会稳定，政治和军事上面对少数部族的侵略却采取割地赔款送礼上贡的软弱政策，军队屡战屡败，敌手胃口越来越大，北宋难免积贫积弱。苏洵指责"赂秦"，表面批评六国，实质批评本朝。他也是在借古讽今。所以他一再批评六国"赂秦"是败亡之策，情有可原。

毛泽东批点《六国论》是又一种眼光和立足点，是从大战略的角度，从历史必然性的高度，评价了战国策士"合纵连横"策略的成败得失，其中给予我们的启示是如何把握事物本质，看清历史大趋势。这不啻是他品读纵横家的总结。

主要参考书目

毛泽东著作

《毛泽东选集》（1—4卷），人民出版社1991年版。

《毛泽东文集》（1—8卷），人民出版社1993—1999年版。

《建国以来毛泽东文稿》（1—13卷），中央文献出版社1987—1998年版。

《毛泽东军事文集》（1—6卷），军事科学出版社、中央文献出版社1993年版。

《建国以来毛泽东军事文稿》（上、中、下卷），军事科学出版社、中央文献出版社2010年版。

《毛泽东早期文稿》，湖南出版社1990年版、1995年版。

《毛泽东外交文集》，中央文献出版社、世界知识出版社1994年版。

《毛泽东文艺论集》，中央文献出版社2002年版。

《毛泽东诗词集》，中央文献出版社1996年版。

《毛泽东书信选集》，人民出版社1984年版。

《毛泽东致韶山亲友书信集》，中央文献出版社1996年版。

《毛泽东读文史古籍批语集》，中央文献出版社1993年版。

《毛泽东哲学著作批注集》，中央文献出版社1988年版。

《毛泽东西藏工作文选》，中央文献出版社、中国藏学出版社2001年版。

《毛泽东新闻工作文选》，新华出版社1983年版。

《毛泽东在七大的报告和讲话集》，中央文献出版社1995年版。

《毛泽东著作选读》（上、下册），人民出版社1986年版。

研究毛泽东专著

《毛泽东传（1893—1949）》，金冲及主编，中央文献出版社1996年版。

《毛泽东传（1949—1976）》（上、下册），逄先知、金冲及主编，中央文献出版社2003年版。

《毛泽东年谱（1893—1949）》（上、中、下卷），逄先知主编，人民出版社、中央文献出版社1993年版。

《毛泽东年谱（1949—1976）》（1—6卷），逄先知、冯蕙主编，中央文献出版社 2013 年版。

《毛泽东经济年谱》，顾龙生编著，中央党校出版社 1993 年版。

《东方巨人毛泽东》，李捷、于俊道主编，解放军出版社 1996 年版。

《毛泽东大观》，高凯、于玲主编，中国人民大学出版社 1993 年版。

《毛泽东大典》（三卷），李峰华主编，沈阳出版社 1993 年版

《毛泽东全书》（六卷），蒋建农主编，河北人民出版社 1998 年版。

《毛泽东研究全书》（六卷），张静如主编，长春出版社 1997 年版。

《历史选择了毛泽东》，叶永烈，上海人民出版社 1992 年版。

《从井冈山走进中南海——陈士榘老将军回忆毛泽东》，刘恩营整理，中共中央党校出版社 1993 年版。

《历史的真迹——毛泽东风雨沉浮五十年》，邸延生，新华出版社 2002 年版。

《历史的真言——李银桥在毛泽东身边工作纪实》，邸延生著，新华出版社 2000 年版。

《历史的情怀——毛泽东生活纪事》，邸延生著，新华出版社 2008 年版。

《历史的真知——"文革"前夜的毛泽东》，邸延生著，新华出版社 2006 年版。

《十年纪事：1937—1947 年毛泽东在延安》，刘益涛，中共党史出版社 2007 年版。

《红都纪事》，舒云，河南人民出版社 1997 年版。

《1957：大转弯之谜——整风反右实录》，朱地著，山西人民出版社、书海出版社 1995 年版。

《大跃进亲历记》，李锐，南方出版社 1999 年版。

《庐山会议实录》，李锐，河南人民出版社 1994 年版。

《神火之光》，陈晓东，中共中央党校出版社 1995 年版。

《缅怀毛泽东》（上、下册），编辑组，中央文献出版社 1993 年版。

《中国第一人——毛泽东》，胡真编著，湖南人民出版社 1999 年版。

《毛泽东佚事》，刘继兴，中国文史出版社 2011 年版。

《毛泽东珍闻录》，黄允升主编，中央文献出版社 2000 年版。

《毛泽东的幽默故事》，谭逻松等编，同心出版社 1996 年版。

《毛泽东的幽默》，陈祥明等编，中国电影出版社 1994 年版。

《毛泽东人际交往实录》，贾思楠编，江苏文艺出版社 1989 年版。

《毛泽东与名人》（上、下册），孙琴安、李师贞著，江苏人民出版社 1993 年版。

《毛泽东与中共早期领导人》，黄允升等著，中共中央党校出版社1997年版。

《毛泽东与十大元帅》，李智舜，中共中央党校出版社1994年版。

《毛泽东与党外人士》，谭玉琛主编，河北人民出版社1993年版。

《毛泽东尊师风范》，黄露生著，中央文献出版社2011年版。

《毛泽东和他的父老乡亲》，赵志超，湖南文艺出版社1992年版。

《毛主席教我们当省委书记》，陶鲁笳，中央文献出版社1996年版。

《毛泽东和省委书记们》，李约翰等著，中央文献出版社2000年版。

《领袖情·毛泽东与周世钊》，陈明新编著，中央党校出版社1997年版。

《毛泽东与周世钊》，周彦瑜等编，吉林人民出版社1993年版。

《警卫毛泽东纪事》，阎长林著，吉林人民出版社1992年版。

《我和毛泽东的一段曲折经历》，肖瑜，昆仑出版社1989年版。

《毛泽东的感情世界》，彬子编，吉林人民出版社1990年版。

《毛泽东与著名艺术家》，孙琴安，重庆出版社2000年版。

《传统下的毛泽东》，汪澍白，中国青年出版社1996年版。

《说不尽的毛泽东》（上、下册），张素华、边彦军、吴晓梅，中央文献出版社、辽宁人民出版社1993年版。

《一代巨人毛泽东》，侯树栋主编，中国青年出版社1993年版。

《百折不回的毛泽东》，杨庆旺，中央文献出版社2003年版。

《毛泽东思想方法导论》，石仲泉、刘武生编，中央文献出版社1992年版。

《文人毛泽东》，陈晋著，上海人民出版社1997年版。

《毛泽东之魂》，陈晋著，吉林人民出版社1993年版。

《毛泽东的领导艺术》，陈登才主编，军事科学出版社1989年版。

《毛泽东的语言艺术——妙用成语典籍》，陈琦等编，辽宁人民出版社1993年版。

《毛泽东衍名艺术》，孙雷、孙宝义，辽宁人民出版社1996年版。

《毛泽东的精辟比喻》，施善玉编著，中国物资出版社1993年版。

《毛泽东口才》，柏桦编著，海南出版社1996年版。

《跟毛泽东学口才》，陈冠任编著，中央文献出版社2003年版。

《毛泽东的智慧》，林治波主编，中共中央党校出版社1998年版。

《一代伟人与古代智慧》，含章编著，红旗出版社1998年版。

《毛泽东家书》，谢柳青编著，中原农民出版社出版。

《毛泽东读书笔记解析》（上、下册），陈晋主编，广东人民出版社1996年版。

《毛泽东读书生活》，龚育之、逄先知、石仲泉著，三联书店 1986 年版。

《毛泽东读书生涯》，王炳华著，长江文艺出版社 1998 年版。

《毛泽东的读书生涯》，孙宝义编，知识出版社 1993 年版。

《毛泽东怎样读书》，石玉山著，中国大百科全书出版社 1991 年版。

《博览群书的毛泽东》，范忠诚主编，湖南出版社 1993 年版。

《跟毛泽东学读书》，莫志斌、陈特水编著，中央文献出版社 2003 年版。

《毛泽东治国先治学》（上、下），徐文钦、沈凤霞，江苏文艺出版社 2011 年版。

《毛泽东晚年读书纪实》，徐中远著，中央文献出版社 2012 年版。

《毛泽东的学习思想与实践》，胡小林、于云才，山东人民出版社 2003 年版。

《毛泽东读史》，张贻玖，当代中国出版社 2005 年版。

《跟毛泽东学史》，薛泽石主编，红旗出版社 2000 年版。

《听毛泽东讲史》，薛泽石主编，中央文献出版社 2003 年版。

《毛泽东与中国史学》，王子今著，中共中央党校出版社 1993 年版。

《毛泽东读古书实录》，黄丽镛编著，上海人民出版社 1994 年版。

《毛泽东评说中国历史》，赵以武主编，广东人民出版社 2000 年版。

《毛泽东评说中国历史》，景有权、迟力主编，吉林人民出版社 1998 年版。

《毛泽东历史笔记解析》，唐汉主编，红旗出版社 1998 年版。

《毛泽东引古论事》，曾珺编著，国际文化出版公司 2011 年版。

《毛泽东谈古论今》，吴江雄，安徽人民出版社 1998 年版。

《毛泽东这样学习历史，这样评点历史》，盛巽昌、欧薇薇、盛仰红，人民出版社 2005 年版。

《毛泽东评点古今人物》，（上、下卷），周溯源编著，红旗出版社 1998 年版。

《毛泽东评点古今人物》，（上、中、下册），周溯源编著，红旗出版社 2002 年版。

《毛泽东评述中国历史名人名著》，邸延生著，人民出版社 2013 年版。

《毛泽东评述诸子百家》，邸延生著，人民出版社 2013 年版。

《毛泽东评点历代王朝》（上、下），胡长明，山西人民出版社 2011 年版。

《毛泽东评点中国皇帝》（上、下），唐汉、振肖，红旗出版社 1998 年版。

《毛泽东评说历代帝王》，毕桂发主编，解放军出版社 2002 年版。

《毛泽东瞩目的文臣武将》，陈铎、王翰主编，长江文艺出版社 2001 年版。

《毛泽东瞩目的巾帼红颜》，陈铎、王翰主编，长江文艺出版社 2002 年版。

《毛泽东妙评帝王将相鉴赏》，刘修铁，新疆人民出版社 2002 年版。

《毛泽东评点二十四史》（人物精选）（上、中、下卷），邓振宇主编，时事出版社1997年版。

《毛泽东和中国文学》，董学文著，春风文艺出版社1994年版。

《毛泽东与中国文学》，孙琴安著，重庆出版社2000年版。

《毛泽东评说中国文学》，曲一日，吉林人民出版社1998年版。

《毛泽东读评五部古典小说》，徐中远著，华文出版社1997年版。

《毛泽东晚年过眼诗文录》上、下卷，王守稼、吴乾兑、许道勋、董进泉、刘修明检点注释，花山文艺出版社1993年版。

《毛泽东欣赏的古典散文》，郑小军编，浙江古籍出版社1994年版。

《毛泽东评说中国古代散文赏析》，毕桂发主编，中央文献出版社2003年版。

《跟毛泽东学文》，周宏让主编，红旗出版社2002年版。

《毛泽东妙评古诗书鉴赏》，刘修铁编著，新疆人民出版社2002年版。

《毛泽东评点古今诗书文章》，柳文郁、唐夫主编，红旗出版社1998年版。

《毛泽东圈注史传诗文集成·文赋卷》，费振刚、董学文，吉林人民出版社1996年版。

《毛泽东妙用诗词》，吴直雄著，京华出版社1998年版。

《毛泽东诗话词话书话集观》，刘汉民编著，长江文艺出版社2002年版。

《毛泽东诗词鉴赏》，臧克家主编，河北人民出版社1991年版。

《毛泽东谈文说艺》，刘汉民，长江文艺出版社1992年版。

《毛泽东的艺术世界》，李树谦，辽宁教育出版社1993年版。

《毛泽东与中国文学艺术》，余飘主编，河南人民出版社1993年版。

《毛泽东谈作家与作品》，白金华编，吉林人民出版社1993年版。

《毛泽东楹联艺术鉴赏》，吴直雄，当代世界出版社1995年版。

《毛泽东楹联、名句、趣事》，路浩编著，解放军文艺出版社2003年版。

《1975：文坛风暴纪实》，夏杏珍著，中央党史出版社1995年版。

《〈毛泽东选集〉典故》，陈钧编著，中国广播电视出版社1992年版。

《毛泽东著作典故集注》，王玉琮，中国工人出版社1992年版。

《毛泽东在江苏》，中共党史出版社1993年版。

《毛泽东在湖北》，中共党史出版社1993年版。

研究先秦诸子著作

《诸子集成》（1—8册），上海书店1986年版

《诸子通考》，蒋伯潜，浙江古籍出版社1985年版。

《先秦诸子系年》（上、下册），钱穆著，中华书局1985年版。

《先秦诸子的若干研究》，杜国庠著，三联书店1955年版。

《论语》（定州汉墓竹简），文物出版社1997年版。

《论语》（名著名家导读），蔡尚思，巴蜀书社1996年版。

《新论语》，孔子述、孔门弟子撰、钱宁重编，三联书店2012年版

《论语评注》，杨伯俊译注，中华书局1980年第2版。

《论语新解》，钱穆注，三联书店2002年版。

《论语外编——孔子佚语汇编》，裴传永汇释，济南出版社1995年版。

《孔子集语译注》，薛安勤注译，吉林文史出版社1996年版。

《孔子集语校补》，〔清〕孙星衍等辑，郭沂校补，齐鲁书社1998年版。

《孔子评传》，匡亚明，南京大学出版社1990年版。

《孔子新传》，金景芳、吕绍纲、吕文郁著，湖南出版社1991年版。

《孟子》（中华经典藏书），万丽华、蓝旭译注，中华书局2008年版。

《孟子译注》（上、下册），杨伯俊编著，兰州大学中文系孟子注释小组修订，中华书局1963年版。

《孟子》（名著名家导读），杨伯峻著，巴蜀书社1996年版。

《孟子评传——走向内圣之境》，杨国荣著，广西教育出版社1994年版。

《孟子评传》，吕涛著，山西人民出版社1987年版。

《大儒列传·孟子》，吴乃恭著，吉林文史出版社1997年版。

《国学大师说孔孟》，章太炎、康有为、陈独秀等著，云南人民出版社2009年版。

《老子》（马王堆汉墓帛书），马王堆汉墓帛书整理小组编，文物出版社1976年版。

《老子》，饶尚宽译注，中华书局，2006年版。

《老子校诂》，马叙伦著，古籍出版社1956年版。

《老子注译》，高亨著、华钟彦校，河南人民出版社1980年版。

《老子校释》，朱谦之撰，中华书局1984年版。

《老子译话》，杨柳桥著，古籍出版社1958年版。

《老子新译》（修订本），任继愈译著，上海古籍出版社1985年第2版。

《老子全译》，沙少海、徐子宏译注，贵州人民出版社1989年版。

《重订老子正诂》，高亨著，古籍出版社1956年版。

《中国古代哲学家老子及其学说》，〔苏〕杨兴顺著，杨超译，科学出版社

1957 年版。

《老子评注及评介》，陈鼓应著，中华书局 1984 年版。

《老子外传·老子百问》，孙以楷、钱耕森、李仁群著，安徽人民出版社 1992 年版。

《发现老子》，杨润根注，华夏出版社 2007 年版。

《老子正宗》，马恒君，华夏出版社 2007 年版。

《老子的帮助》，王蒙，华夏出版社 2009 年版。

《道德经》（图文版），夏华等编译，万卷出版公司 2012 年版。

《庄子》（中华经典藏书），孙通海译注，中华书局 2007 年版。

《庄子今注今译》，陈鼓应注释，中华书局 1983 年版。

《自事其心——重读庄子》，李牧恒、郭道荣，四川人民出版社 1996 年版。

《庄学研究》，崔大华著，人民出版社 1992 年版。

《庄子通论》，孙以楷、甄长松著，东方出版社 1995 年版。

《列子》（中华经典藏书），景中评注，中华书局 2007 年版。

《列子》（全本全注全译丛书），叶蓓卿译注，中华书局 2011 年版。

《列子译注》，严北溟、严捷，上海古籍出版社 1986 年版。

《老庄论道》，罗安宪，沈阳出版社 2012 年版。

《道家文化与现代文明》，葛荣进主编，中国人民大学出版社 1991 年版。

《道教与传统文化》，文史知识编辑部编，中华书局 1992 年版。

《道家及其对文学的影响》（修订本），李生龙著，岳麓出版社 2005 年版。

《道教——中国道教文化百科 999 问》，铁梅编著，青海人民出版社 2012 年版

《商君书韩非子》，岳麓出版社 1990 年版。

《韩非子集释》（上、下册），陈奇猷校注，上海人民出版社 1974 年版。

《韩非子选》，王焕镳选注，上海人民出版社 1974 年版。

《韩非的智慧》，黄浩，延边大学出版社 1992 年版。

《荀子简注》，章诗同注，上海人民出版社 1974 年版。

《白话荀子》，杨任之译，缪礼治校订，岳麓出版社 1991 年版。

《荀子的智慧》，廖名春著，延边大学出版社 1992 年版。

《管子白话今译》，滕新才、荣挺进评注，中国书店 1994 年版。

《商君书注释》，高亨注释，中华书局 1974 年版。

《商君书选注》，注释组，辽宁人民出版社 1975 年版。

《墨子闲诂》（上、下册），〔清〕孙诒让撰，中华书局 1986 年版。

《白话墨子》，梅季、林金保校释，岳麓书社 1991 年版。

主要参考书目

《墨子研究》，曹强胜、孙卓彩主编，中国社会科学出版社2008年版。

《墨学研究》，徐希燕著，商务印书馆2001年版。

《纵横家的智慧》，谢挺、陈慧、郭震编著，延边大学出版社1992年版。

《孙子兵法》（银雀山汉墓竹简），整理小组编，文物出版社1976年版。

《孙子兵法新译》（银雀山汉墓竹简校本），李兴斌、杨玲注译，齐鲁书社2001年版。

《〈孙子〉古本研究》，李零著，北京大学出版社1995年版。

《十一家注孙子》，〔春秋〕孙武撰，〔三国〕曹操等注，上海古籍出版社1978年版。

《（今译新编）孙子兵法》，郭化若编译，中华书局1962年版。

《孙子今译》〔春秋〕孙武撰，郭化若译，上海人民出版社1977年版。

《孙子译注》（二十二子详注全译本），蒋玉斌，黑龙江人民出版社2003年版。

《孙子兵法新论》，吴如嵩著，解放军出版社1989年版。

《孙子今论》，邱复兴著，白山出版社1998年版。

《孙子兵学艺术》，万怀玉著，白山出版社2005年版。

《孙子新探——中外学者论孙子》，解放军出版社1990年版。

《毛泽东与孙子兵法》，苟君厉编著，中国档案出版社2008年版。

《孙子兵法研究史》，于汝波主编，军事科学出版社2001年版。

《孙子学文献提要》，于汝波主编，军事科学出版社1994年版。

《孙武传》，刘春志著，河北人民出版社1997年版。

《兵圣孙武》，谢祥皓、李政教主编，军事科学出版社1992年版。

《孙子评传》，杨善群著，南京大学出版社1992年版。

《孙子兵法辞典》，吴如嵩主编，白山出版社1993年版。

《孙子兵法辞典》，赵国华、刘项、刘国建主编，湖北人民出版社1995年版。

《孙子兵学大典》（1—10卷），邱复兴主编，北京大学出版社2004年版。

《孙子兵法 孙膑兵法》（中华经典藏书），骈宇骞、王建宇、牟虹、郝小刚译注，中华书局2009年版。

《孙膑兵法》（银雀山汉墓竹简），整理小组编，文物出版社1975年版。

《孙膑兵法校理》，张震泽撰，中华书局1984年版。

《孙膑兵法注译》（内部资料），沈阳军区后勤部《孙膑兵法》注释组1975年版。

《齐孙子兵法解》，李京撰，中国书店1990年版。

《孙膑兵法浅说》，霍印章著，解放军出版社1986年版。